Dialogische Vernunft

Wolfgang Pleger

Dialogische Vernunft

Grundzüge einer praktischen Philosophie

 **J.B. METZLER**

Wolfgang Pleger
Koblenz, Deutschland

ISBN 978-3-662-65288-6   ISBN 978-3-662-65289-3   (eBook)
https://doi.org/10.1007/978-3-662-65289-3

Die Deutsche Nationalbibliothek verzeichnet diese Publikation in der Deutschen Nationalbibliografie; detaillierte bibliografische Daten sind im Internet über http://dnb.d-nb.de abrufbar.

Umschlagabbildung: Paul Gauguin „Ta Matete" (Der Markt), 1892 © agk images

Planung/Lektorat: Franziska Remeika
J.B. Metzler ist ein Imprint der eingetragenen Gesellschaft Springer-Verlag GmbH, DE und ist ein Teil von Springer Nature.
Die Anschrift der Gesellschaft ist: Heidelberger Platz 3, 14197 Berlin, Germany

Für Barbara

Inhaltsverzeichnis

Einleitung   1

I Konzepte der Ethik   11
1   Antike Glücksethik (Platon/Aristoteles)   12
2   Pflichtethik (Kant)   22
3   Utilitaristische Ethik (Mill)   33
4   Diskursethik (Apel/Habermas)   42

II Gerechtigkeit und Menschenrechte   53
1   Zur Geschichte der Menschenrechte (Oestreich)   54
2   Politische und soziale Gerechtigkeit (Rawls/Nussbaum)   65
3   Freiheitsethos und Menschenrechte (Bielefeldt)   76

III Geschichtsmodelle   87
1   Geschichte und Geschichten (Herodot/Thukydides)   88
2   Die Geschichte der Vernunft und der Freiheit (Kant/Hegel)   99
3   Identität – Eine konkrete Utopie (Bloch)   110

IV Kritik der Gesellschaft   119
1   Die Gesellschaft und der Geist des Positivismus (Comte)   120
2   Kritik der kapitalistischen Gesellschaft (Marx/Weber)   129
3   Kapitalismus und freier Markt (Friedman)   139
4   Neoliberalismus und ‚homo oeconomicus‘ (Brown)   149

V Staat und Politik   159
1   Der Staat als Rechtsordnung (Solon)   160
2   Das Gewaltmonopol des Staates (Hobbes)   168
3   Die Zukunft der Demokratie (Tocqueville)   178
4   Personale Freiheit und ‚aufgeklärter Liberalismus‘
    (Höffe)   188

VI Pädagogik der Selbstbestimmung   199
1   Die Entdeckung der Kindheit (Rousseau)   200
2   Pädagogik vom Kinde aus (Montessori)   210
3   Die Entfaltung der Person (Flitner)   221

VII Die Freiheit der Kultur   233
1   Freiheit, Kultur und Humanität (Herder)   234
2   Kultur als Selbstbefreiung des Menschen (Cassirer)   244
3   Kritik der affirmativen Kultur (Marcuse)   254

VIII Natur und Technik   263
1   Naturbeherrschung – Eine technische Utopie (Bacon)   264
2   ‚Entfesselte Technologie‘ und die Würde
    der Natur (Jonas)   274
3   Technik als Ideologie (Habermas)   284
4   ‚Naturgemäße Technik‘ und ‚ökologisches Bewusstsein‘
    (Meyer-Abich/Pelluchon)   293

**Epilog: Freiheit und Verantwortung – Plädoyer für eine
dialogische Vernunft**   307

Literatur   321

Personenregister   331

Einleitung

Bei wem aber der Ursprung des Handelns
steht, bei dem steht ebenso das Handeln oder
Nichthandeln selbst. Also ist derartiges
freiwillig [...].
(Aristoteles)

Freilich würde sich erst in einer
emanzipierten Gesellschaft, die die
Mündigkeit ihrer Glieder realisiert hätte, die
Kommunikation zu dem herrschaftsfreien
Dialog aller mit allen entfaltet haben [...].
(Habermas)

Die praktische Philosophie hat eine anthropologische Grundlage, denn der
Mensch kann aufgrund seiner natürlich bedingten Instinktreduktion, auf
die bereits Kant deutlich hingewiesen hat, sein Leben innerhalb eines durch
die Situation begrenzten Spielraums nach eigenen Grundsätzen führen und
in eigener Verantwortung frei gestalten. Freiheit und Verantwortung bilden
dabei einen unlöslichen Zusammenhang. Das wurde bereits in der antiken
Philosophie deutlich ausgesprochen. Sie bestimmte als Ziel des Handelns
das ‚gute Leben‘. Doch wie lässt sich dieses erreichen? Sokrates hat als einer
der ersten darauf aufmerksam gemacht, dass das nur mit Hilfe der Vernunft gelingen kann. Entscheidend ist jedoch, dass diese Suche bei ihm
nicht monologisch erfolgte, sondern dialogisch. Es war die im Dialog sich

W. Pleger, *Dialogische Vernunft*, https://doi.org/10.1007/978-3-662-65289-3_1

vollziehende Suche nach einem allgemeinverbindlichen Maßstab, die nicht nur sein philosophisches Forschen, sondern sein ganzes Leben bestimmte. Platon ist ihm mit seinen kunstvoll gestalteten philosophischen Dialogen gefolgt, und Aristoteles hat die Vernunft zur Grundlage der von ihm entwickelten praktischen Philosophie gemacht. Er hat sie bereits in Einzeldisziplinen gegliedert wie Ethik, Politik und Rhetorik. Darüber hinaus betonte er, dass der Mensch als *zoon logon echon,* d. h. als ein ‚sprachbegabtes Lebewesen‘, sich in der *polis* mit seinen Mitbürgern mit Hilfe der Sprache, d. h. im Dialog, über das „Nützliche und Schädliche" und das „Gerechte und Ungerechte" verständigt (vgl. Aristoteles *Politik* 1255). Damit leistete er einen entscheidenden Beitrag zu den Grundlagen einer praktischen Philosophie. Die gesamte antike Philosophie ist ihm in seinen anthropologischen und ethischen Grundannahmen gefolgt.

Im Mittelalter jedoch, vor allem bei Augustinus, trat der Glaube in ein Konkurrenzverhältnis zur Vernunft. Und erst nach den entsetzlichen Glaubenskriegen im 17. Jahrhundert entwickelte sich im 18. Jahrhundert im Zuge der Aufklärung ein neues umfassendes Bekenntnis zur Vernunft. Kants Unterscheidung von theoretischer und praktischer Vernunft blieb für das weitere Denken von großer Bedeutung. Die theoretische Vernunft bot den Leitfaden für die Wissenschaften, vor allem für die Naturwissenschaften, die praktische Vernunft umfasst unter anderem Ethik, Recht und Politik. Im 19. Jahrhundert machten die Naturwissenschaften weitere enorme Fortschritte und prägten zunehmend das Welt- und Selbstverständnis der Menschen. Man erwartete von ihnen die Lösung aller Lebensprobleme, nicht aber von einer eigenständigen praktischen Philosophie. Doch diese Hoffnung wurde enttäuscht. Bereits Weber hat zu Beginn des 20. Jahrhunderts darauf hingewiesen, dass die Wissenschaft auf die entscheidende Frage „Was sollen wir tun? Wie sollen wir leben?‘ keine Antwort gibt" (Weber 1973, 322). Zwar verfüge z. B. die Medizin über reiche Techniken der Lebensverlängerung, ob es aber sinnvoll sei, diese in jedem Fall auch anzuwenden, könne sie nicht sagen. Jeder müsse daher in allen Fragen der Lebenspraxis seinem eigenen „Dämon" (ebd., 339) folgen. Allgemeinverbindliche Antworten könne es in einer Zeit, in der die Religion ihre orientierende Kraft verloren hat und „Weltanschauungen" (ebd., 332) an ihre Stelle getreten sind, nicht geben.

Gleichwohl wecken Wissenschaft und Technik auch heute nach wie vor Hoffnungen, die sie nicht erfüllen können. Als Kritik dieser falschen Erwartungen veröffentlicht Habermas 1968 ein Buch mit dem Titel *Technik und Wissenschaft als ‚Ideologie'* (Habermas 1969). Seine These lautet: Wissenschaft und Technik können die praktische Vernunft nicht ersetzen. Diesen

Gedanken verfolgt auch das 1972 von Manfred Riedel herausgegebene Werk *Rehabilitierung der praktischen Philosophie* (Riedel 1972). In ihm wird darauf hingewiesen, dass die praktische Philosophie Opfer einer Auffassung geworden sei, für die „die szientistische Orientierung der praktischen Philosophie an der Methodologie der Naturwissenschaften" (Riedel 1972, 10) leitend geworden war. Der Positivismus schließlich ordnete ihre Themen – so Riedel – den „empirischen Sozialwissenschaften" zu.

Heute, 50 Jahre nach diesem Vorhaben, sind die Probleme der praktischen Philosophie größer denn je. Zwei Problembereiche verdienen eine besondere Aufmerksamkeit. Da ist zum einen, angesichts der globalen politischen und gesellschaftlichen Verhältnisse, das Problem der Wahrung der menschlichen Freiheit, und da ist zum anderen das mit der Technik eng verbundene Problem der Ökologie. Die Frage, wie das menschliche Leben am Ende dieses Jahrhunderts in seinen Grundlagen gesichert bleiben kann, ist zurzeit noch offen. Beide Probleme machen Reflexionen im Bereich der praktischen Philosophie notwendig. Dazu gehören Fragen der Ethik und der Menschenrechte, der Geschichte und der Gesellschaft, der Politik und der Pädagogik ebenso wie schließlich der Kultur und der Technik.

Gleichwohl wird auch heute die Berechtigung der praktischen Philosophie nicht fraglos anerkannt. Die Kritik erfolgt nach wie vor aus dem Bereich der Naturwissenschaften. Nun aber richtet sie sich auf einen ihrer Zentralbegriffe, den der Freiheit. Aus neurophysiologischer Sicht erklärt Wolf Singer, dass das, was wir als eine „freie Entscheidung" erfahren, nur die nachträgliche Begründung für das sei, was ohnehin geschehe (vgl. Singer 2002, 75). Er erklärt, es gebe keine „objektive Freiheit", denn jeder Zustand des Gehirns sei durch den vorausgehenden „immer determiniert" (Singer 2002, 75). Hätte er mit dieser Aussage Recht, so wäre damit einer praktischen Philosophie der Boden entzogen, denn diese hat ein verantwortliches Handeln zur Grundlage, und das ist ohne Freiheit nicht möglich. Eine Besinnung auf den Zusammenhang von Freiheit, Verantwortung und Vernunft ist daher dringend geboten.

Zunächst zum Begriff der Freiheit. Der von Singer reklamierte Determinismus ist nicht haltbar. Er führt in eine Aporie. Der Determinist hebt den Wahrheitsanspruch jeder Aussage und damit auch seiner eigenen dadurch auf, dass er alles Geschehen auf eine Ebene reduziert und damit das Geschehen und das Sprechen über das Geschehen derselben monokausalen Ebene zuordnet. Wenn Singer es als einen großen Erfolg wertet, dass die Hirnforschung dabei ist, ihren „reduktionistischen Ansatz" (ebd., 25) auf alle Ebenen auszudehnen und dazu auch bereit ist, das „selbstbestimmte Ich" diesem Ansatz zu opfern, da es keine Stelle im Gehirn gebe, wo sich ein solches Ich „verorten" (ebd., 33) ließe, dann folgt er dabei der Theorie von Ernst Mach, der bereits 1886 behauptete: „Das Ich ist unrettbar" (Mach 1991, 20). Beide bemerken aber nicht, dass sie sich damit zugleich die Basis für den Wahrheitsanspruch des von ihnen behaupteten Determinismus entziehen (vgl. Recki 2009, 47). Denn wenn sie das Ich leugnen, gibt es keinen verantwortlichen Sprecher für ihre Aussage. Tatsächlich aber verhält es sich mit dem Ich wie mit der Freiheit. Sie lassen sich beide nicht empirisch „verorten" und sind doch für uns unverzichtbar.

Für freies und d. h. zugleich verantwortliches Handeln ist die Annahme eines Ichs als Autor der Handlung unumgänglich. Weiterführend ist dabei die Aussage von Kant in seiner *Anthropologie in pragmatischer Hinsicht*. Dort sagt er: „Daß der Mensch in seiner Vorstellung das Ich haben kann, erhebt ihn unendlich über alle andere auf Erden lebende Wesen. Dadurch ist er eine *Person*" (Kant VI, 407). Bemerkenswert ist aber auch, dass er darauf hinweist, dass das Kind erst ca. ein Jahr, nachdem es überhaupt zu sprechen begann, das Wort Ich gebraucht. Diese dem Entwicklungspsychologen, Pädagogen und Richter vertraute Erkenntnis hat entscheidende Konsequenzen. Das kleine Kind ist noch keine verantwortlich sprechende und handelnde Person, sondern wird es erst im Laufe der Entwicklung. Dasselbe gilt für Menschen im Zustand der Bewusstlosigkeit sowie mit starken psychischen oder geistigen Störungen. Frei ist also nicht der Mensch generell, sondern die Person, d. h. ein Mensch mit einem Ich, das selbstverantwortlich handeln kann. In diesem Sinne ist die Freiheit innerlich beschränkt. Das Strafrecht berücksichtigt diese innere Begrenzung der Freiheit und Verantwortlichkeit und führt dazu den Begriff der „Schuldunfähigkeit" ein (vgl. StGB § 19–21). Dazu kommen die äußeren Grenzen der Freiheit, die sich aus den Handlungsumständen der jeweiligen Situation ergeben. Innere und äußere Begrenzungen der Freiheit heben diese nicht auf, vielmehr erzeugen sie einen Spielraum der Freiheit. Mit ihm verbindet sich ein realistisches Konzept der Freiheit, das sich zwischen dem aporetischen Determinismus einerseits und einer ebenso unhaltbaren Position absoluter Freiheit andererseits befindet.

Wenn aber Freiheit und Verantwortung, wie angenommen, einen unlösbaren Zusammenhang bilden, dann ist es wichtig, die Instanz zu bestimmen, vor der sich der Handelnde zu verantworten hat. Im Mittelalter war diese Instanz Gott. Das änderte sich zu Beginn der Neuzeit. Nun trat das Gewissen des Einzelnen an seine Stelle. Doch bereits Hegel hat in seiner *Rechtsphilosophie* darauf hingewiesen, dass das Gewissen nur eine subjektive Gültigkeit haben kann. Einen allgemeinverbindlichen Maßstab bietet es nicht. Der ist allein das „an und für sich Vernünftige" (Hegel 1970,

VII, 255). Das führt zu einer entscheidenden Konsequenz: Eine konkrete Allgemeinverbindlichkeit ist erst dann erreicht, wenn kein vernünftiger Einwand mehr gegen die moralische oder rechtliche Beurteilung einer Handlung denkbar ist. Die Vernunft ist daher nicht die im Einzelnen anzutreffende ‚Stimme des Gewissens‘, so wichtig sie für ihn bleibt (vgl. ebd.), sondern die unwidersprechliche Allgemeinverbindlichkeit des Urteils. Diese kann nur in einem „herrschaftsfreien Dialog" ermittelt werden (s. Motto).

Zu Beginn des 20. Jahrhunderts wurde mit der Rückbesinnung auf die Sprache, auch das ‚dialogische Prinzip‘ neu entdeckt, so z. B. von Buber (s. Epilog). Eine zentrale Rolle spielt der Dialog zudem in der Diskursethik von Apel und Habermas (s. Abschn. I.4). Mit ihrem Konzept erneuern sie das Denken, das mit dem Beginn der Philosophie bei Sokrates seinen Anfang nahm, das Prinzip der dialogischen Vernunft. Diese bietet auch den einzig erfolgversprechenden methodischen Leitfaden für die praktische Philosophie, einschließlich des sich global zuspitzenden ökologischen Problems.

Mit diesen Überlegungen ist der Rahmen der folgenden Ausführungen zu den Grundzügen einer praktischen Philosophie abgesteckt. In ihnen wird ein historisch-systematischer Ansatz verfolgt. Jeder Themenbereich wird anhand von drei bis vier Positionen exemplarisch dargestellt. Vollständigkeit wird dabei nicht angestrebt. Alle vorgestellten Autoren und Autorinnen repräsentieren jedoch den Themenbereich in besonders prägnanter Weise. Ziel ist es, diese in ihrer individuellen Sprechweise zu Wort kommen zu lassen. Aus diesem Grund wird Zitaten ein angemessener Platz eingeräumt. Jeder Abschnitt eines Kapitels wird mit einem längeren Zitat eingeleitet, das zentrale Gedanken des Autors oder der Autorin zur Sprache bringt. Hinweise auf diese Zitate innerhalb der Darstellung erfolgen durch: (s. Zitat). Hinweise auf bestimmte Abschnitte erfolgen durch Angabe von Kapitel und Abschnitt, z. B. (s. Abschn. II.3) für „zweites Kapitel, dritter Abschnitt". Das Buch ist interdisziplinär angelegt und entspricht auf diese Weise selbst dem Prinzip der dialogischen Vernunft. Dargestellt werden nicht nur philosophische Positionen, sondern auch naturwissenschaftliche und sozialwissenschaftliche wie Recht, Geschichte und Gesellschaft, Politik, Pädagogik und Kultur.

Im ersten Kapitel (I) wird mit der Ethik ein Kernbereich der praktischen Philosophie erörtert. Aus der Fülle der Konzepte werden die vier wichtigsten vorgestellt. Dazu gehört als erstes die antike Glücksethik, repräsentiert durch Platon und Aristoteles. Sie orientiert sich am guten Leben, das langfristig aber nur unter Beachtung der Vernunft erreicht werden kann. Dem widerspricht die Pflichtethik von Kant, der das Glücksstreben als moralisches Motiv verwirft. Moralisch ist für ihn nur eine Handlung, deren Motiv der kategorische Imperativ der reinen praktischen Vernunft ist. Mit Mill wird ein Vertreter der im angelsächsischen Sprachraum favorisierten utilitaristischen Ethik vorgestellt. Ausgehend von Benthams Parole vom „größten Glück der größten Zahl" wird der allgemeine Nutzen zum handlungsleitenden Prinzip. Dabei ist jedoch nicht der kurzfristige Erfolg, sondern stets der langfristige Nutzen zu beachten. Einen anderen Ansatz verfolgt die Diskursethik von Apel und Habermas. Ausgangspunkt ist der stets angestrebte „herrschaftsfreie Dialog", in dem jeder potentielle Teilnehmer seine Bedürfnisse und Interessen artikulieren darf, mit dem Ziel, zu einem vernünftigen Konsens zu kommen.

Im zweiten Kapitel (II) werden Fragen der Gerechtigkeit und der Menschenrechte thematisiert. Oestreich weist darauf hin, dass die Diskussion der Menschenrechte zwar bereits in der Antike beginnt, diese aber eine Sache der Intellektuellen blieb, da sich an den Verhältnissen einer Sklavenhaltergesellschaft auch mit dem Siegeszug des Christentums wenig änderte. Erst die Französische Revolution setzte die Menschenrechte auf die geschichtliche Tagesordnung. Für politische und soziale Gerechtigkeit engagierte sich Rawls, der unter den Bedingungen einer liberalen Demokratie Gerechtigkeit als Fairness definiert, und die ist dann gegeben, wenn auch dem am schlechtesten gestellten Mitglied der Gesellschaft Chancengleichheit garantiert wird. Martha Nussbaum betont neben der politischen Gerechtigkeit einen materiellen Ausgleich für die sozial Benachteiligten und plädiert für einen neuen Kosmopolitismus. Außerdem engagiert sie sich nachhaltig für die weltweite Beachtung der Rechte der Frauen. Bielefeldt schließlich entwickelt seine Philosophie der Menschenrechte im Anschluss an Kant und die Ideale der Französischen Revolution. Er erörtert die Lage der Menschenrechte in der gegenwärtigen Situation der Welt, wobei er islamische und asiatische Kulturen einbezieht.

Im dritten Kapitel (III) werden wichtige Geschichtsmodelle dargestellt. Den Anfang machen Herodot und Thukydides. Während Herodot mit seiner anschaulichen Beschreibung antiker Kulturen bereits von Cicero als „Vater der Geschichtsschreibung" bezeichnet wurde (vgl. Schadewaldt 1982, 12), hat Thukydides mit seiner Darstellung des Peloponnesischen Krieges Kriterien einer tatsachenbasierten und quellenkritischen Historie entwickelt.

Kant und Hegel thematisieren die Geschichte unter dem Gesichtspunkt von Vernunft und Freiheit. Für Hegel, der als erster eine universalgeschichtliche Darstellung entwickelt, spielt dabei die Französische Revolution eine entscheidende Rolle. Für Bloch, der sich als Marxist an einer materialistischen Geschichtsauffassung orientiert, ist das Ziel der Geschichte mit dem Übergang der feudalen Gesellschaft zu einer bürgerlichen noch keineswegs erreicht. Das eigentliche Ziel, die „Identität" des Menschen, d. h. das „unentfremdete humanum", steht noch aus und bleibt vorerst eine „konkrete Utopie".

Thema des vierten Kapitels (IV) ist die Kritik der Gesellschaft. An ihrem Anfang steht Auguste Comte, der als erster für die Wissenschaft von der Gesellschaft den Namen Soziologie einführte. Nach dem mythologischen und dem metaphysischen Zeitalter ist nun mit der Entwicklung der Wissenschaften, seiner Meinung nach, das Zeitalter der Vernunft angebrochen, auf das sich seine ganze, schließlich gar religiös motivierte, Hoffnung richtet. Marx und Weber üben dagegen scharfe Kritik an der bürgerlichen Gesellschaft, wobei Marx die privatwirtschaftliche Basis des Kapitalismus kritisiert, während Weber den Geist des Kapitalismus in der protestantischen Ethik verortet, die dem Einzelnen ein gnadenloses Arbeitsethos abverlangt. Im Gegensatz dazu verteidigt der amerikanische Ökonom Friedman den vom Kapitalismus geförderten „freien Markt", der jedem Teilnehmer die Chance biete, seine Interessen zu verfolgen. Um der Freiheit der Bürger willen, müsse es mehr Markt und weniger Staat geben. Im Gegensatz dazu sieht Wendy Brown gerade in dem von Friedman vertretenen Neoliberalismus eine Gefahr für die Demokratie, da eine immer stärkere Einflussnahme der Wirtschaft auf die Politik erfolge.

Das fünfte Kapitel (V) behandelt das Thema ‚Staat und Politik'. Den Anfang macht der griechische Staatsmann und Philosoph Solon, der die extremen Vermögensunterschiede seiner Zeit kritisierte und für einen gerechten Lastenausgleich zwischen reichen Großgrundbesitzern und verschuldeten Kleinbauern warb. Berühmt geworden ist er durch seine Schriften, in denen er die Grundzüge eines Rechtsstaates entwickelte. Auch Hobbes kämpfte zu Beginn der Neuzeit für eine staatliche Ordnung, die die verheerenden Folgen von Bürgerkriegen beenden sollte. Gelingen könnte das, seiner Meinung nach, nur durch die Einrichtung einer Staatsordnung, bei der dem Staatsoberhaupt absolute Macht zukommen sollte. Der französische Schriftsteller und Politiker Tocqueville studierte zu Beginn des 19. Jahrhunderts die Demokratie in Amerika und prophezeite, dass diese Regierungsform mit all ihren Stärken und Schwächen sich weltweit ausbreiten werde. Otfried Höffe entwickelt ein Konzept der personalen Freiheit. Sie hat in der Neuzeit einen eigenen Akzent erhalten. Er erörtert in diesem Kontext die Fülle der politisch-gesellschaftlichen Bereiche und betont, dass die politische Freiheit ihren Rückhalt in einer liberalen Demokratie findet. Er vertritt einen „aufgeklärten Liberalismus".

Im sechsten Kapitel (VI) werden Konzepte behandelt, die das Ziel der pädagogischen Begleitung und Förderung von Kindern und Jugendlichen zur Person und zur Selbstbestimmung haben. Rousseau hat in seinem Erziehungsroman *Emile* eine scharfe Kritik an den gesellschaftlichen Verhältnissen seiner Zeit geübt und seinem fiktiven Zögling eine naturgemäße Erziehung fernab der Zivilisation zugedacht. Ziel ist es, ihm die Möglichkeit zu geben, seine Kräfte in Auseinandersetzung mit seiner Umgebung zu entwickeln. Maria Montessori, die italienische Ärztin und Pädagogin, sieht in dem Kampf für die Rechte des Kindes eine ähnlich wichtige Aufgabe wie in dem für die Rechte der Arbeiter, denn die Kinder repräsentieren – so ihre These – die Zukunft der Menschheit. Wichtig ist ihr, dass jedes Kind in Auseinandersetzung mit dem von ihr entwickelten Material sich die für das Erwachsenenleben notwendigen Kenntnisse erarbeiten könne. Flitner setzt sich zunächst mit den Strömungen einer antiautoritären Pädagogik auseinander, wie sie z. B. von A. S. Neill vertreten wurde, um dann auf die klassische Position von Schleiermacher zurückzukommen, die in den Erziehungsmaßnahmen des Behütens, des Gegenwirkens und des Unterstützens ihr Zentrum haben. Ziel aller Erziehung ist die Entfaltung der Person.

Im siebten Kapitel (VII) werden verschiedene Begriffe der Kultur erörtert. Diese hat bei Herder eine anthropologische Grundlage. Der Mensch als der „erste *Freigelassene* der Schöpfung" entwickelt Vernunft und Sprache, Recht und Erziehung. Sie alle machen die Kultur des Menschen aus. Das Ziel aller Kultur ist die Humanität, die mehr ist als bloße Mildtätigkeit, sondern das vereinigende Band der Menschheit. Auch Cassirer verbindet Kultur mit dem Begriff der Freiheit. Kultur kulminiert in den symbolischen Formen Mythos, Sprache und Kunst. Für ihn ist die Kultur der gelungene Versuch des Menschen sich aus der Abhängigkeit der Natur zu befreien. Im Gegensatz dazu entwickelt Marcuse ein kritisches Verhältnis zur Kultur seiner Zeit. Er sieht in ihr den Versuch der herrschenden Kräfte der Gesellschaft, die Menschen von ihren wahren Bedürfnissen abzulenken und sie mit erlesenen Kulturgütern ruhig zu stellen. Stattdessen aber müsse das Ziel der Kultur in der Befreiung des Menschen und in der Transformation der Gesellschaft zu einem Kunstwerk liegen.

Im achten Kapitel (VIII) wird die Technik als ein Problem der pragmatischen Vernunft behandelt. Zu Beginn der Neuzeit hat Francis Bacon in experimenteller Naturwissenschaft und Technik den bahnbrechenden Weg gesehen, das Leben der Menschen zu erleichtern. Dazu müssten die Menschen eine vollkommene Herrschaft über die Natur bekommen. Doch im 20. Jahrhundert sind Zweifel aufgetaucht, ob dieser Siegeszug nicht zum Nachteil der Menschheit geraten könnte. Diesen Zweifel äußert Jonas und versucht, gegen die weltweite Naturzerstörung die

„Würde" der Natur zu rehabilitieren. An die Stelle der Beherrschung müsse ein achtsamer ökologischer Umgang mit der Natur treten. Auch Habermas hat schon früh darauf hingewiesen, dass Naturwissenschaft und Technik zur „Hintergrundideologie" unserer Gesellschaft geworden seien, die die Fragen der praktischen Verständigung ausblenden. In der Gentechnologie entstehe darüber hinaus eine neue Gefahr für die Identität der Person. Meyer-Abich sieht in der bisherigen Technik einen Krieg des Menschen gegen die Natur, der beendet werden und durch eine naturgemäße Technik ersetzt werden müsse. Der Mensch, der aus seiner angeblichen Sonderstellung in der Natur einen trügerischen Herrschaftsanspruch abgeleitet habe, müsse begreifen, dass auch er, wie jedes andere Lebewesen, Teil eines größeren Ganzen bleibe. Diesem Gedanken folgt auch Corine Pelluchon, die die Wertschätzung des Lebens in einer durch das „Herrschaftsschema" der Technik entfremdeten Welt in den Mittelpunkt einer neuen Aufklärung stellen möchte. Themen sind Schutz der Biosphäre, Gesundheit und soziale Gerechtigkeit. Ihr gemeinsames Ziel ist die Entwicklung eines ökologischen Bewusstseins.

Im Epilog wird das Verhältnis von Freiheit und Verantwortung mit dem Gedanken einer dialogischen Vernunft verbunden, die für die Entwicklung der Person ebenso unverzichtbar ist wie für das politische und gesellschaftliche Zusammenleben und nicht zuletzt für die friedliche Lösung globaler Konflikte. Sie bildet den methodischen Leitfaden für die Antworten auf die sich heute in neuer Weise stellenden Herausforderungen der praktischen Philosophie. Auf Passagen, die ich meinen bisherigen Veröffentlichungen entnommen habe, weise ich im betreffenden Abschnitt hin.

I Konzepte der Ethik

Die antike Ethik ist eine Glücksethik, die gleichwohl betont, dass das dauerhafte Glück nur durch die Beachtung der Vernunft erreicht werden könne. Platon entwickelt im Anschluss an Sokrates das Konzept einer dialogischen Vernunft, deren zentrale Themen die Übereinstimmung des Menschen mit sich und der Rechtsordnung der *polis* sind. Bei Aristoteles taucht der Begriff Ethik erstmals als Titel einer philosophischen Disziplin auf. In ihr werden Fragen der Freiheit, der Gerechtigkeit und der Freundschaft erörtert und schließlich die Frage der Wahl der Lebensweise, die das höchste Glück verspricht. Auch Kant orientiert sich in seiner Ethik an der Vernunft, stellt aber an die Stelle des Glücks die Pflicht. Der von ihm konzipierte kategorische Imperativ fordert, dass der Mensch in Übereinstimmung mit dem Prinzip der reinen praktischen Vernunft handeln solle. In seiner höchsten Zuspitzung bedeutet das, dass der Mensch als Person in sich und in jedem anderen die Menschheit als Selbstzweck zu achten habe. John Stuart Mill sieht als Vertreter einer utilitaristischen Ethik, im Anschluss an Benthams Devise vom „größten Glück der größten Zahl", den Nutzen als das höchste Ziel des Handelns an, das aber im Unterschied zu dem bloßen Eigennutz, bei dem der kurzfristige Erfolg entscheidet, stets das Gesamtinteresse der Menschheit zu beachten habe, das erst einen langfristigen Nutzen garantiere. Beachtlich ist auch sein Einsatz für die Rechte der Frau. Apel und Habermas entwickeln eine Verantwortungs- und Diskursethik. Ausgangspunkt bildet für Apel das Apriori der Kommunikationsgemeinschaft, zu der jeder gehört, der sich sprachlich äußert. Für Habermas geht es in seiner Diskursethik um das Ideal eines herrschaftsfreien Dialogs, bei dem jeder seine Bedürfnisse,

W. Pleger, *Dialogische Vernunft*, https://doi.org/10.1007/978-3-662-65289-3_2

Wünsche und Interessen zum Ausdruck bringen kann. Ziel des Dialogs ist es, zu einem Konsens zu kommen, der aber nur dann als vernünftig zu bezeichnen ist, wenn unterstellt werden kann, dass jeder tatsächliche oder auch nur mögliche Sprecher dabei angemessen berücksichtigt wurde.

1   Antike Glücksethik (Platon/Aristoteles)

Dies dünkt mich das Ziel zu sein, auf welches man hinsehen muß bei Führung des Lebens, und alles in eigenen und gemeinschaftlichen Angelegenheiten darauf hinlenkend so verrichten, daß immer Gerechtigkeit und Besonnenheit dem gegenwärtig bleibe, der glückselig werden will; nicht aber so, daß man die Begierden zügellos werden lasse, und im Bestreben, sie zu befriedigen, ein überschwengliches Übel, das Leben eines Räubers lebe.

Denn weder mit einem anderen Menschen kann ein solcher befreundet sein noch mit Gott; denn er kann in keiner Gemeinschaft stehen, wo aber keine Gemeinschaft ist, da kann auch keine Freundschaft sein.

(Platon: *Gorgias* In: Platon. Werke in acht Bänden. Hg. von G. Eigler. Darmstadt 1973. Bd. II, 507 d–e).

Platon wird 428/27 v. Chr. in Athen geboren. Er ist seit 407 v. Chr. Schüler von Sokrates. Nach dessen Hinrichtung im Jahre 399 begibt er sich nach Megara zu Euklid und studiert Mathematik. 389 reist er nach Syrakus, vielleicht auch nach Ägypten und Kyrene. In Italien lernt er den Pythagoreer Archytas von Tarent kennen. 387 gründet er die Akademie in einem Hain außerhalb Athens. 367 und 361 erfolgen zwei weitere Reisen nach Sizilien, bei denen er vergeblich versucht, die Tyrannen Dionysios I. und II. von dem Plan eines auf philosophischen Prinzipien gegründeten Staates zu überzeugen. Er stirbt im Jahr 347 v. Chr. in Athen (vgl. Martin 1983; Bröcker 1985; Suhr 1992; Pleger 2020, 13–22).

Platons Lebenszeit fällt in eine Zeit, in der Athen von politischen Krisen, Kriegen und Epidemien heimgesucht wird. Es ist eine Zeit der Auflösung der tradierten Sitte und des Niedergangs der *polis*. Die geistige Situation der Zeit ist bestimmt durch das Auftreten der Sophisten, die nicht nur den Mythos, sondern auch die traditionelle Rechtsordnung der *polis* in Frage stellen. Die Lage Athens spitzt sich zu durch den Peloponnesischen Krieg (431–404) zwischen Athen und Sparta, in dessen Verlauf es zu mehrfachen politischen Umstürzen kommt. Tyrannis und Demokratie wechseln sich in rascher Folge ab. Eine der letzten Episoden dieser verhängnisvollen

Geschichte bildet die Schreckensherrschaft der ‚Dreißig' im Jahre 404, die mehr als 1500 Bürger zum Tode verurteilen. Schließlich gelingt es einer Gruppe athenischer Verbannter und Emigranten unter Leitung Thrasybuls im Jahre 403, Athen zu befreien und erneut eine Demokratie zu errichten. Allerdings fallen in die Zeit ihrer Herrschaft auch der Prozess und die Verurteilung von Sokrates, die Platon als eine politisch-ethische Katastrophe ansah.

Die Ethik bildet daher ein zentrales Thema seiner Philosophie. Ausgangspunkt und Vorbild für seine Philosophie bilden Person und Denken von Sokrates. Der spezifische Ansatz von Sokrates ist darin zu sehen, dass er den Dialog als philosophische Methode zur Geltung gebracht hat. Das ist das übereinstimmende Zeugnis aller historischen Quellen.

Platon hat die dialogische Methode aufgegriffen und sie zur Darstellungsform seiner in diesem Sinne ‚dialektischen' Philosophie gemacht. Wortführer ist in den meisten Fällen Sokrates. Besonders die frühen Dialoge dürfen in weiten Teilen als authentisches Zeugnis des sokratischen Denkens verstanden werden. Auch wenn viele ‚sokratische Dialoge' aporetisch enden, so dürfen wir doch dem historischen Sokrates einige bestimmte ethische Überzeugungen zuschreiben. Dazu gehört seine These, dass jeder, der glückselig sein will, und das wollen, so die allgemeine Überzeugung, alle Menschen, gerecht und besonnen sein muss (s. Zitat). Der platonische Sokrates vertritt diese Überzeugung gegenüber dem Sophisten Kallikles im Dialog *Gorgias*.

Die Sophisten, Zeitgenossen von Sokrates, repräsentierten eine intellektuelle Strömung in Griechenland, die man, nach heutigem Sprachgebrauch, als Aufklärung bezeichnen kann. Sie beendeten die vorausgegangene Epoche naturphilosophischen Denkens und lenkten, wie Sokrates auch, den Blick auf die Situation des Menschen. Gleichwohl vertraten sie innerhalb dieses Themenbereichs ein breites Spektrum von Meinungen. Während Hippias und Antiphon das naturrechtlich begründete Prinzip der Gleichheit aller Menschen vertraten, interpretierten andere das Recht der Natur anders, nämlich als das Recht des Stärkeren. Zu ihnen gehörte neben dem bei Plato in der *Politeia* auftretenden Thrasymachos, der Rhetoriklehrer Gorgias sowie etwa Polos und Kallikles, die beide im Dialog *Gorgias* mit Sokrates ein Streitgespräch führen.

Gorgias, der als historische Person bezeugt ist, vertritt im platonischen Dialog die These, dass die Rhetorik eine bedeutende Kunst der Meinungsbeeinflussung darstelle, sodass der geschulte Redner über eine große politische Macht verfüge. Er wird im Dialog von Sokrates mit dem Argument widerlegt, dass derjenige, der über eine Sache spreche, über diese auch ein Wissen haben müsse und dieses Wissen zu einer Seinsweise werde. Derjenige, der über medizinisches Wissen verfüge, sei ein Mediziner, so wie derjenige, der sich aufs Bauen verstehe, ein Architekt. Da es im Bereich der Politik um Gerechtigkeit gehe, müsse der Rhetor darüber ein Wissen haben und, in Analogie zu den beiden anderen Fällen, auch gerecht sein. Rhetorik kann daher kein bloßes Instrument zu beliebigen Zwecken sein, wie Gorgias ursprünglich behauptete.

Kallikles nun vertritt ganz offen das ‚Recht des Stärkeren‘, und zwar in allen Bereichen des politischen Lebens. Er beruft sich dabei auf das „Recht der Natur" (*Gorgias* 484 b). Von Sokrates wird er dadurch widerlegt, dass der nach diesem Prinzip lebende Mensch nicht glücklich werden kann, denn bei der ihm eigenen Verachtung der Gerechtigkeit und der Besonnenheit bleiben ihm Freundschaft und Gemeinschaft versagt (s. Zitat). Die entscheidende ethische Einsicht Platons in diesem Dialog besteht darin, dass die *eudaimonia,* das von allen Menschen angestrebte Glück, d. h. ein im umfassenden Sinne gutes Leben, nur bei der Beachtung der Gerechtigkeit und der Vernunft erreicht werden kann, nicht aber auf dem Wege rücksichtsloser Herrschaft, noch durch egoistische Lustbefriedigung, wofür Kallikles sich mit den Worten aussprach: „daß, wer richtig leben will, seine Begierden muß so groß werden lassen als möglich und sie nicht einzwängen; und diesen, wie groß sie auch sind, muß er dennoch Genüge zu leisten vermögen" (491d–492 a). Die Begierden bieten – so Platon – deshalb keine Garantie für das Glück, weil sich der Mensch von ihrer Befriedigung abhängig macht. Er wird unfrei. Glück und Vernunft bilden keinen Gegensatz, sondern bedingen sich gegenseitig. Platon macht deutlich, die antike Glücksethik ist zugleich eine Vernunftethik.

In seinem thematisch umfassendsten Werk, der *Politeia,* hat Platon dieses Konzept mit neuen anthropologischen und ethischen Einsichten weiter vertieft. Ausgangsfrage bildet auch hier das Problem der Gerechtigkeit. Das erste Buch, das ein Streitgespräch mit dem Sophisten Thrasymachos enthält, endet mit der sokratischen These: „Der Gerechte also ist glückselig und der Ungerechte elend" (354a). Doch gegen diese These erhebt Glaukon einen Einwand. Er behauptet: Die Menschen handeln nur deswegen gerecht, weil sie Angst vor Strafe haben. Könne dagegen jemand unentdeckt handeln, würde er die Ungerechtigkeit vorziehen. Das bedeutet, „daß man nicht muß gerecht sein, sondern scheinen wollen" (362a).

Um diese These zu widerlegen, holt Sokrates weit aus. Für die Betrachtung des Wesens der Gerechtigkeit schlägt er eine Analogie vor. Gerechtigkeit gäbe es doch im einzelnen Menschen, aber auch in einer ganzen Stadt. Sei es daher nicht sinnvoll, die Rolle der Gerechtigkeit im vergrößerten Maßstab der Stadt zu untersuchen und dann das Ergebnis auf den einzelnen Menschen zu übertragen? Diese Analogie wird akzeptiert. So entwickelt Sokrates „in Gedanken eine Stadt" (369 a). Motiv für die Gründung einer Stadt ist die Befriedigung elementarer Bedürfnisse wie Nahrung, Kleidung, Wohnung. Zur Befriedigung dieser Bedürfnisse entwickeln sich spezialisierte Berufe. Die Stadt bietet daher die Möglichkeit wechselseitiger Bedürfnisbefriedigung. Sollen jedoch nicht nur elementare, sondern auch Bedürfnisse nach Luxusgütern befriedigt werden, so müssen zusätzlich Weideland und Ackerland erobert werden, und dazu ist es notwendig, ein „ganzes Heer" aufzubauen.

Die vollentwickelte Stadt umfasst daher drei Stände: die leitenden Politiker, den Stand der Soldaten und den Stand der Handwerker und Kaufleute. Jeder Stand verfügt über eine spezifische Tugend. Die herrschenden Politiker müssen über Weisheit *(sophia)* verfügen, die als eine Wohlberatenheit *(euboulia)* zu verstehen ist. Die Soldaten müssen über Tapferkeit *(andreia)* verfügen. Schließlich ist für die Herrschenden wie auch für die Beherrschten die Besonnenheit *(sophrosyne),* d. h. die Fähigkeit, seine Begierden zu beherrschen, notwendig. Es fehlt, so scheint es, die Gerechtigkeit. Von der Gerechtigkeit – so Sokrates – war schon unausgesprochen die ganze Zeit die Rede. Sie besteht darin, dass jeder die seiner Natur entsprechende Aufgabe im Staat erfülle, d. h. „daß jeder das Seinige verrichtet" (433a). Gerechtigkeit im Staate zu erreichen, ist das Ziel einer praktisch gewordenen dialektischen Vernunft.

Zu fragen ist nun aber, ob das Modell des Staates sich auch auf den einzelnen Menschen übertragen lässt. Das ist der Fall, wenn es auch in der Seele des einzelnen Menschen drei Instanzen gibt, die denen des Staates entsprechen. Und die gibt es tatsächlich. Dem Stand der Herrscher entspricht die Vernunft, d. h. das Denkvermögen *(logistikon),* dem Stand der Soldaten das „Mutartige", der „Eifer" *(thymos),* und dem Stand der Kaufleute das Begehrungsvermögen *(epithymia).* Wie aber kann man erkennen, dass es diese drei Teile der Seele gibt? Nun daran, dass es Situationen gibt, in denen die drei Teile gegeneinander streiten. Platon nennt als Beispiel für einen Konflikt die Begierde eines Menschen, die öffentlich zur Schau gestellten Leichname Hingerichteter anzuschauen. Doch sein *thymos,* der nicht nur das ‚Mutartige', sondern auch den Anstand umfasst, stellt sich dagegen. Schließlich aber, „von der Begierde überwunden", sagt er zu seinen Augen: "Da habt ihr es nun, ihr Unseligen, sättigt euch an dem schönen Anblick!" (440a). Andere Konflikte sind denkbar. Gut ist ein Leben, bei dem die Vernunft herrscht, der *thymos* der Vernunft folgt, wie der Hund dem Hirten, und die Begierden vom *thymos,* wie die Schafe vom Hund des

Hirten unter Kontrolle gehalten werden (vgl. 440d). Ähnlich wie im Staat wird nun auch im einzelnen Menschen die Gerechtigkeit darin gesehen, dass jeder Seelenteil im Menschen seine Aufgabe erfüllt. Gelingt dies, so besteht eine Harmonie, eine „Zusammenstimmung" (443d) der Seele. Ungerechtigkeit ist dagegen Zwiespalt und Zwietracht der Seele in sich selbst. Das Glück des Menschen beruht auf dieser Harmonie der Seele. Daher ist auch nur der gerechte Mensch glücklich und die These, der ungerecht Handelnde wäre glücklich, solange er nur unentdeckt bleiben könnte, widerlegt.

Im Vergleich zum Dialog *Phaidon,* in dem Platon noch einen Leib-Seele-Dualismus vertreten hatte, und es die Aufgabe der Seele war, sich von allem Leiblichen fernzuhalten, hat Platon hier eine entscheidende Modifikation seiner ethischen Überlegungen vorgenommen. Zum einen ist das dualistische Konzept der Seele ersetzt worden durch das Modell einer dreigeteilten Seele, d. h. es streiten Seelenteile miteinander, nicht mehr Leib und Seele; zum anderen aber ist es nicht mehr das Ziel, leibliche Bedürfnisse zu meiden, sondern ihnen einen angemessenen Platz in der Seele einzuräumen. Die Herrschaft der dialektischen Vernunft besteht darin, einen gerechten Ausgleich zwischen streitenden Seelenteilen herzustellen.

Der Gedanke der Herrschaft der Vernunft bildet auch den Leitfaden für Platons politische Ethik. Seine These lautet: Die beste Herrschaft im Staat ist die Herrschaft der Besten. Ist das einer, handelt es sich um eine Monarchie, sind es mehrere, um eine Aristokratie. In beiden Fällen handelt es sich um eine Herrschaft der Vernunft. Doch diese lässt sich nicht auf die Dauer erhalten, da nach Homer „allem Entstandenen doch Untergang bevorsteht" (546a). So folgt der Aristokratie die Timokratie, in der eine Kriegerkaste herrscht. Ihr folgt die Oligarchie, die Herrschaft der Reichen, gefolgt von der Demokratie der Herrschaft der Armen. Das katastrophale Ende bildet die Tyrannis. Platon ordnet den Staatsformen Seelenteile zu, und zwar nach folgendem Schema:

Staatsformen	Seelenteile
Monarchie/Aristokratie	Vernunft *(logistikon)*
Timokratie	Das Mutartige *(thymos)*
Oligarchie	Beherrschte Begierde *(epithymia)*
Demokratie	Zügellose Begierde *(epithymia)*
Tyrannis	Gewalttätige Begierde *(epithymia)*

Herrschaft der Vernunft und gewalttätige Begierde bilden so für Platon im Staat wie im einzelnen Menschen den absoluten Gegensatz von gut und schlecht.

Im einzelnen Menschen verbindet sich der Gedanke einer dialektischen Vernunft mit der Entscheidung für die eigene Lebensweise. Platon thematisiert diesen Sachverhalt am Schluss der *Politeia* im Mythos von der Wahl des ‚Lebensloses‘. Ihm liegt die Lehre von der Wiedergeburt der Seelen zugrunde. Vor der Wiedergeburt – so der Mythos – wird den Seelen die Möglichkeit gegeben, sich aus einer großen Anzahl von Lebensweisen eine auszusuchen. Diese bildet für sie ihr „Lebenslos“. Es ist der „Dämon“, den sie sich wählen. An sie geht die Botschaft der Lachesis, der Tochter der „Notwendigkeit“: „Nicht euch wird der Dämon erlosen, sondern ihr werdet den Dämon wählen. Wer aber zuerst gelost hat, wähle zuerst die Lebensbahn, in welcher er dann notwendig verharren wird. Die Tugend ist herrenlos, von welcher, je nachdem jeglicher sie ehrt oder geringschätzt, er auch mehr oder minder haben wird. Die Schuld ist des Wählenden; Gott ist schuldlos“ (617 d/e). Der platonische Sokrates entmythologisiert den Schicksalsglauben dadurch, dass er den Gedanken der Freiheit und der Notwendigkeit des Menschen, seine „Lebensweise“ zu wählen, selbst in einen Mythos kleidet.

Die Wirkungsgeschichte Platons ist unübersehbar. Sie deckt sich, wie Whitehead betont hat (vgl. Whitehead 1987, 91), weitgehend mit der Geschichte der Philosophie. Seine am Dialog orientierte dialektische Ethik hat in der Gegenwart in der von Apel und Habermas entwickelten Diskurs- und Verantwortungsethik (s. Abschn. 4) eine bemerkenswerte Transformation und Aktualisierung erfahren.

Aristoteles (384–322), der zeitweilige Schüler Platons, entwickelt ein umfassendes Konzept einer praktischen Philosophie (vgl. Zemb 1979; Höffe 1996; Flashar 2014, Pleger 2020, 23–32). Hat bereits Platon zentrale ethische und politische Fragen in seinen Dialogen erörtert, so entwickelt Aristoteles diese zu eigenständigen philosophischen Disziplinen und verfasst Bücher, die den Namen dieser Disziplinen im Titel tragen, so die *Nikomachische Ethik* und die *Politik*. In seiner Ethik thematisiert er die menschlichen Lebensweisen *(bioi)*. Jede strebt auf ihre Weise nach einem ‚guten Leben‘. Das gute Leben bleibt Teil der politischen Gemeinschaft, und diese ist Gegenstand der ‚politischen Wissenschaft‘. Aristoteles bezeichnet daher auch die Ethik als einen „Teil der politischen Wissenschaft“ (*EN* 1094 a). Die Ethik ist aber nicht einfach der politischen Wissenschaft untergeordnet. Eher schon könnte man seine Ethik als eine politische Ethik verstehen (vgl. Ritter 1977, 131). Entsprechendes gilt für seine Rechtsphilosophie. Sie bilden gemeinsam seine ‚praktische Philosophie‘. Aristoteles grenzt das Handeln gegenüber dem Produzieren (*poiesis*) ab. Der entscheidende Unterschied zwischen ihnen besteht darin, dass das Produzieren sein Ziel außerhalb seiner Tätigkeit hat, die Praxis aber ihr Ziel in ihr selbst findet. Das Ziel, ein Gebäude zu errichten, liegt außerhalb der Tätigkeit, die zu dem Ziel führt. Sie ist vollendet mit dem letzten Stein. Dagegen besteht das Ziel des Musizierens nicht darin, den letzten Ton zu erreichen. Sein Ziel liegt im Musizieren selbst. Aristoteles betont: „Das Leben wiederum ist ein Handeln und kein Produzieren" (*Pol.* 1254 a). Daher liegt das Ziel des menschlichen Lebens in ihm selbst.

Aber was ist nun das Ziel der menschlichen Praxis? Die Antwort, die Aristoteles gibt, lautet: „Glückseligkeit nennen es die Leute ebenso wie die Gebildeten, und sie setzen das Gut-Leben und das Sich-gut-Verhalten gleich mit dem Glückseligsein" (*EN* 1095 a). Er versteht die Glückseligkeit *(eudaimonia)* als „eine gute Lebensführung", d. h. als eine gute Praxis. Doch in der Frage, worin diese besteht, gehen die Meinungen auseinander. Aristoteles unterscheidet drei „Lebensformen", in denen die Glückseligkeit gesucht wird. Es ist erstens die am Genuss und an der Lust orientierte Lebensweise *(bios apolaustikos)*, zweitens die an Ruhm und Ehre orientierte politische *(bios politikos)* und drittens die „betrachtende" (*bios theoretikos*, 1095b).

Die Entscheidung für eine Lebensweise ist – ähnlich wie bei Platon – eine Sache der Wahl. Aristoteles bemerkt: „Die Mehrzahl der Leute und die rohesten wählen die Lust. Darum schätzen sie auch das Leben des Genusses" (1095 b). Er charakterisiert sie wie folgt: „Die große Menge erweist sich als völlig sklavenartig, da sie das Leben des Viehs vorzieht" (ebd.). Die politische Lebensweise geht über die der Lust hinaus, denn um das von ihr angestrebte Ziel von Ruhm und Ehre zu erlangen, ist eine bestimmte politische Tüchtigkeit notwendig. Doch auch sie hat einen Mangel. Der politische Mensch möchte geehrt werden, aber „die Ehre liegt wohl eher in den Ehrenden als in dem Geehrten" (ebd.). Aufgrund dieser Mängel bleiben diese beiden Lebensweisen abhängig von anderem, von den Objekten der Lust oder dem Ruhm. Sie sind nicht autark, d. h. "selbstgenügsam". „Als selbstgenügsam gilt uns dasjenige, was für sich allein das Leben begehrenswert macht und vollständig bedürfnislos. Für etwas Derartiges halten wir die Glückseligkeit, und zwar so, daß sie das Wünschenswerteste ist, ohne daß irgend etwas anderes addiert werden könnte" (1097b). Im weiteren Verlauf der Untersuchung wird sich zeigen, dass allein die betrachtende Lebensweise diesen Anforderungen genügt.

Allein, Aristoteles beschränkt sich in seiner Ethik nicht darauf, nun ausschließlich über die theoretische Lebensweise zu sprechen. Die Glückseligkeit, die er zu bestimmen sucht, ist das dem Menschen mögliche Glück und das unterliegt anthropologischen Bedingungen. Dazu gehört selbstverständlich, dass Bedürfnisse und Lustempfindungen ebenso eine wichtige Rolle spielen wie das Leben des Menschen in einer *polis,* „da ja der Mensch seiner Natur nach in der Gemeinschaft lebt" (1097b). Den drei Lebensweisen entsprechen streng genommen Stufen im Aufbau des Menschen. Die unterste Stufe repräsentiert die Befriedigung der physischen Bedürfnisse, die zweite seine ‚politische Natur' und die dritte, die höchste, seine Vernunft, die selbst sich aufteilt in eine praktische und eine theoretische. Entscheidend ist also die Frage, auf welcher Stufe die vom Menschen gewählte Lebensweise angesiedelt ist. Aber auch die höchste bleibt auf die Berücksichtigung der beiden unteren angewiesen. Fraglos bleibt für Aristoteles, dass eine der Natur des Menschen entsprechende Lebensweise sich an der Vernunft orientiert.

Für diese sind bestimmte Fähigkeiten, Tüchtigkeiten *(aretai)* notwendig, zu Deutsch häufig als ‚Tugenden' bezeichnet. Aristoteles unterscheidet die *dianoetischen* Tugenden (Verstandestugenden) von den ethischen Tugenden, die auch als Charaktertugenden bezeichnet werden. Zu den ersten rechnet er beispielhaft die Weisheit *(sophia)*, die Auffassungsgabe *(synhesis)* und die Klugheit *(phronesis)*; zu den Charaktertugenden die Großzügigkeit *(eleutheriotes)* und die Besonnenheit *(sophrosyne)* (vgl. 1102b). Die verstandesmäßigen Tugenden entstehen durch Belehrung, die ethischen durch Gewöhnung und Übung. Keine der ethischen Tugenden haben wir von Natur aus. Sie entstehen aber auch nicht gegen unsere Natur. „Wir sind vielmehr von Natur dazu gebildet, sie aufzunehmen, aber vollendet werden sie durch die Gewöhnung" (1103a).

Diese Überlegungen werfen ein Licht auf das aristotelische Verständnis von Ethik. Die ethisch bedeutsame Lebensweise zeigt sich nicht an einzelnen Handlungen, sondern an der Bildung eines Charakters, der zu entsprechenden ethisch relevanten Handlungen führt. Aristoteles erläutert diesen Gedanken so: „Die Tugenden dagegen erwerben wir, indem wir sie zuvor ausüben, wie dies auch für die sonstigen Fertigkeiten gilt. Denn was wir durch Lernen zu tun fähig werden sollen, das lernen wir eben, indem wir es tun: durch Bauen werden wir Baumeister und durch Kitharaspielen Kitharisten. Ebenso werden wir gerecht, indem wir gerecht handeln, besonnen durch besonnenes, tapfer durch tapferes Handeln" (1103a/b). Er stellt dabei bewusst technische und ethische Fertigkeiten auf eine Stufe. So sehr Aristoteles mit seinen Überlegungen bedeutsame pädagogische Perspektiven eröffnet, sowenig darf die Gewöhnung im Sinne einer Dressur verstanden werden. Am Anfang jeder ausgeübten Handlung steht die *dianoetische* Tugend der Klugheit *(phronesis)*, die als eine „moralisch-praktische Urteilskraft" (Höffe 1996, 203) zu verstehen ist. Aus diesem Grunde kann die Ethik das ethische Handeln auch nur im Umriss darstellen, nicht aber einzelne Handlungsanweisungen geben. „Weder eine Wissenschaft noch allgemeine Empfehlungen sind dafür zuständig, sondern die Handelnden selbst müssen die jeweilige Lage bedenken, ebenso wie in der Medizin und in der Steuermannskunst" (*EN* 1104a).

Die Klugheit ist auch deswegen unabdingbar, weil bei der Anwendung der ethischen Tugenden stets situationsbezogen ein richtiges Maß anzuwenden ist. Die bereits von den ‚Sieben Weisen' vorgebrachte Devise des Maßhaltens bekommt bei Aristoteles eine genauere Bestimmung. Das richtige Maß bewegt sich stets in einer Mitte *(mesotes)* zwischen einem Zuviel und einem Zuwenig, die beide schlecht sind. Er erläutert diesen Gedanken an einer Fülle von Beispielen. So steht die Tapferkeit in der Mitte zwischen Feigheit und Tollkühnheit, die Großzügigkeit ist die Mitte zwischen Geiz und Verschwendungssucht, die Besonnenheit die Mitte von Stumpfsinn und Zügellosigkeit (vgl. Flashar 2014, 79). Dieses mittlere Maß lässt sich aber nicht arithmetisch bestimmen. So steht z. B. die Tapferkeit der Tollkühnheit etwas näher als der Feigheit (vgl. *EN* 1109a); auch ist es situationsspezifisch und individuell verschieden. Schließlich gibt es Handlungen und Leidenschaften, die an sich schlecht sind und für die es daher auch keine akzeptable Mitte gibt, wie für die Leidenschaften „Schadenfreude, die Schamlosigkeit oder der Neid, und bei den Handlungen der Ehebruch, der Diebstahl und der Mord" (1107a).

Aristoteles fasst im Schlusskapitel seiner Ethik die wichtigsten Aspekte noch einmal zusammen. Es sind die Fragen der Lust, der Glückseligkeit und der Politik. Er betont, dass die Lust von früh an im Menschen eine zentrale Rolle spielt und dass aus diesem Grund Lust und Schmerz auch gezielt als pädagogische Mittel eingesetzt werden. Darüber hinaus spielt die Lust eine wichtige Rolle für das ethisch bedeutsame Handeln und für die Erreichung der Glückseligkeit. Gleichwohl werde die Lust von den einen befürwortet, von den anderen aber, so z. B. Platon, entschieden abgelehnt (vgl. 1172a/b).

Aristoteles weist beide Extreme zurück und unternimmt es, die Lust als allgemein menschliches Phänomen zu rehabilitieren, gleichzeitig aber Differenzierungen im Begriff vorzunehmen. Er betont, dass es zwar Fälle gibt, in denen Lust und Schmerz einen Gegensatz bilden, der sich wechselseitig aufhebt, so z. B. schmerzvoller Hunger durch lustvolles Essen. Das gilt aber nicht generell. So ist die sinnliche Wahrnehmung, das Riechen, Hören, Schmecken an sich etwas Lustvolles, ebenso sind es die geistigen Tätigkeiten wie das Lernen, die Erinnerung und die Hoffnung. Sie geschehen ohne vorangegangenen Schmerz (vgl. 1173b). Andererseits ist die Lust auch nicht das höchste Ziel. So nehmen wir auch schmerzliche Erfahrungen in Kauf,

die sich mit dem Übergang von der Kindheit zum Erwachsenenalter einstellen und kein rechtlich denkender Mensch würde „Schimpfliches" tun,
nur um Schmerz zu vermeiden. Die Lust ist nicht das Ziel aller Tätigkeit,
sondern ein sie begleitendes Moment. Die „Lust vollendet die Tätigkeit und
also auch das Leben" (1175a). Allerdings gilt auch, dass der Mensch unfähig
ist, "kontinuierlich in Tätigkeit zu sein: also auch Lust zu empfinden"
(ebd.). Außerdem ist zu berücksichtigen, dass das, was Menschen als lustvoll
empfinden, individuell sehr unterschiedlich ist. Die sogenannten „schänd-
lichen Lüste" dagegen verdienen nicht den Namen Lust. Sie sind es nämlich
nur „für Menschen in schlechter Verfassung" (1173b). Dagegen begleitet die
vollendete Lust die Tätigkeit eines glückseligen Menschen (vgl. 1176a).

Erneut betont Aristoteles, dass die Glückseligkeit eine Tätigkeit darstellt
und keinen Zustand. Glückselig ist niemand, „der sein Leben lang schläft".
Vielmehr ist „Glückseligkeit eine der Tugend gemäße Tätigkeit" (1177a).
Die Tugend allein aber reicht nicht aus, um glückselig zu sein, denn diejenigen, „die behaupten, ein Mensch, der aufs Rad geflochten werde und
der in großes Unglück gerate, sei glückselig, wenn er nur tugendhaft sei,
behaupten absichtlich oder unabsichtlich Nichtiges" (1153b). Weder ein
Sklave kann glücklich sein, noch ein Mensch, dem es an einer guten körperlichen Verfassung oder an äußeren Gütern mangelt (vgl. 1178b).

Worin besteht nun die der Tugend gemäße Tätigkeit, die zur Glückseligkeit führt? Die aristotelische Antwort lautet: es ist die Tätigkeit der Tugend,
die das Beste in uns ausmacht, und das ist der „Geist" (1177a). Die Tätigkeit des Geistes ist die Philosophie und die ihr entsprechende theoretische,
d. h. betrachtende Lebensweise. Nicht nur „bietet die Philosophie Genüsse
von wunderbarer Reinheit und Beständigkeit" (ebd.), sie zeichnet sich auch
durch ein hohes Maß an Autarkie aus. Das bedeutet: „Sie bietet uns außer
dem Betrachten nichts; vom praktischen Handeln dagegen haben wir noch
einen größeren oder kleineren Gewinn außer der Handlung" (1177b).

Allerdings, ein Leben in dieser Autarkie ist etwas, das „höher ist als es
dem Menschen als Menschen zukommt". Er erreicht es nur, „sofern er etwas
Göttliches in sich hat". Ein Leben nach dem Geiste muss „im Vergleich mit
dem menschlichen Leben göttlich sein" (1177b), und umgekehrt muss „die
Tätigkeit Gottes, die an Seligkeit alles übertrifft, eine betrachtende sein"
(1178b). Indem sich der Mensch der betrachtenden Lebensweise annähert,
nähert er sich zugleich dem Göttlichen an. Daher wäre es falsch, als Mensch
nur an Menschliches zu denken, sondern wir sollten „uns bemühen,
unsterblich zu sein und alles zu tun, um nach dem Besten, was in uns ist, zu
leben" (1177b).

Es ist bemerkenswert, dass die *Nikomachische Ethik* nicht mit diesem Ausblick auf das Göttliche endet, sondern ähnlich wie in Platons ‚Höhlengleichnis' wird der Leser zurückgeführt in den Bereich der Pädagogik und der Politik. Die Frage lautet: Wie können Menschen dazu gebracht werden, nicht nur über die zur richtigen Lebensweise nötigen Tüchtigkeiten (Tugenden) Bescheid zu wissen, sondern sie sich auch anzueignen? Worte allein helfen wenig, denn die meisten Menschen ändern sich in ihrem Verhalten nur durch Androhung von Strafe. Entscheidend ist, dass bereits bei der Erziehung der Jugendlichen nicht nur die Belehrung zu beachten ist, sondern auch Gewöhnung und Übung, da sie zur Bildung eines guten Charakters führen.

Erleichtert werden diese Bemühungen durch die richtigen Gesetze, denn die individuellen Anstrengungen der Erzieher benötigen den entsprechenden gesetzlichen Rahmen. Doch bislang wurde wenig Aufmerksamkeit auf diesen Bereich in der Politik gelegt. „Nur im Staate der Spartaner und in wenigen andern scheint der Gesetzgeber sich um Erziehung [...] gekümmert zu haben" (*EN* 1180a). Die Sophisten aber, die vorgaben, politische Bildung lehren zu können, haben – so Aristoteles – völlig versagt, da sie nichts von Politik verstünden und in ihr nur einen Zweig der Rhetorik sähen (vgl. 1181a). Daher sei es notwendig, sich der Frage erneut zuzuwenden, bestehende Verfassungen zu sammeln und sie auf ihre Qualität auch in Hinsicht auf pädagogische Fragen zu prüfen (vgl. 1181b).

Die aristotelische Ethik wurde nicht nur zum Grundbuch der griechischen Antike, sondern wurde auch im Mittelalter, vor allem seit Thomas von Aquin, hoch geschätzt. Eine entscheidende philosophische Kritik übte Kant an der antiken eudämonistischen Ethik. Im 20. Jahrhundert erfuhr sie jedoch mit der ‚Rehabilitierung der praktischen Philosophie' durch die hermeneutische Philosophie eine erneute Beachtung (vgl. Ritter 1977). Hellmut Flashar bezeichnet Aristoteles in seinem Buch über ihn gar als *Lehrer des Abendlandes* (Flashar 2014).

2   Pflichtethik (Kant)

Das Bewußtsein einer *freien* Unterwerfung des Willens unter das Gesetz, doch als mit einem unvermeidlichen Zwange, der allen Neigungen, aber nur durch eigene Vernunft angetan wird, verbunden, ist nun die Achtung fürs Gesetz. Das Gesetz, was diese Achtung fodert und auch einflößt, ist, wie man sieht, kein anderes, als das moralische (denn kein anderes schließt alle Neigungen von der Unmittelbarkeit ihres Einflusses auf den Willen aus). Die Handlung, die nach diesem Gesetze, mit Ausschließung aller Bestimmungsgründe aus Neigung, objektiv praktisch ist, heißt *Pflicht,* welche um dieser Ausschließung willen, in ihrem Begriffe praktische *Nötigung,* d. i. Bestimmung zu Handlungen, so *ungerne,* wie sie auch geschehen mögen, enthält. Das Gefühl, das aus dem Bewußtsein dieser Nötigung entspringt, ist nicht pathologisch, als ein solches, was von einem Gegenstande der Sinne gewirkt würde, sondern allein praktisch, d. i. durch eine vorhergehende (objektive) Willensbestimmung und Kausalität der Vernunft, möglich.

(Immanuel Kant: Kritik der praktischen Vernunft. Werke in sechs Bänden. Bd. IV. Darmstadt 1998, S. 202)

Kant, der einer Handwerkerfamilie entstammt, wird 1724 in Königsberg geboren. Er besucht dort das pietistische Friedrichskollegium. Kant bleibt seiner Heimatstadt zeitlebens verbunden. Er studiert an der Universität in Königsberg Philosophie, Mathematik und Naturwissenschaft. In den Jahren 1746 bis 1755 ist er bei verschiedenen Familien in der Umgebung Königsbergs als Hauslehrer tätig. Nach seiner Dissertation und einer weiteren Schrift wird Kant 1755 Privatdozent an der Universität Königsberg und hält Vorlesungen über Philosophie, Naturwissenschaft, physische Geographie und Theologie. 1770 wird Kant ordentlicher Professor für Metaphysik und Logik an der dortigen Universität und 1786 ein erstes und 1788 ein zweites Mal ihr Rektor. Kant stirbt 1804 in Königsberg (vgl. Paton 1962; Schultz 1972; Höffe 1996a; Gerhardt 2002; Irrlitz 2015; Pleger 2020, 115–125).

Kant stellt die Pflicht in den Mittelpunkt seiner Ethik. Pflicht ist die freie „Unterwerfung des Willens unter das Gesetz" der praktischen Vernunft (s. Zitat). Während die antike Glücksethik am Primat des natürlichen Glücksstrebens festhält, zugleich aber deutlich macht, dass auf lange Sicht nur derjenige glücklich sein kann, der der Vernunft folgt, gibt es für Kant einen unüberbrückbaren Gegensatz zwischen einer *eudämonistischen* Ethik, die sich am „Glückseligkeitsprinzip" orientiert (vgl. Kant 1998 IV, 506) und einer Pflichtethik, die den Geboten der praktischen Vernunft folgt. Das Streben nach Glück hat für Kant keine moralische Qualität. Diese kommt allein der Pflicht zu (vgl. Paton 1962, 42). Mit Emphase sagt er: *„Pflicht!* du erhabener großer Name" (Kant IV, 209). Er kehrt das antike Verhältnis von Glück und Vernunft um, indem er das natürlich bedingte Glücksstreben selbst in den Kanon der Pflichterfüllung integriert. Er sagt: „Seine eigene Glückseligkeit sichern, ist Pflicht (wenigstens indirekt), denn der Mangel der Zufriedenheit mit seinem Zustande, in einem Gedränge von

vielen Sorgen und mitten unter unbefriedigten Bedürfnissen, könnte leicht
eine große *Versuchung zu Übertretung der Pflichten* werden" (ebd., 25).

Kant gehört mit seiner Orientierung an der Vernunft in das Zeitalter der
Aufklärung. Die Devise der Autonomie der Vernunft, der Gedanke des Fortschritts, der Meinungsfreiheit und der Respektierung bürgerlicher Rechte,
bilden wesentliche Elemente dieses Ansatzes. Kant hat der *Beantwortung
der Frage: Was ist Aufklärung?* eine eigene Schrift gewidmet. Seine Antwort
lautet: *„Aufklärung ist der Ausgang des Menschen aus seiner selbst verschuldeten
Unmündigkeit"* (Kant VI, 53). Ihr Wahlspruch lautet: „Sapere aude! Habe
Mut, dich deines *eigenen* Verstandes zu bedienen!" (ebd.). Dieser Mut fehle
aber bei einem großen Teil der Menschheit. Daher ist es für den einzelnen
Menschen schwer, sich aus dieser Unmündigkeit zu befreien. Den Ausweg
sieht Kant in folgendem: „Daß aber ein Publikum sich selbst aufkläre, ist
eher möglich; ja es ist, wenn man ihm nur Freiheit läßt, beinahe unausbleib-
lich" (ebd., 54). Es ist das Prinzip der Öffentlichkeit, dem Kant den entscheidenden Faktor im Prozess der Aufklärung zuspricht. Sie führt – so seine
Überzeugung – schließlich auch zu einer Reform der politischen Verhältnisse (vgl. Habermas 1975, 127 ff.).

Kants Denken geht jedoch auch noch über das Programm der Aufklärung hinaus. Die Forderung, sich seines eigenen Verstandes zu bedienen,
macht die Prüfung der eigenen Verstandeskräfte nicht überflüssig, sondern
geradezu zwingend notwendig. Die Prüfung der Leistungsfähigkeit des
menschlichen Verstandes wird daher zu einem zentralen philosophischen
Anliegen Kants. Sie bildet den Kern seiner theoretischen Philosophie. Einen
ebenso bedeutenden Platz nimmt seine praktische Philosophie ein. Einen
dritten Schwerpunkt bilden seine Ästhetik und seine Religionsphilosophie.
In seiner Vorlesung zur *Logik* hat Kant das Spektrum seiner Philosophie am
Leitfaden folgender Fragen entwickelt: „1) *Was kann ich wissen?* – 2) *Was
soll ich tun?* 3) Was darf ich hoffen? 4) Was ist der Mensch? Die erste Frage
beantwortet die *Metaphysik,* die zweite die *Moral,* die dritte die *Religion,*
und die vierte die *Anthropologie.* Im Grunde könnte man aber alles dieses
zur Anthropologie rechnen, weil sich die drei ersten Fragen auf die letzte
beziehen" (Kant III, 448).

Kant schließt sich mit seinen Überlegungen zur Anthropologie an
das bei Platon entwickelte Verhältnis von Leib und Seele an. Für Kant ist
der Mensch ‚Bürger zweier Welten', die er als *„mundus sensibilis"* und als
„mundus intelligibilis" (vgl. Kant II, 279 Anm.) beschreibt. Die erste umfasst
den Bereich der Sinnlichkeit, die zweite den Bereich von Verstand und
Vernunft. Während es die Aufgabe des Verstandes ist, *„die sinnlichen Vorstellungen unter Regeln zu bringen",* ist es die Aufgabe der Vernunft, „Sinnen-

welt und Verstandeswelt von einander zu unterscheiden, dadurch aber dem Verstande selbst seine Schranken vorzuzeichnen" (Kant IV, 88).

Der Mensch gehört als Lebewesen der erfahrbaren ‚Sinnenwelt' an und hat als Vernunftwesen mit seinem Denken zugleich Teil an der intelligiblen Welt. Kant folgert: „Um deswillen muß ein vernünftiges Wesen sich selbst, als *Intelligenz* (also nicht von Seiten seiner untern Kräfte), nicht als zur Sinnen-, sondern zur Verstandeswelt gehörig, ansehen; mithin hat es zwei Standpunkte, daraus es sich selbst betrachten, und Gesetze des Gebrauchs seiner Kräfte, folglich aller seiner Handlungen, erkennen kann, *einmal,* sofern es zur Sinnenwelt gehört, unter Naturgesetzen (Heteronomie), *zweitens,* als zur intelligibelen Welt gehörig, unter Gesetzen, die, von der Natur unabhängig, nicht empirisch, sondern bloß in der Vernunft gegründet sein" (ebd.). Als ein „vernünftiges Lebewesen" ist er durch einen Zwiespalt bestimmt, da er in sich die Sinnlichkeit aller Lebewesen und die Vernünftigkeit der „intelligibelen Welt" in sich vereinigt.

Das Problem des Dualismus setzt sich im Bereich der Ethik fort. Hier stehen sich Sinnlichkeit und praktische Vernunft gegenüber. Der Bereich der Sinnlichkeit ist bestimmt durch Strebungen und Bedürfnisse. Es ist vor allem das Glücksbedürfnis, das den Menschen zu Handlungen motiviert. Das Glücksbedürfnis ist im Menschen so tief verankert, dass er von ihm niemals absehen kann. Kant bemerkt: „Glücklich zu sein, ist notwendig das Verlangen jedes vernünftigen aber endlichen Wesens, und also ein unvermeidlicher Bestimmungsgrund seines Begehrungsvermögens" (Kant IV, 133). Aber es zielt vor allem auf das eigene Wohl. „Von dem Tage an, da der Mensch anfängt durch Ich zu sprechen, bringt er sein geliebtes Selbst, wo er nur darf, zum Vorschein, und der Egoism schreitet unaufhaltsam fort" (Kant VI, 408).

Als Gegenspieler ist die praktische Vernunft anzusehen, die den Menschen als ein vernünftiges Wesen in Anspruch nimmt. Sie fordert ihn dazu auf zu prüfen, ob die Grundsätze seines Handelns, d. h. seine Maximen, mit dem Gesetz der praktischen Vernunft übereinstimmen. Die Gesetze der praktischen Vernunft orientieren sich nicht an dem Wohl des Einzelnen, sondern daran, ob eine Handlung der besondere Fall eines allgemeingültigen Gesetzes sein kann. Vorbild für Kants Gesetzesbegriff ist zum einen der Gedanke der Widerspruchsfreiheit, der der Logik entstammt, und zum anderen die Allgemeingültigkeit von Naturgesetzen. So wie in der Natur allgemeine Gesetze gelten und das ausnahmslos, so soll auch das menschliche Handeln allgemeingültigen Gesetzen gehorchen. Egoismus, Ausnahmen und Privilegien, spezielle Vorlieben und Neigungen haben darin keinen Platz.

Die Formulierungen des kategorischen Imperativs, die diese Gedanken ausdrücken, lauten: „handle nur nach derjenigen Maxime, durch die du zugleich wollen kannst, daß sie ein allgemeines Gesetz werde" und „handle so, als ob die Maxime deiner Handlung durch deinen Willen zum allgemeinen Naturgesetze werden sollte" (Kant IV, 51). In den genannten Formulierungen ergibt sich jedoch ein Spannungsverhältnis zwischen dem am eigenen Wohl orientierten Glücksbedürfnis des Einzelnen und der im kategorischen Imperativ formulierten Allgemeingültigkeit. Während das Glücksbedürfnis sich als Neigung artikuliert, hat der kategorische Imperativ den Charakter einer Pflicht (vgl. Paton 1962, 39).

Der Begriff der Pflicht macht die ambivalente Situation deutlich, in der sich der Mensch befindet. Wäre er Gott oder ein reines Vernunftwesen, gäbe es für ihn keine Pflicht, denn er würde immer schon vernünftig handeln (vgl. Höffe 1996a, 178). Wäre er nur vernunftloses Lebewesen, wäre er nicht in der Lage, den Anspruch der praktischen Vernunft zu verstehen. Nur weil er dieses spezifisch zwiespältige vernünftige Lebewesen ist, stellt für ihn die Pflicht die Zumutung dar, den durch die Naturgesetze bestimmten sinnlichen Antrieben zu widerstehen und sich das Gesetz der praktischen Vernunft zu eigen zu machen.

Das Handeln aus Pflicht, das dem kategorischen Imperativ folgt, setzt jedoch Freiheit gegenüber der Notwendigkeit des Naturgesetzes voraus. Unumgänglich wird daher die Frage, ob der Mensch diese Freiheit hat. Kant hat diese Frage in seiner *Kritik der reinen Vernunft* erörtert und definiert dort die „transzendentale Freiheit" als „eine *absolute Spontaneität* der Ursachen, eine Reihe von Erscheinungen, die nach Naturgesetzen läuft, *von selbst* anzufangen" (Kant II, 428). Freiheit kann empirisch nicht bewiesen werden: „Daher ist Freiheit nur eine *Idee* der Vernunft" (Kant IV, 92). Kant macht deutlich, dass die praktische Vernunft gleichwohl auf diese Idee nicht verzichten kann, da sonst moralisches Handeln unmöglich und die Verantwortung des Menschen für sein Handeln zerstört würde. Er sagt: „Ein jedes Wesen, das nicht anders als *unter der Idee der Freiheit* handeln kann, ist eben darum, in praktischer Rücksicht, wirklich frei, d. i. es gelten für *dasselbe* alle Gesetze, die mit der Freiheit unzertrennlich verbunden sind, eben so, als ob sein Wille auch an sich selbst, und in der theoretischen Philosophie gültig, für frei erklärt würde" (ebd., 83).

Freiheit bedeutet aber nicht Beliebigkeit. Der freie Wille, der nicht mehr dem Naturgesetz unterworfen ist, gibt sich selbst ein Gesetz für das Handeln. An die Stelle der Heteronomie tritt die Autonomie des freien Willens. Indem der Mensch die Pflicht anerkennt, die sich aus dem kategorischen Imperativ ergibt, unterwirft er sich nicht einer

Fremdbestimmung, sondern erreicht die einem Vernunftwesen angemessene Selbstbestimmung. In diesem Sinne ist Kants Ethik zugleich eine Ethik der Freiheit und eine Pflichtethik. In ihr werden die vollkommenen und die unvollkommenen Pflichten unterschieden sowie die Pflichten gegen sich selbst und gegen andere. Die vollkommenen Pflichten haben den Charakter von Verboten, die unvollkommenen den von Geboten. Kant entwickelt an Hand von vier Beispielen folgendes Schema der Pflichten:

Pflichten:	vollkommene	unvollkommene
Gegen sich selbst	Verbot des Selbstmordes	Gebot der Entwicklung eigener Talente
Gegen andere	Verbot des lügenhaften Versprechens	Gebot der Hilfe in der Not gegenüber anderen

Das Beispiel der vollkommenen Pflicht gegen sich selbst bedeutet: Ein Mensch, der des Lebens überdrüssig ist und die Neigung spürt, seinem Leben ein Ende zu setzen, möge sich fragen, ob die Handlung ein allgemeines Gesetz werden könne. Er wird feststellen, dass das nicht der Fall ist, denn die Handlung ist ein Widerspruch einer zweckvollen Natur in sich selbst. Das Beispiel einer vollkommenen Pflicht gegen andere bedeutet: Ein lügenhaftes Versprechen kann kein allgemeines Gesetz werden; denn jede Lüge stellt einen Widerspruch in sich selbst dar, da in ihr die geäußerten Worte und der tatsächliche Wille sich widersprechen.

Das Beispiel einer unvollkommenen Pflicht gegen sich bedeutet: Zwar ist es widerspruchsfrei denkbar, dass jemand die Talente, die in ihm schlummern, unentwickelt lässt, aber es kann nicht der Zweck einer als vernünftig gedachten Natur sein. Das Beispiel einer unvollkommenen Pflicht gegen andere bedeutet schließlich: Zwar ist es möglich, sich widerspruchsfrei eine Natur zu denken, in der jeder nur auf sein Wohl bedacht ist, dem anderen nicht schadet, ihm aber auch in Not nicht hilft. Auch hier gilt: Dieses Handeln ist mit der Idee einer vernünftigen Natur nicht vereinbar.

Nun müssen Pflicht und Neigung keineswegs immer in einem Widerspruch stehen. In manchen Fällen entspricht ein pflichtmäßiges Handeln auch einem klugen Kalkül. So wird ein Kaufmann einen Kunden nicht betrügen, weil er diesen auf Dauer nicht verlieren möchte. Ein anderer hilft einem in Not Geratenen aus einem Gefühl des Mitleids heraus. Doch Kant lässt diese Fälle als Beispiele für moralisches Handeln nicht gelten; denn moralisch ist ein Handeln nur dann, wenn das Motiv der Handlung der kategorische Imperativ ist (vgl. Kaulbach 1988, 26).

Allerdings ergeben sich nun zwei Probleme: Zum einen entsteht die Frage, wie sich bei einer einzelnen Handlung das Motiv feststellen lässt. Kants überraschende Antwort lautet: Überhaupt nicht. Kein Mensch kann bei einer pflichtmäßigen Handlung weder bei einem anderen, noch auch bei sich selbst erkennen, aus welchem Motiv die Handlung erfolgte, „denn die Maximen kann man nicht beobachten, sogar nicht allemal in sich selbst" (Kant IV, 666).

Das zweite Problem ist nicht minder gravierend: Wie ist es überhaupt möglich, dass die praktische Vernunft zum Motiv einer Handlung wird? Selbst wenn unterstellt wird, dass der Mensch intellektuell dazu in der Lage ist, seine Handlung am Maßstab des kategorischen Imperativs zu prüfen und er dies auch tut, so ist damit keineswegs sichergestellt, dass diese Handlung auch ausgeführt wird. Wie kann das starke Motiv des Menschen aufgrund seiner Sinnlichkeit, nur an das eigene Wohl zu denken, durch eine Vernunft überwunden werden, deren Reich das *Intelligible* ist? Kants überraschende Antwort lautet: Die Möglichkeit für ein vernünftiges Handeln besteht in der „Achtung für dieses praktische Gesetz". Diese Achtung ist ein Gefühl. Auf den Einwand, ein Gefühl gehöre dem Bereich der Sinnlichkeit an, antwortet Kant so:

„Allein wenn Achtung gleich ein Gefühl ist, so ist es doch kein durch Einfluß *empfangenes,* sondern durch einen Vernunftbegriff *selbstgewirktes* Gefühl und daher von allen Gefühlen der ersteren Art, die sich auf Neigung oder Furcht bringen lassen, spezifisch unterschieden. Was ich unmittelbar als Gesetz für mich erkenne, erkenne ich mit Achtung, welche bloß das Bewußtsein der *Unterordnung* meines Willens unter einem Gesetze, ohne Vermittelung anderer Einflüsse auf meinen Sinn, bedeutet" (Kant IV, 27 f. Anm.).

Mit dem Gefühl der Achtung verbindet sich die schwer zu beantwortende Frage: Wie kann die Vernunft ein Gefühl „erwirken", das im Übrigen, wie Kant betont, eines ist, das „meiner Selbstliebe Abbruch tut"? Der Grund, weshalb Kant ein ‚Gefühl der Achtung' konzipierte, ist darin zu sehen, dass er, wie bei jedem dualistischen Denken, eine Instanz der Vermittlung brauchte, um den Anspruch der ‚Vernunft' gegenüber der natürlich gegebenen ‚Selbstliebe' zur Geltung zu bringen. Gehören Gefühle zwar generell dem *„mundus sensibilis"* an, so verleiht Kant dem Gefühl der Achtung vor dem Gesetz einen Sonderstatus. Er besteht darin, dass es sich bei ihm eben um ein von der Vernunft *„selbstgewirktes* Gefühl" handelt. Als solches wird ihm die Aufgabe der Vermittlung von Sinnlichkeit und Vernunft nicht nur zugewiesen, sondern auch zugetraut.

Bemerkenswerterweise bleibt Kant nicht bei den beiden genannten Formulierungen des kategorischen Imperativs stehen. Vielmehr kommt er zu einer Formulierung, in der der Mensch selbst als Person zum Inhalt wird. Er greift dabei auf die seit der römischen Antike bekannte Unterscheidung von Person und Sache zurück. Personen haben einen eigenen Rechtsstatus. Sie können sich vor Gericht selbst vertreten. Sklaven dagegen haben diesen Status nicht. Sie sind Besitz ihres Eigentümers. Über sie kann, wie über alle anderen Sachen, verfügt werden. Kants These ist nun, dass Menschen niemals Sachen sind, sondern sie müssen als „vernünftige Wesen *Personen* genannt werden, weil ihre Natur sie schon als Zwecke an sich selbst, d. i. als etwas, das nicht bloß als Mittel gebraucht werden darf, auszeichnet" (Kant IV, 60). Ausgehend von dieser Überlegung gibt er dem kategorischen Imperativ folgende Fassung: *„Handle so, daß du die Menschheit, sowohl in deiner Person, als in der Person eines jeden andern, jederzeit zugleich als Zweck, niemals bloß als Mittel brauchest"* (ebd., 61).

Drei Aspekte verdienen eine besondere Beachtung: Zum einen hat diese Form des kategorischen Imperativs nicht nur einen formalen Charakter, sondern zeichnet einen Inhalt gegenüber allen anderen als moralisch bedeutsam aus. Im Unterschied zu Sachen, die als Mittel zu einem Zweck immer nur einen relativen Wert haben, hat der Mensch als Person einen „absoluten Wert" (ebd., 60). Der zweite Aspekt betrifft den Gedanken, dass der Mensch nicht nur jede andere Person, sondern ebenso sich selbst als Zweck an sich selbst zu achten habe. Die Selbstachtung ist ein moralisches Prinzip, das sich auf die „Menschheit" in der eigenen Person bezieht, d. h. darauf, dass es sich bei Personen um „vernünftige Wesen" handelt. Ausgeschlossen von moralischer Achtung sind damit alle unvernünftigen oder gar kriminellen Handlungen und Zwecksetzungen. Der dritte Aspekt betrifft Kants Hinweis, dass der Mensch als Person zugleich als Zweck und niemals nur als Mittel gebraucht wird. Kant trägt damit dem Sachverhalt Rechnung, dass Menschen andere Menschen selbstverständlich immer auch als Mittel gebrauchen, als Lehrer, als Arzt, als Kaufmann u. a. m. Moralisch ausgeschlossen wird lediglich die Reduktion des Menschen auf ein Mittel zur Befriedigung eigener Bedürfnisse.

Kant erweitert den Gedanken der Person als Zweck an sich selbst dadurch, dass er nach den ethischen Konsequenzen fragt, die sich aus dem Zusammenwirken dieser Zwecke ergeben. Seine Antwort lautet: Es entsteht das „Ideal" eines *„Reichs der Zwecke"* (Kant IV 66). Das bedeutet unter moralischem Gesichtspunkt: Jede Person soll sich selbst als Mitglied eines Reichs der Zwecke betrachten. Seine Begründung ist: „Es gehört aber ein vernünftiges Wesen als *Glied* zum Reiche der Zwecke, wenn es darin zwar allgemein gesetzgebend, aber auch diesen Gesetzen selbst unterworfen ist" (ebd.). Dieser Gedanke führt zu einer vierten Formulierung des kategorischen Imperativs. Sie lautet: „handle nach Maximen eines allgemein gesetzgebenden Gliedes zu einem bloß möglichen Reiche der Zwecke" (ebd., 73).

In seiner *Kritik der praktischen Vernunft* unterscheidet Kant zwischen Person und Persönlichkeit. Diese Unterscheidung wirft ein neues Licht auf den Begriff der Person. Es wird nämlich deutlich, dass mit dem Begriff Person keineswegs nur das moralische Subjekt zu verstehen ist, sondern auch der zur „Sinnenwelt" gehörende Mensch. Die Persönlichkeit dagegen ist das, „was den Menschen über sich selbst (als einen Teil der Sinnenwelt) erhebt" (Kant IV, 209). Auf diese Weise treten Person und Persönlichkeit in einen Gegensatz. Die Persönlichkeit steht noch über der Person. Das bedeutet, dass „die Person also, als zur Sinnenwelt gehörig, ihrer eigenen Persönlichkeit unterworfen ist, so fern sie zugleich zur intelligibelen Welt gehört; da es denn nicht zu verwundern ist, wenn der Mensch, als zu beiden Welten gehörig" anzusehen ist (ebd., 210). Die Persönlichkeit ist das Wesen der Person. Sie ist das, was Kant als die Menschheit in der Person bezeichnet hat. In diesem Sinne ist daher auch seine Aussage zu verstehen: „Der Mensch ist zwar unheilig genug, aber die *Menschheit* in seiner Person muß ihm heilig sein" (ebd.). Insofern der Mensch als Person ein vernünftiges Wesen ist, ist er „nämlich das Subjekt des moralischen Gesetzes, welches heilig ist, vermöge der Autonomie seiner Freiheit" (ebd.). Die Persönlichkeit ist eine „Achtung erweckende Idee", die geeignet ist, einen Menschen von einer unmoralischen Tat abzuhalten und ihn davor zu bewahren, dass er „sich in Geheim in seinen eigenen Augen" verachten muss (ebd., 211; vgl. Beck 1974, 208).

Die Begriffe der Person und der Persönlichkeit spielen auch in Kants Überlegungen zur Pädagogik eine entscheidende Rolle (vgl. Pleger 2018, 233 f.). Kant, der während der langen Zeit seiner Hauslehrertätigkeit reiche pädagogische Erfahrungen machen konnte, hat in seiner Vorlesung *Über Pädagogik* der Erziehung des Kindes eine kaum zu überschätzende Bedeutung beigemessen. Sie macht ein spezifisches Merkmal des Menschen deutlich: Es ist seine Erziehungsbedürftigkeit. Kant betont: „Der Mensch ist das einzige Geschöpf, das erzogen werden muß" (Kant VI, 697). Ohne die Einbeziehung des Begriffs der Erziehung ist daher ein angemessenes Verständnis des Menschen nicht möglich und seine Definition bliebe unvollständig. Anthropologisch formuliert heißt das: Der Mensch ist, im Unterschied zu dem durch Instinkte gesteuerten Verhalten der Tiere, ein erziehungsbedürftiges Wesen. Das bedeutet: „Der Mensch kann nur Mensch werden durch Erziehung. Er ist nichts, als was die Erziehung aus ihm macht. Es ist zu bemerken, daß der Mensch nur durch Menschen erzogen wird, durch Menschen, die ebenfalls erzogen sind" (ebd., 699). Mit der Aufgabe der Erziehung ist eine spezifische Pflicht verbunden. Menschen, die ein Kind zeugen, haben „eine Person ohne ihre Einwilligung auf die Welt gesetzt, […] für welche Tat auf den Eltern nun auch eine Verbindlichkeit haftet, sie, so viel in ihren Kräften ist, mit diesem ihrem Zustande zufrieden zu machen" (Kant IV, 394).

Kant sieht in der Erziehung aber nicht nur die notwendige Bedingung der Menschwerdung des einzelnen Menschen, sondern verbindet sie mit den höchsten Erwartungen für die Entwicklung der Menschheit insgesamt. Er führt den Gedanken wie folgt aus: „Vielleicht, daß die Erziehung immer besser werden, und daß jede folgende Generation einen Schritt näher tun wird zur Vervollkommnung der Menschheit; denn hinter der Edukation steckt das große Geheimnis der Vollkommenheit der menschlichen Natur. (...) Dies eröffnet uns den Prospekt zu einem künftigen glücklichern Menschengeschlechte" (Kant VI, 700). Die Vollkommenheit besteht darin, dass „alle Naturanlagen des Menschen proportionierlich und zweckmäßig entwickelt" (ebd., 702) werden. Wegen der überragenden Bedeutung der Erziehung für den einzelnen Menschen und die Menschheit insgesamt, muss jeder pädagogische „Mechanismus" vermieden und die „Erziehungskunst (...) in Wissenschaft verwandelt werden" (ebd., 704). Die Anforderungen an den Pädagogen sind entsprechend hoch: „Bloß durch die Bemühung der Personen (...), die Anteil an dem Weltbesten nehmen, und der Idee eines zukünftigen bessern Zustandes fähig sind, ist die allmähliche Annäherung der menschlichen Natur zu ihrem Zwecke möglich" (ebd., 706).

Eine besondere Bedeutung kommt der moralischen Erziehung zu. Kant definiert ihr Ziel so: „Sie ist Erziehung zur Persönlichkeit, Erziehung eines frei handelnden Wesens, das sich selbst erhalten, und in der Gesellschaft ein Glied ausmachen, für sich selbst einen innern Wert haben kann" (ebd., 712). Den inneren Wert des Menschen verbindet Kant mit dem Begriff der Würde. Es ist die Würde der Menschheit, die jeder einzelne Mensch als Person in sich repräsentiert. Sie zu wahren ist eine Pflicht, die er gegen sich selbst zu erfüllen hat. Sie bedeutet, „daß der Mensch in seinem Innern eine gewisse Würde habe, die ihn vor allen Geschöpfen adelt, und seine Pflicht ist es, diese Würde der Menschheit in seiner eigenen Person nicht zu verleugnen" (ebd., 749).

Der Begriff der Freiheit der Person bildet auch die Grundlage von Kants Rechtsphilosophie, die den ersten Teil seiner *Metaphysik der Sitten* ausmacht.

Für die rechtliche Beurteilung einer Handlung spielt die freie Willkür eine entscheidende Rolle. Kant definiert sie so: „Die *Freiheit* der Willkür ist jene Unabhängigkeit ihrer *Bestimmung* durch sinnliche Antriebe; dies ist der negative Begriff derselben. Der positive ist: das Vermögen der reinen Vernunft, für sich selbst praktisch zu sein" (Kant IV, 318). Während der Begriff der Freiheit „für die theoretische Philosophie transzendent" ist, da für ihn keine Beispiele der Erfahrung gegeben werden können, wird seine „Realität" im praktischen Gebrauch dadurch belegt, dass die Gesetze „der reinen Vernunft [...] die Willkür bestimmen und einen reinen Willen in uns beweisen" (ebd., 326 f.).

Kant unterscheidet die moralische Beurteilung einer Willkürhandlung von ihrer rechtlichen. Moralisch ist eine Handlung dann zu nennen, wenn ihr Motiv auf den kategorischen Imperativ zurückzuführen ist, rechtlich dann, wenn sie gesetzeskonform erfolgt. Kant erläutert diese Unterscheidung wie folgt: „Man nennt die bloße Übereinstimmung oder Nichtübereinstimmung einer Handlung mit dem Gesetze, ohne Rücksicht auf die Triebfeder derselben, die *Legalität* (Gesetzmäßigkeit); diejenige aber, in welcher die Idee der Pflicht aus dem Gesetze zugleich die Triebfeder der Handlung ist, die *Moralität* (Sittlichkeit) derselben" (ebd., 324). Ethische wie rechtliche Prinzipien haben ihre gemeinsame Grundlage in der praktischen Vernunft. Aufgrund der Differenzierung von Moral und Recht, ist es jedoch notwendig, das Prinzip des Rechts in einer eigenen Formulierung auszusprechen. In Analogie zum ethischen Imperativ lautet der rechtliche so: „handle äußerlich so, daß der freie Gebrauch deiner Willkür mit der Freiheit von jedermann nach einem allgemeinen Gesetze zusammen bestehen könne" (ebd., 338). Dieser rechtliche Imperativ hat eine naturrechtliche Grundlage, da er auf dem „Prinzip der angebornen Freiheit" (ebd., 346) beruht.

Eine besondere Bedeutung für die praktische Philosophie haben Kants Überlegungen zum Völkerrecht. Nur wenige haben so entschieden gegen den Krieg Stellung bezogen wie Kant. Er kritisiert die kriegstreibenden Herrscher seiner Zeit in aller Schärfe: „Denn für die Allgewalt der Natur [...] ist der Mensch wiederum nur eine Kleinigkeit. Daß ihn aber auch die Herrscher von seiner eigenen Gattung dafür nehmen, und als eine solche behandeln, indem sie ihn teils tierisch, als bloßes Werkzeug ihrer Absichten, belasten, teils in ihren Streitigkeiten gegen einander aufstellen, um sie schlachten zu lassen, – das ist keine Kleinigkeit, sondern Umkehrung des *Endzwecks* der Schöpfung selbst" (Kant VI, 362).

In seiner Schrift *Zum ewigen Frieden* von 1795 hat Kant in der Form eines Friedensvertrages die völkerrechtlichen Bedingungen genannt, die erfüllt sein müssen, um einen friedlichen, d. h. „weltbürgerlichen", Zustand zu garantieren (vgl. Kant VI, 193–213). Dazu gehört, dass erstens kein Friedensschluss „mit dem geheimen Vorbehalt" eines künftigen Krieges abgeschlossen werden soll, dass zweitens keine Staaten durch „Erbung, Tausch, Kauf oder Schenkung erworben werden können", denn in diesem Fall werden die in ihnen lebenden Menschen nicht als Personen, sondern als Sachen behandelt, dass drittens „stehende Heere [...] mit der Zeit ganz aufhören" sollen, dass viertens keine „Staatsschulden" zum Zweck eines Krieges gemacht werden sollen, dass fünftens sich kein Staat in die inneren Angelegenheiten eines anderen Staates „gewalttätig einmischen" soll und schließlich sechstens, dass die „Anstellung der *Meuchelmörder*", *„Giftmischer"* oder andere Mittel ausgeschlossen werden sollen, die das „wechselseitige Zutrauen im künftigen Frieden unmöglich machen müssen" (ebd., 200). Garantiert werden soll der Frieden durch einen „Völkerbund" (ebd., 209) mit einer völkerrechtlich verbindlichen Verfassung. Doch die Idee eines Völkerbundes blieb mehr als hundert Jahre eine Utopie.

Kants Wirkungsgeschichte im Bereich der Ethik ist bis heute ungebrochen, auch wenn Utilitarismus und Wertphilosophie zu anderen Lösungen kamen. Eine besondere Wirkung entfaltete sein völkerrechtlicher Entwurf *Zum ewigen Frieden*. Er diente als philosophische Orientierung bei der Gründung des Völkerbundes im Jahre 1920.

3   Utilitaristische Ethik (Mill)

Die Auffassung, für die die Nützlichkeit oder das Prinzip des größten Glücks die Grundlage der Moral ist, besagt, daß Handlungen insoweit und in dem Maße moralisch richtig sind, als sie die Tendenz haben, Glück zu befördern, und insoweit moralisch falsch, als sie die Tendenz haben, das Gegenteil von Glück zu bewirken. Unter ‚Glück' (happiness) ist dabei Lust (pleasure) und das Freisein von Unlust (pain), unter ‚Unglück' (unhappiness) Unlust und das Fehlen von Lust verstanden. [...].

Der Utilitarismus fordert von jedem Handelnden, zwischen seinem eigenen Glück und dem der andern mit ebenso strenger Unparteilichkeit zu entscheiden wie ein unbeteiligter und wohlwollender Zuschauer. In der goldenen Regel, die Jesus von Nazareth aufgestellt hat, finden wir den Geist der Nützlichkeitsethik vollendet ausgesprochen. Die Forderungen, sich dem andern gegenüber so zu verhalten, wie man möchte, daß er sich einem selbst gegenüber verhält, und den Nächsten zu lieben wie sich selbst, stellen die utilitaristische Moral in ihrer höchsten Vollkommenheit dar.

(John Stuart Mill: Der Utilitarismus. Stuttgart 1976. S. 13 u. 30)

John Stuart Mill wird 1806 in London geboren. Sein Vater James Mill, der den Utilitarismus seines Freundes Bentham vertritt, erzieht seinen Sohn von frühester Jugend an nach diesen Prinzipien. Mill lernt schon als Kind die alten Sprachen, außerdem Französisch und Deutsch. Mit 13 Jahren studiert er Werke der politischen Ökonomie von Adam Smith und David Ricardo, mit 14 Jahren in Montpellier Chemie, Zoologie, Mathematik, Logik und Metaphysik. Geistige Überanstrengung führt bei ihm vorübergehend zu einer tiefen Depression. Er trifft in Frankreich mit Vertretern des politischen Liberalismus zusammen und begeistert sich für die Ideale der Französischen Revolution. Mill entwickelt das Konzept eines sozial-liberalen Staates, in dem er die freie Entfaltung der Individualität und wirtschaftliche Regulierung durch den Staat im Bereich der Daseinsfürsorge miteinander zu verbinden sucht. Von 1823 bis zu ihrer Verstaatlichung im Jahre 1858 arbeitet er für die ‚Ostindische Handelsgesellschaft‘. 1851 heiratet er Harriet Taylor, deren Kampf für die Frauenrechte er unterstützt. Von 1865–1868 ist Mill Unterhausabgeordneter für die Whigs. Er stirbt 1873 in Avignon. Wichtige Werke sind sein *System der deduktiven und induktiven Logik* von 1843, in der er eine Forschungslogik auf empiristischer Grundlage erarbeitet, sein Buch *Über Freiheit* von 1859 und *Der Utilitarismus* von 1861 (vgl. Höffe 1992; Copleston 1994 VIII; Fellmann 1996, 38 f.; Gaulke 1996; Pleger 2020, 144–152).

Mill entwickelt seinen utilitaristischen Ansatz in Fortführung und Modifikation der Gedanken Benthams und seines Vaters. Er unternimmt es, die Bedeutung des utilitaristischen Prinzips in vorliegenden, ethisch bedeutsamen Konzepten nachzuweisen. Unübersehbar sei es z. B., dass bereits Sokrates in seinem Gespräch mit Protagoras „die Theorie des Utilitarismus gegen die populäre Moral dieses sogenannten Sophisten verfocht" (Mill 1976, 3). Der Utilitarismus vertritt – so Mill – „das Prinzip der Nützlichkeit oder, wie Bentham es später genannt hat, das Prinzip des größten Glücks" (ebd., 7). Es ist ein Prinzip, das die Zwecke und Folgen einer Handlung zum Maßstab nimmt.

Es war Kants Fehler – so Mill –, diesen Gedanken aus seiner Ethik auszuklammern. Mill schließt sich, im Gegensatz zu Kant, wieder stärker an die antike Glücksethik an, die sich ja auch am Glück als dem Ziel menschlichen Handelns orientiert und dabei betont, dass das Glück langfristig nur durch die Beachtung der Vernunft erreicht werden könne. Genau diese Verbindung von Glücksstreben und Vernunft bestimmen seinen utilitaristischen Ansatz.

Er gesteht zu, dass eine prinzipielle Schwierigkeit auch seinen Ansatz treffe. Sie betrifft die Frage, wie ein Beweis dieser Theorie gegeben werden könne. Er erläutert diese Schwierigkeit folgendermaßen: „Es versteht sich, daß dies kein Beweis im gewöhnlichen und populären Sinne des Wortes sein kann. Fragen nach letzten Zwecken sind eines direkten Beweises nicht fähig. Wenn von etwas gezeigt werden kann, daß es gut ist, dann nur dadurch, daß man zeigt, daß es ein Mittel zu etwas anderem ist, von dem ohne Beweis zugegeben wird, daß es gut ist. Daß die ärztliche Kunst etwas Gutes ist, ist dadurch bewiesen, daß sie der Gesundheit dient – aber wie will man beweisen, daß Gesundheit etwas Gutes ist?" (ebd., 8 f.). Ähnliches gilt für das Vergnügen, das die Musik bereitet; denn „wie wollte man beweisen, daß Vergnügen etwas Gutes ist?" (ebd., 9). Die Tatsache, dass der Mensch nach Glück strebt, ist die unhintergehbare, eines Beweises weder fähige noch bedürftige, Voraussetzung jeder Ethik. Sie bildet die Voraussetzung der „utilitaristischen oder Glückseligkeitstheorie" (ebd., 8).

Für Mill handelt es sich bei der utilitaristischen Ethik um eine „Auffassung, für die die Nützlichkeit oder das Prinzip des größten Glücks die Grundlage der Moral ist" und Glück als Lust zu verstehen ist (s. Zitat). Es sind die einzigen Dinge, die als Endzweck wünschenswert sind. Dem Einwand, dass dieses Konzept einen puren Hedonismus bedeute, weist Mill mit dem Argument zurück, dass es unterschiedliche Arten der Freude und der Lust gibt. Sie haben eine unterschiedliche Qualität. Copleston legt auf diesen Aspekt besonderen Wert, indem er betont: „Foremost among the ideas which Mill introduced was that of intrinsic qualitative differences between pleasures" (Copleston 1994 VIII, 29). So ist für Mill „den Freuden des Verstandes, der Empfindung und Vorstellungskraft sowie des sittlichen Gefühls" ein weit höherer Wert zuzuschreiben als der „bloßen Sinnlichkeit" (Mill 1976, 15). Den Beweis hierfür liefert das „Mehrheitsvotum" (ebd., 20). Mill argumentiert so: Von „zwei Freuden ist diejenige wünschenswerter, die von allen oder nahezu allen, die beide erfahren haben – ungeachtet des Gefühls, eine von beiden aus moralischen Gründen vorziehen zu müssen –, entschieden bevorzugt wird" (ebd., 15 f.). Mill ersetzt das Modell einer Quantifizierung des Glücks bei Bentham durch den Gedanken der qualitativen Differenz. Das führt ihn zu dem Urteil: „Es ist besser, ein unzufriedener Mensch zu sein als ein zufriedengestelltes Schwein; besser ein unzufriedener Sokrates als ein zufriedener Narr" (ebd., 18).

Mill gibt sich mit diesem Verständnis des Utilitarismus aber noch nicht zufrieden. Es reicht nicht aus, darauf hinzuweisen, dass alle Menschen tatsächlich nach Glück streben, sie sollen es auch. Er versteht seinen Ansatz als eine normative Ethik. Aus dem Sein folgt ein Sollen. Er sagt: Da das

Glück „nach utilitaristischer Auffassung der Endzweck des menschlichen Handelns ist, ist es notwendigerweise auch die Norm der Moral. Diese kann also definiert werden als die Gesamtheit der Handlungsregeln und Handlungsvorschriften, durch deren Befolgung ein Leben der angegebenen Art für die gesamte Menschheit im größtmöglichen Umfange erreichbar ist; und nicht nur für sie, sondern, soweit es die Umstände erlauben, für die gesamte fühlende Natur" (ebd., 21). Allerdings ist die Kluft zwischen Sein und Sollen umso geringer, je stärker sie durch die bestehende „Gefühlsbindung – sei es zur Gemeinschaft, sei es zu einzelnen Menschen" (ebd., 24), überbrückt wird.

Mill verbindet mit dem Utilitarismus eine gesellschaftliche Utopie, zu der die Ausrottung der „wirklich großen Übel in der Welt" wie Armut, Krankheit, fehlende Bildung und Katastrophen aller Art gehören: „Kurz, alle wichtigen Ursachen menschlichen Leidens lassen sich in erheblichem Umfang – und viele fast gänzlich – durch menschliche Mühe und Anstrengung beseitigen. Und obgleich [...] eine lange Reihe von Generationen im Kampfe fallen muß, bevor die Schlacht gewonnen ist und diese Welt zu dem wird, wozu sie mit rechtem Wissen und Wollen gemacht werden kann, wird jeder, der einsichtig und großmütig genug ist, um einen wie immer geringen und unbedeutenden Teil der Aufgabe zu übernehmen, diesen Kampf als eine edle Befriedigung erleben, die er keiner Lockung selbstsüchtigen Genusses willen aufzugeben bereit ist" (ebd., 27). Von diesem Ziel ist die gegenwärtige Menschheit noch weit entfernt. Ein Leben ohne Glück ist für „neunzehn Zwanzigstel der Menschheit" alltägliche Realität.

Jeder Mensch soll das „Gesamtinteresse" der Menschheit beachten, aber er muss sich dabei nicht aufopfern, sondern nur versuchen, die eigenen Interessen „so weit wie möglich mit dem Interesse des Ganzen in Übereinstimmung" zu bringen (ebd., 30). Er soll die eigenen Interessen und die aller anderen in der Perspektive strikter Unparteilichkeit betrachten und dementsprechend handeln. Doch dieser Gedanke ist nicht neu. Er kommt bereits in der „goldenen Regel" zum Ausdruck, wie sie Jesus von Nazareth formulierte. In ihr „finden wir den Geist der Nützlichkeitsethik vollendet ausgesprochen" (s. Zitat).

Die Nützlichkeit einer Handlung misst sich am Erfolg. Das Motiv spielt dabei, im Unterschied zu Kant, keine Rolle. Rettet jemand einen Ertrinkenden, so ist es gleichgültig, ob er es aus einem „Pflichtgefühl" heraus tat oder in der Hoffnung auf eine Belohnung (vgl. ebd., 32). Doch wie lässt sich der Erfolg einer Handlung richtig beurteilen, wie unbeabsichtigte Folgen vermeiden? Diese Fragen sind berechtigt, stellen aber keinen prinzipiellen Einwand gegen das Konzept einer Konsequenzenethik dar, denn zum einen steht dem Handelnden das tradierte Wissen der gesamten „menschlichen Gattung" zur Verfügung, das dem Menschen sagt, dass Diebstahl, Mord und Lüge schlecht sind, und zum anderen ist es besser, sich am Prinzip des jeweilig als nützlich Erkannten zu orientieren als überhaupt ganz ohne Norm zu handeln. Ähnliches gilt für die immer wieder auftauchenden Fälle von Pflichtenkollisionen (vgl. ebd., 44).

Die Wahrheitspflicht erläutert Mill wie folgt: Zwar kann es den Anschein haben, dass es für einen Menschen gelegentlich nützlich sein könnte, zu lügen, „um über eine momentane Verlegenheit hinwegzukommen oder um etwas zu erreichen" (ebd., 39), doch das ist ein Trugschluss, denn es zeigt sich, dass „die Ausbildung und Pflege einer strikten Wahrhaftigkeitsliebe eines der nützlichsten und ihre Schwächung eines der schädlichsten Dinge ist" (ebd.). Die Lüge erschüttert nämlich die „Vertrauenswürdigkeit menschlicher Äußerungen" und zerstört alles, wovon das „gesellschaftliche Wohlergehen", die Kultur und die Sitte abhängen. Derjenige, der lügt, trägt dazu bei, „um eines kurzfristigen Vorteils willen [...] der Menschheit den Schaden anzutun und das Gut zu nehmen, das ein Mehr oder Weniger an gegenseitigem Vertrauen bedeutet" (ebd.). Mit einem Wort: Die „Wahrhaftigkeitsliebe" ist von „überragender Nützlichkeit" (ebd.).

Wenn es nach der utilitaristischen Ethik eine moralische Pflicht ist, das allgemeine Glück zu fördern, dann entsteht auch die Frage nach möglichen Sanktionen bei ihrer Missachtung. Es gibt von ihnen zwei Arten: die äußeren und die inneren. Das äußere Motiv, seine moralische Pflicht zu erfüllen, entsteht durch „die Hoffnung auf die Gunst und die Furcht vor der Ungunst unserer Mitmenschen" und für einen religiösen Menschen darüber hinaus aus der „Liebe und Ehrfurcht gegenüber Gott" (ebd., 48). Die innere Sanktion tritt auf in der Gestalt des Gewissens. Dieses ist eine „mehr oder weniger starke Empfindung der Unlust, die sich bemerkbar macht, sobald wir unserer Pflicht zuwiderhandeln" (ebd., 49). Psychologisch betrachtet ist das Gewissen ein verwickeltes „Phänomen". Es wird begleitet von Vorstellungen, „die sich aus Anteilnahme, Zuneigung und noch mehr aus Furcht, aus allen Formen religiösen Gefühls, aus der Erinnerung an die Kindheit und unser ganzes vergangenes Leben, aus Selbstachtung, aus dem Bedürfnis, von anderen geachtet zu werden und gelegentlich aus Selbsterniedrigung herleiten" (ebd., 49).

Ist das Gewissen angeboren, wie es die *Intuitionisten* meinen, oder ist es erworben? Mill nimmt an, dass es erworben ist, aber doch zur menschlichen Natur gehört. Es ist dem Menschen ebenso natürlich wie es für ihn natürlich ist, „zu sprechen, zu denken, Städte zu bauen, den Boden zu bearbeiten, obgleich dies erworbene Fähigkeiten sind" (ebd., 53). Die utilitaristische Moral hat in diesem natürlichen Gefühl ihre Grundlage. Er erläutert seinen Gedanken so: „Dieses unerschütterliche Fundament sind die Gemeinschaftsgefühle der Menschen – das Verlangen nach Einheit mit unseren Mitgeschöpfen, das bereits eine mächtige Triebkraft in der menschlichen Natur ist und glücklicherweise zu denen gehört, die, auch ohne daß sie den Menschen eigens eingeschärft werden, unter dem Einfluß fortschreitender Kultur immer stärker werden" (ebd., 54). Ausdruck dieses Gemeinschaftsgefühls ist, dass immer wieder der Versuch unternommen worden ist, eine „Gesellschaft von Gleichen" zu verwirklichen, in der „der einzelne ein stärkeres Eigeninteresse daran hat, das Wohlergehen der andern in seiner Lebensführung zu berücksichtigen" (ebd., 56). Mill beruft sich auf Auguste Comte, wenn er darauf hinweist, dass dieses Gemeinschaftsgefühl sich „auch ohne die Unterstützung eines Glaubens an Gott" verwirklichen lasse. Vielmehr sei ein Zustand denkbar, in dem dieses Gefühl, unterstützt durch Institutionen und Erziehung, selbst „wie eine Religion gelehrt" würde (ebd., 57).

Sollte aber die utilitaristische Moral grundlegend die Struktur der Gesellschaft bestimmen, dann fragt es sich, ob sich auch das Recht diesem Prinzip fügt. Zunächst räumt Mill ein, dass über die Frage, was gerecht ist, ebenso heftig gestritten wird wie über die Frage, was für die Gesellschaft nützlich ist. Da aber auch die Gerechtigkeit die Gesamtinteressen der Gesellschaft zum Ziel hat, ist es für ihn evident, „daß die Gerechtigkeit, die auf Nützlichkeit gegründet ist, den (…) bedeutsamsten und verbindlichsten Teil aller Moral ausmacht" (ebd., 103). Mill sieht in dieser Frage auch keinen Gegensatz zu Denkern wie Kant, die im Hinblick auf Fragen der Gerechtigkeit den einzelnen Fall im Blick haben und nicht die „Gesamtgesellschaft", denn damit „Kants Prinzip einen Sinn erhält, muß es so verstanden werden, daß wir unser Verhalten nach einer Regel ausrichten sollen, die alle vernünftigen Wesen *zum Nutzen ihres Gesamtinteresses* annehmen können" (ebd., 91). Das Problem der Gerechtigkeit macht einmal mehr deutlich, dass erst die Beachtung von Regeln einen langfristigen Nutzen garantiert. Daher kann man bei Mill von einem „Regelutilitarismus" sprechen (Fellmann 1996, 49).

Von zentraler, rechtlich relevanter Bedeutung ist das Interesse an Sicherheit. Es ist „in jedermanns Augen das wesentlichste unter allen Interessen. (…) Dieses nach dem Nahrungsbedürfnis unerläßlichste aller Grundbedürfnisse kann aber nur dann befriedigt werden, wenn der Mechanismus, durch den Sicherheit gewährt wird, ohne Unterbrechung in Funktion bleibt" (Mill 1976, 94). Aus diesem Grunde ist es die vornehmste Aufgabe des Staates, diese Funktion zu erfüllen. Er tut es, indem er jeden, der die Sicherheit der

Gesellschaft bedroht, bestraft. Die Bestrafung ist Ausdruck eines „Gerechtigkeitsgefühls", in das „nicht nur ein vernünftiges, sondern auch ein triebhaftes Element eingeht, der Vergeltungstrieb" (ebd.). Zwar gibt es auch andere Strafmotive, so das „Wohl des Bestraften" (ebd., 96) oder der Schutz der Allgemeinheit. Andere Denker – unter ihnen Robert Owen – halten Strafen generell für ungerecht, da der Verbrecher das Opfer von Erziehung und Umwelt sei und daher für seine Taten nicht verantwortlich gemacht werden könne. Doch all diese Überlegungen haben gegenüber dem der Vergeltung nur eine untergeordnete Bedeutung. Mill bemerkt, dass zwar das Prinzip „Auge um Auge, Zahn um Zahn" in Europa keine Rolle mehr spiele, doch sei zu vermuten, „daß die meisten sich insgeheim nach ihm zurücksehnen" (ebd., 99). Er ist sich dessen bewusst, dass das Vergeltungsprinzip im Strafrecht sich von dem der Nützlichkeit unterscheidet. Bemerkenswerterweise steht es, seiner Meinung nach, nicht unter, sondern über ihm. Daher kommt Mill zu der erstaunlichen Feststellung: „Das Prinzip, jedem das zu geben, was er verdient, d. h. Gutes mit Gutem und Übles mit Üblem zu vergelten, ist daher nicht nur in dem Begriff der Gerechtigkeit, wie wir ihn bestimmt haben, enthalten, sondern ist zugleich auch Gegenstand jenes eigentümlich intensiven Gefühls, das die Gerechtigkeit in der Wertschätzung des Menschen über die bloße Nützlichkeit stellt" (ebd., 106).

Allerdings macht Mill von diesem Prinzip in einem Fall eine Ausnahme. Im Gegensatz zu seinem prinzipiellen Verbot der Lüge, das auch das Verbot der Lüge zum Vorteil eines anderen einschließt, betont er: „Um jemandem das Leben zu retten, ist es unter Umständen nicht nur erlaubt, sondern sogar geboten, die nötige Nahrung oder Arznei zu stehlen oder gewaltsam davon Besitz zu ergreifen oder den einzigen Arzt, der helfen könnte, gewaltsam zu entführen und zur Hilfeleistung zu zwingen" (ebd., 110).

Doch nicht nur im Strafrecht auch im Zivilrecht muss das Prinzip der Gerechtigkeit, das den Gleichheitsgrundsatz betont, in vielen Fällen dem der Nützlichkeit weichen. So entscheidet bei der Bezahlung unterschiedlich produktiver Arbeitsleistungen die soziale Nützlichkeit. Ähnliches gilt für die Frage der Steuern. Hier ist eine „progressive Besteuerung" (ebd., 101) angebracht, da eine gleiche Steuerlast für Arme und Reiche „mit der Menschlichkeit und der sozialen Wohlfahrt zu sehr in Konflikt gerät" (ebd., 102). Bei aller Abwägung beider Prinzipien im Detail ist sich Mill sicher: „Aus dieser Wirrnis kann nur der Utilitarismus heraushelfen" (ebd.). Tatsächlich aber wird durch seine Beispiele deutlich, dass sich aus seinem Ansatz ein Widerspruch zwischen dem Prinzip der Gerechtigkeit und dem der Nützlichkeit ergeben kann. Stets ist es die Frage, ob der Utilitarismus nur den Gesamtnutzen für eine Gesellschaft im Blick hat, oder ob unabhängig davon unverzichtbare Rechte des Einzelnen zu beachten sind (vgl. Höffe 1992, 44).

In seinem viel gelesenen Buch *Über Freiheit* aus dem Jahre 1859, das seine politische Ethik enthält, erörtert Mill nicht das Problem der Willensfreiheit, sondern entwickelt das Programm einer politisch relevanten Handlungsfreiheit. Mill umreißt diese „eigentliche Region menschlicher Freiheit", indem er drei Aspekte betont: „Sie umfaßt erstens den inneren Bereich des Bewußtseins, Gewissensfreiheit im umfassendsten Sinne fordernd, Freiheit des Denkens und Fühlens, absolute Freiheit der Meinung und des Empfindens inbezug auf alle praktischen oder spekulativen, wissenschaftlichen, moralischen oder theologischen Gegenstände. (…). Das Prinzip verlangt zweitens Freiheit der Neigung und Beschäftigung, die Freiheit, unserem Leben einen unserem eigenen Charakter gemäßen Rahmen zu geben, die Freiheit, so zu handeln, wie es uns gefällt, (…) ohne Behinderung von seiten unserer Mitmenschen, solange unser Tun ihnen nicht schadet (…). Drittens folgt aus dieser Freiheit jedes Individuums die Freiheit, in denselben Grenzen, des Zusammenschlusses von Individuen; die Freiheit, sich für irgendeine Sache zu vereinigen, die nicht eine Schädigung anderer einschließt" (Mill 1987, 19).

Das Recht des Individuums, seine Meinung zu äußern, wozu auch die Pressefreiheit gehört, stellt – so Mill – eine im Prinzip inzwischen auch von den Regierungen nicht mehr in Frage gestellte Errungenschaft der neueren Zeit dar. Gleichwohl wird von ihm gelegentlich abgewichen, so z. B. „wenn die Furcht vor Aufruhr Minister und Richter außer Fassung geraten läßt" (ebd., 23), oder wenn es sich um eine Minderheitsmeinung handelt und die Regierung sich mit der Mehrheit des Volkes in der Unterdrückung dieser Meinung einig weiß und so eine „Tyrannei der Mehrheit" ausübt (ebd., 10). Jede Autorität, die eine Meinung unterdrückt, tut dies mit dem Argument, sie sei falsch. Indem sie das tut, erklärt sie sich selbst für „unfehlbar" (ebd., 25). Derjenige, der Meinungen unterdrückt, unterliegt einem doppelten Trugschluss: Er nimmt nicht nur irrigerweise an, er sei unfehlbar, sondern er verkennt, dass auch die Äußerung von falschen Meinungen für den Prozess der Wahrheitsfindung unerlässlich ist (vgl. ebd., 31). Die Fehlbarkeit, aber auch die „Korrigierbarkeit seiner Irrtümer" machen den Menschen zu einem moralischen Wesen. „Er ist fähig, seine Fehler durch Diskussion und Erfahrung zu berichtigen. Nicht durch Erfahrung allein; Diskussion muß sein, um zu zeigen, wie die Erfahrung zu interpretieren ist" (ebd., 28). Der Übergang vom geozentrischen zum heliozentrischen Weltbild war nur möglich durch die Diskussion und eine neue Interpretation der scheinbar durch

Erfahrung bestätigten Meinungen (vgl. ebd., 46). An diese Überlegung knüpft Habermas mit seiner Diskursethik an.

Eine besondere Bedeutung hat die Unterdrückung der freien Meinungsäußerung im Bereich der Religion. Mill berichtet von zwei Personen, denen ein Gericht in London den Schutz durch die Gesetze entzog, „weil sie ehrlich erklärten, sie hätten keinen religiösen Glauben". Die Konsequenz war: Man durfte sie nun „ungestraft berauben oder mißhandeln" (ebd., 39). Eine Berufung auf das Christentum hätte sie retten können. Doch diese Religion ist, abgesehen von Mills positiver Einschätzung des historischen Jesus (s. Zitat), selbst höchst problematisch. Die christliche Moral ist – so Mill – geschichtlich gesehen, eine negative Reaktion auf die antike Ethik. „In ihrem Abscheu vor der Sinnlichkeit machte sie aus der Askese ein Idol (…). Sie bietet die Hoffnung auf den Himmel und die Drohung mit der Hölle als die vorgeschriebenen und angemessenen Motive für ein tugendhaftes Leben und fällt darin tief unter die Besten der Alten; (…) Sie ist im wesentlichen eine Lehre des passiven Gehorsams; sie schärft Unterwerfung unter alle etablierten Autoritäten ein (…). Das Minimum an Anerkennung der Verpflichtung gegenüber dem öffentlichen Wohl, das die neuzeitliche Moral enthält, entstammt griechischen und römischen Quellen, nicht christlichen" (ebd., 61). Der Druck, der von dieser Moral auf eine „Vielzahl vielversprechender Intelligenzen" ausgeht, ist fatal. Viele von ihnen wagen es nicht, „irgendeinem kühnen, kräftigen, unabhängigen Gedankengang zu folgen, in der Furcht, er würde sie zu etwas führen, was als irreligiös oder unmoralisch gilt" (ebd., 43).

Mill sieht als Ziel seiner politischen Ethik die Bildung eines Staates, in dem die freie Entfaltung der Individualität seiner Bürger garantiert ist. Nichtig ist deshalb sogar ein „Vertrag, durch den ein Mensch sich selbst als Sklave verkauft" (ebd., 123). Er beruft sich bei seinem liberalen Staatsverständnis auf Wilhelm von Humboldt (vgl. ebd., 70). Doch die Idee der Freiheit des Individuums widerspricht dem Geist der Zeit. Er sagt: „Heute aber hat die Gesellschaft der Individualität den Rang abgelaufen; und die Gefahr, die der menschlichen Natur droht, ist nicht das Übermaß, sondern der Mangel an persönlichen Impulsen und Vorlieben" (ebd., 74). Doch gerade diese Impulse sind wichtig. Sie nützen dem Einzelnen wie der Gesellschaft. Das heißt: „In dem Maße der Entfaltung seiner Individualität wird jeder Mensch wertvoller für sich selbst und vermag darum, wertvoller für andere zu sein" (ebd., 76).

Eine besondere Beachtung verdient dabei die Stellung der Frau, deren Freiheit und Individualität nach wie vor stark eingeschränkt sind. Mill bemerkt: „Die beinahe despotische Macht der Ehemänner über ihre Frauen braucht hier nicht ausführlich behandelt zu werden, weil zur vollständigen Beseitigung dieses Übels nichts notwendiger ist, als daß die Frauen dieselben Rechte besitzen und den Schutz des Gesetzes in derselben Art und Weise genießen wie alle anderen Menschen" (ebd., 126). Zu diesen Rechten gehört für ihn ganz selbstverständlich auch das Frauenwahlrecht, das er in einer Parlamentsdebatte am 20.05.1867 forderte, „indem er den Ersatz des Wortes ‚Mann' durch ‚Person' vorschlug" (Gaulke 1996, 127).

Von nicht geringerer Bedeutung ist es, die Kinder in ihrer Entwicklung zu fördern. In Anlehnung an Kants Rechtslehre (vgl. Kant IV, 394) gehört es für Mill zu den „heiligsten Pflichten der Eltern (…), nachdem sie ein menschliches Wesen in die Welt gesetzt haben, diesem Wesen eine Erziehung zu geben, die es fähig macht, seine Schuldigkeit im Leben gegen andere und gegen sich selbst voll zu erfüllen" (Mill 1987, 126). Geschieht dies nicht freiwillig, ist es „fast ein selbstverständliches Axiom, daß der Staat die Erziehung jedes menschlichen Wesens bis zu einem gewissen Grade verlangen und erzwingen sollte, das als sein Bürger geboren ist" (ebd.).

Mills Wirkungsgeschichte ist beachtlich. Sein *System der Logik* bot Impulse für die Entwicklung der Geisteswissenschaften (vgl. Fellmann 1996, 43). Die von ihm entwickelte Ethik trug dazu bei, dem Utilitarismus eine weltweite Beachtung zu verschaffen. Otfried Höffe beurteilt die Wirkung von Mills Buch *Der Utilitarismus* so: „Trotz der Kritik, die das Werk in einigen Punkten erfährt, gehört es im 19. Jahrhundert zu den einflußreichsten, allerorten gelesenen moralphilosophischen Schriften" (Höffe 1992, 22). Mills Werk *Über Freiheit* gilt darüber hinaus bis heute als ein Klassiker des politischen Liberalismus (vgl. Gaulke 1996, 7). Schließlich wurde sein Eintreten für die Rechte der Frau, bei dem ihn seine Frau Harriet Taylor mit ihrem eigenen Engagement unterstützte, zu einem wichtigen Impuls im Kampf für die Emanzipation der Frau im 20. Jahrhundert. Eine gute Übersicht über Schlüsseltexte einer utilitaristischen Ethik bietet das von Höffe herausgegebene Buch *Einführung in die utilitaristische Ethik* (Höffe 1992).

4   Diskursethik (Apel/Habermas)

Wer argumentiert, der anerkennt implizit alle möglichen *Ansprüche* aller Mitglieder der Kommunikationsgemeinschaft, die durch vernünftige Argumente gerechtfertigt werden können (sonst würde der Anspruch der

Argumentation sich selbst thematisch beschränken), und er verpflichtet sich zugleich, alle eigenen Ansprüche an Andere durch Argumente zu rechtfertigen. Darüber hinaus sind die Mitglieder der Kommunikationsgemeinschaft (und das heißt implizit: alle denkenden Wesen) m. E. auch verpflichtet, alle virtuellen Ansprüche aller virtuellen Mitglieder zu berücksichtigen – u. d. h. alle menschlichen „Bedürfnisse", sofern sie *Ansprüche* an die Mitmenschen stellen könnten. Menschliche „Bedürfnisse" sind als interpersonal kommunizierbare „Ansprüche" ethisch relevant; sie sind anzuerkennen, sofern sie durch Argumente interpersonal gerechtfertigt werden können. [...] Der Sinn der moralischen Argumentation könnte geradezu in dem – nicht eben neuen – Prinzip ausgedrückt werden, daß alle *Bedürfnisse* von Menschen – als virtuelle *Ansprüche* – zum Anliegen der Kommunikationsgemeinschaft zu machen sind, die sich auf dem Wege der Argumentation mit den Bedürfnissen aller übrigen in Einklang bringen lassen.

(Karl Otto Apel: Transformation der Philosophie II, 1973, S. 424 f.)

Karl-Otto Apel wird 1922 in Düsseldorf geboren. Er studiert in Bonn und lernt dort Jürgen Habermas kennen, mit dem er in einen intensiven gedanklichen Austausch tritt. Gemeinsam entwickeln sie das Konzept einer Diskursethik. 1950 wird er als Schüler von Erich Rothacker mit einer Dissertation über Heidegger promoviert. Er habilitiert sich 1961 in Mainz mit seiner Arbeit *Die Idee der Sprache in der Tradition des Humanismus von Dante bis Vico*. Von 1962–1969 ist er Professor für Philosophie an der Universität in Kiel, von 1969–72 an der Universität in Saarbrücken und von 1973 bis zu seiner Emeritierung im Jahre 1990 an der Universität in Frankfurt a. M. Er stirbt 2017 in Niedernhausen (vgl. Reese-Schäfer 1990; Pleger 2020, 338–342).

Apel versucht mit seiner Philosophie nichts weniger als eine „Transformation" der neuzeitlichen Philosophie des Subjekts hin zu einer Philosophie der Intersubjektivität zu erreichen. Ausgangspunkt wird für ihn dabei die sprachphilosophische Wende, der ‚linguistic turn', zu Beginn des 20. Jahrhunderts. Im deutschsprachigen Raum steht dafür Ludwig Wittgenstein, der darauf hingewiesen hat, dass es keine Privatsprache geben kann, sondern immer nur eine Sprache im pragmatischen Kontext der intersubjektiven Verständigung (vgl. Wittgenstein 1971, 113). Auch Apel interpretiert Intersubjektivität am Leitfaden sprachlicher Kommunikation. Sie hat eine entscheidende Bedeutung für die theoretische wie für die praktische Philosophie (vgl. Apel 1973).

Den entscheidenden Impuls für seine am Gespräch orientierte Kommunikationsethik empfing Apel bemerkenswerterweise nicht aus der Struktur des platonischen Dialogs und auch nicht von den klassischen deutschen Sprachphilosophen Johann Georg Hamann, Johann Gottfried Herder und Wilhelm von Humboldt, sondern aus dem amerikanischen Pragmatismus. Es war Charles Sanders Peirce (1839–1914), der in der von ihm entwickelten *Semiotik* eine pragmatische Wahrheitstheorie entwarf, die die traditionelle Korrespondenztheorie durch eine Konsenstheorie ersetzte. Sein Gedanke war, dass die Wissenschaften nicht in der Lage seien, für die Ergebnisse ihrer Forschung eindeutige und endgültige Entsprechungen von Satz und Sachverhalt nachweisen zu können, sondern dass nur auf lange Sicht in einer „idealen Gemeinschaft" ein vernünftiger, d. h. wahrheitsverbürgender Konsens, erzielt werden könne. Apel zitiert diese These von Peirce wie folgt: „'The real … is that (genauer: the object of the opinion) which, sooner or later, information and reasoning would finally result in, and which is therefore independent of the vagaries of me and you. Thus, the very origin of the conception of reality shows that this conception essentially involves the notion of a *Community*, without definite limits, and capable of a definite increase of knowledge'" (Apel 1973, 173).

Dieses, auf theoretische Wahrheit abzielende, Modell überträgt Apel auf den Bereich der Ethik. Ziel seiner Kommunikationsethik ist es, zu ethischen Aussagen und Normen zu kommen, die ebenso verbindlich sind wie die im Bereich der Wissenschaft angestrebten. Konkret bedeutet das, dass das von Kant entworfene „transzendentale Subjekt" zu einer an der Sprache orientierten „transzendentalen Intersubjektivität" hin erweitert werden muss. Philosophie erhält auf diese Weise den Charakter einer Transzendentalpragmatik. Die transzendentale Intersubjektivität bildet das „Apriori der Kommunikationsgemeinschaft", das die Voraussetzung jeder realen Kommunikationsgemeinschaft ist. Kommunikation aber bedeutet Verständigung mit Hilfe der Sprache. Verständigung innerhalb der realen Kommunikationsgemeinschaft geschieht daher auf dem Hintergrund der transzendentalen Intersubjektivität, d. h. sie hat das „Apriori der Kommunikationsgemeinschaft" zur Voraussetzung.

Apel formuliert diesen Ansatz so: „Das Problem, auf das die moderne Diskussion geführt hat, scheint darin zu bestehen, die kantische Frage nach den Bedingungen der Möglichkeit und Gültigkeit wissenschaftlicher Erkenntnis als Frage nach der Möglichkeit einer intersubjektiven Verständigung über Sinn und Wahrheit von Sätzen bzw. Satzsystemen zu erneuern. Das würde bedeuten, daß die kantische Erkenntniskritik als Bewußtseinsanalyse in eine Sinnkritik als Zeichen-Analyse zu transformieren wäre; deren ‚höchster Punkt' würde nicht die schon jetzt erreichbare objektive Einheit der *Vorstellungen* in einem als intersubjektiv unterstellten ‚Bewußtsein überhaupt' sein, sondern die durch konsistente Zeicheninterpretation, dermaleinst zu erreichende Einheit der Verständigung in einem unbegrenzten intersubjektiven Konsens" (ebd., 163 f.).

Mit dem Konzept einer Transzendentalpragmatik verbindet sich für Apel der Anspruch einer „Letztbegründung" der Ethik (ebd., 405). Diese erscheint in der Gegenwart aber problematischer denn je. Es ist nicht nur der weit verbreitete Kulturrelativismus, der sie in Frage stellt, sondern auch die in modernen Gesellschaften anzutreffende Unterstellung der „wertneutralen" Objektivität der Wissenschaften einerseits und der subjektiven Beliebigkeit individueller moralischer Urteile andererseits. Aber auch von Fachphilosophen gibt es erhebliche Einwände. So vertreten Karl Popper und Hans Albert die These, dass Letztbegründungen unmöglich seien, da sie sich zwangsläufig in folgende Aporien begeben: Die erste besteht darin, dass für jede Begründung eine weitere gefordert werden kann, die zu einem *„infiniten Regreß"* führt; die zweite, dass auf begründungsbedürftige Prämissen zurückgegriffen wird und so ein ‚logischer Zirkel' entsteht; die dritte schließlich, dass die Begründungsreihe durch eine dogmatische Behauptung abgebrochen wird (vgl. Albert 1980, 13).

Doch die Argumente der Gegner der Letztbegründung der Ethik sind fehlerhaft; denn jeder, der argumentiert – so Apel – ist bereits Teilnehmer einer Kommunikationsgemeinschaft, die im „Apriori der Kommunikationsgemeinschaft" begründet ist. „Wer aber nicht an der Diskussion teilnimmt, der kann überhaupt nicht die Frage nach der Rechtfertigung ethischer Grundprinzipien stellen" (ebd., 421). Das bedeutet, dass „jeder, der spricht oder auch nur sinnvoll handelt, bereits an einer virtuellen Diskussion teilnimmt" (ebd.). Ausgeschlossen sind damit freilich nicht Täuschung und Lüge. Vielmehr muss jeder Teilnehmer einer Kommunikationsgemeinschaft die Verständigung „in jedem Augenblick seines Lebens *willentlich bekräftigen*" (ebd.). Entscheidend ist aber, dass Täuschung und Lüge nur gelingen, wenn sie sich als Wahrheit ausgeben. Der Anspruch auf Wahrheit ist der Aussage immanent.

Das „Apriori der Kommunikationsgemeinschaft" betrifft nicht nur theoretische Aussagen, sondern ebenso alle praktischen. Es verbindet sich mit dem Gedanken, „alle menschlichen *Ansprüche* (auch die impliziten Ansprüche von Menschen an Menschen, die in Handlungen und Institutionen enthalten sind) zu *rechtfertigen*" (ebd., 424). Zu diesen praktischen Ansprüchen gehören auch die menschlichen Bedürfnisse. Sie

„sind anzuerkennen, sofern sie durch Argumente interpersonal gerechtfertigt werden können" (s. Zitat).

Apel verbindet seine Transzendentalpragmatik mit Überlegungen einer situationsbezogenen Verantwortungsethik. Im Anschluss an Max Weber, der die prinzipienorientierte ‚Gesinnungsethik' von der konsequenzenorientierten ‚Verantwortungsethik' unterschied (vgl. Weber 1999, 70 f.), betont er, dass der verantwortlich handelnde Mensch die Konsequenzen seines Tuns zu tragen hat. Er räumt ein, dass sich im politischen Bereich gesinnungsethische Maximen oft nicht durchhalten lassen. „So ist es z. B. dem Politiker – und nicht nur ihm – mit Rücksicht auf die zu verantwortenden Konsequenzen oft nicht möglich, das fundamentale Gebot jeder Kommunikationsethik (wie auch schon der Kantischen Ethik) einzuhalten, das die Lüge verbietet. Das gleiche gilt für das Verbot, einen Menschen bloß als Mittel, und nicht auch als Selbstzweck zu behandeln" (Apel 1973, 428). Jeder Mensch, der handelt, steht vor dem „Problem der verantwortlichen *Situationseinschätzung* und *Situationsentscheidung,* die [...] niemandem abgenommen werden kann" (ebd., 434 f.). Das ist die bereits im Existenzialismus vertretene grundlegende These.

Die Frage ist, ob mit dieser Annäherung an Formen der „modernen, existentialistischen Situationsethik" nun nicht doch dem „Irrationalismus" das Feld überlassen wird. Apel verneint diese Konsequenz; denn in jeder Situation bleiben die Ansprüche einer Kommunikationsethik zumindest als *„regulative Prinzipien"* erhalten. Er beruft sich dabei auf Sartre, der – so Apel – betont: Der Einzelne kann, auch wenn er „scheinbar alle moralischen Normen" übertritt, „seiner Intention nach stellvertretend für die Menschheit handeln [...]. In diesem Falle müßte prinzipiell jeder Andere, der sich in seine Lage zu versetzen mag, ihm seine Zustimmung nachträglich erteilen und so die Erfüllung der moralischen Normen der Kommunikationsgemeinschaft feststellen können" (ebd., 428). Zwischen der realen Kommunikationsgemeinschaft, in der sich jeder Handelnde befindet, und der idealen, die den Normen der Kommunikationsethik entspricht, besteht zwar kein logischer, wohl aber ein „dialektischer" Widerspruch. „Die Auflösung dieses Widerspruchs kann man [...] nur von der geschichtlichen Realisierung der idealen Kommunikationsgemeinschaft *in* der realen erwarten; ja man muß diese geschichtliche Auflösung des Widerspruchs moralisch postulieren" (ebd., 430 f.). Auf diese Weise verbindet sich mit Apels Kommunikationsethik die Utopie einer Gesellschaft, in der in umfassender Weise die kommunikativ gerechtfertigten menschlichen Bedürfnisse anerkannt und soweit wie möglich befriedigt werden können.

In seinem 1988 erschienenen Buch *Diskurs und Verantwortung* stellt Apel die Verbindung von Kommunikations- und Verantwortungsethik in den Kontext der gegenwärtigen geschichtlichen Situation der Menschheit. Sie ist durch zwei Risiken bestimmt. Das eine besteht „in der Gefahr eines nuklearen Vernichtungskrieges", das zweite „in der vielleicht noch größeren Gefahr einer Zerstörung der menschlichen Öko- und Biosphäre" (Apel 1988, 42). Beide sind das Ergebnis fortgeschrittener Technik. Die moralische Herausforderung dieser Gefahren besteht darin, dass der technisch hochgerüstete „homo faber" die Konsequenzen seiner Handlungen nicht mehr unmittelbar erfährt. Der Pilot, der im Krieg eine Atombombe abwirft, erlebt nicht die maßlose, zerstörerische Wirkung seines Tuns, und die ökologisch katastrophalen Konsequenzen der Abholzung der Regenwälder machen sich erst Jahrzehnte später bemerkbar. Diese Sachverhalte machen deutlich, dass „homo faber" gegenüber „homo sapiens" weit voraus ist. „Technische Ratio" und „praktische Vernunft" klaffen weit auseinander. ‚'Homo sapiens'" muß einsehen, „daß ihm nun – vielleicht in letzter Stunde – die Aufgabe zufällt, die entstandene Kluft auszugleichen" (ebd., 44). Es ist höchste Zeit, „die *Verantwortung der Vernunft*" zu erkennen (ebd.).

Diese Gefahren haben auch Auswirkungen auf die nicht aufzugebende Forderung der Verwirklichung einer idealen Kommunikationsgemeinschaft mit dem „Ziel einer langfristigen Strategie ethisch-politischer Emanzipation" (ebd., 38). Doch sie erscheint gegenwärtig in einem neuen Licht. Die genannten aktuellen Gefahren machen deutlich, dass sich dieses Ziel nur unter der Bedingung der „*Existenzerhaltung der realen Kommunikationsgemeinschaft*" (ebd., 39) erreichen lässt. Beide Aspekte gehören zusammen. „Daraus folgt, daß in den konkreten geschichtlichen Situationen stets eine *Vermittlung* zu bewerkstelligen ist zwischen der Forderung der Verwirklichung der idealen Kommunikationsgemeinschaft und der Forderung der Existenzerhaltung der realen Kommunikationsgemeinschaft" (ebd.).

Jürgen Habermas wird 1929 ebenfalls in Düsseldorf geboren. Er studiert an den Universitäten Göttingen, Zürich und Bonn und wird 1954 mit einer Dissertation über Schelling von Rothacker promoviert. Nach seiner Zeit als Assistent bei Adorno und Horkheimer am ‚Institut für Sozialforschung' in Frankfurt a. M. habilitiert er sich 1961 im Fach Politikwissenschaft mit seiner Arbeit *Strukturwandel der Öffentlichkeit* bei Wolfgang Abendroth an der Universität Marburg. Noch vor Abschluss des Verfahrens erhält er eine außerordentliche Professur für Philosophie an der Universität Heidelberg. In der Zeit von 1964–1971 ist er ordentlicher Professor für Philosophie und Soziologie an der Universität Frankfurt a. M. Von 1971 bis 1980 leitet er neben Carl Friedrich von Weizsäcker das ‚Max-Planck-Institut zur Erforschung der Lebensbedingungen der wissenschaftlich-technischen Welt' in Starnberg. 1983 kehrt er nach Frankfurt a. M. zurück und ist bis zu seiner Emeritierung im Jahre 1994 dort Professor für Philosophie (vgl. Iser/Strecker 2010; Pleger 2020, 342–347).

Habermas schließt sich mit seinen Überlegungen an die ‚Kritische Theorie der Gesellschaft' von Horkheimer, Adorno und Herbert Marcuse an, die Horkheimer mit seinem programmatischen Aufsatz *Traditionelle und kritische Theorie* aus dem Jahre 1937 initiiert hatte (Horkheimer 1972). Im Unterschied zur traditionellen Theorie, deren Ziel das „Einordnen der Tatsachen in bereitliegende Begriffssysteme" ist (ebd., 25), verfolgt die Kritische Theorie – so Horkheimer – ein praktisches Interesse. Es ist das „Interesse an der Aufhebung des gesellschaftlichen Unrechts" (ebd., 56). Es zielt nicht „auf Vermehrung des Wissens als solchen ab, sondern auf die Emanzipation des Menschen aus versklavenden Verhältnissen" (ebd., 58). Kritische Theorie ist vornehmlich Ideologiekritik. Diese wird auch zum leitenden Motiv der ethischen Überlegungen Adornos. In seinem 1951 erschienenen Buch *Minima Moralia. Reflexionen aus dem beschädigten Leben* beschränkt er sich jedoch darauf, die herrschenden gesellschaftlichen Verhältnisse zu kritisieren, ohne ethisch-praktische Perspektiven für ein Leben jenseits der Entfremdung zu entwickeln. Skeptisch gegenüber allen Utopien, teilt er nicht mehr die Hoffnung auf eine Revolution im Sinne von Marx. Seine 1944, in der Zeit des Krieges, formulierten Überlegungen gipfeln in der resignativen Aussage: „Es gibt kein richtiges Leben im falschen" (Adorno 1969, 42).

Habermas bleibt der Grundintention der Kritischen Theorie auf „Emanzipation des Menschen" treu, befreit sie aber aus ihrer „negativistischen Sackgasse" (Brunkhorst) dadurch, dass er nach dem Ende des Zweiten Weltkriegs der Demokratie Chancen für einen „herrschaftsfreien Dialog" einräumt (Habermas 1969, 164). Ansätze für dieses Konzept finden sich bereits in seiner Habilitationsschrift. Seine Untersuchungen über den Strukturwandel der Öffentlichkeit finden einen entscheidenden Anknüpfungspunkt in Kants Schrift *Beantwortung der Frage: Was ist Aufklärung?* aus dem Jahre 1784. Er sieht in ihm einen Anwalt der Vermittlung von Politik und Moral und in dessen Forderung nach einem öffentlichen Gebrauch der Vernunft seine eigene Intention deutlich ausgesprochen (vgl. Habermas 1975, 127 f.). Doch das von Kant vertretene Prinzip der „Publizität" ist in modernen Gesellschaften ihrer politisch-moralischen Dimension beraubt worden, weil die öffentliche Meinung selbst „kulturindustriell" (ebd., 289) gesteuert wird. Gleichwohl ist – so Habermas – „an dem Begriff der öffentlichen Meinung in einem komparativen Sinne festzuhalten, weil die Verfassungsrealität des Sozialstaates als der Prozeß begriffen werden muß, in dessen Verlaufe eine politisch fungierende Öffentlichkeit verwirklicht" werden kann (ebd., 288).

In seiner Abhandlung „Wahrheitstheorien" aus dem Jahre 1972 hat Habermas eine Konsensustheorie der Wahrheit entwickelt, die zugleich seine Diskursethik enthält. Im Unterschied zur klassischen Korrespondenztheorie, die Wahrheit als Übereinstimmung bzw. Entsprechung von Aussage und Sachverhalt interpretiert, liegt für die Konsensustheorie ein Wahrheitsanspruch erst dann vor, wenn eine Aussage als eine Tatsache intersubjektiv geltend gemacht, d. h. behauptet wird. Eine Behauptung ist berechtigt oder unberechtigt, nicht wahr oder falsch. Die Frage der Berechtigung einer Behauptung entsteht erst dann, wenn das fraglose Einverständnis über die in einer Kommunikation ausgetauschten Mitteilungen in Frage gestellt wird. In dieser Situation werden die in der Kommunikation „stillschweigend" vorausgesetzten Geltungsansprüche problematisiert.

Den Austausch von Argumenten über diese Geltungsansprüche bezeichnet Habermas als „Diskurs" (Habermas 1984, 130). Er charakterisiert seinen Ansatz so: „Die Konsensustheorie der Wahrheit beansprucht, den eigentümlich zwanglosen Zwang des besseren Argumentes durch formale Eigenschaften des Diskurses zu erklären" (ebd., 161). Mit ihm ist eine neue Ebene der Kommunikation betreten. Habermas betont: „Diskurse sind nachträgliche und temporäre Entkoppelungen. Die von Handlungszwang und Erfahrungsdruck freigesetzte Kommunikationsform ermöglicht es, in Situationen der gestörten Interaktion eine Verständigung über problematisch gewordene Geltungsansprüche wiederherzustellen" (ebd., 131). Für den Anspruch der Wahrheit einer Aussage reicht es nicht, dass ein Subjekt einem Objekt ein Prädikat zuordnet, sondern notwendig wird die potentielle Zustimmung aller anderen Subjekte. Im Anschluss an Apel formuliert Habermas den Gedanken so: „Ich nehme, um wahre von falschen Aussagen zu unterscheiden, auf die Beurteilung anderer Bezug – und zwar auf das Urteil aller anderen, mit denen ich je ein Gespräch aufnehmen könnte (wobei ich kontrafaktisch alle die Gesprächspartner einschließe, die ich finden könnte, wenn meine Lebensgeschichte mit der Geschichte der Menschenwelt koextensiv wäre). Die Bedingung für die Wahrheit von Aussagen ist die potentielle Zustimmung aller anderen" (ebd., 136 f.). Gleichwohl unterscheiden sich die Konzepte von Apel und Habermas in einem wesentlichen Punkt. Während Apel dem „Apriori der Kommunikationsgemeinschaft" eine Transzendentalpragmatik zugrunde legt, vertraut Habermas auf die „Diskurse in der Lebenswelt" (vgl. Reese-Schäfer 1990, 98).

In jeder ungestörten Kommunikation – so Habermas – werden still-schweigend vier Geltungsansprüche erhoben. Es sind: „Verständlichkeit, Wahrheit, Richtigkeit und Wahrhaftigkeit" (ebd., 137). Ist die Verständ-lichkeit nicht gegeben, fragen wir: „Wie meinst du das?", „Was bedeutet das?" Die Antwort auf solche Fragen sind *„Deutungen".* Wird die Wahr-heit einer Aussage in Frage gestellt, antworten wir mit *„Behauptungen und Erklärungen".* „Wenn die Richtigkeit der Norm, die dem Sprechakt zugrunde liegt, problematisch ist, stellen wir Fragen des Typs: Warum hast du das getan? Warum hast du dich nicht anders verhalten? Darfst du das tun? Solltest du dich nicht anders verhalten? Darauf antworten wir mit *Rechtfertigungen"* (ebd., 138). Ziehen wir die Wahrhaftigkeit unseres Gegen-übers in Zweifel, fragen wir: „Täuscht er mich? Täuscht er sich über sich selbst?" (ebd., 139). Antworten auf diese Frage erhalten wir nur über Dritte, in einer „Gerichtsverhandlung" oder in einem „analytischen Gespräch". Diese Geltungsansprüche zeigen, dass sich eine Konsensustheorie der Wahrheit „nicht nur auf die Wahrheit von Aussagen, sondern auch auf die Richtigkeit von Geboten oder Bewertungen" bezieht (ebd., 137). Sie umfasst daher sowohl einen theoretischen als auch einen praktischen Dis-kurs. Der praktische Diskurs bildet die Grundlage einer Diskursethik.

Diskursiv einlösbar sind aber nur die Ansprüche der Wahrheit und der Richtigkeit, während die Verständlichkeit zu den *„Bedingungen* der Kommunikation" gehört und die Wahrhaftigkeit einen nichtdiskursiven Geltungsanspruch repräsentiert. Die Konsensustheorie der Wahrheit ist eine „pragmatische" Theorie, die dem „Verständigungsprozeß zwischen sprach- und handlungsfähigen Subjekten" dient. Sie „bezieht sich zwar auf die Argumentationspraxis im Allgemeinen, aber keineswegs auf bestimmte Methoden der Gewinnung wahrer Aussagen oder richtiger Gebote" (ebd., 159). Sie stellt vielmehr „einen ausgezeichneten Modus der Überprüfung" (ebd., 160) von theoretischen Behauptungen und praktischen Geboten dar.

Habermas gibt ein Beispiel für einen theoretischen Diskurs und eins für einen praktischen. Der praktische hat folgende Struktur: Auf das Gebot: „Du sollst A bis Ende der Woche 50,- DM zurückgeben" erfolgt die vom Opponenten geforderte Erklärung: „A hat dir das Geld für vier Wochen geliehen". Sie wird durch den Hinweis auf z. B. folgende Handlungsnorm begründet: „Darlehen sollen innerhalb angegebener Fristen rückerstattet werden". Diese Norm wird unterstützt durch eine „kasuistische Evidenz", z. B. durch eine „Reihe von Hinweisen auf Folgen und Nebenfolgen der Normanwendung für die Erfüllung akzeptierter Bedürfnisse". Dazu gehört z. B. der Hinweis: „Darlehen ermöglichen einen flexiblen Einsatz knapper Ressourcen" (ebd., 165).

Die Begründung in theoretischen und praktischen Diskursen erfolgt „mit Hilfe des Universalisierungsprinzips" (ebd., 166), d. h. es richtet sich, unabhängig von kulturellen Unterschieden, an jedes „sprach- und handlungsfähige" Subjekt. Es orientiert sich dabei an einem idealen, „herrschaftsfreien Dialog", und die ihm gemäße Sprechsituation. Diese charakterisiert er wie folgt: „Ideal nenne ich eine Sprechsituation, in der Kommunikationen nicht nur nicht durch äußere kontingente Einwirkungen, sondern auch nicht durch Zwänge behindert werden, die sich aus der Struktur der Kommunikation selbst ergeben. Die ideale Sprechsituation schließt systematische Verzerrungen der Kommunikation aus. Und zwar erzeugt die Kommunikationsstruktur nur dann keine Zwänge, wenn alle Diskursteilnehmer eine symmetrische Verteilung der Chancen, Sprechakte zu wählen und auszuführen, gegeben ist" (ebd., 177).

Habermas unterstellt, dass in einer solchen „idealen Sprechsituation" die Bedingungen eines vernünftigen Konsenses erfüllt sind und mit ihm zugleich die Bedingungen für Wahrheit und Richtigkeit in einem moralisch-praktischen Sinne. Er sagt: „Ein vernünftiger Konsensus kann von einem trügerischen in letzter Instanz allein durch Bezugnahme auf eine ideale Sprechsituation unterschieden werden" (ebd., 179). Er hat ein großes Vertrauen in die Fähigkeiten sprach- und handlungsfähiger Subjekte, wenn er behauptet, „daß wir uns faktisch jederzeit zutrauen und auch zutrauen müssen, einen vernünftigen von einem trügerischen Konsensus zu unterscheiden" (ebd., 180). Welche Bedeutung kommt der „idealen Sprechsituation" in einem Diskurs zu? Habermas bemerkt dazu: „Die ideale Sprechsituation ist weder ein empirisches Phänomen noch bloßes Konstrukt, sondern eine in Diskursen unvermeidliche, reziprok vorgenommene Unterstellung. Diese Unterstellung kann, sie muß nicht kontrafaktisch sein; aber auch wenn sie kontrafaktisch gemacht wird, ist sie eine im Kommunikationsvorgang operativ wirksame Fiktion. Ich spreche deshalb lieber von einer Antizipation, von einem Vorgriff auf eine ideale Sprechsituation" (ebd., 180). Allgemeiner gesagt heißt das: In jedem verständigungsorientierten Gespräch ist die Fiktion wirksam, dass jeder an ihm beteiligte Sprecher gleichberechtigt und zwanglos seine Bedürfnisse, Argumente und Interessen zum Ausdruck bringen kann und von allen anderen Teilnehmern mit Aufmerksamkeit angehört wird. Das bedeutet schließlich, dass in jedem derartigen Gespräch nicht nur ein „herrschaftsfreier Dialog" antizipiert wird, sondern darüber hinaus das Modell einer emanzipierten Gesellschaft.

Die Diskursethik von Apel und Habermas haben der Verantwortungsethik einen zusätzlichen Aspekt erschlossen. Verantwortung wird in ihrer sprachlichen Dimension, die ihr als einem personalen Geschehen zukommt, ernst genommen. Ihre Diskursethik schließt sich, ohne das zu betonen, an die Ethik des sokratischen Dialogs an und verbindet ihn mit dem Ziel „ethisch-politischer Emanzipation".

II Gerechtigkeit und Menschenrechte

Der Gedanke allgemeiner Menschenrechte – so Oestreich – reicht bis in die Zeit der griechischen Sophisten zurück. Die griechischen Stadtstaaten waren ebenso wie das römische Reich Sklavenhaltergesellschaften. Das änderte sich auch nicht durch den von Cicero, Seneca, Epiktet und Marc Aurel vertretenen Humanismus. Politisch bedeutsam wurde erst die französische Menschenrechtserklärung von 1789, die mit der Abschaffung des Absolutismus einherging. Daran schließt sich nach dem Zweiten Weltkrieg die UNO-Menschenrechtserklärung von 1948 an. Von dem Gedanken der Menschenrechte inspiriert ist auch die *Theorie der Gerechtigkeit* von Rawls. Gerechtigkeit ist für ihn die „erste Tugend sozialer Institutionen". Er definiert sie als Fairness. Fair ist es, wenn jedem Bürger eines Landes Chancengleichheit garantiert wird. Dazu gehören die politischen Grundfreiheiten ebenso wie die Sorge für die am wenigsten Begünstigten. Martha Nussbaum erweitert den Forderungskatalog. Die politische Gerechtigkeit, die ausdrücklich auch die Rechte der Frauen einschließt, wird ergänzt um eine soziale Gerechtigkeit, die auch für einen materiellen Lastenausgleich sorgt. Ferner ist in Anknüpfung an den antiken Gedanken des Kosmopolitismus das Verhältnis des Menschen zur Natur zu überdenken. In seiner *Philosophie der Menschenrechte* betont Bielefeldt erneut, dass die Menschenrechte erst im 18. Jahrhundert ihre politische Wirksamkeit entfalteten. Eine besondere Rolle kommt dabei Kant zu und der von ihm betonten *„Würde"* des Menschen als Person sowie den Idealen der Französischen Revolution. Entgegen der religiösen, besonders im Islam, erhobenen Kritik an „anthropozentrisch" begründeten Menschenrechten

© Der/die Autor(en), exklusiv lizenziert an Springer-Verlag GmbH, DE, ein Teil von Springer Nature 2022
W. Pleger, *Dialogische Vernunft*, https://doi.org/10.1007/978-3-662-65289-3_3

lehnt Bielefeldt eine angeblich überlegene „theozentrische" Begründung ab. Ebenso zurückzuweisen ist der im asiatischen Raum, so z. B. in China, erhobene Vorwurf, die Menschenrechte seien nur Individualrechte und vernachlässigten die wirtschaftlich-sozialen Rechte der Bürger. Die Menschenrechtserklärung enthält, wie er betont, vielmehr beide.

1   Zur Geschichte der Menschenrechte (Oestreich)

In der griechischen Welt gab es keine Rechte für jeden Menschen, denn die Gesellschafts- und Wirtschaftsordnung des griechischen Stadtstaates stützte sich auf das allgemein anerkannte Institut der Sklaverei. Im Menschenbild der frühen Polis war die Vorstellung der menschlichen Würde allein für den Angehörigen der Polis, den Bürger, voll ausgebildet. Die orientalischen Despotien mit ihrem Gehorsam beleidigten das Denken der Griechen. Der Bürger Athens war stolz, frei zu sein im Bewußtsein seiner Teilnahme an der Regierung und im Gefühl der Respektierung seiner Rechte durch das Gemeinwesen, das die politische und die religiöse, die rechtliche und die göttliche Ordnung zugleich umschloß. Als diese ursprüngliche Einheit sich auflöste, entstanden starke Spannungen der politischen Ethik und Philosophie, in denen auch Sokrates stand. Die *Sophisten* lehrten bereits im 5. Jahrhundert vor Christi Geburt, daß das natürliche Recht höher und besser sei als die bestehenden positiven Gesetze. Die menschliche Natur wurde bald zum Bezugspunkt der Rechtsvorstellungen. Seitdem kreist das naturrechtliche Denken um die Erkenntnis des menschlichen Wesens und um die ihm gemäßen Prinzipien für die soziale Gestaltung.

(Gerhard Oestreich: Geschichte der Menschenrechte und Grundfreiheiten im Umriß. Berlin 1978, S. 15).

Gerhard Oestreich wird 1910 in Zehden an der Oder geboren. Er studiert in Berlin Geschichte, Deutsch, Religionswissenschaften und Philosophie und wird dort 1935 mit einer verwaltungsgeschichtlichen Dissertation promoviert. 1954 habilitiert er sich an der ‚Freien Universität Berlin'. Von 1960–1962 hat er den Lehrstuhl für Geschichte der politischen Theorie am ‚Otto-Suhr-Institut' in Berlin inne, von 1962–1966 lehrt er ‚Mittlere und Neuere Geschichte' an der Universität Hamburg und anschließend bis 1975 ‚Neuere Geschichte' an der Universität Marburg. Der Schwerpunkt seiner Arbeiten liegt im Bereich der ‚Frühen Neuzeit', den er als eine eigene

Fachdisziplin der Geschichtswissenschaft mitbegründet. Er stirbt 1978 in Kochel am See.

Oestreich weist zu Beginn seiner Darstellung zu Recht darauf hin, dass die antike griechische *polis* sich auf das „Institut der Sklaverei" stützte (s. Zitat). Gleichwohl war die Erörterung ihrer Berechtigung bereits Thema der Sophisten, d. h. der Intellektuellen dieser Zeit. Unter ihnen kommt Alkidamas eine besondere Bedeutung zu, der den naturrechtlich begründeten Satz aufstellte, „daß Gott alle Menschen frei geschaffen und keinen zum Sklaven gemacht habe" (Oestreich 1978, 15; vgl. Guthrie 1993, 312). Im Unterschied dazu sind für Aristoteles „die Menschen von Natur teils Freie, teils Sklaven"', denn die Freien besitzen von Natur aus die Fähigkeit, Anordnungen zu treffen, die Sklaven dagegen nur die, diese auszuführen (vgl. Oestreich 1978, 16).

In der Stoa entwickeln Denker wie Cicero, Seneca, Epiktet und Marc Aurel dagegen die Lehre von der Gleichheit der Menschen, denn alle Menschen sind mit Vernunft begabt und haben Anteil an dem ‚logos', der „Weltvernunft" (ebd.). Für Cicero gibt es ein Naturgesetz, das zugleich „Gesetz der Gottheit" ist. Es garantiert die Gleichheit der Menschen, gilt überall und kann von niemandem außer Kraft gesetzt werden. Oestreich weist auf die besondere geschichtliche Bedeutung von Cicero für die Geschichte der Menschenrechte hin, indem er betont: „Durch den Politiker und Juristen Cicero wurde das Naturrecht aus einer Sache der Philosophie zu einer Sache des Rechtsdenkens und der Rechtsgestaltung. Seine Gedanken haben nach eineinhalb Jahrtausenden die Meinungen der europäischen Humanisten beeinflußt und auf das naturrechtliche Denken der frühen Neuzeit eingewirkt" (ebd., 17).

Es bleibt daher festzuhalten, dass der griechisch-römischen Antike zwar das Verdienst zukommt, das naturrechtlich begründete Konzept der Menschenrechte entwickelt, nicht aber dieses auch nur ansatzweise durchgesetzt zu haben. Das Fazit ist: Die stoische Lehre von der Gleichheit aller Menschen „hat nur das ethisch-gesellschaftliche Denken, nicht die politische und ökonomische Ordnung gestaltet" (ebd., 18).

Mit der Ausbreitung des Christentums im römischen Reich änderte sich die geistige Situation für „das nächste Jahrtausend". Antike Philosophie und religiöses Heilsdenken trafen aufeinander und bildeten eine spannungsvolle Einheit. So bleibt es einerseits „eine Tatsache, daß das stoische Naturrechtsdenken in den christlichen Offenbarungsglauben und in die Heilstheologie eindrang" (ebd., 19), andererseits aber verstand das frühe Christentum den Menschen nicht mehr als einen, mit der vernünftigen Natur verbundenen, Kosmopoliten, sondern als Kind Gottes. Das führte zu einer

neuen Anthropologie. So betonte die Bibel den Gedanken der „Gottes-
ebenbildlichkeit" des Menschen und „Christus verkündete die Gleichheit
alles dessen, was Menschenantlitz trägt. [...] Aus ihr ließen sich Freiheit
und Gleichheit aller ohne Einschränkung ableiten. Aber von der Gleichheit vor Gott bis zu einem allgemeinen Menschenrecht der Gleichheit blieb
noch ein weiter Schritt, den weder die Kirchenväter noch die mittelalterlichen Theologen vollzogen" (ebd.). In der Theologie von Augustinus, „des
wirkungsmächtigsten Kirchenvaters" wurde streng zwischen der „göttlichen
Vernunft" und der menschlichen unterschieden. Die Autorität der Bibel
duldete keinen Einspruch durch die menschliche Vernunft. Mehr noch:
„Der Bischof Augustin glaubte, die Menschen zum Seelenheil und rechten
Glauben zwingen zu können, und stützte sich auf das Christus-Wort:
Compelle intrare (Luc. 14, 23). Die religiöse Verfolgung durch die Kirche
war in Zukunft gerechtfertigt" (ebd., 21).

Das im Mittelalter sich durchsetzende Kirchenrecht verdrängte auch
das ältere germanische Recht, das als ein Treueverhältnis zu verstehen war
und in dem es für den Gefolgsmann ein Widerstandsrecht für den Fall
unrechtmäßiger Gewalt gab. Die kirchliche Theorie betonte demgegenüber: „Jeder Herrscher ist ein Beauftragter Gottes und an das göttliche und
natürliche Recht gebunden. Das Volk muß ihm duldend gehorchen, denn
der Herrscher ist Gesalbter des Herrn. An ihm sich zu vergreifen, bedeutet
schwerste Sünde" (ebd., 22 f.). Selbst Thomas von Aquin, der den Menschen
als vernunftbegabtes Wesen interpretierte und im Anschluss an Seneca die
eigene sittliche Gewissensentscheidung betonte, bestand im Anschluss an
Aristoteles darauf, „die Sklaverei als von Natur aus gerechtfertigt weiter
anzuerkennen" (ebd., 23).

In England hat die 1215 veröffentliche *Magna Charta,* gelegentlich auch
als *Magna Charta libertatum* bekannt, dazu geführt, sie als erstes Dokument
europäischer Menschenrechte zu bezeichnen. Besonders der Artikel 39
wurde als Beleg dafür zitiert. Er lautet: „Kein freier Mann soll ergriffen,
gefangengelegt, aus seinem Besitz vertrieben, verbannt oder in irgendeiner
Weise zugrunde gerichtet werden, [...] es sei denn auf Grund rechtmäßigen
Urteils seiner Standesgenossen und nach dem Recht des Landes" (vgl.
Heidelmeyer 1997, 52). Oestreich weist jedoch darauf hin, dass es sich
bei diesem Artikel keineswegs um ein allen Menschen verbürgtes Grund-
recht handelt, sondern „daß diese Zusicherung nur für den Personenkreis
des Lehensrechts galt" (Oestreich 1978, 25). Nutznießer waren die Barone.
„Sie erhielten Garantien gegen Mißbrauch der königlichen Gerichtsbarkeit"
(ebd.).

Nachdem Marsilius von Padua, der ‚Defensor Pacis‘ zu Anfang des 14. Jahrhunderts „nicht nur die plenitudo potestatis des Papstes, sondern auch die Allmacht jedes weltlichen Herrschers" verwarf (ebd.,29) und Wilhelm von Ockham die These vertrat: „Eigentum und Freiheit sind Rechte, von Gott und Natur verliehen, untrennbar mit der Person verbunden" (ebd.), lebte im 15. Jahrhundert mit Nikolaus von Kues das antike stoische Naturrecht wieder auf. „Er begründete jede Gewalt und jedes Verfaßtsein von Kirche und Welt auf eine Übereinstimmung mit dem Naturrecht und die Zustimmung der Unterworfenen" (ebd.).

Im Zeitalter der Reformation gewann die Lehre von Luther einen bedeutenden Einfluss auf das Denken der Zeit. Luther entwickelte die „Zwei-Regimenten-Lehre". Diese Lehre schloss den Gedanken von einem zweifachen Recht ein. Es gab für ihn ein ‚göttliches Naturgesetz‘ und ein ‚weltliches Naturrecht‘. „Das letztere gilt in der politica für die äußere Ordnung: kraft des Naturrechts ist der Untertan der Obrigkeit Gehorsam schuldig" (ebd., 31). Allein in seinem Gewissen ist jeder Mensch frei. Einer staatlichen Anordnung, die dem widerspricht, muss er nicht Folge leisten. „Hier ist Widerstand geboten, allerdings nur mit Bitten und Eingaben, also in leidendem Gehorsam bis zur Aufopferung des Lebens" (ebd.). Anders Calvin, der dem Herrscher die Pflicht auferlegte, das Wohl des Volkes zu fördern und der bestimmte, dass es zwischen Herrscher und Volk eine „mutua obligatio", d. h. eine gegenseitige Verpflichtung, gäbe. Das Ergebnis war: „In den vom Calvinismus bestimmten oder beeinflußten Ländern wie den Niederlanden und England wurde der Sieg des Absolutismus verhindert" (ebd., 32).

In den übrigen Ländern Europas wandelte sich im 16. und 17. Jahrhundert der „dualistische Ständestaat" immer mehr zum absolutistischen Staat. „Der dynastische Absolutismus des 16. bis 18. Jahrhunderts ist als ein großer Disziplinierungsprozeß zu verstehen, der sich aller Gebiete des öffentlichen Lebens bemächtigte und sie mehr oder minder stark der neuen Staatsmacht unterwarf" (eb. 33).

Umso bemerkenswerter ist es, dass Francisco de Vitoria, ein spanischer Spätscholastiker des 16. Jahrhunderts, gegen die bisherige Rechtfertigung der Sklaverei kämpfte und mit humanen und humanistischen Argumenten die Gleichheit der Eingeborenen gegenüber den Spaniern vertrat (vgl. ebd., 34). Neben seine theologische Begründung trat bei Fernando Vasquez, ein weltlicher Jurist, der auf humanistischer Grundlage „die Lehre von den natürlichen Rechten, von der natürlichen Freiheit und ´der natürlichen Gleichheit aller Menschen" hervorhob (ebd.). Diese schloss Sklaverei selbstverständlich aus.

Zu den bedeutenden antiabsolutistischen Denkern des späten 16. und frühen 17. Jahrhunderts gehören Lipsius, Althusius, Grotius, Milton und Locke. Sie entwickelten ein säkularisiertes Naturrecht. Das bedeutete: „1. Die christlichen Grundlagen der natürlichen Rechte schwanden mehr und mehr. [...]. 2. Im Zuge dieser Wandlungen gründeten sich die Naturrechts-lehren stärker auf die menschliche Vernunft und ihre sittliche Autonomie. [...]. 3. Die Naturrechtsdenker wandten sich dem Wohl des isolierten Individuums zu. [...]. 4. Die zur Sicherung der persönlichen Freiheiten vom übermächtigen neuzeitlichen Staat geforderten politischen Rechte traten in den Vordergrund" (ebd., 35 f.). Das schloss tendenziell die Verwirklichung demokratischer Rechte ein.

Im Zuge dieses Denkens nahm auch die alttestamentliche Lehre vom doppelten Bunde, nämlich dem zwischen Gott und den Menschen und dem zwischen König und Volk eine säkulare Gestalt an. Es entwickelte sich der Gedanke vom Gesellschaftsvertrag und der vom Herrschafts-vertrag. Während der Gesellschaftsvertrag von einem vorstaatlichen, ja vorgesellschaftlichen Zustand ausging, in dem die Menschen, die im Urzustand alle frei und gleich sind, unter Wahrung dieser Rechte, einen sogenannten Gesellschaftsvertrag vereinbaren, schließt im Herrschaftsver-trag das „ursprünglich freie und unabhängige Volk [...] mit dem künftig Herrschenden einen ‚Vertrag' ab, in welchem es ihm unter Vorbehalt gewisser Rechte die Gewalt zu Aufrechterhaltung von Ruhe und Ordnung überträgt" (ebd., 36).

Für die Entwicklung der Grundrechte in England hat die 1689 formulierte *Bill of Rights* eine große Bedeutung. In ihr erkämpft sich das Parlament gegenüber dem König in zahlreichen Bereichen ein Mitsprache-recht (vgl. Heidelmeyer 1997, 54 ff.). Der ‚königliche Absolutismus' wurde dadurch verhindert und es entstand ein ‚parlamentarischer Absolutismus', bei dem die englische Aristokratie die Macht erhielt (vgl. Oestreich 1978, 44). Umfassender jedoch sind die von Locke zur gleichen Zeit in seiner zweiten Abhandlung *Über die Regierung* (Locke 1966) geforderten all-gemeinen Menschenrechte. „Leben, Freiheit, Eigentum sind angeborene Rechte der im Naturzustand gleichen und unabhängigen Individuen" (Oestreich 1978, 41; vgl. Locke 1966, 69).

In Deutschland hatte Pufendorf in seinem Werk *De jure naturae et gentium* bereits 1672 ähnliche Gedanken vertreten. Er betonte: "‚Alle Menschen haben von Geburt gleiche Freiheit, die ihnen ohne ihre aus-drücklich oder stillschweigend zu verstehen gegebene Einwilligung oder Ver-schuldung nicht geschmälert werden darf'" (Oestreich 1978, 48). Allerdings hat der Untertan bei unrechtmäßigen Handlungen des Souveräns kein Widerstandsrecht (vgl. ebd., 49). Ihm blieb nur das „Auswanderungsrecht".

In der Bestimmung angeborener Rechte ist Christian Wolff einen Schritt weiter gegangen. Er macht einen Unterschied zwischen dem Naturzustand des Menschen und seinem ‚Wesen', d. h. seiner moralischen Verfassung. Indem er den Menschen als eine „persona moralis" definiert, hat er „die allgemeine Rechtsfähigkeit des Menschen als das entscheidende Kriterium herausgearbeitet" (ebd., 51). Er stellt einen Katalog von unveräußerlichen Rechten auf, die jedem Menschen von Natur aus zukommen. Das heißt: „Jeder ist in seinen Handlungen von Natur nur seinem eigenen Willen unterworfen. [...] Von Natur sind alle Menschen frei. Das heißt: Sie sind niemandem Rechenschaft schuldig. Jeder hat ein Recht auf Gerechtigkeit. Gegen ungerechte Behandlung besitzt er das jus securitatis, das Recht auf Befreiung von der Furcht vor Verletzungen und Schaden" (ebd., 52). Allerdings unterschied er bei seinem Katalog zwischen ‚Menschenrechten' und ‚Majestätsrechten'. So steht dem Herrscher die Gesetzgebungsgewalt zu, die bedeutet, dass die natürliche Freiheit des einzelnen eingeschränkt werden kann, unter der Voraussetzung, dass dies der „Beförderung der gemeinen Wohlfahrt" dient (ebd., 54).

Friedrich der Große, der, stoischem Gedankengut folgend, sich als einen aufgeklärten Monarchen verstand, „regte auch die Schaffung einer Rechtskodifikation an [...]. So entstand das Allgemeine Landrecht (ALR) von 1794" (ebd., 55). Svarez, der dieses schuf, bekannte sich „zu den ‚natürlichen Rechten und Freiheiten' und zu den ‚unveräußerlichen Menschenrechten'" (ebd.).

Eine grundlegende Bedeutung für die Verbreitung allgemeiner Menschenrechte waren ihre Entstehung in Amerika und Frankreich. Für Amerika spielten zwei Faktoren eine wichtige Rolle. Es handelte sich zum einen um den Prozess der Loslösung der Kolonien vom englischen Mutterland und zum anderen um die Notwendigkeit, auf einem neuen, fremden Territorium die für eine Staatsgründung erforderliche rechtliche Grundlage zu formulieren. Man fand sie in den in Europa entwickelten Naturrechtslehren. Ein besonderes Gewicht kam dabei der Rechtsauffassung von Locke zu. Die von ihm konstatierte „vollkommene Freiheit" jedes Menschen war nun auf die sich neu gründenden Staaten zu übertragen. Unmissverständlich kommt dieser Gedanke in der von Jefferson formulierten Unabhängigkeitserklärung vom 4. Juli 1776 zum Ausdruck: „We hold these truths to be selfevident, that all men are created equal, that they are endowed by their Creator with certain unalienable rights, that among these are Life, Liberty and the pursuit of Happiness. That to secure these rights, Governments are instituted among Men, deriving their just powers from the consent of the Governed'" (ebd., 62). Die Erklärung verbindet den naturrechtlichen Gedanken von der Freiheit und Gleichheit aller Menschen mit dem staatsrechtlichen, dass alle Gewalt vom Volk ausgehen müsse.

Begünstigend für die Bildung eines Staates auf dieser Grundlage war, dass es auf kolonialem Boden weder einen monarchischen noch einen parlamentarischen Absolutismus gegeben hatte. Der Gedanke einer Staatsgründung durch Vereinbarung erhielt damit eine historische Chance. Der Vorrang dieses Motivs mag auch erklären, weshalb die Frage der Sklaverei lange ausgeklammert blieb, „wenngleich die Klage eines Sklaven aufgrund des Artikels der Verfassung, daß alle Menschen frei und gleich geboren sind, in Massachusetts 1781 zur Aufhebung der Sklaverei führte" (ebd., 61). Aber die allgemeine Aufhebung der Sklaverei wurde in den „Vereinigten Staaten [...] erst im Zusatzartikel 13 vom Jahre 1865 verboten" (ebd., 62).

In Frankreich gehörte Voltaire zu den führenden Vordenkern der Menschenrechte. Er verteidigte die Freiheit des Denkens gegenüber der Autorität des monarchischen Staates und der Kirche. In diesem Sinne entwickelte Montesquieu in seinem Werk *Vom Geist der Gesetze* das Konzept der Gewaltenteilung, das eine grundlegende Bedeutung für die Entwicklung des modernen Rechtsstaates bekommen sollte. Er unterschied die Rolle des Menschen von der des Bürgers und bemerkte: „Die Pflicht, die man als Bürger erfüllt, ist Verbrechen, läßt sie uns die Pflicht vergessen, die man als Mensch hat'" (ebd., 65). Mirabeau, ein führender Kopf der Physiokraten, verband die freie wirtschaftliche Betätigung des Menschen, vor allem die agrarwirtschaftliche, mit den natürlichen Rechten, den „droits naturels". Damit einher ging die Forderung nach einem Recht auf Arbeit. „Kein Wunder, wenn in dem königlichen Edikt von 1776 [...] das Recht auf Arbeit als ‚unveräußerliches Menschenrecht' deklariert wurde" (ebd., 66).

Nach Vorarbeiten von dem Marquis de Lafayette und Jefferson, der damals Gesandter in Paris war, wurde kurz nach dem Ausbruch der Französischen Revolution am 26. August 1789 der französischen Nationalversammlung in 17 Artikeln die *Declaration des droits de l'homme et du citoyen* vorgelegt und von ihr beschlossen. Die ersten drei Artikel lauten: „1. Die Menschen werden frei und gleich an Rechten geboren und bleiben es. Gesellschaftliche Unterschiede können nur auf den gemeinsamen Nutzen gegründet sein. 2. Ziel jeder politischen Vereinigung ist die Erhaltung der natürlichen und unabdingbaren Menschenrechte. Diese Rechte sind die Freiheit, das Eigentum, die Sicherheit und der Widerstand gegen Unterdrückung. 3. Der Ursprung aller Souveränität ruht seinem Wesen nach im Volke. Keine Körperschaft, kein einzelner kann Autorität ausüben, die nicht ausdrücklich daraus fließt" (Heidelmeyer 1997, 57). Die Artikel 10 und 11 beinhalten die Religions- und die Meinungsfreiheit: „10. Niemand soll wegen seiner Ansichten, auch der religiösen, beunruhigt werden, sofern ihre Äußerung die durch das Gesetz errichtete öffentliche Ordnung nicht stört. 11. Die freie Mitteilung von Gedanken und Meinungen ist eins der kostbarsten Rechte des Menschen; jeder Bürger kann mithin frei sprechen, schreiben, drucken, unter Vorbehalt der Verantwortlichkeit für den Mißbrauch dieser Freiheit in durch das Gesetz bestimmten Fällen" (ebd., 58). Artikel 16 schließlich betrifft die Gewaltenteilung: „Jede Gesellschaft, in der weder die Garantie der Rechte zugesichert noch die Trennung der Gewalten festgelegt ist, hat keine Verfassung" (ebd., 59).

In die 1793 verabschiedete Verfassung wurde darüber hinaus ein Recht auf Arbeit aufgenommen: „21. Die öffentliche Unterstützung der Bedürftigen ist eine heilige Verpflichtung. Die Gesellschaft übernimmt den Unterhalt der ins Unglück geratenen Bürger, sei es nun, daß sie ihnen Arbeit gibt oder denjenigen, welche arbeitsunfähig sind, die Mittel ihres Unterhalts zusichert" (ebd., 62). Das entsprach ganz den Zielen von Grachus Babeuf, der in einer „kommunistischen Gesellschaftsordnung das Ziel der Revolution" sah (Oestreich 1978, 72). Der Artikel wurde aber aus der Verfassung von 1795 wieder entfernt.

In Deutschland wurde im Übergang vom 18. zum 19. Jahrhundert das Prinzip der Menschenrechte von Kant, Fichte, Hegel und Wilhelm von Humboldt vertreten. „Kants Ethik ist am Begriff der ‚Achtung' und am Ethos der Menschenwürde orientiert. […]. Die tiefe Ehrfurcht vor dem Recht des Menschen, die Anerkennung der ‚angeborenen, zur Menschheit notwendig gehörenden und unveräußerlichen Rechte', zu denen er Freiheit, Gleichheit und Sicherheit des Seinen rechnete, sind in dem zentralen Begriff der Person verankert" (ebd., 77). Im Anschluss an die Französische Revolution veröffentlichte Fichte 1793 seine Schrift *Zurückforderung der Denkfreiheit von den Fürsten Europas, die sie bisher unterdrückten* und forderte im Anschluss an die Physiokraten das „Recht auf Arbeit, Existenzminimum und Unterstützung. Jeder hat aber auch die Pflicht zu arbeiten" (ebd., 78). Hegel überführte das Naturrecht in den historischen Kontext des Rechtsstaates. Das bedeutete für ihn: „Es gibt keine natürlichen, sondern nur bestimmte, vom Staate festgesetzte Rechte" (ebd., 80). Im Kontext einer geplanten „Bundesverfassung" auf dem ‚Wiener Kongress' gingen die Vorschläge Wilhelm von Humboldts am weitesten. „Freizügigkeit und Freiheit, […] gesetzmäßige Freiheit und Sicherheit der Person, Sicherheit des Eigentums, richterlicher Schutz von Person und Eigentum durch Staat und

Bund gegen jede Beeinträchtigung, volle Aufhebung der Leibeigenschaft, die Freiheit, sich auf jeder Lehranstalt zu bilden, waren die Hauptpunkte Humboldts" (ebd., 81).

Zur Zeit der Revolution von 1848/1849 erarbeitete im Auftrag der ‚Frankfurter Nationalversammlung' eine ‚Verfassungsgebende Versammlung' einen Katalog der „Grundrechte" (vgl. ebd., 93). Ihre Betonung machte deutlich: Das „Verlangen nach staatsbürgerlicher Freiheit rückte vor die Sehnsucht nach der nationalen Einheit" (ebd.). Doch die Forderung nach Grundrechten die „den Verfassungen der deutschen Einzelstaaten zur Norm dienen" sollten, blieb letztlich unerfüllt. „Durch Gesetz vom 27. Dezember 1848 wurden die Grundrechte des deutschen Volkes im voraus im ganzen Umfang des Deutschen Reiches in Kraft gesetzt. Als Kap. VI fanden sie Aufnahme in die nie in Kraft getretene Verfassung des Deutschen Reiches vom 28. März 1849. Am 23. August 1851 wurde das Gesetz über die Grundrechte durch Beschluß des Bundesrates wieder aufgehoben" (ebd., 93). Trotz dieses nur episodischen Charakters der Gültigkeit eines für Deutschland entworfenen Grundrechtekatalogs kommt Oestreich zu folgendem Urteil: „Das Gesetz über die Grundrechte des Deutschen Volkes galt nur knapp drei Jahre, dennoch hat dieses umfassende und grundlegende Dokument auf die Staatstheorie und das Rechtsempfinden des Volkes einen tiefen Einfluß ausgeübt. In jeder Form und überall verbreitet, fanden die neuen Prinzipien des nationalen Rechtsstaats, von einer durch das Volk gewählten Versammlung geschaffen, lebhafte Zustimmung" (ebd., 98).

Ganz anders jedoch urteilte Karl Marx über diese bürgerlichen Menschenrechte, deren vorrangiges Ziel es sei, das Privateigentum des egoistischen Individuums zu sichern. „Der egoistische Mensch ist für Marx der bürgerliche Mensch seiner Zeit schlechthin, ein ‚auf sein Privatinteresse und seine Privatwillkür zurückgezogenes und vom Gemeinwesen abgesondertes Individuum', in dieser Individualsphäre geschützt durch die Menschenrechte. Indem der Staat zum bloßen Mittel für die Erhaltung dieser sogenannten Menschenrechte herabgesetzt wird, muß für Marx auch der Kampf gegen diesen Staat erfolgen" (ebd., 108). In dem mit Engels gemeinsam veröffentlichten *Manifest der kommunistischen Partei* aus dem Jahre 1848 (Marx 1971, 813) hat er diesen Kampf für unausweichlich gehalten. Diesem Gedanken folgend wurde in der „Verfassung der Russischen Sozialistischen Föderativen Räterepublik vom Juli 1918 [...] das Privateigentum an Grund und Boden, an allen Produktions- und Transportmitteln sowie an Banken abgeschafft" (Oestreich 1978, 112).

Im Unterschied zu den am Naturrecht orientierten Freiheitsrechten des Individuums gegenüber dem Staat, gab es in der Verfassung der

Union der Sozialistischen Sowjet-Republiken von 1936 diese Individualrechte nicht mehr, „sondern der sozialistische Staat gewährt das Recht
auf Arbeit mit Bezahlung entsprechend ihrer Qualität und Quantität, auf
Erholung, auf materielle Sicherung im Alter, bei Krankheit und Invalidi-
tät und auf Bildung. [...]. Alle Grundrechte bleiben ganz vom Willen
der Regierung abhängig" (ebd., 112 f.). Betrachtet man die Geschichte
der Menschenrechte bis in die Zeit nach dem Ersten Weltkrieg, lässt sich
gleichwohl folgendes Fazit ziehen: „Eigentum, Leben, Freiheit, Religionsfreiheit, Gleichheit, Persönlichkeit, soziale Sicherheit sind einige der bevor-
zugten Kerngehalte menschen- und grundrechtlicher Vorstellungen, die im
Laufe der Geschichte mit anderen aus ihnen abgeleiteten oder begründeten
Forderungen in Verbindung standen" (ebd., 117).

Eine neue Stufe in der Entwicklung universaler Menschenrechte ergab
sich „unter dem Eindruck der nationalsozialistischen Verbrechen", den
Schrecken des Zweiten Weltkrieges, einschließlich der „Bedrohung aller
durch Atombomben und Zerstörungstechniken" und „das unmittelbare
Zusammentreffen von Hunger und Überfluß" im Verhältnis der "armen
und reichen Nationen" (ebd., 118). Als Ergebnis der Auseinandersetzung
mit diesen Problemen ist als erstes die *Charter of the United Nations* vom 26.
Juni 1945 zu nennen (vgl. Hartung u. a. 1972, 131). In ihnen wird bereits
in der Präambel auf „den Glauben an grundlegende Menschenrechte, an die
Würde und den Wert der menschlichen Person, an die gleichen Rechte von
Männern und Frauen und von großen und kleinen Nationen" hingewiesen
(Oestreich 1978, 119). Ihr folgt die, 30 Artikel umfassende, von der Vollver-
sammlung der UNO verabschiedete *Allgemeine Erklärung der Menschenrechte
vom 10. Dezember 1948* (vgl. Heidelmeyer 1997, 209). Sie wurde ohne
Gegenstimmen bei Stimmenthaltung der Staaten des Ostblocks sowie Süd-
afrikas und Saudi-Arabiens angenommen (vgl. ebd., 33).

Die ersten sechs Artikel lauten: „1. Alle Menschen sind frei und gleich
an Würde und Rechten geboren. Sie sind mit Vernunft und Gewissen
begabt und sollen einander im Geiste der Brüderlichkeit begegnen. 2. Jeder
Mensch hat Anspruch auf die in dieser Erklärung verkündeten Rechte und
Freiheiten ohne irgendeine Unterscheidung, wie etwa nach Rasse, Farbe,
Geschlecht, Sprache, Religion, politischer Überzeugung, nationaler oder
sozialer Herkunft, nach Eigentum oder sonstigen Umständen. [...]. 3. Jeder
Mensch hat das Recht auf Leben, Freiheit und Sicherheit der Person. 4.
Niemand darf in Sklaverei oder Leibeigenschaft gehalten werden; Sklaverei
und Sklavenhandel sind in allen Formen verboten. 5. Niemand darf der
Folter oder grausamer, unmenschlicher oder erniedrigender Behandlung
oder Strafe unterworfen werden. 6. Jeder Mensch hat überall Anspruch auf

Anerkennung als Rechtsperson" (ebd., 209 f.). Artikel 13 garantiert die Freizügigkeit: „(1) Jeder Mensch hat das Recht auf Freizügigkeit und freie Wahl
seines Wohnsitzes innerhalb eines Staates. (2) Jeder Mensch hat das Recht,
jedes Land, einschließlich seines eigenen, zu verlassen sowie in sein Land
zurückzukehren" (ebd., 211). Bedeutsam ist auch der Artikel 23. Er enthält das Sozialstaatsprinzip: „(1) Jeder Mensch hat das Recht auf Arbeit, auf
freie Berufswahl, auf angemessene und befriedigende Arbeitsbedingungen
sowie auf Schutz gegen Arbeitslosigkeit. (2) Alle Menschen haben ohne
jede unterschiedliche Behandlung das Recht auf gleichen Lohn für gleiche
Arbeit. (3) Jeder Mensch, der arbeitet, hat das Recht auf angemessene und
befriedigende Entlohnung, die ihm und seiner Familie eine der menschlichen Würde entsprechende Existenz sichert und die, wenn nötig, durch
andere soziale Schutzmaßnahmen zu ergänzen ist. (4) Jeder Mensch hat das
Recht, zum Schutze seiner Interessen Berufsvereinigungen zu bilden und
solchen beizutreten" (ebd., 213).

In dem am 23. Mai 1949 verabschiedeten *Grundgesetz für die Bundesrepublik Deutschland* wird die Würde des Menschen ebenfalls gleich im
ersten Artikel genannt und zugleich bestimmt, dass das Grundgesetz mehr
ist als eine bloße Deklaration, sondern unmittelbar geltendes, einklagbares
Recht. Er lautet: „(1) Die Würde des Menschen ist unantastbar. Sie zu
achten und zu schützen ist Verpflichtung aller staatlichen Gewalt. (2) Das
Deutsche Volk bekennt sich darum zu unverletzlichen und unveräußerlichen
Menschenrechten als Grundlage jeder menschlichen Gemeinschaft, des
Friedens und der Gerechtigkeit in der Welt. (3) Die nachfolgenden Grundrechte binden Gesetzgebung, vollziehende Gewalt und Rechtsprechung als
unmittelbar geltendes Recht" (ebd., 96).

Bereits ein Jahr später, am 4. November 1950 wurde von den Vertretern
der Mitgliedsstaaten des Europarates die *Europäische Konvention zum Schutze
der Menschenrechte und Grundfreiheiten* in Rom verabschiedet. „Dieses
Abkommen bindet die Mitgliedsstaaten unter völkerrechtlichen Regeln
und schützt die einzelnen Staatsangehörigen in ihren Rechten und Grundfreiheiten. [...] Als Organe zum Schutz und zur Sicherung der Freiheiten
wurden in Straßburg die Europäische Menschenrechts-Kommission und
der Europäische Gerichtshof für Menschenrechte geschaffen" (Oestreich
1978, 122 f.). Schließlich ist auf die 1961 in London gegründete Menschen-
rechtsinitiative *Amnesty International* hinzuweisen, die sich weltweit für die
Einhaltung der Menschenrechte engagiert. Sie „hat sich durch ihre Aktivitäten und Erfolge einen Namen gemacht und ist durch die Verleihung des
Friedens-Nobelpreises zu gesteigertem Ansehen gelangt" (ebd., 129).

2   Politische und soziale Gerechtigkeit (Rawls/Nussbaum)

Die Gerechtigkeit ist die erste Tugend sozialer Institutionen so wie die Wahrheit bei Gedankensystemen. Eine noch so elegante und mit sparsamen Mitteln arbeitende Theorie muß fallengelassen oder abgeändert werden, wenn sie nicht wahr ist; ebenso müssen noch so gut funktionierende und wohlabgestimmte Gesetze und Institutionen abgeändert oder abgeschafft werden, wenn sie ungerecht sind. Jeder Mensch besitzt eine aus der Gerechtigkeit entspringende Unverletzlichkeit, die auch im Namen des Wohles der ganzen Gesellschaft nicht aufgehoben werden kann. Daher läßt es die Gerechtigkeit nicht zu, daß der Verlust der Freiheit bei einigen durch ein größeres Wohl für andere wettgemacht wird. Sie gestattet nicht, daß Opfer, die einigen wenigen auferlegt werden, durch den größeren Vorteil vieler anderer aufgewogen werden. Daher gelten in einer gerechten Gesellschaft gleiche Bürgerrechte für alle als ausgemacht; die auf der Gerechtigkeit beruhenden Rechte sind kein Gegenstand politischer Verhandlungen oder sozialer Interessenabwägungen. Mit einer falschen Theorie darf man sich nur dann zufrieden geben, wenn es keine bessere gibt; ganz ähnlich ist eine Ungerechtigkeit nur tragbar, wenn sie zur Vermeidung einer noch größeren Ungerechtigkeit notwendig ist. Als Haupttugenden für das menschliche Handeln dulden Wahrheit und Gerechtigkeit keine Kompromisse.

(John Rawls: Eine Theorie der Gerechtigkeit. Frankfurt a.M. 1979, S. 19 f.)

John Rawls wird 1921 in Baltimore (Maryland) geboren. Ab 1939 studiert er am ‚College‘ der ‚Princeton University‘ und schließt das Studium 1943 mit einem Bachelor of Arts ab. 1950 wird er dort mit einer Arbeit zur Moralphilosophie promoviert. Nach einem einjährigen Forschungsaufenthalt an der ‚Universität Oxford‘ kehrt er in die USA zurück, wo er Professuren an der ‚Cornell University‘ und am ‚Massachusetts Insitute for Technology‘ wahrnimmt. 1962 erhält er einen Ruf an die ‚Harvard Universität‘ und lehrt dort bis zu seiner Emeritierung im Jahre 1991. 1966 wird er in die ‚American Academy of Arts and Sciences‘ und 1974 in die ‚American Philosophical Society‘ gewählt. Für sein Buch *Eine Theorie der Gerechtigkeit* erhält er 1972 den Ralph-Waldo-Emerson-Preis der ‚Phi Beta Kappa Society‘. Er stirbt 2002 in Lexington, Massachusetts (vgl. Kersting 2001).

Die Voraussetzung einer gerechten Gesellschaft – so Rawls – besteht darin, dass ihre Mitglieder von „einer gemeinsamen Gerechtigkeitsvorstellung" geleitet werden. Eine Gesellschaft, die diesem Kriterium gehorcht, bezeichnet er als „wohlgeordnet". Doch die Voraussetzung ist in den seltensten Fällen gegeben. Die Menschen haben sehr verschiedene Gerechtigkeitsvorstellungen. Allerdings, und das ist der erfolgversprechende Gedanke, sind sie sich in der Regel darin einig, „daß Institutionen gerecht sind, wenn bei der Zuweisung von Grundrechten und -pflichten, keine willkürlichen Unterschiede zwischen Menschen gemacht werden" (ebd., 21).

Eine wesentliche Funktion der Gerechtigkeitsvorstellungen besteht darin, dass ein gemeinsamer Katalog an „Grundrechten und -pflichten" erstellt wird. Zu ihnen gehören die politischen Rechte, wie „Gedanken- und Gewissensfreiheit" ebenso wie Prinzipien einer „sozialen Gerechtigkeit" (ebd., 23). Dabei stellt sich Rawls Gesellschaft „vorerst als geschlossenes System" vor, „das keine Verbindung mit anderen Gesellschaften hat" (ebd., 24). Für diese Gesellschaft ist der nationalstaatliche Rahmen gesetzt. Das bedeutet, dass auch die gesamte Rechtsordnung, einschließlich des Strafrechts, darin enthalten ist. Diese beschäftigt sich mit den Grundsätzen für die Behandlung von Ungerechtigkeiten. Zu ihr gehört die „Theorie der Strafe, des gerechten Krieges, der Rechtfertigung des Widerstands verschiedener Art gegen ungerechte Herrschaft, der vom zivilen Ungehorsam und der Kriegsdienstverweigerung bis zu aktivem Widerstand und Revolution reicht" (ebd., 25).

Auf der Grundlage dieser Vorüberlegungen entwickelt Rawls die Grundsätze seiner Theorie der Gerechtigkeit: „Es sind diejenigen Grundsätze, die freie und vernünftige Menschen in ihrem eigenen Interesse in einer anfänglichen Situation der Gleichheit zur Bestimmung der Grundverhältnisse ihrer Verbindung annehmen würden. […]. Diese Betrachtungsweise der Gerechtigkeitsgrundsätze nenne ich Theorie der Gerechtigkeit als Fairneß" (ebd., 28). Rawls orientiert sich mit diesen Überlegungen an einer Prinzipienethik kantischer Prägung und widerspricht damit zugleich dem vorherrschenden Utilitarismus seiner Zeit. Menschen- und Bürgerrechte gelten ausnahmslos für alle. Sie sind universal. Jede Gesellschaft, die den Anspruch erhebt, gerecht zu sein, muss diese Kriterien erfüllen. Zu ihrer Entwicklung greift er auf die „bekannte Theorie des Gesellschaftsvertrages etwa von Locke, Rousseau und Kant" (ebd., 27) zurück. Er macht deutlich, dass das Konzept eines solchen Vertrages nicht im Rückgriff auf einen geschichtlichen Urzustand aufgestellt werden kann. Es handelt sich vielmehr um ein Gedankenexperiment zum Zwecke der Erarbeitung von Grundsätzen, mit deren Hilfe existierende Gesellschaften beurteilt werden können.

Allerdings ist die Situation der Freiheit und Gleichheit in der Wirklichkeit nie gegeben. Es handelt sich also um eine Fiktion, die gleichwohl eine wichtige Funktion erfüllt. Sie ermöglicht, die Konstruktionsprinzipien einer gerechten Gesellschaft zu erarbeiten. Wie aber kann verhindert werden, dass die an dem Prozess Beteiligten ihren eigenen Vorteil gegen andere durchzusetzen versuchen? Rawls Antwort lautet so: „Zu den wesentlichen Eigenschaften dieser Situation gehört, daß niemand seine Stellung in der Gesellschaft kennt, seine Klasse oder seinen Status, ebensowenig sein Los bei der Verteilung natürlicher Gaben wie Intelligenz oder Körperkraft. Ich nehme sogar an, daß die Beteiligten ihre Vorstellung vom Guten und ihre besonderen psychologischen Neigungen nicht kennen. Die Grundsätze der Gerechtigkeit werden hinter einem Schleier des Nichtwissens (veil of ignorance) festgelegt. Dies gewährleistet, daß dabei niemand durch die Zufälligkeiten der Natur oder der gesellschaftlichen Umstände bevorzugt oder benachteiligt wird" (ebd., 29). Mit diesem Bild eines Schleiers des Nichtwissens greift Rawls auf die allegorische Darstellung der Göttin ‚Iustitia' zurück, die ebenfalls mit einer Augenbinde versehen, ihr Urteil ‚ohne Ansehen der Person' fällt. Entmythologisiert bedeutet das, dass „die Grundsätze der Gerechtigkeit das Ergebnis einer fairen Übereinkunft oder Verhandlung" sind (ebd.).

Der „Schleier des Nichtwissens" verhindert also zum einen, dass jemand bei der Aufstellung der Gerechtigkeitsgrundsätze seinen eigenen Vorteil im Blick hat. Ebenso ausgeschlossen wird dadurch aber auch noch ein Nutzenprinzip, das Nachteile für einzelne in Kauf nimmt, wenn nur der Gesamtnutzen sich für eine Gesellschaft erhöht. „Ohne starke und beständige altruistische Motive würde kein vernünftiger Mensch eine Grundstruktur akzeptieren, nur weil die Summe der Annehmlichkeiten für alle zusammengenommen erhöht – ohne Rücksicht auf ihre dauernden Wirkungen auf seine eigenen Grundrechte und Interessen. Das Nutzenprinzip scheint also unvereinbar zu sein mit der Vorstellung gesellschaftlicher Zusammenarbeit zwischen Gleichen […]. Diese Auffassung werde ich jedenfalls vertreten" (ebd., 31).

Rawls wendet sich strikt gegen das utilitaristische Prinzip des Gesamtnutzens, das über die Rechte, die Interessen und das Wohl des Einzelnen gestellt wird. Seine Alternative zum Utilitarismus erläutert er so: „Ich behaupte, daß die Menschen im Urzustand zwei ganz andere Grundsätze wählen würden: einmal die Gleichheit der Grundrechte und -pflichten; und zum anderen den Grundsatz, daß soziale und wirtschaftliche Ungleichheiten, etwa verschiedener Reichtum oder verschiedene Macht, nur dann gerecht sind, wenn sich aus ihnen Vorteile für jedermann ergeben, ins-

besondere für die schwächsten Mitglieder der Gesellschaft. [...] Es ist
vielleicht zweckmäßig, aber nicht gerecht, daß einige weniger haben, damit
es anderen besser geht" (ebd., 31 f.). Rawls bezeichnet diesen Grundsatz als
das „Unterschiedsprinzip" *(difference principle)* (ebd., 96). Das bedeutet:
„Die Gesellschaft darf einigen ihrer Mitglieder somit ausschließlich in dem
Fall Verbesserungen ihrer Situation zugestehen, daß das auch den weniger
Begünstigten zum Vorteil gereicht" (Kersting 2001, 77).

Die Fiktion eines Urzustandes dient dem Ziel, möglichst unvoreingenommen zu Urteilen über eine gerechte Gesellschaft zu kommen.
Gleichwohl ergeben sich dabei bestimmte spezifische Schwierigkeiten. Sie
bestehen darin, dass bestimmte Grundsätze auf eine konkrete Situation
angewendet werden müssen. Rawls wählt zur Erläuterung dieser Schwierigkeit zwei Beispiele. Das eine betrifft „religiöse Unduldsamkeit und rassische
Benachteiligung". Dieses Problem erscheint als leicht lösbar, denn hier sind
wir sicher, dass sie „ungerecht sind" (Rawls 1979, 37). Dagegen stellt die
„richtige Verteilung von Reichtum und Macht" (ebd.) ein größeres Problem
dar. Rawls plädiert nicht dafür, dass beide in einer gerechten Gesellschaft
gleichmäßig verteilt werden müssten.

Er beschreibt vielmehr die schwierige Situation derjenigen, die diese Sachverhalte zu beurteilen haben und die Möglichkeiten, damit umzugehen.
Prinzipiell gibt es zwei: „Wir können entweder die Konkretisierung des
Urzustands oder unsere gegenwärtigen Urteile abändern, denn auch unsere
vorläufigen Fixpunkte können ja revidiert werden. Wir gehen hin und her,
einmal ändern wir die Bedingungen für die Vertragssituation, ein andermal
geben wir unsere Urteile auf und passen sie den Grundsätzen an; so, glaube
ich, gelangen wir schließlich zu einer Konkretisierung des Urzustandes, die
sowohl vernünftigen Bedingungen genügt als auch zu Grundsätzen führt,
die mit unseren – gebührend bereinigten – wohlüberlegten Urteilen übereinstimmen. Diesen Zustand nenne ich Überlegungs-Gleichgewicht (reflective
equilibrium). Es ist ein Gleichgewicht, weil schließlich unsere Grundsätze und unsere Urteile übereinstimmen [...]. Doch das Gleichgewicht ist
nicht notwendig stabil. Neue Erwägungen bezüglich der Bedingungen für
die Vertragssituation können es umstürzen, ebenso Einzelfälle, die uns zur
Änderung unserer Urteile veranlassen" (ebd., 38).

Neue Situationen können unsere Grundsätze ins Wanken bringen, und
unvorhergesehene Einzelfälle können unsere Urteilskraft in neuer Weise
herausfordern. Rawls Theorie der Gerechtigkeit bietet kein abgeschlossenes
System, in dem apriori für jeden auftretenden Einzelfall die perfekte Lösung
bereits vorläge. Es ist ein Wegweiser für eine grundlegende Orientierung
am Konzept der Gerechtigkeit als Fairneß. Der theoretisch in Anspruch

genommene „Urzustand" hat einen „hypothetischen Charakter" (ebd., 39).
Jedes Urteil bleibt dem Wandel der geschichtlichen Situation unterworfen.

Für Rawls zeichnet sich unter den geschichtlichen Vorzeichen der gegenwärtigen Situation eine Grundorientierung auf Gerechtigkeit ab, die mit
bestimmten „Einschränkungen für die Vorstellung vom Guten" verbunden
ist, „und zwar aus dem Vorrang der Gerechtigkeit vor der Effizienz und
der Freiheit vor sozialen und wirtschaftlichen Vorteilen" (ebd., 294). Die
politisch verstandene Freiheit hat den Charakter „fairer Chancengleichheit",
nicht aber materieller Gleichheit, wie sie etwa im „Sozialismus" propagiert
wird. „Die Frage, ob Privateigentum oder Sozialismus bleibt offen" (ebd.,
291). Chancengleichheit bedeutet, dass es auch dem am schlechtesten
gestellten Mitglied der Gesellschaft möglich ist, einen, seinen Voraussetzungen entsprechenden, Platz in der Gesellschaft zu erreichen. Dementsprechend lauten seine beiden Grundsätze der Gerechtigkeit und die aus
ihnen folgenden Vorrangregeln so:

„Erster Grundsatz

Jedermann hat gleiches Recht auf das umfangreichste Gesamtsystem
gleicher Grundfreiheiten, das für alle möglich ist.

Zweiter Grundsatz

Soziale und wirtschaftliche Ungleichheiten müssen folgendermaßen
beschaffen sein: (a) Sie müssen unter der Einschränkung des gerechten Spar-
grundsatzes den am wenigsten Begünstigten den größtmöglichen Vorteil
bringen und (b) sie müssen mit Ämtern und Positionen verbunden sein, die
allen gemäß fairer Chancengleichheit offenstehen.

Erste Vorrangregel (Vorrang der Freiheit)

Die Gerechtigkeitsgrundsätze stehen in lexikalischer Ordnung; demgemäß
können die Grundfreiheiten nur um der Freiheit willen eingeschränkt werden,
und zwar in folgenden Fällen: (a) eine weniger umfangreiche Freiheit muß
das Gesamtsystem der Freiheiten für alle stärken; (b) eine geringere als gleiche
Freiheit muß für die davon Betroffenen annehmbar sein.

Zweite Vorrangregel (Vorrang der Gerechtigkeit vor Leistungsfähigkeit und
Lebensstandard) Der zweite Gerechtigkeitsgrundsatz ist dem Grundsatz der
Leistungsfähigkeit und Nutzenmaximierung lexikalisch vorgeordnet; die
faire Chancengleichheit ist dem Unterschiedsprinzip vorgeordnet, und zwar
in folgenden Fällen: (a) eine Chancen-Ungleichheit muß die Chancen der
Benachteiligten verbessern; (b) eine besonders hohe Sparrate muß insgesamt
die Last der von ihr Betroffenen mildern" (ebd., 336 f.).

Rawls entwirft in diesen beiden Grundsätzen die Konturen eines liberalen demokratischen Rechtsstaates, indem er zugleich aber „auf Sozialstaatlichkeit Wert legt" (Höffe 2001, 68). Während der erste Grundsatz, verbunden mit dem zweiten Teil des zweiten Grundsatzes (2b), die Merkmale eines liberalen Rechts- und Verfassungsstaates betont, liegt der Akzent des ersten Teils des zweiten Grundsatzes (2a) auf der sozialstaatlichen Komponente. Auf diese Weise versucht Rawls, politisch relevante Freiheitsrechte und gefestigte Sozialstandards miteinander zu verbinden. Das Ergebnis ist das Modell eines sozial-liberalen demokratischen Rechtsstaates. Er erfüllt wichtige Forderungen der Menschenrechte.

Auch für die 1947 in New York geborene Martha Nussbaum hat Gerechtigkeit eine grundlegende Bedeutung. Sie nimmt für ihre ethischen Grundsätze Universalität in Anspruch, denn diese haben eine anthropologische Grundlage, und die ist für alle Menschen gleich. Kulturelle Unterschiede stellen nur phänomenale Variationen einer bei allen Menschen anzutreffenden gleichen Natur dar. Diese kann erkannt werden, wenn Menschen, die in unterschiedlichen Kontexten leben, „mit einem Katalog von Möglichkeiten bekannt gemacht und zu einem Dialog darüber aufgefordert" werden (Nussbaum 2018, 76). Nur durch „Dialog" und „eine starke Intervention von seiten der Politik" (ebd., 78) lasse sich z. B. die Gleichberechtigung der Frauen, die in vielen Staaten immer noch nicht erreicht ist und „in den Entwicklungsländern zu den drängendsten und umstrittensten Problemen" gehört (ebd., 76), durchsetzen.

Die menschliche Natur verfügt über eine bestimmte Anzahl von Fähigkeiten und Grenzen. Die Fähigkeiten versetzen den Menschen in die Lage, „ein gutes menschliches Leben" zu führen. Sie haben die Anerkennung der universalen Menschenrechte zur Voraussetzung und konkretisieren im individuellen und sozialen Kontext eine Ethik, die sich am „guten Leben" orientiert. Die Liste dieser Fähigkeiten (capability approach) repräsentiert eine „minimale Konzeption des Guten" (ebd., 56). Sie umfasst zehn Punkte:

„1. Die Fähigkeit, ein volles Menschenleben bis zum Ende zu führen; nicht vorzeitig zu sterben oder zu sterben, bevor das Leben so reduziert ist, daß es nicht mehr lebenswert ist./ 2. Die Fähigkeit, sich guter Gesundheit zu erfreuen, sich angemessen zu ernähren; eine angemessene Unterkunft zu haben; Möglichkeiten zu sexueller Befriedigung zu haben, sich von einem Ort zu einem anderen zu bewegen./ 3. Die Fähigkeit, unnötigen Schmerz zu vermeiden und freudvolle Erlebnisse zu haben./ 4. Die Fähigkeit, die fünf Sinne zu benutzen, sich etwas vorzustellen, zu denken und zu urteilen./ 5. Die Fähigkeit, Bindungen zu Dingen und Personen außerhalb unser selbst zu haben; diejenigen zu lieben, die uns lieben und für uns sorgen und über ihre Abwesenheit traurig zu sein; allgemein gesagt: zu lieben, zu trauern, Sehnsucht und Dankbarkeit zu empfinden./ 6. Die Fähigkeit, sich eine Vorstellung vom Guten zu machen und kritisch über die eigene Lebensplanung nachzudenken./ 7. Die Fähigkeit, für andere und bezogen auf andere zu leben, Verbundenheit mit anderen Menschen zu erkennen und zu zeigen; verschiedene Formen von familiären und sozialen Beziehungen einzugehen./ 8. Die Fähigkeit, in Verbundenheit mit Tieren, Pflanzen und der ganzen Natur zu leben und pfleglich mit ihnen umzugehen./ 9. Die Fähigkeit, zu lachen, zu spielen und Freude an erholsamen Tätigkeiten zu haben./ 10. Die Fähigkeit, sein eigenes Leben und nicht das von jemand anderem zu leben./ 10 a. Die Fähigkeit, sein eigenes Leben in seiner eigenen Umgebung und seinem eigenen Kontext zu leben" (ebd., 57 f.).

Der Katalog dieser Fähigkeiten bietet ein Ensemble von Anlagen, Bedürfnissen, Chancen und Rechten. Aus ihnen ergeben sich für die Gegenwart eine Reihe von Forderungen, die jeder Mensch gegenüber einem Staat geltend machen kann, dem „das Wohlergehen von Menschen" wichtig ist, darunter neben den klassischen politischen und sozialen Aspekten der UNO-Menschenrechtserklärung auch das Recht auf eine gesunde Umwelt. Die wichtigsten Forderungen sind: „Erforderlich sind ein umfassendes Gesundheitssystem, gesunde Luft und gesundes Wasser, Sicherheit für Leben und Besitz und der Schutz der Entscheidungsfreiheit der Bürger in bezug auf wichtige Aspekte ihrer medizinischen Behandlung. Erforderlich sind eine ausreichende Ernährung und eine angemessene Unterkunft, und diese Dinge sind so zu gestalten, daß die Bürger ihre Ernährung und ihre Unterkunft nach ihrer eigenen praktischen Vernunft regeln können" (ebd., 65). Eine Orientierung bietet dafür das in den skandinavischen Ländern herrschende Modell der „Sozialdemokratie" (vgl. ebd., 80 ff.). Das bedeutet, dass bei einem starken Wohlstandsgefälle das Prinzip der distributiven Gerechtigkeit zur Geltung kommen muss.

Nussbaum greift dabei auch Überlegungen von Aristoteles und Marx auf, denn „die von Aristoteles vertretene und von Marx aufgegriffene und weiterentwickelte These ist zweifellos plausibel: daß die Kräfte der praktischen Vernunft zu ihrer Entwicklung institutioneller und materieller Voraussetzungen bedürfen, die nicht immer vorhanden sind" (ebd., 61). Der Hauptakzent liegt bei ihr jedoch bei Aristoteles, den sie wie folgt zitiert: „Kein Bürger darf an Lebensunterhalt Mangel leiden'" (ebd., 24; vgl. Aristoteles *Politik* 1330a). Daher nennt sie ihr Konzept einen „aristotelischen Sozialdemokratismus" (Nussbaum 2018, 24). Ziel ist es, dass mit staatlicher Hilfe, und dazu gehört auch materielle, jeder Mensch in die Lage versetzt wird, entsprechend seinen Fähigkeiten *(capabilities)* ein gutes Leben zu führen (vgl. ebd., 57 f.).

Im Kontext ihrer Betonung „materieller Voraussetzungen" eines guten Lebens kritisiert sie das Konzept der Gerechtigkeit von Rawls. Sie wirft ihm vor, dass der bei ihm vorherrschende „Kantianismus" ihn dazu verleitet habe, „den Bereich der Moral von der empirischen Welt abzulösen" (ebd., 61). Sie kritisiert „Rawls' Unvermögen, [...] die Auflistung von Grundgütern mit der Theorie des Guten zusammenzubringen" (ebd., 61 f.). Im Unterschied zu Höffe (vgl. Höffe 1992, 68) behauptet sie, das Sozialstaatsprinzip komme bei Rawls zu kurz.

2020 erscheint ihr Buch *Kosmopolitismus. Revision eines Ideals (The Cosmopolitan Tradition. A Noble but Flawed Ideal).* In ihm unternimmt sie den Versuch, eine Konkretisierung der Menschenrechte auf dem Hintergrund des in der Stoa entwickelten ethischen Konzepts des Weltbürgertums zu erreichen. In aller Deutlichkeit stellt sie ihr politisches Denken und das der westlichen Demokratien in den Kontext dieses Ansatzes: „Die Idee des Weltbürgertums der kynischen und stoischen Philosophen fordert uns dazu auf, den gleichen und unbedingten Wert jedes Menschen anzuerkennen, einen Wert, der auf der Fähigkeit zur moralischen Entscheidung beruht [...], und nicht auf Eigenschaften, die von zufälligen natürlichen oder sozialen Bedingungen abhängen. Die Einsicht, dass die Politik die Menschen sowohl als gleichwertig als auch von einem über jeden Preis erhabenen Wert behandeln soll, ist eine der tiefsten und einflussreichsten Einsichten des westlichen Denkens; sie ist verantwortlich für Vieles, was im modernen westlichen politischen Denken wertvoll ist" (Nussbaum 2020, 8).

Doch so grundlegend dieses in der Stoa entwickelte Ideal der Menschenrechte auch für die Gegenwart ist, es repräsentiert nicht das Ganze. Es enthält nur die erste, zweifellos entscheidende Dimension: die politischen Freiheiten und Bürgerrechte. Ihm fehlen zwei wichtige Elemente: Das eine sind die sozialen Rechte, die auch materielle Hilfeleistungen umfassen; das andere sind die Rechte, die mit dem Umweltschutz und unserem Verhältnis zu den Tieren verbunden sind. Der antike Kosmopolitismus ist daher – so Nussbaum – revisionsbedürftig. Er bedarf wichtiger Ergänzungen. Aus diesem Grunde ist daher inzwischen auch von der ersten, der zweiten und der dritten Generation der Menschenrechte die Rede.

Die philosophischen Grundlagen für die Entwicklung der Menschenrechte der ersten Generation findet Nussbaum in der Entwicklung des Gedankens des Kosmopolitismus. Dieser Begriff wurde zum ersten Mal gebraucht von Diogenes von Sinope (404–323 v. Chr.), der sich als kynischer Philosoph durch eine besondere Bedürfnislosigkeit auszeichnete.

Als er nach seinem Heimatort gefragt wurde, bezeichnete er sich als „*kosmopolites*', was soviel wie ‚ein Bürger der Welt' bedeutet" (Nussbaum 2020, 7). Der römische Redner, Schriftsteller und Philosoph Cicero (106–43 v. Chr.) greift diese Vorstellung in dem 44 v. Chr. von ihm geschriebenen Werk *De Officiis* (*Über die Pflichten*), „dem vielleicht einflussreichsten Buch in der westlichen Tradition der politischen Philosophie" (ebd., 29) auf und gibt ihr eine politisch-rechtliche Wendung. Er entwickelt darin den Gedanken der Menschenwürde, der zu einem zentralen Begriff in den Proklamationen der Menschenrechte werden sollte. Nussbaum bemerkt: „Im Mittelpunkt von Ciceros Argumentationsgang steht die Idee, der Menschenwürde keine Gewalt anzutun – und [...] es nicht zuzulassen, dass Menschen Gewalt erleiden, wenn man ihnen helfen kann" (ebd., 42). Das Problem der Sklaverei blieb allerdings in der Antike ungelöst.

Der antike Kosmopolitismus bietet daher einen Ausgangspunkt für das Konzept der Menschenrechte. Er reicht aber nicht aus und muss fortentwickelt werden. Das macht sie, indem sie mit dem von Amartya Sen und ihr entwickelten Fähigkeitenansatz Antworten auf die gegenwärtigen Herausforderungen zu finden sucht (vgl. ebd., 304 ff.). Dabei tauchen neue Probleme auf, die in der Antike noch nicht gesehen worden sind. Auf die fünf wichtigsten weist sie hin und erarbeitet zu ihnen Lösungsvorschläge auf dem Hintergrund des von ihr vertretenen *„materialistischen globalen politischen Liberalismus"* (ebd., 266).

Das erste Problem betrifft die Moralpsychologie. Um jedem Menschen die Achtung entgegenzubringen, die ihm zukommt, ist es notwendig, ihn auch in seinen menschlichen Schwächen zu verstehen. „Dazu müssen wir Angst, Ekel, Wut und Neid verstehen. Wir brauchen Erklärungen für die Cliquenbildung und Unterordnung von Gruppen, für Frauenfeindlichkeit und Rassismus sowie die vielfältigen anderen Formen von Stigmatisierung und Vorurteilen" (ebd., 269). Ein Ansatz für die Lösung dieses Problems liegt darin, die Entwicklung der Person in der Phase der frühen Kindheit zu studieren. Das ist ein neuer Aspekt. „Der gesamten griechisch-römischen Kultur fehlte ein Begriff davon, dass die individuelle Geschichte in der frühen Kindheit ein entscheidender Teil dessen ist, was wir verstehen und womit wir uns beschäftigen müssen, wenn wir ein gutes Leben führen wollen" (ebd., 270).

Das zweite Problem betrifft das Thema „Pluralismus und politischer Liberalismus". Zur Frage steht die Bedeutung von Religion und Weltanschauungen für die innerstaatliche und internationale Rechtsordnung. Während viele Stoiker Gott „als ein der Natur innewohnendes moralisches und vernünftiges Prinzip" betrachteten (ebd., 271), war Cicero „ein

Skeptiker in Fragen der Erkenntnistheorie und der Religion" (ebd.). Hume war ein „völliger Atheist" und Kant ein „religiöser Rationalist" (ebd., 271 f.). Nussbaum selbst bekennt sich zum „Reformjudentum" dem „zufolge der Kern der Religion das Sittengesetz ist" (ebd., 272).

Wie lässt sich angesichts der Vielzahl unterschiedlicher Religionen und Weltanschauungen eine gemeinsame Grundlage für das Zusammenleben von Menschen finden? Nussbaum betont, dass die stoische Tradition bereits die richtige Richtung gezeigt hat, indem sie die Bedeutung der Menschenwürde unterstrichen hat. „Wie die Verfasser der Allgemeinen Erklärung der Menschenrechte feststellten, können diese Ideen Menschen zusammenbringen, die sich in ihrer Religion und Weltanschauung unterscheiden. Einige werden die Menschenwürde im Zusammenhang mit einer religiösen Lehre interpretieren, andere nicht. Doch die moralische Vorstellung können alle akzeptieren. Und die Religionen müssen einwilligen, dass sie die Auflagen dieser politischen Idee der gleichen Menschenwürde akzeptieren" (ebd., 275).

Das dritte Problem betrifft die „Grenzen der internationalen Menschenrechte". Die Grenzen beginnen dort, wo die nationale Souveränität in Frage gestellt würde. Die sieht Nussbaum jedoch als ein hohes Gut an. Allerdings ergeben sich daraus auch einige schwerwiegende Probleme für die weltweite Durchsetzung allgemeiner Menschenrechte. Nach einer Studie des Rechtsexperten A. Posner ist bei den vielen von der UNO angestoßenen internationalen Abkommen in praktischer Hinsicht „nicht viel erreicht worden" (ebd., 277). Das zeigt sich in besonderer Weise mit Blick auf die Rechte der Frauen. „Die Menschenrechte von Frauen wurden von den meisten Nationen der Welt lange Zeit nicht anerkannt. Das heißt, dass man Frauen nicht die gleichen Rechte wie Männern zuerkannte (etwa das Wahlrecht, das Recht auf Arbeit) und dass dringende Anliegen von Frauen (sexuelle Gewalt, häusliche Gewalt, Verhütung) überhaupt nicht thematisiert wurden" (ebd., 278).

Inzwischen hat die internationale Frauenbewegung formal einiges erreicht, so das „CEDAW (Convention on the Elimination of All Forms of Discrimination against Women)" (ebd., 279). Dieses Abkommen wurde von vielen Nationen ratifiziert. Hinsichtlich der Bedeutung der Vereinten Nationen für die Stärkung der Rechte der Frauen kommt Nussbaum zu einem negativen Urteil. Für sie steht fest, „dass die Vereinten Nationen, trotz der Bemühungen vieler Personen, stets eine zutiefst patriarchalische Institution gewesen und geblieben sind, die der Gleichstellung der Frauen feindlich gesonnen ist" (ebd., 280).

Das vierte Problem bezieht sich auf „Die Unwirksamkeit und die moralischen Schwierigkeiten der Entwicklungshilfe" (ebd., 281). Im Unterschied zu den stoischen Konzepten des Kosmopolitismus, für die das Wohl anderer Nationen außerhalb der Reichweite politischer Pflichten lag, erklärt Nussbaum, „dass reichere Nationen einer strikten moralischen Verpflichtung unterliegen, mindestens 2 % des Bruttoinlandsprodukts bereitzustellen, um ärmeren Nationen zu helfen, einen höheren Lebensstandard zu erreichen" (ebd., 281 f.). Allerdings tauchen bei der Umsetzung dieses Programms verschiedene Probleme auf. Der Wirtschaftswissenschaftler Deaton hat darauf hingewiesen, dass Entwicklungsgelder, die einer autokratischen Regierung gegeben werden, häufig missbraucht werden und selbst in demokratischen Regierungen geschieht dies oft durch Korruption (vgl. ebd., 284). Einen guten Ansatz einer sinnvollen Entwicklungshilfe sieht Nussbaum in den Projekten der ‚Human Development and Capability Association', „die aus über achtzig Nationen stammen", und die den Schwerpunkt auf die Vermittlung von Wissen legen (ebd., 288). Auf diese Weise sind, auch unter Einbeziehung der Frauen vor Ort, z. B. große Fortschritte in der internationalen Frauenbewegung erreicht worden (vgl. ebd.).

Das fünfte Problem bezieht sich auf „Asyl und Migration". Zunächst unterscheidet sie zwischen „legalen Migranten und undokumentierten Migranten" (ebd., 290), sodann zwischen „politischem Asyl und Wirtschaftsmigration" (ebd., 291). Nussbaum kommt dabei zu dem Urteil, „dass es (a) sinnvoll ist, die Zahl der aufgenommenen Einwanderer zu begrenzen, und (b) dass es sinnvoll ist, von allen, die einen dauerhaften Rechtsstatus beantragen, zu verlangen, dass sie die Bereitschaft zum Ausdruck bringen, nach den Gesetzen des Landes und im Einklang mit seinen verfassungsmäßigen Grundprinzipien zu leben" (ebd.). Unhaltbar ist ihrer Meinung nach „die Praxis, Kleinkinder von Asylbewerbern von ihren Familien zu trennen", eine Form von „Kindesmissbrauch" (ebd., 294). Moralisch verwerflich ist es auch, Gastarbeitern den Nachzug ihrer Ehepartner und Kinder zu verwehren, um sicherzustellen, „dass sie keine Kinder mit Bürgerrechten bekommen" (ebd.). Dadurch entstehe „auf Dauer eine Gruppe von entrechteten Menschen zweiter Klasse" (ebd.).

Am Schluss ihres Buches widmet sich Nussbaum schließlich dem Problem der Rechte von Menschen mit starken Behinderungen und außerdem dem Tierwohl. Sie stellt beide Probleme in einen engen Zusammenhang. Es geht ihr darum, „die ganze Welt der empfindsamen Wesen neu zu denken" (ebd., 315). Die Grenze dafür, einen Menschen als gleichwertig zu behandeln, ist bei einer „Person im Wachkoma" und bei „Anenzephalie" erreicht (ebd., 314). Allerdings gilt auch: „Alle mit Empfindung begabten Wesen streben danach sich zu entwickeln" (ebd.). Das gilt, wie sie im Anschluss an Bentham betont, auch für Tiere, denn, so ihr Fazit: "Die Tore der kosmischen Stadt müssen sich allen öffnen" (ebd.).

Rawls und Nussbaum orientieren sich beide im Kontext der Menschenrechte an den Prinzipien der politischen und sozialen Gerechtigkeit. Rawls, dem „wichtigsten Gerechtigkeitstheoretiker der letzten Jahrzehnte" (Höffe 2015, 17), geht es in seiner an Kant orientierten Vertragstheorie sowohl um den Begriff der politischen Gerechtigkeit, der beinhaltet, jedem Bürger eine faire Chancengleichheit zu garantieren, als auch um Fragen der „Sozialstaatlichkeit" (Höffe 2001, 68). Nussbaum stellt den Begriff der sozialen Gerechtigkeit in den Mittelpunkt ihrer Überlegungen. Sie berücksichtigt in ihrem „Fähigkeitenansatz" besonders materiell bedeutsame menschliche Grundbedürfnisse. Gleichzeitig weitet sie ihr Konzept unter den Vorzeichen der zunehmenden Globalisierung zu einer neuen Form des „Kosmopolitismus" aus.

3   Freiheitsethos und Menschenrechte (Bielefeldt)

Freiheit, Gleichheit und Solidarität bilden eine menschenrechtliche Strukturformel, die nur in der inneren Einheit der drei Aspekte Sinn macht. Die drei Komponenten stehen nicht nur additiv nebeneinander oder gar gegeneinander, sondern beleuchten einander wechselseitig; sie bilden kein Verhältnis wechselseitiger Ergänzung und ggf. Relativierung, sondern einen Zusammenhang wechselseitiger Explikation. Im menschenrechtlichen Sinne kann es keine Freiheit ohne Gleichheit geben, wäre die Freiheit doch sonst bloßes Privileg, aber gerade kein allgemeines Menschenrecht. Im Gegenzug gilt genauso, daß eine Gleichheit, die nicht auf Freiheit zielt, unmöglich Menschenrechtsprinzip sein kann, geht es in den Menschenrechten doch niemals um einen planen Egalitarismus, sondern immer um die politischrechtliche Anerkennung verantwortlicher Mündigkeit. Daß die in gleichen Freiheitsrechten Ausdruck findende Mündigkeit nicht isolierte Individuen betrifft, macht der Begriff der Solidarität deutlich, der zugleich auch die gemeinschaftliche Verantwortung für eine politische Freiheitsordnung in gleichberechtigter Partizipation einschließt.

(Heiner Bielefeldt (2005): Philosophie der Menschenrechte. Darmstadt, S. 92).

Heiner Bielefeldt wird 1958 in Titz-Opherten geboren. 1989 wird er mit einer Arbeit zu Gesellschaftsvertragstheorien an der philosophischen Fakultät der ‚Universität Tübingen' promoviert. In den Jahren 1990 bis 1992 ist er Mitarbeiter am Lehrstuhl für öffentliches Recht und Rechtsphilosophie an der Juristischen Fakultät der ‚Universität Mannheim'. 2000 habilitiert er sich im Fach Philosophie an der ‚Universität Bremen'. Von 2003 bis 2009 ist er Direktor des ‚Deutschen Instituts für Menschenrechte' in Berlin. 2009 übernimmt er die neugeschaffene Professur für Menschenrechte und Menschenrechtspolitik am Institut für Politische Wissenschaft an der ‚Universität Erlangen-Nürnberg'.

Bielefeldts erstmals im Jahre 1998, fünfzig Jahre nach der Verabschiedung der UNO-Menschenrechtserklärung am 10. Dezember 1948, erschienenes Buch *Philosophie der Menschenrechte. Grundlagen eines weltweiten Freiheitsethos* ist eine problemerörternde Studie, die es am Ende des 20. Jahrhunderts in einer historisch-systematischen Fragestellung unternimmt, die Entstehung des modernen Gedankens der Menschenrechte zu erläutern, im Rückblick, geschichtliche Vorläufer aufzuspüren, kulturellen Differenzen nachzugehen und Befürworter und Gegner des Konzepts universaler Menschenrechte zu Wort kommen zu lassen. Seine eigene Begründung der Menschenrechte nimmt ihren Ausgangspunkt in der Trias der Ideen der Französischen Revolution „Freiheit – Gleichheit – Brüderlichkeit", die er, dem Gedanken der Gleichberechtigung von Mann und Frau entsprechend, in „Freiheit – Gleichheit – Solidarität" transformiert (s. Zitat).

Die philosophische Grundlage seiner Überlegungen stellt für ihn die Philosophie Kants dar. Sie bietet ihm die Gewähr dafür, eine überzeugende Antwort auf die Krisen der Moderne zu finden, die Geschichte ebenso zu berücksichtigen wie Perspektiven für die Zukunft zu entwickeln und darüber hinaus sogar einen Anknüpfungspunkt für ein Gespräch mit verschiedenen Religionen zu finden. Gleichwohl betont er: Menschenrechte sind für ihn „anthropozentrisch" und „säkular" konzipiert, d. h. sie haben ihr Zentrum in dem verantwortlich handelnden Subjekt und nicht „theozentrisch" in Gott, wie manche fundamentalistisch argumentierende Vertreter christlicher wie nichtchristlicher Religionen behaupten. Doch Kritik an den Menschenrechten – so Bielefeldt – kommt noch aus einer anderen Richtung. Entgegen dem Vorwurf von der angeblich individualistischen Verengung der Menschenrechte, die gelegentlich von Repräsentanten asiatischer Kulturen vorgebracht werden, betont das von ihm verteidigte Konzept der Menschenrechte die Rechte des Individuums ebenso wie die der Gemeinschaft, in der sich das Individuum überhaupt erst entfalten und seine Rechte wahrnehmen kann.

Schließlich stellen Menschenrechte, trotz der bereits verabschiedeten Dokumente, keinen abgeschlossenen Kanon fixierter Einzelrechte dar, sondern bleiben offen gegenüber neuen geschichtlichen Entwicklungen. Dazu gehört es z. B. das Verhältnis der Menschenrechte zum jeweils leitenden Demokratieverständnis zu bestimmen, internationale Beziehungen in einer globalisierten Welt unter dem Aspekt der Menschenrechte neu zu durchdenken, eine menschenrechtlich überzeugende Lösung für das Problem zunehmender Flüchtlingsströme zu finden und, damit zusammenhängend, die Frage der Rechte kultureller Minderheiten in einer Gesellschaft befriedigend zu beantworten.

Trotz der von Oestreich eindrucksvoll dargestellten Geschichte der Entwicklung der Forderung der Menschenrechte in Europa, sieht Bielefeldt ihren politischen Durchbruch erst im 18. Jahrhundert. „Menschenrechte sind als politisch-rechtliche Leitidee erst in der Moderne aufgekommen. Zwar lassen sich die zentralen ideengeschichtlichen Elemente, die in die Formulierung der Menschenrechte Eingang gefunden haben, bis in die Antike zurückverfolgen (vgl. Oestreich 1978). Dies gilt für die Idee der unantastbaren Würde jedes Menschen oder das Motiv einer kosmopolitischen Menschheitssolidarität genauso wie für den Gedanken einer ursprünglichen Freiheit und Gleichheit aller Menschen oder die Konzeption eines universalen Naturrechts, das als unverfügbare Grundlage und kritischer Maßstab allen positiven Rechtsregelungen vorausliegt" (Bielefeldt 2005, 25).

Die modernen Menschenrechte gehen über die geschichtlich wirksam gewordenen Ansätze hinaus, da sie ihre verschiedenen Aspekte verbinden. Drei spielen dabei eine besondere Rolle. Da ist zum Ersten der universale Anspruch, der bedeutet, dass die Menschenrechte über „partikulare Rechtsordnungen", die sich im Zuge der Staatenbildungen in der Neuzeit entwickelt haben, hinausgehen. Da ist zum Zweiten der emanzipatorische Aspekt, der den traditionellen Ständestaat mit seinen gestuften Rechten überwindet, und da ist schließlich im Unterschied zu den bloßen Postulaten des Naturrechts zum Dritten der Anspruch auf positiv-rechtliche Verbindlichkeit. „Erst die innere Einheit dieser drei Aspekte – des universalen Anspruchs, der emanzipatorischen Stoßrichtung und der Tendenz zur politisch-rechtlichen Durchsetzung – macht das normative Profil der Menschenrechte aus" (ebd.). Als historische Dokumente dieses Profils stehen für ihn die ‚Virginia Bill of Rights' von 1776 (vgl. Hartung/Commichau/ Murphy 1998, 70) und die ‚Déclaration des droits de l'homme et du citoyen' von 1789 (vgl. Heidelmeyer 1997, 56). Die modernen Menschenrechte sind das Ergebnis eines revolutionären Prozesses in der zweiten Hälfte des 18. Jahrhunderts, sie sind zugleich aber auch Ausdruck und Antwort auf die krisenhaften Entwicklungen in dieser Zeit. Sie enthalten in sich eine Ambivalenz. „In den Menschenrechten selbst spiegelt sich die Zweideutigkeit der Moderne, insofern Menschenrechte gerade auch im Kampf gegen Unrechtserfahrungen in der modernen Gesellschaft entstanden sind und dabei zugleich ein Freiheitsethos politisch-rechtlich zur Geltung bringen, das in seiner universalen und emanzipatorischen Gestalt ebenfalls spezifisch modern ist" (Bielefeldt 2005, 28).

Mit den beiden genannten Dokumenten verband sich die Utopie der Überwindung jahrhundertelangen Unrechts und des Beginns eines neuen Zeitalters der Freiheit, der Gleichheit und der Menschenwürde. Doch dieser Fortschrittsglaube hat sich in den beiden folgenden Jahrhunderten nicht erfüllt. Neue geschichtliche Katastrophen brachen herein: Kolonialismus und Imperialismus, zwei Weltkriege in einem bis dahin nicht gekannten Ausmaß, menschenverachtende Diktaturen, das Aufeinandertreffen unterschiedlicher Religionen, Weltanschauungen und Kulturen und schließlich zunehmende Flüchtlingsströme sind die markantesten Merkmale einer in neuer Weise krisenhaften Moderne. Was bedeutet das für den Gedanken der Menschenrechte? Bielefeldts Antwort lautet: „Mit dem Zusammenbruch bzw. der kritischen Dekonstruktion der modernen Fortschrittsutopien ist die Einsicht in die Notwendigkeit der Menschenrechte freilich nicht geschwunden, sondern im Gegenteil eher gewachsen" (ebd., 28).

Das Engagement für die Menschenrechte macht in dieser Situation neben politischen Aktionen aber auch ein neues Durchdenken der philosophischen Grundlagen der Menschenrechte notwendig. Bielefeldt beruft sich dabei auf die Philosophie Kants. Er macht dafür drei Argumente geltend: Zunächst vertritt Kant ein radikales Konzept von Aufklärung, nach dem die Vernunft sich reflexiv auf sich selbst richtet und dabei auch die Grenzen der menschlichen Vernunft thematisiert. Sodann verbindet Kant seinen Gedanken der Aufklärung mit einer ethischen Perspektive und einer praktischen Absicht. Er vertritt den „ethischen Humanismus der Aufklärung" und stellt dabei die „unantastbare Würde des Menschen" in den Mittelpunkt seiner „Menschenrechtsphilosophie" (ebd., 46). Schließlich aber verzichtet er auf alle theoretischen Gottesbeweise, eröffnet aber zugleich die Möglichkeit eines der praktischen Vernunft zugänglichen Glaubens (vgl. ebd.).

Eine zentrale Bedeutung innerhalb der praktischen Philosophie Kants kommt seiner Unterscheidung von einem pflichtgemäßen Handeln und einem Handeln aus Pflicht zu. Nur das letztere ist moralisch bedeutsam. Allerdings lässt es sich niemals empirisch beweisen. Selbst dem handelnden Menschen bleiben seine eigenen Motive verschlossen. Das hat entscheidende

Auswirkungen auf den Begriff der Freiheit. Auch die Freiheit, dieser zentrale Begriff aller Menschenrechte, lässt sich theoretisch niemals beweisen. Gleichwohl erfahren wir „Gewissensanspruch, Verantwortungsbewußtsein, Schuld und Freiheit" in einer solchen Evidenz, daß es – so Kant in seiner *Grundlegung zur Metaphysik der Sitten* – nicht möglich ist, „die Freiheit wegzuvernünfteln'" (ebd., 51). Daher ergibt sich folgende Paradoxie: Freiheit ist für die theoretische Vernunft unbegreiflich und zugleich für die moralisch-praktische Erfahrung und dem damit verbundenen moralischen Imperativ unabweisbar und evident. Kant formuliert diese Paradoxie so: „Und so begreifen wir zwar nicht die praktische unbedingte Notwendigkeit des moralischen Imperativs, wir begreifen aber doch seine *Unbegreiflichkeit;* welches alles ist, was billigermaßen von einer Philosophie, die bis zur Grenze der menschlichen Vernunft in Prinzipien strebt, gefordert werden kann'" (ebd., 52).

Der spezifische Charakter der praktischen Vernunft kommt auch in Kants Antwort auf die Frage zum Ausdruck, auf welche Weise der moralische Imperativ von dem Willen des Menschen aufgenommen und zu einem Handlungsmotiv wird? Kants Antwort lautet: Durch das „Gefühl der Achtung'", das aber im Unterschied zu allen sonstigen, sinnlich bestimmten, Gefühlen ein „durch einen Vernunftbegriff *selbstgewirktes* Gefühl'" ist (ebd., 59).

Allerdings macht sich Bielefeldt Kants praktische Philosophie nicht in allen Teilen zu eigen. Ein Beispiel hierfür ist Kants striktes Verbot, aus Menschenliebe zu lügen. Mit Lewis White Beck betont Bielefeldt, dass auch nach Kant „*apodiktisch-hypothetische* Imperative" möglich sein müssen. Das bedeutet: Es muss auch möglich sein, dass es mit Blick auf einen Präzedenz-fall, unter Angabe von strengen Bedingungen, eine „universalisierungsfähige Ausnahme'" gibt. „An diesem Präzedenzfall erweist sich zugleich die bisher geltende Regel – d. h. das bedingungslose Verbot der Lüge – als defizitär und korrekturbedürftig" (Bielefeldt 2005, 58).

Die Freiheit ist für Kant nicht nur die Grundlage seiner Ethik, sondern auch seiner Rechtsphilosophie. Im Unterschied zu feudalem Recht, in dem die „Freiheiten" den Charakter hierarchisch angeordneter Privilegien hatten – so z. B. noch in der ‚Magna Charta Libertatum' von 1215 – spricht Kant die Freiheit nicht nur jedem Menschen zu, sondern verbindet sie mit der Gleichheit. Beide sind dem Menschen „angeboren". „Die angeborene *Gleichheit',* schreibt er, ist ‚schon im Prinzip der angeborenen Freiheit' begründet" (ebd., 70). Aufgrund der dem Menschen angeborenen rechtlich bedeutsamen Freiheit und Gleichheit, kann es für Kant auch keinen vor-rechtlichen Naturzustand geben, wie etwa noch für Hobbes. Das bedeutet:

„Wie immer anarchisch die Verhältnisse zwischen Menschen sein mögen, sie sind nicht frei von rechtlichen Elementen" (ebd., 73).

Zu den unveräußerlichen Freiheitsrechten, die inzwischen ihren festen Platz in den verschiedenen Erklärungen der Menschenrechte gefunden haben, gehört für Kant die „Freiheit der Feder'", die jedes Staatsoberhaupt garantieren muss, sofern er „den allgemeinen Volkswillen repräsentiert'" (ebd., 77). Kant hat gewusst, dass das nicht für jeden Staat zutrifft. Aus diesem Grund bejahte er auch emphatisch die Französische Revolution, die, durch die vom König selbst erfolgte Einberufung der Generalstände, ihre Legitimation erhalten hatte, da durch sie „die Herrschergewalt des Monarchen gänzlich verschwand (nicht bloß suspendiert wurde) und aufs Volk überging'" (ebd., 78 f.). Ein allgemeines Recht auf Revolution lässt sich – so Kant – daraus aber nicht ableiten. Veränderungen in der Verfassung eines Staates kann es für ihn nur durch Reformen geben. Auch für sie ist die ‚Freiheit der Feder' von zentraler Bedeutung.

Die allgemeine Anerkennung der Menschenrechte und ihre politische Durchsetzung erfolgten jedoch nicht gradlinig. Widersprüche und Rückschläge blieben nicht aus. „Einer der größten Skandale, der die Idee der Menschenrechte von Anfang an überschattet hat, war bekanntlich das Fortbestehen der Sklaverei in den USA. Viele der amerikanischen ‚founding fathers' – darunter Thomas Jefferson, James Madison und George Washington – besaßen selbst Sklaven" (ebd., 81). Jefferson war sich des Widerspruchs zum Wortlaut der Unabhängigkeitserklärung bewusst, hielt aber aus „Angst vor einem Krieg zwischen Weißen und Schwarzen" daran fest (vgl. ebd., Anm.). Einen weiteren Kritikpunkt stellt das „frühliberale Zensuswahlrecht" dar, das das Wahlrecht mit ökonomischer Selbstständigkeit verband (vgl. ebd., 82). Schließlich ist daran zu erinnern, dass die Gleichberechtigung der Frauen lange Zeit ausgeschlossen blieb, was Olympe de Gouges dazu veranlasste im Jahre 1791 eine ‚Déclaration des droits de la femme et de la citoyenne' zu veröffentlichen (vgl. ebd., 84). „Die Durchsetzung der staatsbürgerlichen Gleichheit von Frauen und Männern wurde in Europa erst anderthalb Jahrhunderte nach den ersten Menschenrechtserklärungen erreicht: in England und Deutschland nach dem Ersten Weltkrieg, in Frankreich, Belgien oder Italien sogar erst nach dem Zweiten Weltkrieg" (ebd.). Nach der damit verbundenen Einführung des Wahlrechts für Frauen wurde ihre zivilrechtliche Gleichberechtigung im *Bürgerlichen Gesetzbuch,* das in Deutschland am 01. 01. 1900 in Kraft trat, „erst in den 1950er Jahren" erreicht (ebd., 85).

Doch es gab auch Fortschritte. In den „Grundrechtekatalog der Paulskirche von 1849" wurde die „Freiheit von Forschung und Lehre" aufgenommen. In der Gegenwart sind „informationelle Selbstbestimmung", das „Recht auf Arbeit", und Forderungen der „Homosexuellenbewegungen" als neue Themen hinzugekommen. Eine international bedeutsame Perspektive auf die Entwicklung der Menschenrechte ergibt sich aus der zunehmenden Globalisierung. In den Kontext der „Nord-Süd-Debatte" gehört das „Recht auf Entwicklung", das die Generalversammlung der Vereinten Nation 1986 als Menschenrecht erklärte. Der Artikel 1 Absatz 1 lautet: „Das Recht auf Entwicklung ist ein unveräußerliches Menschenrecht, kraft dessen alle Menschen und Völker Anspruch darauf haben, an einer wirtschaftlichen, sozialen, kulturellen und politischen Entwicklung, in der alle Menschenrechte und Grundfreiheiten voll verwirklicht werden, teilzuhaben, dazu beizutragen und daraus Nutzen zu ziehen'" (ebd., 93). Die Frage, wie dieses Recht in der Zukunft verwirklicht werden soll, bleibt allerdings ein politisches und wirtschaftliches Problem. Eine neue Brisanz ergibt sich aber bereits jetzt aus dem Flüchtlingsproblem. Es zwingt „zum erneuten Nachdenken über das Asylrecht" (ebd., 87).

Von besonderer Bedeutung bleibt auch das Spannungsverhältnis von Freiheitsrechten zu sozialen Rechten, die der materiellen Sicherung der Bürger dienen. Die Frage ist, welchem Recht im Konfliktfall eine Priorität zukommt. Bielefeldt zitiert in diesem Zusammenhang Rawls und die von ihm in seinem Buch *Eine Theorie der Gerechtigkeit* (vgl. Rawls 1979) vorgeschlagene Lösung: „Alle sozialen Werte – Freiheit, Chancen, Einkommen, Vermögen und die sozialen Grundlagen der Selbstachtung – sind gleichmäßig zu verteilen, soweit nicht eine ungleiche Verteilung jedermann zum Vorteil gereicht'" (Bielefeldt 2005, 99). Doch die Einschränkung ist beachtlich. Die Frage ist: Woran bemisst sich der Vorteil? Bielefeldt formuliert seinen Einwand so: „Gegen den von Diktatoren aller Art immer wieder bemühten Vorwand, daß man um der Sicherung eines ökonomischen Mindest-Standards willen Freiheitsrechte vorerst suspendieren müsse, läßt sich im Rahmen der Rawlsschen Theorie schwerlich argumentieren" (ebd., 100). Bielefeldts Lösung des Problems lautet daher so: „Bürgerlich-liberale und wirtschaftlich-soziale Rechte gehören – ohne hierarchische Abstufung! – bei der Verwirklichung einer freiheitlichen Gesellschaftsordnung zusammen" (ebd.).

Schließlich ergeben sich Spannungen aus dem Verhältnis der Menschenrechte zur spezifischen demokratischen Verfassung eines Landes. Bielefeldt erläutert sie am Beispiel des Grundgesetzes für die Bundesrepublik Deutschland. Es bekennt sich im Artikel 1, Absatz 2 zu „unverletzlichen und unveräußerlichen Menschenrechten'" und legt fest, dass diese „Grundrechte" als „unmittelbar geltendes Recht'" zu verstehen sind. Daraus ergibt

sich die „Möglichkeit, gegen Verletzungen der Grundrechte das Bundes-
verfassungsgericht anzurufen, und zwar auch gegen demokratisch zustande
gekommene Gesetze" (ebd., 103).

Ein Konflikt scheint damit unausweichlich zu sein. Die Frage ist: Was
hat das größere Gewicht? Nimmt man das Demokratiekonzept als letzte
Instanz, dann führt das zu einem „bloßen Mehrheitskonformismus", bei
dem die Rechte von Minderheiten u. U. geopfert werden. Werden die naturrechtlich begründeten Menschenrechte dagegen absolut gesetzt, so würde
man den „Verantwortungsraum" der Demokratie, in dem Menschenrechte
überhaupt erst geltend gemacht werden können, „vorgängig einengen".
Entscheidend ist das ausgewogene Verhältnis zwischen beiden Seiten, und
das sieht Bielefeldt im genannten Fall als gegeben. „Die gerichtlich einklag-
baren Grundfreiheiten laufen mithin nicht auf die äußerliche ‚Zähmung‘
der Demokratie hinaus, sondern stellen eine institutionelle Verkörperung
des der modernen Demokratie selbst immanenten Freiheitsprinzips dar, die
gerade aufgrund der *differenten* institutionellen Gestalt den demokratischen
Diskurs vor dem Abgleiten in autoritären Mehrheitskonformismus schützen
kann" (ebd., 110).

Eine Kritik der angeblich westlichen Menschenrechte erfolgt auch aus
kulturell anders orientierten Gesellschaften heraus, seien sie islamisch
bestimmt oder asiatisch. Mitglieder islamisch geprägter Gesellschaften
kritisieren häufig, dass die im „Abendland" entstandenen Menschenrechte „anthropozentrisch" ausgerichtet seien und nicht „theozentrisch".
Bemerkenswerterweise ist diese Kritik aber auch von der katholischen
Kirche vorgebracht worden, „Die Abwehr kulminiert im ‚Syllabus Errorum‘
Papst Pius' IX. von 1864, in dem die Menschenrechte und namentlich die
Religionsfreiheit als mit dem katholischen Glauben unvereinbare Irrtümer
verworfen werden" (ebd., 124). Doch dieser Vorwurf beweist etwas anderes,
nämlich dass die Menschenrechte nicht als spezifisches „Produkt der west-
lichen Geistes- und Kulturgeschichte interpretiert werden können" (ebd.).
Inzwischen hat die katholische Kirche ihre Einstellung geändert und erkennt
den Anspruch der Menschenrechte an (vgl. ebd.).

Anders verhält es sich mit dem Islam. Nicht die säkularen Menschenrechte gelten uneingeschränkt, sondern die Scharia. „Gegründet auf den
Koran, die Tradition (‚Sunna‘) des Propheten und einige weitere Quellen"
ist die Scharia „in vielen islamischen Ländern […] ‚Hauptquelle‘ der
Gesetzgebung" (ebd., 132). Im Unterschied zu den Menschenrechten, die
sich auf die Vernunft berufen, versteht sich die „Scharia als Corpus göttlicher Weisungen". Dadurch entstehen „Spannungen und Widersprüche
zu internationalen Menschenrechtsstandards, insbesondere in Fragen der

Religionsfreiheit und der Gleichberechtigung der Geschlechter. Außerdem finden in einigen islamisch geprägten Ländern grausame Bestrafungen statt, die teils religiös gerechtfertigt werden" (ebd.). Auch galt nach der „Lehre der klassischen Scharia-Schulen […] der ‚Abfall' vom islamischen Glauben als todeswürdiges Verbrechen" (ebd.). Andererseits aber gibt es im Islam die Tendenz, den Ursprung der Menschenrechte für sich selbst zu beanspruchen. Die vom ‚Islamrat für Europa' vorgelegte ‚Allgemeine Islamische Menschenrechtserklärung' aus dem Jahre 1981 beginnt mit dem Satz „„Vor vierzehn Jahrhunderten legte der Islam die ‚Menschenrechte' umfassend und tiefgründend als Gesetz fest'" (ebd., 135). Durch diese Vereinnahmung verlieren alle nichtislamisch begründeten Menschenrechte an Bedeutung.

Eine andere Stoßrichtung bekommt die Kritik der Menschenrechte dann, wenn die notwendige soziale Komponente der Menschenrechte gegen ihre angeblich einseitige Orientierung an den Individualrechten ausgespielt wird. Das geschieht gelegentlich in Stellungnahmen von Vertretern der Volksrepublik China, so z. B. von Zhan Daodes, der die „Balance" zwischen beiden Komponenten vermisst. Bielefeldt bemerkt dazu: „Zwar mag der an die westlichen Staaten gerichtete Vorwurf berechtigt sein, daß wirtschaftlich-soziale Rechte in den Menschenrechtsdebatten des Westens eine zu geringe Rolle spielen. Sofern die Betonung der sozialen Rechte jedoch mit einer Abwertung der bürgerlichen und politischen Rechte einhergeht – und dies ist dann eindeutig der Fall, wenn Zhan Daode eine ‚undue emphasis on civil and political rights' beklagt -, drängt sich der Verdacht auf, daß die geforderte ‚Balance' der unterschiedlichen Menschenrechte auf Kosten der freiheitlichen Orientierung des menschenrechtlichen Ansatzes überhaupt geht" (ebd., 169). Der Vorwurf einer einseitigen individualistischen Orientierung der Menschenrechte ist haltlos. Vielmehr berücksichtigen sie beides: die Individualrechte und den Gedanken der Gemeinschaft. „Menschenrechte erweisen sich damit zuletzt als Bestandteil einer freiheitlichen politisch-rechtlichen Sozialethik, in der die Rechte jedes einzelnen Menschen anerkannt sind und doch zugleich die bloß individualistische Perspektive auf Möglichkeiten freiheitlicher Gemeinschaftlichkeit und republikanischen Engagements hin überschritten wird" (ebd., 204).

Bielefeldts Resumé besteht in der Betonung der These: „Menschenrechte sind erst in der Moderne entstanden, und zwar im Kontext der großen demokratischen Revolutionen des ausgehenden 18. Jahrhunderts" (ebd., 202). Die Trias von ‚Freiheit – Gleichheit – Solidarität' ist gleichwohl kein Produkt einer westlichen Kultur, sondern hat eine universale „anthropozentrische" Grundlage, keine „theozentrische", denn „politisch-rechtlich *im*

Zentrum des Menschenrechtsdenkens steht in der Tat der Mensch als Verantwortungssubjekt" (ebd., 184). Menschenrechte sind daher „säkular", die der gläubige Mensch gleichwohl in einen religiösen Kontext stellen mag. Die Religionsfreiheit ist selbst wesentlicher Bestandteil vernunftorientierter Menschenrechte. Entscheidender aber ist, dass der „Kampf um Menschenrechte eine politische Auseinandersetzung" (ebd., 205) darstellt, die, angesichts der vielfältigen neuen globalen Herausforderungen, über die Grenzen der religiösen, weltanschaulichen oder kulturellen Herkunft der Menschen hinweg, ein gemeinsames Engagement für ihre allgemeine Anerkennung notwendig macht.

III Geschichtsmodelle

Herodot, der als „Vater der Geschichtsschreibung" gilt, hat nicht nur über politische Ereignisse berichtet, und zwar sowohl der „Hellenen" wie der „Barbaren", sondern auch, aufgrund seiner vielen Reisen in Nachbarländer, kulturgeschichtliche Studien verfasst. Bei seiner Darstellung der Perserkriege hat er zugleich der griechischen Demokratie ein Denkmal gesetzt, indem er ihre Überlegenheit gegenüber der persischen Despotie herausstellte. Mit Thukydides bekommt die Geschichtsschreibung ihre bis heute gültige historische Strenge. Bei seiner Darstellung des Peloponnesischen Krieges kommt es ihm auf Tatsachengenauigkeit und eine konsequent durchgeführte Quellenkritik an. Grundlage aller Geschichte ist für ihn die sich gleichbleibende menschliche Natur. In der Neuzeit entwickelt sich das Konzept einer Geschichtsphilosophie am Leitfaden der Begriffe Vernunft und Freiheit. Kants *Idee zu einer allgemeinen Geschichte in weltbürgerlicher Absicht* zielt auf einen völkerrechtlich verbindlichen Völkerbund ab, in dem der Frieden garantiert ist. Für Hegel hat die Geschichte ein Ziel, das sich mit der Französischen Revolution erfüllt hat: die Freiheit. Die Idee der Freiheit musste sich, so seine These, trotz großer Widerstände in die Wirklichkeit hineinarbeiten und bleibt fortan der Maßstab, an dem sich jeder Staat, der dem Anspruch des Rechtsstaates genügen will, messen lassen muss. Auch Bloch sieht in der Freiheit das Ziel der Geschichte, das seiner Ansicht nach aber mit der Französischen Revolution noch nicht erreicht ist. Mit Marx vertritt er die These, dass diese vor allem dem Wirtschaftsbürgertum, d. h. der Bourgeoisie, zum Siege und zu einem großen Reichtum verholfen hat, während die Abschaffung menschlichen Elends bei der arbeitenden Klasse

© Der/die Autor(en), exklusiv lizenziert an Springer-Verlag GmbH, DE, ein Teil von Springer Nature 2022
W. Pleger, *Dialogische Vernunft*, https://doi.org/10.1007/978-3-662-65289-3_4

noch nicht gelungen sei. Seine konkrete Utopie richtet sich daher auf einen noch weit in der Zukunft liegenden Zustand, bei dem die Ideale der Französischen Revolution ‚Freiheit, Gleichheit, Brüderlichkeit' im Sinne menschlicher Identität erreicht und das ‚unentfremdete Humanum' verwirklicht ist. Dazu gehört für ihn auch ein neues unentfremdetes Naturverhältnis.

1   Geschichte und Geschichten (Herodot/ Thukydides)

Herodot aus Halikarnassos gibt hier Bericht von allem, was er erkundet hat, damit der Menschen Taten nicht in Vergessenheit geraten und auch die großen und wunderbaren Werke nicht, die von den Hellenen und Barbaren vollbracht worden. Vor allem aber soll man erfahren, um welcher Ursache willen sie gegeneinander in Krieg geraten sind.

(Herodot: Neun Bücher der Geschichte. Essen o. J., Prooimion.)

Herodot wird ca. 484 v. Chr. in Halikarnassos (Kleinasien) geboren. Im Kontext eines zunächst missglückten Versuchs, den Tyrannen Lygdamis zu stürzen, flieht er nach Samos und lebt dort bis dieser ca. 454 v. Chr. endgültig entmachtet wird. Anschließend unternimmt Herodot mehrere große Reisen, so nach Ägypten, Phönizien und Mesopotamien, außerdem ins Skythenland mit Schwarzmeerküste sowie nach Nordgriechenland und Thrakien. Im Zuge seiner Reisen kommt er auch nach Athen, wo er Perikles kennenlernt und mit Sophokles Freundschaft schließt. Nach einem Bericht von Eusebios erhält er im Jahre 445/4 eine Ehrung durch die Bürgerschaft und veranstaltet eine öffentliche Lesung. Anschließend bereist er das griechische Mutterland: Delphi, Dodona, Olympia, Theben, Sparta und Tegea sowie die Schlachtfelder der Perserkriege. Auf Veranlassung von Perikles wird 444/3 in Unteritalien die Kolonie Thurioi gegründet, ein Unternehmen, an dem sich auch Herodot beteiligt. Er wird ihr Bürger. Nach Athen ist er wahrscheinlich nicht mehr zurückgekehrt. Er erlebt noch den Beginn des Peloponnesischen Krieges und stirbt wohl kurz nach 430 v. Chr. (vgl. W. Schadewaldt, Frankfurt a.M. 1982; Ch. Meier Berlin 1994; R. Bichler, Berlin 2001).

Mit seinem Werk *histories apodeixis,* das man im Deutschen am besten mit *Forschungsbericht* wiedergeben könnte, eröffnet Herodot im Zeitalter des Übergangs ‚Vom Mythos zum Logos' neben dem Beginn physikalischer und medizinischer Forschungen den Bereich der Geschichtswissenschaft.

Das Wort ‚(h)istoría' bedeutet ursprünglich ‚Forschung', ‚Erkundung', ‚Kenntnis', ‚Wissenschaft' und ‚Erzählung'. Gleich am Anfang seines Werks erläutert er die Absicht seines Vorhabens (s. Zitat). Sein Interesse gilt bemerkenswerter Weise nicht nur den „wunderbaren Werken" der „Hellenen", sondern ebenso denen der „Barbaren", d. h. allen nicht-griechisch sprechenden Menschen. Darin äußern sich zum einen sein geschichtliches Verständnis in einem umfassenden Sinne und ein keineswegs selbstverständliches Bemühen um Objektivität. Erst danach thematisiert er einen spezifischen Bereich der Geschichtswissenschaft, der fortan im Mittelpunkt dessen gestanden hat, was seitdem vornehmlich Gegenstand dieser Disziplin war, die Kriegsgeschichte. Die Beurteilung Herodots als Historiker war bereits in der Antike umstritten. Während ihn Cicero (106–43 v. Chr.) als „pater historiae", als „Vater der Geschichtsschreibung" bezeichnete (vgl. Schadewaldt 1982, 12), nannte Plutarch (45–125 n.Chr.) ihn in seinem Buch *Über die Gehässigkeit des Herodot* einen ‚philobarbaros', einen Freund der Barbaren (vgl. ebd., 11). Im 20. Jahrhundert ist Herodot von wichtigen Historikern hinsichtlich seiner Zuverlässigkeit rehabilitiert worden. Das bedeutet: „Im ganzen steht heute fest, daß Herodot als Historiker einen hohen Grad von Glaubwürdigkeit besitzt" (ebd., 14).

Herodots Werk, zitiert als (Herodot o. J. Buch, Kapitel), dessen Einteilung in neun Bücher – gewidmet den neun Musen – erst späterer Zeit entstammt, ist ‚Historie', d. h. Geschichtsschreibung im weitesten Sinne des Wortes. Es umfasst die Darstellung denkwürdiger Begegnungen und Gespräche, eine Kultur- und Sittengeschichte verschiedener Länder, Kriegsgeschichte und politische Philosophie. Für alle Bereiche sollen Beispiele angeführt werden.

Von Bedeutung ist die Begegnung Solons mit Kroisos. Kroisos, der letzte König von Lydien, unterjochte in seiner Regierungszeit, die von 560–546 v. Chr. dauerte, die ganze westliche Hälfte Kleinasiens bis an den Halys. Seinen sagenhaften Reichtum gewann er aus den Tributen der unterworfenen Städte und von dem Gold, das aus den Bergwerken und dem Fluss Paktolos gewonnen wurde. Großzügig bedachte er die Orakelstätte zu Delphi und erhoffte sich von den dort eingeholten Sprüchen Auskunft über sein eigenes Schicksal. Solon, so Herodot, besucht Kroisos, neben anderen „Weisen aus dem Hellenenland" in seinem Regierungssitz in Sardis und wird „von dem König in seiner Königsburg gastlich aufgenommen" (Herodot o. J., 1, 30). Nachdem ihm die Diener die „Schatzkammern" und all die „Pracht und Herrlichkeit" gezeigt haben, stellt ihm Kroisos folgende Frage: „Lieber Gastfreund von Athen, der Ruf deiner Weisheit ist auch zu uns gekommen, und man hat uns oft erzählt von deiner Wanderung, wie du viele Länder besucht habest aus Schaulust und Wißbegierde. Darum möchte ich gern von dir hören, ob du schon einen Menschen gesehen hast, der der glückseligste war von allen?'" (ebd.,).

Die Frage enthält eine, von Kroisos sicherlich nicht intendierte, von Herodot möglicherweise mitbedachte, philosophiegeschichtlich bemerkenswerte Pointe. Solon reist nicht als Händler und auch nicht in kriegerischer Absicht, sondern aus „Schaulust und Wißbegierde", d. h. im Interesse der Theorie. Die theoretische Erkenntnis wird zu einem eigenen Lebensmotiv.

Natürlich erwartete Kroisos, dass Solon ihn als den ‚glückseligsten' nennen würde. „Aber Solon redete ihm nicht zu Gefallen, sondern blieb bei der Wahrheit" (ebd.). Der ‚glückseligste' ist für Solon ein Athener mit Namen Tellos, der zwei wohlgeratene Söhne hatte, mäßigen Reichtum und in einer Schlacht bei der Verteidigung seiner Stadt fiel. Und auch den ‚zweiten Preis' spricht Solon ihm nicht zu; denn den erhalten zwei Brüder, die bei Kampfspielen den Wagen ihrer Mutter bis zum Tempel hinaufzogen, weil die dafür vorgesehenen Rinder nicht rechtzeitig zur Stelle waren. „Und nachdem sie dies getan hatten, wurde vor den Augen der festlichen Menge ihnen der schönste Tod zuteil, und die Gottheit offenbarte an ihnen, daß der Tod für den Menschen besser sei als das Leben" (ebd., 1,31). Doch auch das kann Kroisos natürlich nicht überzeugen. So sagt Solon: „O Kroisos, ich weiß, daß alles Göttliche erfüllt ist von Eifersucht und Zerstörungswut, und du fragst mich nach des Menschen Glück! Wie vieles mag er erleben in der langen Zeit seines Lebens, das er nicht wünscht, wie vieles erleiden! […] So ist der Mensch, o Kroisos, nichts als Zufall. Ich sehe ja deinen großen Reichtum und daß du Herr bist über viele Menschen; aber was du von mir hören willst, kann ich noch nicht von dir sagen, bis ich erfahre, du habest dein Leben glücklich geendet […]. Schau bei jedem Ding auf sein Ende, wie es ausgeht. Schon vielen hat Gott das volle Glück vor Augen gehalten und sie doch von Wurzel aus umgestürzt' " (ebd., 1,32). Und genau das geschah mit Kroisos. Nachdem er das Orakel in Delphi befragen ließ, „ob er gegen die Perser in den Krieg ziehen" solle und die Antwort erhielt, „wenn er gegen die Perser in Krieg zöge, würde er ein großes Reich zerstören" (ebd., 1, 53), unternahm er den Feldzug und erlitt eine schwere Niederlage. Herodot berichtet darüber wie folgt: „So eroberten die Perser Sardis und nahmen Kroisos selber gefangen. Vierzehn Jahre hatte er regiert, vierzehn Tage war er belagert worden, und hatte, nach dem Worte des Orakels einem großen Reich das Ende bereitet, nämlich seinem eigenen" (ebd., 1, 86). Über das weitere Schicksal von ihm gehen die Berichte stark auseinander.

Im Anschluss an diese Geschichte berichtet Herodot über das Leben der Perser. Unvoreingenommen beschreibt er eine Kultur, die von der eigenen in erheblichem Maße abweicht. „Von den Sitten und Gebräuchen der Perser ist mir folgendes bekannt. Bilder, Tempel und Altäre zu errichten, ist bei ihnen nicht Brauch, sondern diejenigen, die dergleichen tun, schelten sie Toren, wahrscheinlich deshalb, weil sie sich ihre Götter nicht, wie die Hellenen, in Menschengestalt vorstellen. Wenn sie dem Zeus opfern, pflegen sie auf die höchsten Berge zu steigen und nennen den ganzen Himmelskreis mit dem Namen dieses Gottes. Auch opfern sie der Sonne, dem Mond, der Erde, dem Feuer, dem Wasser und den Winden. Nur diesen allein opfern sie von Alters her, sie haben aber dazu auch noch den Dienst der Urania von den Assyriern und Arabiern angenommen. Bei jenen heißt Aphrodite Mylitta, bei den Arabiern Alilat, die Perser aber nennen sie Mitra" (ebd., 1, 131).

Doch nicht nur in ihren religiösen Kulten sind die Perser Fremden gegenüber aufgeschlossen, auch ihr übriges Leben ist durchsetzt von fremder Kultur. Herodot berichtet: „Fremde Sitten nehmen die Perser bereitwillig an wie kein anderes Volk. Tragen sie doch sogar medische Tracht, weil sie ihnen mehr als die eigene gefiel, und im Kriege ägyptische Panzer, und jede Art von Lust und Wohlgenuß, davon sie hören, ahmen sie eifrig nach, ja sie treiben auch Knabenliebe nach hellenischem Beispiel. Jeglicher nimmt sich zahlreiche Ehefrauen und kauft sich darüber hinaus noch Kebsweiber in noch viel größerer Zahl" (ebd., 1,135).

Über die Pädagogik der Perser weiß Herodot folgendes zu berichten: „Ihre Söhne unterweisen sie, vom fünften bis zum zwanzigsten Lebensjahr, nur in drei Stücken: im Reiten, im Schießen und darin, wahrhaftig zu sein. Vor dem fünften Jahr kommt der Knabe nicht vor die Augen des Vaters, sondern weilt bei den Frauen. Dies geschieht deshalb, damit, wenn er im ersten Alter stirbt, der Vater sich nicht um ihn zu härmen habe" (ebd., 1,136). Schließlich spielen überhaupt Wahrheit und Wahrhaftigkeit, so Herodot, bei den Persern eine entscheidende Rolle. „Für das schimpflichste gilt ihnen das Lügen, an zweiter Stelle Schulden machen, und dies aus vielen Gründen, besonders aber weil sie sagen, wer Schulden habe, der könne nicht anders, der müsse auch lügen" (ebd., 1, 138). Auch die durch Herodot verbreitete Kenntnisnahme fremder Kulturen hat in Griechenland dazu beigetragen, die Verbindlichkeit des eigenen Mythos und der durch sie begründeten Handlungsnormen in Frage zu stellen. Die Sophisten leiteten aus der Relativität der Kulte, der Sitten und Gebräuche die These ab, dass das in der *polis* geltende Recht nur vereinbart sei und daher jederzeit geändert werden könne.

Im dritten Buch seines Werkes erörtert Herodot die drei wichtigsten Modelle politischer Herrschaft: Monarchie, Oligarchie und Demokratie. Dem Begriff ‚Demokratie' kommt dabei eine besondere Bedeutung zu: „Das

Wort begegnet zuerst bei HERODOT" (HWP 2, Sp. 50). Nachdem im Jahre 521 v. Chr. der mit falschem Namen regierende persische Herrscher Smerdis, angeblich Sohn des Kyros, von sieben persischen Edelleuten getötet worden war, „hielten die Verschwörer Rat über die Verfassung des Reiches. [...] Otanes riet, die Regierung an das ganze persische Volk zu übergeben, und sprach folgendermaßen: ‚Ich halte dafür, daß nicht wieder ein einzelner von uns Alleinherrscher werden darf [...]. Wie kann denn auch Alleinherrschaft etwas Rechtes sein, wenn es ihr erlaubt ist, ohne Verantwortlichkeit zu tun, was sie will? [...]'" (ebd., 3, 80). Denn selbst wenn es gelänge den besten Mann für dieses Amt zu finden, so würde er, bestimmt durch die Fülle seiner Macht, überheblich werden und aus Hochmut sehr bald Verbrechen begehen. „Was aber gerade das Wichtigste ist, will ich jetzt sagen: Er erschüttert die von den Vätern überkommenen Satzungen, er tut den Frauen Gewalt an und tötet ohne Richterspruch. Wenn dagegen die Menge herrscht, hat dies zunächst den allerschönsten Namen: Gleichheit vor dem Gesetz. Sodann tut sie von dem, was der Alleinherrscher tut, nichts. Sie besetzt die Ämter durch's Los und hält die Beamten für rechenschaftspflichtig. Sie bringt alle Beschlüsse vor die Gesamtheit. Ich bin also der Meinung, daß wir die Alleinherrschaft beiseite tun und das Volk zur Macht bringen; denn das Ganze liegt in der Vielheit!'" (ebd.).

Hier fällt noch nicht das Wort ‚Demokratie', wohl aber wird ihr entscheidendes Prinzip ausgesprochen: Isonomie, d. h. „Gleichheit vor dem Gesetz". Die bereits von Solon geforderte ‚eunomia', die gelungene Ordnung, findet in dem Begriff ‚isonomia' ihre demokratische Legitimation. Später jedoch nennt Herodot mehrmals das Wort „Volksherrschaft" (demokratía) und stellt es in einen Gegensatz zur ‚Tyrannenherrschaft' (vgl. 6, 43). Schließlich weist er daraufhin, dass Kleisthenes (in den Jahren nach 510 v. Chr.) eine Verfassungsreform durchführte und die „demokratía", d. h. „die Volksherrschaft in Athen begründete" (ebd., 6,131).

Doch auch die beiden anderen Herrschaftsformen werden verteidigt. „Megabyzos aber empfahl der Oligarchie die Macht zu geben" (ebd., 3, 81). Sein Argument lautet: Die Herrschaft darf nicht dem „Übermut einer ungezügelten Volksmasse" übergeben werden, „wir aber wollen aus den besten Männern eine Genossenschaft auswählen und ihr die Macht geben" (ebd.). Schließlich aber spricht sich Dareios für die Monarchie aus. Sein Argument ist: In einer Oligarchie werden „starke persönliche Feindschaften" entstehen, die das Wohl des Staates gefährden und das geht so lange fort, „bis einer aus dem Volk hervortritt und dem Treiben dieser Leute ein Ende macht. Infolgedessen wird aber gerade dieser vom Volk bewundert, und bewundert, wie er ist, erscheint er nun als Alleinherrscher" (ebd., 3, 82), ohne jedoch, wie der Kontext der Rede nahelegt, ein Tyrann zu werden, denn, so sein Argument: „Woher ist uns die Freiheit gekommen und wer hat sie gegeben?" Seine Antwort lautet: „Ich habe also die Überzeugung, daß wir durch einen einzigen Mann frei geworden sind und das bewahren müssen" (ebd.).

Freiheit ist schließlich das zentrale Thema der Selbstbehauptung der Griechen im Zeitalter der Perserkriege (vgl. Meier 1994, 7–31). Mit ihrer Darstellung wird Herodots Bericht zur Kriegsgeschichte. Nach dem Tod von Darius I. wird Xerxes persischer König und rüstet umgehend gegen Hellas. Angesichts dieser Bedrohung intensiviert der Athener Themistokles den Flottenbau. Die Auseinandersetzung mit dem zahlenmäßig weit überlegenen persischen Heer auf dem Meer zu suchen, war ein Plan, der nicht selbstverständlich war und von dem die Verbündeten erst überzeugt werden mussten. Schließlich gelingt es ihm durch eine List, die entscheidende Schlacht (480 v. Chr.) in die Meerenge von Salamis zu verlegen. Dort treffen sie auf die persische Flotte. „Aber die meisten Schiffe wurden zerstört, teils von den Athenern, teils von den Aigineten. Denn weil die Hellenen in guter Ordnung und in geschlossener Front kämpften, die Barbaren aber schon durcheinander geraten waren und völlig den Überblick verloren, mußte es so kommen, wie es kam" (Herodot o. J., 8, 86). Xerxes bleibt nichts anderes übrig als zu fliehen. Themistokles aber entscheidet sich dafür, ihn nicht weiter zu verfolgen. Daher richtet er sich, so Herodot, mit folgenden Worten an seine Mitstreiter: „Wir aber können von Glück sagen, daß wir uns selbst und das Land der Hellenen gerettet haben. Lassen wir sie also fliehen! Denn nicht wir haben dies vollbracht, sondern die Götter und die Heroen, die es nicht dulden wollten, daß Asien und Europa einen einzigen Herrscher haben, zumal einen solchen gottlosen Frevler, der heilige Tempel genauso gering achtete wie die Wohnungen der Menschen'" (ebd., 8, 109). Mag auch hinter diesen Worten noch ein kluges strategisches Kalkül verborgen sein, das auch der eigenen Sicherheit dient, wie der Text nahelegt, so kommt Herodot selbst im Ergebnis zu einem ähnlichen Urteil: „Wer also sagt, daß die Athener die Retter von Hellas gewesen seien, der irrt gewiß nicht von der Wahrheit ab. Denn auf welche Seite diese sich stellten, dahin mußte die Waage sich neigen. Da sie sich nun dafür entschieden, daß Hellas in Freiheit bestehen sollte, so sind sie allein es gewesen, die, […] nächst den Göttern, den König zurückschlugen. Und selbst die schrecklichsten Orakelsprüche aus Delphi konnten sie nicht dazu bewegen, Hellas zu verlassen, sondern sie blieben im Lande und faßten gegenseitig Mut, den Angriff des Feindes zu bestehen" (ebd., 7, 139).

Es ging, so die Meinung auch heutiger Historiker, in den Perserkriegen nicht um einige der vielen Schlachten, die den Lauf der Geschichte bestimmen, sondern um die Verteidigung europäischer Freiheit gegenüber orientalischer Despotie. Der Historiker Bengtson bemerkt dazu: „Erst durch den siegreichen Freiheitskampf der Griechen ist Europa als Idee und Wirklichkeit geboren geworden" (Bengtson 1965, 153). Das bedeutet, dass das, was wir heute mit Europa verbinden: politische Freiheit, Demokratie, Entwicklung der Wissenschaften und Künste, der bildenden Kunst nicht weniger als dem Drama, und nicht zuletzt der theoretischen und der praktischen Philosophie in jenen Kämpfen verteidigt wurden (vgl. Meier 1994, 33 f.). Die besondere Leistung von Herodot besteht darin, dass er mit seinem Werk nicht nur davon berichtet, sondern selbst als Begründer einer neuen wissenschaftlichen Disziplin gelten darf, der Geschichtswissenschaft. Ihm kommt daher zurecht der Titel ‚pater historiae' zu.

Der zweite bedeutende griechische Historiker ist Thukydides, zitiert als (Thukydides o. J. Buch, Kapitel). Er wird um 460 v. Chr. in Athen geboren. Seine Familie stammt aus Thrakien, wo sie über Landbesitz und Goldminen verfügt. Seine Lehrer sind vermutlich Anaxagoras und Antiphon. Einen besonderen Einfluss aber üben vor allem Gorgias und die sophistische Aufklärung auf ihn aus. In seinem Werk *Der Peloponnesische Krieg* berichtet er von der 430 v. Chr. in Athen ausgebrochenen Seuche, an der er selbst erkrankt, sie aber überlebt (vgl. Thukydides o. J. II, 48). Nachdem er 424 zum Strategen gewählt worden ist, kann er die Stadt Amphipolis gegen die Spartaner nicht halten und wird daraufhin verbannt. Er verbringt die nächsten 20 Jahre im Ausland. Nach der Aufhebung der Verbannung kehrt er nach Athen zurück und stirbt dort um 400 v. Chr (vgl. Schadewaldt 1982, 223–394).

Thukydides erlebt den Beginn des nahezu dreißigjährigen peloponnesischen Krieges (431–404) als junger Mann, erkennt seine epochale Bedeutung und beschließt, über ihn zu berichten. Chronologisch schließt sich sein Geschichtswerk an das von Herodot an, methodisch grenzt er sich jedoch deutlich von dessen Ansatz ab. Zwar enthält auch sein Werk eine Verbindung von wiedergegebenen Reden und Darstellung von Ereignissen, in beiden Bereichen aber betont er gegenüber den sogenannten ‚Logographen', d. h. bloßen Geschichtenerzählern, zu denen er zweifellos auch Herodot rechnet, eine erheblich größere Genauigkeit und methodische Strenge.

Zu seinem Referat von Reden äußert er sich so: „Was nun die Reden betrifft, die teils am Vorabend des Krieges, teils während desselben gehalten worden sind, so war es mir als Ohrenzeugen sowie meinen Berichterstattern unmöglich, den genauen Wortlaut des Gesagten im Gedächtnis zu behalten. Daher habe ich die einzelnen Redner so sprechen lassen, wie sie nach meinem Vermuten den jeweiligen Umständen am ehesten gerecht geworden sein dürften, indem ich mich dabei so eng wie möglich an den Gedankengang des wirklich Gesprochenen hielt" (Thukydides o. J. I, 22).

Hinsichtlich der Wiedergabe der historischen Fakten entwickelt Thukydides einen noch strengeren methodischen Maßstab. Er beschreibt seine Vorgehensweise so: „Die Tatsachen dagegen von dem, was im Laufe des Krieges vor sich ging, glaubte ich nicht nach Auskünften zufälliger Gewährsmänner, auch nicht nach eigenem Ermessen schildern zu dürfen, sondern indem ich alles, was ich teils selbst miterlebte, teils von anderen erfuhr, mit möglichster Genauigkeit im einzelnen nachgeprüft habe. Es waren das mühevolle Untersuchungen, weil die Augenzeugen dasselbe Ereignis verschieden erzählten, je nach ihrem Wohl- oder Übelwollen und ihrer Erinnerung" (ebd.). Thukydides entwickelt mit dem Konzept einer Quellenprüfung Prinzipien einer historisch-kritischen Forschung, wie sie bis heute verbindlich sind. Keineswegs aber begnügt er sich mit einer bloßen Aneinanderreihung gesicherter historischer Fakten. Er unterscheidet den Anlass des Krieges, nämlich „die Lösung des dreißigjährigen Vertrages, den die Athener und die Peloponnesier nach der Eroberung von Euböa geschlossen hatten" von dem eigentlichen Grund des Konflikts. Über ihn sagt er: „Der eigentliche, wenn auch nie offen ausgesprochene Grund war meines Erachtens das Hochkommen Athens, das den Lakedämoniern Angst einflößte und sie in den Krieg trieb" (ebd., I, 23).

Mit der Erwähnung der Angst als Motiv des Krieges kommt zugleich sein ihn leitendes Geschichtsverständnis zum Ausdruck. Grundlage für Krieg und Frieden, Sieg und Niederlage, Eroberung und Unterwerfung ist die sich gleichbleibende menschliche Natur. Bei ihrer Interpretation lässt er sich von Gedanken der sophistischen Aufklärung leiten. In einer Rede, die Thukydides einem Athener in den Mund legt, um die Lakedämonier, d. h. die ehemaligen Bündnispartner im Perserkrieg, vor dem sich abzeichnenden Krieg zwischen ihnen zu warnen, sagt dieser: „von jeher ist es so gewesen, daß der Schwächere vom Stärkeren niedergehalten wird [...] bis ihr jetzt, wo euer Vorteil in Frage steht, mit Rechtsgründen kommt. Durch Rechtsgründe aber hat sich noch niemand, der durch Gewalt etwas gewinnen konnte, in seinem Eroberungsdrange hemmen lassen" (ebd., I, 76). Daher verdiene es „schon alles Lob, wenn einer zwar der menschlichen Natur folgend über andere die Herrschaft führt, dabei aber dem Recht mehr Raum gewährt, als bei der ihm zu Gebote stehenden Macht natürlich ist" (ebd.). Aus diesem Grund mögen die Lakedämonier, d. h. Spartaner, gut überlegen, ob sie sich in einen Krieg begeben wollen, der für alle Seiten einen ungewissen Ausgang habe.

Doch der Krieg ließ sich nicht aufhalten. Im Winter veranstalteten die Athener „von Staats wegen das Begräbnis der ersten Gefallenen dieses Krieges [...]. Bei dieser ersten Leichenfeier wurde Perikles, Sohn des Xanthippos, zum Redner ausersehen" (ebd., II, 34). Perikles, der erfahrene Stratege und überzeugte Demokrat, nutzt diese Gelegenheit, um die Grundzüge der demokratischen Verfassung des Staates zu erläutern und ihre Überlegenheit gegenüber allen anderen darzustellen. Es zeugt von der intellektuellen Redlichkeit von Thukydides, dass er den Wortlaut dieser Rede, die den Geist der Demokratie in besonders prägnanter und überzeugender Weise ausspricht, ganz unabhängig von seiner eigenen politischen Einstellung, im Sinne historisch-kritischer Objektivität wiedergibt. Perikles beginnt seine Rede mit dem Hinweis, er wolle jetzt nicht über militärische Erfolge berichten, sondern über ihre Voraussetzungen und die lägen in der politischen Verfassung des Staates.

Er sagt: „Wir leben in einer Staatsverfassung, die nicht den Gesetzen der Nachbarn nachstrebt, sondern wir sind eher das Vorbild für andere als deren Nachahmer. Ihr Name ist Demokratie, weil sie nicht auf einer Minderzahl, sondern auf der Mehrzahl der Bürger beruht. Vor dem Gesetz sind bei persönlichen Rechtsstreitigkeiten alle Bürger gleich, das Ansehen jedoch, das einer in irgend etwas besonders genießt, richtet sich im Blick auf das Gemeinwesen weniger nach seiner Zugehörigkeit zu einer bestimmten Volksklasse, sondern nach seinen persönlichen Leistungen wird er bevorzugt. Auch dem Armen ist, wenn er für den Staat etwas zu leisten vermag, der Weg nicht durch die Unscheinbarkeit seines Standes versperrt. Und wie in unserem Staatsleben die Freiheit herrscht, so halten wir uns auch in unserem Privatleben fern davon, das tägliche Tun und Treiben des Nachbarn mit Argwohn zu verfolgen. [...] Aber bei dieser Weitherzigkeit im persönlichen Verkehr verbietet uns die Ehrfurcht vor dem Gesetz, die Gesetze zu übertreten. Wir gehorchen den jeweiligen Behörden und den Gesetzen, und zwar am treuesten denjenigen, die zum Schutze der ungerecht Behandelten gegeben sind, und jenen ungeschriebenen Gesetzen, deren Übertretung die Verachtung aller nach sich zieht" (ebd., II, 37).

Tatsächlich aber gehörte zu den Unwägbarkeiten der Geschichte zunächst ein Ereignis, das keine strategische Ursache hatte, sondern eine natürliche. Es war die Pest, die 430 in Athen ausbrach, bis 429 anhielt, sich dann leicht abschwächte, um dann im Winter 427/26 erneut aufzuflammen. Ihr fielen ca. 20.000 Menschen, d. h. ein Drittel der Bevölkerung, zum Opfer. „Nichts anderes hat Athen im Peloponnesischen Krieg so schwer zugesetzt und seine

Macht geschwächt" (Meier 1994, 546). Der Versuch Athens, angesichts dieser Katastrophe mit Sparta Friedensverhandlungen aufzunehmen, scheiterte (vgl. ebd.). Thukydides schildert die Auswirkungen dieser Seuche auf das Leben der Menschen mit drastischen Worten. Besonders elend war die Situation für die Zugewanderten. „Häuser hatten diese nicht, sondern mußten zu dieser Jahreszeit in dumpfen Baracken wohnen. Daher starben die Leute in wirrem Durcheinander; die Leichname lagen in Haufen da, die Sterbenden wälzten sich auf den Straßen und an den Quellen herum, halbtot vor Durst; auch die Heiligtümer, die als Wohnräume eingerichtet waren, lagen voller Toter, die in ihnen gestorben waren. Das Unglück war so übermächtig geworden, daß die Menschen, die nicht wußten, was aus ihnen werden würde, auch die göttlichen und menschlichen Ordnungen nicht mehr achteten" (Thukydides o. J. II, 52). Die Gesunden aber, die jederzeit mit ihrem vorzeitigen Tod rechnen mussten, veränderten ihr Verhalten. „Man wagte viel eher, den augenblicklichen Gelüsten zu folgen, die man früher geheimgehalten hatte; denn man sah, wie rasch sich jetzt alles wandelte, da die Reichen plötzlich starben und die früher Besitzlosen deren Güter erhielten. Daher wollte jeder rasch und gründlich genießen, denn Leben und Eigentum glaubte man nur noch tagelang zu besitzen" (ebd., II, 53).

Doch nicht nur die Pest schwächte Athen erheblich, auch das Kriegsglück wandte sich von der Stadt ab, und bald schon wurde Perikles selbst in zunehmendem Maße kritisiert. Man warf ihm vor, „daß er die Stadt zum Kriege überredet und in all das Unheil hineingestürzt habe" (ebd., II, 59). So sieht er sich gezwungen, sich zu verteidigen. Er tut es, indem er sagt: „Begreifet doch, daß unsere Stadt nur deshalb einen so großen Namen in aller Welt hat, weil sie im Unglück niemals zurückwich, weil sie die meisten Menschen geopfert, die furchtbarsten Kriegsnöte ausgehalten hat! Bedenket, daß kein Volk je eine so große Macht besessen hat wie sie und daß die Nachwelt daher ihr Andenken auf ewig bewahren wird, selbst wenn es jetzt mit unserer Macht um ein weniges rückwärts gehen sollte, wie denn alles, was gewachsen ist, wiederum abnehmen muß" (ebd., II, 64). Der Groll gegen Perikles legte sich jedoch erst, nachdem er zu einer „Geldstrafe" verurteilt worden war. „Nicht lange darnach freilich – so pflegt es die Menge zu tun – wählten sie ihn wieder zum Feldherrn und legten die ganze Staatsleitung von neuem in seine Hände" (ebd., II, 65). Sein Ansehen und seine Macht wurden größer denn je. Mit einem deutlich kritischen Unterton bemerkt Thukydides dazu: „So bildete sich unter ihm ein Zustand heraus, der nur dem Namen nach eine Demokratie, in Wirklichkeit die Herrschaft des ersten Mannes war" (ebd.). Doch noch im selben Jahr, d. h. 429 v. Chr., starb Perikles, wie vermutet wird, an der Pest.

Die entscheidende militärische Katastrophe ereignete sich im Zuge der sogenannten sizilischen Expedition der Jahre 415–413. Ausgangspunkt waren Streitigkeiten innerhalb der sizilischen ‚poleis‘, die Athen für seine Machterweiterung glaubte ausnützen zu können. Doch der Plan schlug fehl. Alkibiades, der die Operation leitete, wurde aufgrund einer Anzeige gegen ihn nach Athen zurückberufen. Nach planlosen Einzelaktionen wurde schließlich beschlossen, die Aktion abzubrechen und mit der Flotte nach Athen zurückzukehren. Doch aufgrund einer Mondfinsternis im August 413, die der abergläubische Nikias, der nun den Befehl übernommen hatte, zum Anlass nahm, verzögerte sich die Abfahrt um einen ganzen Monat. Daraufhin versperrten die Syrakusaner der Flotte die Ausfahrt aus dem großen Hafen (vgl. Bengtson 1965, 215). Es blieb nur eine Flucht ins Landesinnere übrig. Die Schiffe wurden preisgegeben. Die Flüchtenden wurden zum großen Teil gefangen genommen und in die Steinbrüche geworfen. Thukydides bemerkt dazu: „Dieses Unternehmen war das größte hellenische in dem ganzen Kriege, nach meiner Überzeugung überhaupt das größte aller hellenischen, von denen wir Kunde haben: das glänzendste für die Sieger, das unheilvollste für die Vernichteten. […]. In ‚völliger Vernichtung‘, wie man so sagt, gingen Landheer und Schiffe und ohne Ausnahme alles zugrunde, und nur wenige von vielen kehrten in die Heimat zurück. Das war es, was sich in Sizilien zutrug“ (Thukydides o. J. VII, 87). Die Schilderung der weiteren Ereignisse geht bis in das Jahr 411 und bricht mitten im Satz ab.

Die Wirkungsgeschichte von Thukydides ist im Bereich seines methodischen Ansatzes unübersehbar. Historisch-kritische Prüfung der Fakten und der Quellen sind heute selbstverständliche Bestandteile der Geschichtswissenschaft. Anders verhält es sich mit seinem Geschichtsverständnis. Während er für die wechselhaften geschichtlichen Ereignisse wie Sieg und Niederlage, Eroberung und Unterwerfung, Aufstieg und Verfall die sich gleichbleibende menschliche Natur als Begründung anführt, wird mit dem Sieg des Christentums ein Gesamtziel der Geschichte angenommen, das eine theologische Grundlage hat (vgl. Reese-Schäfer 1998, 37–48). Im Zuge der Säkularisierung wurde ein innerweltliches Ziel der Geschichte in den Blick genommen. Für Hegel ist dieses mit der Französischen Revolution erreicht (vgl. Löwith 1983, V, 61 ff.). Im weiteren Verlauf des 19. Jahrhunderts spaltete sich die Geschichtsphilosophie auf. Während Marx im Anschluss an Hegel das „Reich der Freiheit“ als Endziel der Geschichte in die Zukunft projiziert, verabschiedet sich sein Zeitgenosse Jacob Burckhardt grundsätzlich von dem Gedanken eines Ziels der Geschichte und kehrt zu der von Thukydides anthropologisch begründeten Geschichtsauffassung zurück. In seinem posthum erschienenen Werk *Weltgeschichtliche Betrachtungen* erläutert er sein Geschichtsverständnis so: „*Unser* Ausgangspunkt ist der vom einzigen bleibenden und für uns möglichen Zentrum, vom duldenden, strebenden und handelnden Menschen, wie er ist und immer war und sein wird" (Burckhardt 1978, 5).

2   Die Geschichte der Vernunft und der Freiheit (Kant/Hegel)

Da die Menschen in ihren Bestrebungen nicht bloß instinktmäßig, wie die Tiere, und doch auch nicht, wie vernünftige Weltbürger, nach einem verabredeten Plane, im ganzen verfahren: so scheint auch keine planmäßige Geschichte (wie etwa von den Bienen oder Bibern) von ihnen möglich zu sein. Man kann sich eines gewissen Unwillens nicht erwehren, wenn man ihr Tun und Lassen auf der großen Weltbühne aufgestellt sieht; und, bei hin und wieder anscheinender Weisheit im einzelnen, doch endlich alles im großen aus Torheit, kindischer Eitelkeit, oft auch aus kindischer Bosheit und Zerstörungssucht zusammengewebt findet: wobei man am Ende nicht weiß, was man sich von unserer auf ihre Vorzüge so eingebildeten Gattung für einen Begriff machen soll. Es ist hier keine Auskunft für den Philosophen, als daß, da er bei Menschen und ihrem Spiele im großen gar keine vernünftige *eigene Absicht* voraussetzen kann, er versuche, ob er nicht eine *Naturabsicht* in diesem widersinnigen Gange menschlicher Dinge entdecken könne; aus welcher von Geschöpfen, die ohne eigenen Plan verfahren, dennoch eine Geschichte nach einem bestimmten Plane der Natur möglich sei.

(Immanuel Kant: Idee zu einer allgemeinen Geschichte in weltbürgerlicher Absicht. Kant: Werke VI. Darmstadt 1998, S. 34).

Kants Geschichtsphilosophie steht am Wendepunkt des Übergangs des Konzepts der Geschichte als Heilsgeschehen zu dem Konzept einer säkularisierten Weltgeschichte. Welche Position nimmt er ein? Die Antwort lautet: Kants Geschichtsphilosophie nimmt in diesem Prozess eine Zwischenposition ein, die man als eine Verabschiedung der Geschichtstheologie bezeichnen kann, wie sie etwa noch bei Leibniz und seinem Konzept einer Theodizee anzutreffen ist, und einer Hinwendung zu einer an der Vernunft orientierten Geschichtsphilosophie.

Die eigentümliche Zwischenposition, die er einnimmt, zeigt sich z. B. in seiner bemerkenswerten Neuinterpretation des biblischen Paradiesmythos. Er kehrt die traditionelle, theologisch sanktionierte Interpretation um. Es gehört zum Selbstverständnis christlichen Denkens, die Geschichte des Menschen seit seiner Vertreibung aus dem Paradies als Strafe anzusehen. Daher ist der romantisch-bedauernde Blick des Menschen rückwärts gewandt und der sehnsüchtige vorwärts auf eine Wiederherstellung des ehemaligen paradiesischen Zustandes. Noch der gekreuzigte Jesus verspricht einem der mit ihm Gekreuzigten das Paradies (Lk. 23, V. 43). Die Paradiesgeschichte ist eine Verfallsgeschichte. Sie zeigt, wie viel schlechter der Zustand des Menschen seit der Vertreibung ist. Das Leben der Menschen ist voller Elend. Die Geschichte ist eine Strafe. Kant dagegen sieht in dem Paradiesmythos nicht den Beginn einer Verfallsgeschichte, sondern einer Geschichte des Fortschritts. Er stellt sich damit in einem wesentlichen Punkt gegen die christliche Lehre. In seiner Schrift *Mutmaßlicher Anfang der Menschengeschichte* beurteilt er bereits den Genuss der dem Menschen sich darbietenden Früchte als eine Sache der menschlichen Vernunft und der Neugier, nicht der Übertretung eines Verbots. Das Verlassen des Paradieses ist der Schritt von einem Naturzustand in einen der Vernunft, der Freiheit und des Fortschritts. Kant stellt seine radikale Neuinterpretation der Geschichte von der Vertreibung aus dem Paradies so dar:

„Dieser Schritt ist daher zugleich mit *Entlassung* desselben aus dem Mutterschoße der Natur verbunden: eine Veränderung, die zwar ehrend, aber zugleich sehr gefahrvoll ist, indem sie ihn aus dem harmlosen und sicheren Zustande der Kindespflege, gleichsam aus einem Garten, der ihn ohne seine Mühe versorgte, heraustrieb und ihn in die weite Welt stieß, wo so viel Sorgen, Mühe und unbekannte Übel auf ihn warten. Künftig wird ihm die Mühseligkeit des Lebens öfter den Wunsch nach einem Paradiese, dem Geschöpfe seiner Einbildungskraft, wo er in ruhiger Unthätigkeit und beständigem Frieden sein Dasein verträumen oder vertändeln könne, ablocken. Aber es lagert sich zwischen ihm und jenem eingebildeten Sitz der Wonne die rastlose und zur Entwickelung der in ihn gelegten Fähigkeiten unwiderstehlich treibende Vernunft, und erlaubt es nicht, in den Stand der Rohigkeit und Einfalt zurück zu kehren, aus dem sie ihn gezogen hatte" (Kant 1998, VI, 91, f.)

Das Paradies ist – so Kant – ein problematisches ‚Geschöpf seiner Einbildungskraft'. In ruhiger Untätigkeit und friedlicher Einfalt verträumt und vertändelt er sein Dasein. Es ist ein Zustand, der die Kräfte der Vernunft nicht zur Entfaltung kommen lässt. Bemerkenswert ist, dass Kant in seiner Interpretation Gott keine Rolle zuweist, weder im Hinblick auf ein

Verbot, vom „Baum der Erkenntnis" zu essen, noch bei der Vertreibung aus dem Paradies. Für ihn handelt es sich vielmehr um den Übergang von dem ‚paradiesischen Naturzustand' in den der Vernunft, und der wird möglich durch den Gebrauch der Freiheit. Es handelt sich um eine Geschichte der Emanzipation des Menschen vom Zustand der Kindheit in den eines vernünftigen Erwachsenen. Kant hat den biblischen Paradiesmythos entmythologisiert, damit zugleich aber die Frage nach dem Sinn, genauer dem Richtungssinn, der menschlichen Geschichte neu gestellt.

Dieser Frage widmet er seine Schrift *Idee zu einer allgemeinen Geschichte in weltbürgerlicher Absicht*. Kants Ausgangsfrage lautet: Wie stellt sich die Geschichte dem Blick des Menschen in ihren alltäglichen Geschehnissen dar? Sie ist bei aller gelegentlichen Weisheit im Einzelnen aufs Ganze gesehen eine Mischung aus Torheit, Eitelkeit, Bosheit und Zerstörungssucht (s. Zitat). Keine geradlinige Entwicklung wird sichtbar, sondern ein Vor und Zurück, ein Hin und Her. Die Abläufe der Geschichte ähneln denjenigen, die die Planeten, von der Erde aus beobachtet, nehmen. Der griechische Begriff ‚planetos' kennzeichnet ein Umherirren, eine Irrfahrt, einen Landstreicher. Aber durch einen Standpunktwechsel, durch die Wahl eines heliozentrischen Bezugssystems, werden die Zick-Zack-Linien der Planeten plötzlich durch eine wohlgeformte Kurve ersetzt. Könnte es sich bei den Geschichtsverläufen nicht ähnlich verhalten? Und wenn ja, von welchem Standpunkt aus ergäbe sich ein Blick auf einen sinnvollen Geschichtsverlauf? Das ist Kants Frage, und er gibt auch die Richtung ihrer Beantwortung an. Sinnvoll wäre die Geschichte, wenn man in ihr eine Naturabsicht entdecken könnte. So wie sich die Planetenbahnen einem Naturgesetz fügen, so werden die Ereignisse der Geschichte Teil einer Naturabsicht.

Doch die scheinbar einleuchtende Parallele täuscht; denn Kant verwendet zwei sehr unterschiedliche Begriffe von Natur. Das Naturgesetz formuliert den Zusammenhang von Ursache und Wirkung im Sinne der ‚causa efficiens'. Die Naturabsicht folgt einem teleologischen Prinzip und entspricht der ‚causa finalis'. Das Naturgesetz ist Ausdruck einer Naturnotwendigkeit, die Naturabsicht lässt Freiheit zu. Die Geschichte folgt einer Naturabsicht, nicht einem Naturgesetz. Kant spricht daher auch von der „Weisheit" der Natur. Bemerkenswert ist auch, dass Kant an die Stelle der Absichten Gottes mit den Menschen, die in der Geschichtstheologie eine Rolle spielen, die Naturabsicht stellt, ohne dass sich damit bei ihm ein Atheismus verbinden würde. Es ist gleichwohl ein nicht zu übersehender Wechsel im Sprachgebrauch.

Dazu kommt eine weitere Einschränkung. Gerade weil es kein Naturgesetz der Geschichte gibt, sind theoretische Aussagen über ihren zukünftigen Verlauf nicht möglich. Eine Prognose über den Geschichtsverlauf könnte nur derjenige aufstellen, der sie selbst macht. Aber der Mensch macht nicht die Geschichte, sondern ist in sie verwickelt. Die Geschichte ist ein Gewebe des Handelns und Leidens sehr vieler Menschen. Wenn es keine theoretischen Aussagen über die Geschichte geben kann, so bleibt es nur möglich, eine Idee von ihr zu entwerfen. Der leitende Gedanke dieser Idee betrifft die Frage: Ist es denkbar, dass trotz der sich offenkundig darbietenden Mischung der Geschichte aus Torheit, Eitelkeit und Bosheit, sie im Ganzen auf ein vernünftiges Endziel ausgerichtet ist? Kant versucht in seiner Abhandlung diesen Leitfaden zu finden. Er macht dies in einer Folge von neun Sätzen, denen er Erläuterungen beifügt.

Der erste Satz lautet: „*Alle Naturanlagen eines Geschöpfes sind bestimmt, sich einmal vollständig und zweckmäßig auszuwickeln*" (ebd., 35). Der teleologische Ansatz, der bereits in der Tierwelt gilt, trifft auch für die Menschen zu. Allerdings macht Kant im zweiten Satz sogleich eine bedeutsame Einschränkung: „*Am Menschen* (als dem einzigen vernünftigen Geschöpf auf Erden) *sollten sich diejenigen Naturanlagen, die auf den Gebrauch seiner Vernunft abgezielt sind, nur in der Gattung, nicht aber im Individuum vollständig entwickeln*" (ebd.). Die Entwicklung der Anlagen ist eine Angelegenheit der menschlichen Vernunft „frei von Instinkt" und die Begründung lautet so: „Die Natur tut nämlich nichts überflüssig, und ist im Gebrauche der Mittel zu ihren Zwecken nicht verschwenderisch. Da sie dem Menschen Vernunft und sich darauf gründende Freiheit des Willens gab: so war das schon eine klare Anzeige ihrer Absicht in Ansehung seiner Ausstattung" (ebd., 36). Der Mensch soll „alles aus sich selbst herausbringen" (ebd.).

Der vierte Satz thematisiert die Mittel, deren sich die Natur bei dem Verfolgen ihrer Absicht bedient: „*Das Mittel, dessen sich die Natur bedient, die Entwickelung aller ihrer Anlagen zu Stande zu bringen, ist der Antagonism derselben in der Gesellschaft*" (ebd., 37). Unter Antagonismus versteht Kant die „*ungesellige Geselligkeit* der Menschen", d. h. seinen Hang zur Gesellschaft und einen ebenso großen Hang, sich zu vereinzeln, da er in der Gesellschaft immer wieder auf Widerstand stößt. „Dieser Widerstand ist es nun, welcher alle Kräfte des Menschen erweckt, ihn dahin bringt seinen Hang zur Faulheit zu überwinden, und, getrieben durch Ehrsucht, Herrschsucht und Habsucht sich einen Rang unter seinen Mitgenossen zu verschaffen, die er nicht wohl *leiden,* von denen er aber auch nicht *lassen* kann" (ebd., 38). Es ist dieser Antagonismus, der dazu führt, dass, im Sinne des Prinzips der Konkurrenz, die Kräfte des Menschen sich entwickeln und schließlich als ein Ergebnis, das von keinem Einzelnen gewollt wird, die Gesellschaft in ein „*moralisches* Ganze" verwandelt wird. Es ist eine Art List der Natur, die dazu führt, dass „zwar eben nicht liebenswürdige, Eigenschaften" des Menschen ihr positives Ziel erreichen. Und das macht deutlich, dass dieser Naturabsicht „die Anordnung eines weisen Schöpfers; und nicht etwa die Hand eines bösartigen Geistes" (ebd., 39) zugrunde liegt.

Das Ziel der Geschichte formuliert Kant im fünften Satz: „*Das größte Problem für die Menschengattung, zu dessen Auflösung die Natur ihn zwingt, ist die Erreichung einer allgemein das Recht verwaltenden bürgerlichen Gesellschaft*" (ebd.). Er bemerkt dazu im sechsten Satz: „*Dieses Problem ist zugleich das schwerste und das, welches von der Menschengattung am spätesten aufgelöset wird*" (ebd., 40). Seine „vollkommene Auflösung ist unmöglich", denn – so sein Argument: Aus dem, was „aus so krummem Holze, als woraus der Mensch gemacht ist, kann nichts ganz Gerades gezimmert werden" (ebd., 41).

Kant geht in seiner Geschichtsphilosophie über den nationalstaatlichen Rahmen hinaus und stellt das Verhältnis der Staaten zueinander in einen völkerrechtlichen Kontext. In ihm geht es um nichts weniger als darum, Kriege zwischen den Staaten zu beenden. Der siebente Satz lautet daher: „*Das Problem einer vollkommenen bürgerlichen Verfassung ist von dem Problem eines gesetzmäßigen äußeren Staatenverhältnisses abhängig, und kann ohne das letztere nicht aufgelöset werden*" (ebd.). Der Weg dahin besteht für die Staaten darin, „aus dem gesetzlosen Zustande der Wilden hinaus zu gehen, und in einen Völkerbund zu treten; wo jeder, auch der kleinste, Staat seine Sicherheit und Rechte" hat (ebd., 42).

Kants Geschichtsphilosophie ist weder Geschichtswissenschaft noch Ethik. Sie gibt keine Handlungsimperative, sondern entwickelt das vernünftige Endziel der Geschichte als eine Idee, in welchem die „Menschengattung" – so der achte Satz – „alle ihre Anlagen in der Menschheit völlig entwickeln kann" (ebd., 45). Bereits der philosophische Entwurf dieser Idee – so der neunte und letzte Satz – „*die vollkommene bürgerliche Vereinigung in der Menschengattung*" als Ziel zu bestimmen, dient der hypothetisch angenommenen „*Naturabsicht*" (ebd., 47).

Vernunft und Freiheit bilden auch die zentralen Themen der Geschichtsphilosophie von Hegel. Hegel wird 1770 in Stuttgart geboren. 1788 tritt er in das ‚Tübinger Stift' ein, studiert an der dortigen Universität und lernt Hölderlin und Schelling kennen, mit denen er Freundschaft schließt. Er wird 1790 zum Magister der Philosophie promoviert und schließt 1793 sein Studium mit einem theologischen Examen ab. 1801 habilitiert er sich in Jena. Er wird 1808 Rektor des Gymnasiums in Nürnberg und veröffentlicht 1812 die *Wissenschaft der Logik*. 1816 erhält er den Ruf auf einen philosophischen Lehrstuhl an der ‚Universität Heidelberg'. 1817 erscheint seine *Enzyklopädie der philosophischen Wissenschaften*. Im folgenden Jahr wird er Nachfolger Fichtes in Berlin. 1821 erscheint sein Werk *Grund-linien der Philosophie des Rechts* mit dem Untertitel *Naturrecht und Staats-wissenschaft im Grundriß*. Ab 1822/23 hält er in regelmäßigen Abständen Vorlesungen über die ‚Philosophie der Weltgeschichte'. Im Jahre 1829 wird er Rektor der Universität in Berlin. Er befindet sich auf dem Höhepunkt seines Ruhmes. Nach kurzer, schwerer Krankheit stirbt Hegel 1831 in Berlin (vgl. Taylor 1978; Helferich 1979; Wiedmann 1983; Gessmann o. J.; Pleger 1986, 129–139).

Den Gedanken, dass in der Weltgeschichte die Vernunft herrsche und dass ihr Ziel die Freiheit sei, hat Hegel vor allem in seinen *Vorlesungen über die Philosophie der Geschichte* ausgeführt. Jede philosophische Betrachtung der Weltgeschichte beruht nach seinem Verständnis auf folgender Über-legung: „Der einzige Gedanke, den die Philosophie mitbringt, ist aber der einfache Gedanke der *Vernunft*, daß die Vernunft die Welt beherrsche, daß es also in der Weltgeschichte vernünftig zugegangen sei" (Hegel Bd. 12, 20). Die Geschichte aber ist nicht ein beliebiges Thema innerhalb seiner Philo-sophie, sondern bildet ihr Zentrum, denn – so Karl Löwith – „sein ganzes System ist in so grundlegender Weise geschichtlich gedacht, wie keine Philosophie zuvor" (Löwith 1988, IV, 46). Vernunft wird in der Philo-sophie Hegels als der sich verwirklichende und dabei doch zu sich zurück-kommende absolute Geist verstanden. Indem sich die Vernunft in der Wirklichkeit entfaltet, bildet sich die Wirklichkeit als eine vernünftige. Nur unter der Annahme dieses Bildungsprozesses ist die viel diskutierte und heftig kritisierte These Hegels aus der Vorrede seiner ‚Rechtsphilosophie' zu verstehen: „Was vernünftig ist, das ist wirklich; / und was wirklich ist, das ist vernünftig" (Hegel Bd. 7, 24). Wirklichkeit ohne Vernunft ist dagegen nur bloßes Dasein, „faule Existenz" (ebd., Bd. 12, 53).

Hegels Philosophie ist bestimmt durch das Vertrauen in die Kraft der Idee, sich auch ohne die subjektiven Zwecke und Anstrengungen der Menschen zu verwirklichen und, da für ihn die Idee als absoluter Geist, in religiösen Kategorien ausgedrückt, Gott ist, durch das Vertrauen in die Möglichkeit der philosophisch einholbaren Glaubensgewissheit. Die Ver-nunft ist für Hegel kein bloßes moralisches Postulat, das zwar verwirklicht werden soll, deren Verwirklichung aber doch nicht gelingt, sondern sie „hat es mit der Idee zu tun, welche nicht so ohnmächtig ist, um nur zu sollen und nicht wirklich zu sein" (ebd., Bd. 8, 49).

Die Weltgeschichte als Entfaltung des absoluten Geistes bedeutet, dass der Geist die treibende Kraft, der eigentliche Akteur der Geschichte ist. Dabei handelt es sich um einen Prozess immer weiter fortschreitender Bildung vernünftiger Wirklichkeit. Pointiert gesagt: Die Wirklichkeit wird im Laufe der Geschichte immer vernünftiger. Am Anfang ist der Geist eine Möglichkeit, die, ohne in die Wirklichkeit getreten zu sein, nur abstrakt ist. Hegel greift zur Erläuterung dieses Gedankens auf den aristotelischen Begriff der Möglichkeit zurück. „Hier ist nur anzudeuten, daß der Geist von seiner unendlichen Möglichkeit, aber *nur* Möglichkeit anfängt, die seinen absoluten Gehalt als Ansich enthält; als den Zweck und das Ziel, das er nur erst in seinem Resultat erreicht, welches dann erst seine Wirklichkeit ist. So erscheint in der Existenz der Fortgang als ein Fortschreiten von dem Unvollkommenen zum Vollkommeneren, wobei jenes nicht in der Abstraktion *nur* als das Unvollkommene zu fassen ist, sondern als ein solches, das zugleich das Gegenteil seiner selbst, das sogenannte Vollkommene, als Keim, als Trieb in sich hat. Ebenso weist wenigstens reflektierter Weise die Möglichkeit auf ein solches hin, das wirklich werden soll, und näher ist die Aristotelische *dynamis* auch *potentia*, Kraft und Macht" (ebd., Bd.12, 78). Hegel nimmt bei seinem Rückgriff auf Aristoteles Bezug auf die traditionelle Unterscheidung des Begriffs Möglichkeit im Sinne von ‚possibile logicum', das ein bloß Denkmögliches ist, und der Möglichkeit als ‚potentia', d. h. auf etwas, das auch wirklich werden kann (vgl. Pape 1966, 245 ff.). Nur dieser zweite Begriff ist für Hegels Geschichtsphilosophie von Bedeutung.

Fragt man nun, in welcher Weise der Geist aus dem Bereich der Möglichkeit heraustreten und geschichtliche Wirklichkeit werden kann, so begibt man sich auf das Feld konkreter geschichtlicher Handlungen. Dabei ist auf die Rolle der geschichtlichen Individuen innerhalb dieses Prozesses zu achten. Nach Hegels Überlegungen haben die subjektiven Handlungsmotive der Individuen nicht die Verwirklichung der Vernunft zum Ziele; vielmehr sind es Bedürfnisse und Triebe, die im Mittelpunkt menschlicher Aktivitäten stehen. Gleichwohl kann sich die Vernunft nur in und durch menschliche Handlungen verwirklichen. Der Übergang von der Möglichkeit zur Wirklichkeit verlagert sich so auf die Ebene geschichtlicher Handlungen.

Der Bedeutung des grundlegenden Problems der Verwirklichung der Vernunft entsprechend expliziert Hegel diesen Übergang auf der Ebene historischer Taten einzelner Menschen erneut: „Das *erste*, was wir bemerken, ist (…), daß das, was wir Prinzip, Endzweck, Bestimmung oder die Natur und den Begriff des Geistes genannt haben, nur ein Allgemeines, Abstraktes ist. Prinzip, so auch Grundsatz, Gesetz ist ein Inneres, das als solches, so wahr es auch in ihm ist, nicht vollständig wirklich ist. Zwecke, Grundsätze usf. sind in unseren Gedanken, erst in unserer inneren Absicht, aber noch nicht in der Wirklichkeit. Was an sich ist, ist eine Möglichkeit, ein Vermögen, aber noch nicht aus seinem Inneren zur Existenz gekommen. Es muß ein *zweites* Moment für die Wirklichkeit hinzukommen, und dies ist die Betätigung, Verwirklichung, und deren Prinzip ist der Wille, die Tätigkeit des Menschen überhaupt. Es ist nur durch diese Tätigkeit, daß jener Begriff sowie die an sich seienden Bestimmungen realisiert, verwirklicht werden, denn sie gelten nicht unmittelbar durch sich selbst. Die Tätigkeit, welche sie ins Werk und Dasein setzt, ist des Menschen Bedürfnis, Trieb, Neigung und Leidenschaft" (Hegel Bd. 12, 36). Entscheidend ist also nicht die Frage, ob die Individuen ein Recht darauf haben, ihre subjektiven Bedürfnisse zum Maßstab geschichtlicher Handlungen zu machen, sondern ob und wie durch diese subjektiven Aktionen hindurch sich die Vernunft geschichtlich entwickelt.

Betrachtet man das inhaltliche Moment der Verwirklichung der Vernunft, so ist das einzige Thema, das der Wirklichkeit der Vernunft angemessen ist, die Freiheit. In diesen Zusammenhang gehört die Formulierung: „Die Weltgeschichte ist der Fortschritt im Bewußtsein der Freiheit – ein Fortschritt, den wir in seiner Notwendigkeit zu erkennen haben" (ebd., 32). Auf den ersten Blick könnte diese Aussage die Vermutung nahelegen, der Fortschritt beschränke sich lediglich auf das Bewusstsein, wohingegen die realen geschichtlichen Verhältnisse unvermindert Unterdrückung produzierten. Diese Vermutung ist jedoch falsch. Sie gehört zu jenem Denken, das die Idee für „zu ohnmächtig" hält, um wirklich zu werden. Der Fortschritt im Bewusstsein der Freiheit wird nur dadurch zu einem wirklichen Fortschritt, dass sich die Freiheit auch in der Substanz der Geschichte als wirklich erweist. Deshalb heißt es einige Seiten weiter: „Die Weltgeschichte stellt, wie früher bestimmt worden ist, die Entwicklung des Bewußtseins des Geistes von seiner Freiheit und der von solchem Bewußtsein hervorgebrachten Verwirklichung dar" (ebd., 86).

Der von Hegel verwendete Begriff „Fortschritt" ist als fortschreitende Verwirklichung der Freiheit zu verstehen. Dem entspricht es, dass Hegel seine ‚Philosophie der Geschichte' als Entwicklung der Freiheit konzipiert. Deren Abriss skizziert er in der Einleitung folgendermaßen: „Nach dieser abstrakten Bestimmung kann von der Weltgeschichte gesagt werden, daß sie die Darstellung des Geistes sei, wie er sich das Wissen dessen, was er an sich ist, erarbeitet; und wie der Keim die ganze Natur des Baumes, den Geschmack, die Form der Früchte in sich trägt, so enthalten auch schon die ersten Spuren des Geistes virtualiter die ganze Geschichte" (ebd., 31).

Diese Naturmetapher auf die Geschichte übertragen bedeutet: „Die Orientalen wissen es noch nicht, daß der Geist oder der Mensch als solcher an sich frei ist; weil sie es nicht wissen, sind sie es nicht; sie wissen nur, daß *Einer* frei ist, aber ebendarum ist solche Freiheit nur Willkür, Wildheit, Dumpfheit der Leidenschaft oder auch eine Milde, Zahmheit derselben, die selbst nur ein Naturzufall oder eine Willkür ist. Dieser Eine ist darum nur ein Despot, nicht ein freier Mann. – In den Griechen ist erst das Bewußtsein der Freiheit aufgegangen, und darum sind sie frei gewesen; aber sie, wie auch die Römer, wußten nur, daß einige frei sind, nicht der Mensch als solcher. Dies wußten selbst Platon und Aristoteles nicht. Darum haben die Griechen nicht nur Sklaven gehabt und ist ihr Leben und der Bestand ihrer schönen Freiheit daran gebunden gewesen, sondern auch ihre Freiheit war selbst teils nur eine zufällige, vergängliche und beschränkte Blume, teils zugleich eine harte Knechtschaft des Menschlichen, des Humanen. – Erst die germanischen Nationen sind im Christentum zum Bewußtsein gekommen, daß der Mensch als Mensch frei (ist), die Freiheit des Geistes seine eigenste Natur ausmacht. Dies Bewußtsein ist zuerst in der Religion, der innersten Region des Geistes aufgegangen; aber dieses Prinzip auch in das weltliche Wesen einzubilden, das war eine weitere Aufgabe, welche zu lösen und aus-zuführen eine schwere lange Arbeit der Bildung erfordert" (ebd.).

Den Endpunkt dieser Entwicklung, der zugleich ihren Höhepunkt dar-stellt, sieht Hegel in der Französischen Revolution. In ihr ist das mit Reformation und der Aufklärung zum Bewusstsein gekommene Prinzip der universalen menschlichen Freiheit zur politischen Wirklichkeit gelangt. Da aber die Verwirklichung der Freiheit der einzige Gedanke der Welt-geschichte ist, bedeutet die Französischen Revolution die Vollendung des Geschichtsprozesses. Konsequent stellt sie den Abschluss Hegels ,Philosophie der Geschichte' dar. Seine sonst eher nüchterne Behandlung der Geschichte schlägt bei der weltgeschichtlichen Begründung der Französischen Revolution um in ein emphatisches Bekenntnis zu dem in ihr verwirklichten Prinzip.

Dem voraus geht jedoch eine entschiedene Kritik des ,ancien régime' und eine Rechtfertigung des gewaltsamen Vorgehens der Revolution: „Der ganze Zustand Frankreichs in der damaligen Zeit ist ein wüstes Aggregat von Privilegien gegen alle Gedanken und Vernunft überhaupt, ein unsinniger Zustand, womit zugleich die höchste Verdorbenheit der Sitten, des Geistes verbunden ist, – ein Reich des Unrechts, welches mit dem beginnenden Bewußtsein desselben schamloses Unrecht wird. Der fürchterlich harte Druck, der auf dem Volk lastete, die Verlegenheit der Regierung, dem Hofe die Mittel zur Üppigkeit und zur Verschwendung herbeizutreiben, gaben den ersten Anlaß zur Unzufriedenheit. Der neue Geist wurde tätig; der Druck trieb zur Untersuchung. Man sah, daß die dem Schweiße des Volkes abgepreßten Summen nicht für den Staatszweck verwendet, sondern aufs unsinnigste verschwendet wurden. Das ganze System des Staates erschien als eine Ungerechtigkeit. Die Veränderung war notwendig gewaltsam, weil die Umgestaltung nicht von der Regierung vorgenommen wurde" (ebd., 528).

Konsequent wird durch die Französische Revolution das Prinzip des Rechts zum neuen staatsbildenden Fundament. „Der Gedanke, der Begriff des Rechts machte sich mit *einem Male* geltend, und dagegen konnte das alte Gerüst des Unrechts keinen Widerstand leisten. Im Gedanken des Rechts ist also jetzt eine Verfassung errichtet worden, und auf diesem Grunde sollte nunmehr alles basiert sein" (ebd., 529). Daran knüpft Hegel seine nun selbst revolutionäre Interpretation der Französischen Revolution: „Solange die Sonne am Firmamente steht und die Planeten um sie herumkreisen, war das nicht gesehen worden, daß der Mensch sich auf den Kopf, d. i. auf den Gedanken stellt und die Wirklichkeit nach diesem erbaut" (ebd., 529). Joachim Ritter, der Begründer des begriffsgeschichtlich konzipierten Lexikons *Historisches Wörterbuch der Philosophie* konstatiert unmissverständlich und mit großer Entschiedenheit: „Das Ereignis, um das sich bei Hegel alle Bestimmungen der Philosophie im Verhältnis zur Zeit (…) sammeln, ist die französische Revolution, und *es gibt keine zweite Philosophie, die so sehr und bis in ihre innersten Antriebe hinein Philosophie der Revolution ist wie die Hegels*" (Ritter 1965, 18).

Mit der Französischen Revolution ist für Hegel der Höhepunkt der Geschichte erreicht, zugleich aber auch ein Neuanfang. Die Verwirklichung des allgemeinen Prinzips der Freiheit wird zur Rechtsgrundlage des Staates erhoben und gewinnt mit der Französischen Revolution eine objektive Gestalt. Im Rechtsstaat tritt die Freiheit als bloß gedachte, als inneres geistiges Postulat, in die Form auch äußerlich gesicherter Gestalt. Mit ihm bildet sich ein Maßstab, an dem sich für alle Zukunft Staaten messen lassen müssen. Es ist die dem Bürger garantierte Freiheit, die den Rechtsstaat von dem alten „Gerüst des Unrechts" unterscheidet.

Recht wird von Hegel als verwirklichte, durch die Gesetze des Staates garantierte, Gerechtigkeit begriffen. Die Entwicklung des konkreten Rechts im Staat nimmt daher von hier ihren Ausgangspunkt. Es sind die „*Gesetze* der Vernünftigkeit, des Rechts an sich, die objektive oder die reelle Freiheit: hierher gehört Freiheit des Eigentums und Freiheit der Person" (Hegel Bd. 12, 529).

Der Staat hat für Hegel deshalb eine so zentrale Bedeutung für den Prozess der Verwirklichung der Vernunft, weil er Recht und Freiheit erst zu einer auch äußerlich gesicherten Größe werden lässt und ihnen damit eine objektive Gestalt gibt, wohingegen beide Begriffe als bloß subjektive moralische Postulate nur Möglichkeiten darstellen, aber noch nicht wirklich sind. Der Staat als objektivierter Geist garantiert die Objektivität von Freiheit und Recht. Wenn Hegel dem Staat diese Funktionen zuschreibt, so hat er dabei die Idee des Rechtsstaates im Blick, d. h. eine verwirklichte

Idee und nicht eine bloß subjektive Vorstellung. Der bloß existierende Staat, also z. B. das ‚ancien régime‘, ist Staat nur als noch nicht hinreichend verwirklichte Idee des Staates. Nur unter der Annahme unterschiedlicher Grade der Verwirklichung der Idee entgeht man dem Widerspruch, in den Hegels Staatskonzept unweigerlich hineinführt, bestehendes Unrecht in einem Staate durch die Idee des Staates als gerechtfertigt akzeptieren zu müssen. Gleichzeitig entsteht gegenüber existierenden Staaten die kritische, nicht nur aus subjektivem moralischem Bewusstsein, sondern aus der Idee des Staates selbst abgeleitete Frage, inwieweit Recht und Freiheit durch den jeweils bestehenden Staat garantiert sind.

Die Bedeutung des Staates im Kontext der Verwirklichung der Vernunft wird sowohl in Hegels Geschichtsphilosophie als auch in seiner Rechtsphilosophie thematisiert. Aus der Perspektive der Geschichtsphilosophie verwirklicht sich die Idee des Staates, den Hegel als Rechtsstaat denkt, durch die Tendenz des Prinzips der universalen Freiheit im Zuge der Französischen Revolution. Seit der Französischen Revolution, und streng genommen erst durch sie, wird der Staat möglich, der der Idee des Staates entspricht. Der Sinn der weiteren Geschichte besteht darin, der Idee des Rechtsstaates, der die Freiheit seiner Bürger garantiert, in allen Staaten Geltung zu verschaffen. In diesem Ziel stimmt Hegel mit Kants Idee eines allgemeinen weltbürgerlichen Zustands überein.

Hegels Wirkungsgeschichte beginnt unmittelbar nach seinem Tode. Es bildete sich die sogenannte Hegelsche Schule. Diese spaltete sich jedoch sehr schnell auf in zwei konträre Flügel. Der eine wird repräsentiert durch die Althegelianer, der andere durch die Junghegelianer. Nach einer Formulierung von D. F. Strauß wird die von ihnen vertretene Philosophie in einen Rechtshegelianismus und einen Linkshegelianismus unterschieden (vgl. Löwith 1988, IV, 70). Die Althegelianer bilden den konservativen Zweig. Zu ihnen gehören u. a. Marheinecke, Erdmann, Fischer, Gans, Michelet und Rosenkranz. Zu den Linkshegelianern Feuerbach, Ruge, Marx, Stirner, Bruno Bauer und Kierkegaard (vgl. ebd., 94–149). Die Wirkung der „Hegelschen Linken“ ist ungleich größer gewesen als die der „Hegelschen Rechten“. Bei den Vertretern der „Linken“ kann man in vielen Fällen nur durch eine genaue Interpretation ermitteln, ob sie die Philosophie Hegels fortsetzen oder eine Antithese zu ihm bilden. Das gilt für Feuerbachs Religionskritik nicht weniger als für die Geschichtsphilosophie von Marx und die Existenzphilosophie von Kierkegaard. Gleichwohl haben sie in unterschiedlicher Weise das Erbe des Denkens von Hegel bewahrt und im 20. Jahrhundert eine eigene Wirkungsgeschichte entfaltet. Allerdings ist nicht zu übersehen, dass der Idealismus Hegels, der mit seiner Philosophie unlösbar verbunden ist, bereits in der Mitte des 19. Jahrhunderts zerbrach. Löwith spricht in seinem Buch *Von Hegel zu Nietzsche* von dem ‚revolutionären Bruch im Denken des 19. Jahrhunderts' (vgl. Löwith 1988, IV). Der Bruch wurde auch herbeigeführt durch das Erstarken der Naturwissenschaften, die jedem spekulativen Systemdenken ein Ende setzten (vgl. Wiedmann 1983, 120). Gleichwohl behalten Hegels Einschätzung der geschichtlichen Bedeutung der Französischen Revolution, sein engagiertes Eintreten für den Rechtsstaat und seine Betonung bürgerlicher Freiheit, auch heute noch ihre unverminderte Aktualität.

3   Identität – Eine konkrete Utopie (Bloch)

Die Freiheit ist […] das eröffnete Tor zu jener Identität des Menschen mit sich selbst, in der nichts Fremdes mehr ist, keine Entäußerung, keine Verdinglichung, keine unvermittelte Natur, kein Schicksal. […]. Es ist das Anliegen der ungekommenen *menschlichen Identität,* als des stets bedrohten, stets aufdämmernden Einklangs der Menschen mit dem Humanum-Bild ihrer selbst, worin sie postulativ eins sind. Bereits die stoisch gesetzte Einheit des Menschengeschlechts, welche das Gleichheitsideal zuerst fundiert hat, enthüllt sich von hier aus als eine der Tiefenfiguren der Gleichheit; das Gleichnis Christi vom Weinstock und den Reben ist deren Tiefe selber. […]. Die Fülle der Gleichheit ist […] *Brüderlichkeit,* die dritte Farbe der Trikolore. Noch mehr als Gleichheit braucht Brüderlichkeit einen Hintergrund, um nicht als Pendant zur Gleichmacherei, nämlich als uferlose Verbrüderung mißverstanden zu werden. Brüderlichkeit ist der Affekt der Verbundenheit zum gleichen Ziel […]. Das Wirkliche ist ohnehin aus den drei Worten der Trikolore noch nicht heraus; desto lebhafter verdienen und brauchen diese ihre sozialistisch geprüfte Rettung. Der Freiheitskampf erzeugt Gleichheit; die Gleichheit als Ende der Ausbeutung und Abhängigkeit erhält die Freiheit, die Brüderlichkeit lohnt eine Gleichheit, worin es keiner mehr nötig hat, ja überhaupt in der Lage ist, dem anderen ein Wolf zu sein.

(Ernst Bloch: Naturrecht und menschliche Würde. Gesamtausgabe in 16 Bänden. Bd. 6. Frankfurt a.M. 1977, S. 189, 191 f. u. 194).

Ernst Bloch wird 1885 in Ludwigshafen geboren. Er studiert Germanistik, Philosophie, Musik und Physik zunächst in München, dann in Würzburg. Er beschließt sein Studium 1908 mit einer Dissertation zum Problem der

Erkenntnistheorie. 1912 gehört er mit Lukacs dem Kreis um Max Weber an. Er kritisiert die Beteiligung Deutschlands am Ersten Weltkrieg und zieht 1917 nach Bern. 1918 erscheint sein Werk *Geist der Utopie*. Nach dem Krieg kehrt er 1921 nach Deutschland zurück. Er emigriert 1933 erneut in die Schweiz und 1938 von dort aus in die USA. 1949 übernimmt er einen philosophischen Lehrstuhl an der Universität in Leipzig. In kurzer Folge erscheinen wichtige in der Emigration entstandene Werke. Er erhält 1955 den Nationalpreis der DDR und wird ordentliches Mitglied der ‚Deutschen Akademie der Wissenschaften‘. Doch schon bald entwickelt sich ein Konflikt mit der SED (vgl. Horster o. J. 24). Seine Schüler werden verfolgt, seine Bücher nicht mehr veröffentlicht. 1957 erfolgt seine „Zwangsemeritierung" (vgl. Münster 1977, 80). Während eines Aufenthalts in der Bundesrepublik Deutschland im August 1961 wird er vom Bau der Mauer überrascht und kehrt nicht mehr nach Leipzig zurück (vgl. Markun 1977, 102). Er übernimmt eine Gastprofessur an der ‚Universität Tübingen‘. 1964 erhält er den 1. Kulturpreis des Deutschen Gewerkschaftsbundes, 1967 den Friedenspreis des Deutschen Buchhandels, 1975 die Ehrendoktorwürde der Universität Sorbonne. Er stirbt 1977 in Tübingen (vgl. Markun 1977; Horster o. J.).

Bloch entwickelt seine Philosophie in enger Auseinandersetzung mit Hegel und Marx. Er beschränkt sich bei seinem Ansatz jedoch nicht auf eine Kritik der kapitalistischen Gesellschaft wie Marx, sondern bezieht in seinem universalhistorischen Denken, das eine konkrete Utopie verfolgt, alle Bereiche des menschlichen Lebens mit ein, die „kleinen Tagträume" ebenso wie Kunst, Pädagogik und Religion. Ähnlich wie Hegel sucht er in der Vergangenheit nach „Spuren" einer besseren Welt (vgl. Adorno 1961, 131). Diese findet er allerdings nicht in einer Idee, sondern in einer geschichtlich gedachten Materie.

Für Blochs Denken ist eine Dialektik konstitutiv, die den Begriff Materie an zentraler Stelle thematisiert. Materie ist für ihn nicht der tote Stoff, die „Klotzmaterie", die unveränderlichen Gesetzen unterliegt, sondern eine „Prozeßmaterie", in die sowohl die natürliche als auch die geschichtliche Wirklichkeit eingeschlossen sind (vgl. Horster o. J., 77). Dabei geht er von der ursprünglichen Bedeutung des Wortes Materie aus, das in Anlehnung an das Wort ‚mater‘ den Prozess des Gebärens und Hervorbringens meint. Der Prozess des Hervorbringens aber lässt sich nur denken, wenn unterschieden wird zwischen der bereits hervorgebrachten, d. h. verwirklichten Prozessmaterie und der in ihr enthaltenen „Tendenz" zu weiterer Produktion, die sich gegenwärtig in der „Latenz" befindet (vgl. Habermas 1971, 147).

In diesem Zusammenhang spricht Bloch von der objektiven Möglichkeit, die sich von der bloß logischen Möglichkeit dadurch unterscheidet, dass in ihr bereits keimhaft Momente der Wirklichkeit realisiert sind. Blochs Auseinandersetzung mit der Geschichte ist deshalb nicht so bestimmt, dass er die Vergangenheit als ein bloß Negatives, zu Überwindendes, ansähe, sondern dadurch, dass er bereits in der Vergangenheit vorwärtsweisende utopische Momente aufdeckt, die nicht verwirklicht wurden. Sie bilden den „unabgegoltenen Rest", an den es anzuknüpfen gilt. Konkrete Utopie heißt dementsprechend Vermittlung des bereits Erreichten mit dem noch zu Verwirklichenden. Blochs Verhältnis zur bürgerlichen Gesellschaft und ihren Idealen ist daher auch nicht durch bloße Ablehnung bestimmt, sondern dadurch, den vorwärtsweisenden unabgegoltenen Rest, die uneingelösten Versprechen der bürgerlichen Gesellschaft sichtbar zu machen und an sie in praktischer Absicht anzuknüpfen.

Wie wichtig dieser Ansatz auch für eine Anthropologie in praktischer Absicht ist, zeigt seine *Tübinger Einleitung in die Philosophie* von 1961. Sie enthält unter Berücksichtigung geschichtsphilosophischer, naturphilosophischer, erkenntnistheoretischer und ontologischer Probleme eine Anthropologie. Sie ist allerdings keine neutral distanzierte, bloß beobachtende und beschreibende, sondern eine, die sich mit der Absicht verbindet, das „Humanum" selbst an sein Ziel zu bringen. Einer in dieser Weise praktisch interessierten Anthropologie fällt es nicht schwer, von einer Theorie des Menschen Brücken zur politischen und pädagogischen Praxis zu schlagen. Der Grund für eine Theorie und Praxis vermittelnde praktische Anthropologie liegt darin, dass der Mensch sowohl als natürliches wie auch als geschichtliches Wesen unvollkommen ist. Diese Unvollkommenheit wird in der philosophischen Anthropologie als ‚Weltoffenheit' gedeutet (vgl. Scheler 1978, 38). Sie bleibt aber richtungslos, wenn sie nicht mit einem konkreten geschichtlichen Ziel verbunden wird.

Bloch bleibt nicht bei dieser unbestimmten Bestimmung des Menschen stehen, sondern er schreitet fort zu einer positiven konkreten Utopie. Die sieht er in der Identität des Menschen mit sich selbst. In diesem Sinne beginnt er seine *Tübinger Einleitung* mit dem Satzgefüge: „Ich bin. Aber ich habe mich nicht. Darum werden wir erst" (Bloch Bd. 13, 13). In einer der Hegelschen Logik nichts nachstehenden dialektischen Bewegung wird das unmittelbare Sein des „Ich bin" durch den Zustand der Entzweiung „Ich habe mich nicht" negiert, um im dritten Satz in eine beide Momente verbindende Bewegung des ‚Werdens' aufgehoben zu werden. Der folgende Absatz stellt dann eine inhaltliche Explikation dieser drei Sätze dar. Dabei werden sowohl phylogenetische als auch ontogenetische, psychologische, sprachphilosophische und geschichtsphilosophische Momente verbunden. Die äußersten Endpunkte dieser Bewegung sind das „Ich bin", das sich in einem „Innen" befindet und das unentfremdete „Wir", das streng genommen kein Punkt ist, sondern ein bewegliche Verhältnis, in dem das „Ich" mit und durch die anderen zu sich selbst kommen kann. Dazwischen verläuft ein Prozess, in dem das „Ich" aus seinem „Innen" heraustritt, um etwas im „Draußen" zu sehen, „worin Menschen stehen und unter, neben oder über ihnen Dinge" (ebd.).

Ebenso gehört dazu das Lernen und die Erfahrung, die selbst nur möglich sind, wenn man sich draußen „fahrend" und so erst „erfahrend" bewegt (ebd.). Also nur über den Umweg des Außen kann der Mensch zu sich zurückkehren, aber nicht im Sinne einer Regression, sondern so, dass er, als nun erfahrener und belehrter, sich selbst als Teil eines nichtentfremdeten „Wir" begreift.

Auch die Sprache als kommunikative Vermittlung des „Wir" ist nur als „Äußerung" möglich, denn vom „puren Innen ist kein einziges Wortbild gekommen, das uns übers innerste sprachlose Ansich hinaus sprechen läßt und eben äußert" (ebd.). Selbst Worte, die das Innere des „Ich" beschreiben wollen, sind noch auf Bilder der Außenwelt angewiesen wie „eng", „tief", „warm", „dunkel" usw. Diese Anthropologie unterscheidet sich von idealistischer dadurch, dass sie gerade nicht den Verstand unvermittelt an den Anfang stellt, sondern das Gefühlhafte, das Dunkle, das Materielle. Die materialistischen Momente zeigen sich im Weiteren dadurch, dass Bloch in das dunkel lebende, noch nicht erlebende Innen als Motiv sich herauszubewegen, den „Hunger" in den Ansatz bringt, der selber Ausdruck materieller Bedürftigkeit und Not ist.

Der Hunger bewirkt, dass es nicht bei dem puren Innen bleibt, denn „ein Hohles ist darin, das sich füllen will; damit hebt alles an" (ebd., 14). Mit dem Hunger beginnt die Bewegung der Vermittlung, eine bereits im scheinbar unmittelbaren „Ich bin" angelegte Entzweiung, die als Negatives, zu Überwindendes gespürt wird und das „Ich bin" forttreibt. Gerade deswegen ist der Hunger ein „Trieb", so dass gesagt werden kann: „Alle anderen Triebe haben im Hunger ihren Grund" (ebd.). Das Entscheidende der vorwärtstreibenden Bewegung ist, dass der Mensch nicht bei dem Bedürfnis stehen bleibt, sich etwas Essbares in den Mund zu stecken. Dieses Bedürfnis bildet nur den ontogenetisch immer wieder neu entstehenden Anfang der Gattungsgeschichte der Menschen überhaupt, deren Abbreviatur sich so darstellt: „Der menschliche Hunger ist selten einstöckig, wie der der Tiere, und was er ißt, schmeckt nach mehr" (ebd., 15).

Dieses Mehr hat einen qualitativen Sinn, d. h. der Hunger bezieht sich auf neue, überlegene Bedürfnisse, die, im Bilde gesprochen, auf einem höheren Stockwerk angesiedelt sind. Die Mehrstöckigkeit hat jedoch nichts mit einer Schichtenontologie zu tun, sondern mit einer totalisierenden Bewegung, die aufs Ganze geht, und die Utopie des vollendeten Ganzen ist die in einem unentfremdeten „Wir" aufgehobene Identität des Menschen. Die Not fortbestehender Entfremdung ist es, die den Menschen über den jeweils erreichten geschichtlich-gesellschaftlichen Zustand hinaustreibt. Von besonderer, pädagogischer Bedeutung ist ein Hunger, der sich in Fragen kundtut. Dabei stehen die eigentlich philosophischen Fragen keineswegs am Schluss einer Reihe. Vielmehr gehören die Fragen nach der Zeit und warum es überhaupt etwas gebe, zu den frühen Kinderfragen. Doch auch „handfestere" wie die nach „mehr Suppe, weniger Arbeit und wie das zusammen zu machen sei und anderem mehr, was nicht zum guten Betragen gehört" (Bloch Bd. 10, 224), markieren ein Suchen, das über den derzeitigen gesellschaftlichen Zustand hinausführt.

Die pädagogische Konsequenz, die allerdings keine nur pädagogische bleiben kann, sondern die politische Bedeutung hat, besteht in der Anerkennung und Förderung des Rechts des Kindes auf Fragen. Aber welcher Art ist die politische Dimension der Frage des Kindes, die, weil unbeantwortet und unterdrückt, auch die der Erwachsenen bleibt? Es ist die – so Bloch – nach der Verbindung von Sozialismus und Demokratie. Die hatte bereits Rosa Luxemburg gefordert. Ihre Parole „kein Sozialismus ohne Demokratie" ist Blochs eigene (Bloch Bd.11, 454). In ihr verbindet sich bürgerlich-naturrechtliches Denken mit marxistisch- materialistischem. Zugleich bringt Bloch mit dieser Formulierung seine Kritik gegenüber den Demokratien der „sogenannten freien Welt" (ebd., 414) zum Ausdruck, die zwar das Prinzip des Rechtsstaats beachten, aber kapitalistisch organisiert sind. Weit schärfer aber fällt seine Kritik gegenüber dem „Sozialismus" in „Osteuropa" aus, der in Wirklichkeit unter der „Maske des Sozialismus […] ein schlechtverwalteter, dadurch terroristischer Staatskapitalismus" ist (ebd., 415). Die Identität von Sozialismus und Demokratie, ohne die auch jede für sich unwirklich bliebe, ist aber weder hier noch dort verwirklicht. Ihre rechts- und sozialphilosophische Begründung unternimmt Bloch in seinem Buch *Naturrecht und menschliche Würde*.

Den Zusammenhang von Naturrecht und Sozialutopie hat Bloch sowohl im *Prinzip Hoffnung* als auch in *Naturrecht und menschliche Würde* erläutert. Das klassische Naturrecht entstammt der Tradition der Aufklärung unter besonderer Berücksichtigung rationalistischer Gesichtspunkte. Dabei handelt es sich um ein antiklerikales, antifeudales und antitraditionalistisches Denken. Nicht die vorgegebene Ständeordnung, die in klerikaler Interpretation selbst ein Abbild der „himmlischen Ordnung" darstellen sollte, konnte fortan Gültigkeit haben, sondern nur das, was im Lichte der natürlichen Vernunft einsichtig war.

Bloch ist den verschiedenen Bedeutungen von Naturrecht nachgegangen. Allen gemeinsam ist, dass die traditionelle hierarchische, religiös legitimierte Rechts- und Gesellschaftsordnung nicht länger akzeptiert wurde. Hier spielt zweifellos die Wandlung des Naturbegriffs im Bereich des naturwissenschaftlichen Denkens eine entscheidende Rolle. Die von der aristotelischen Tradition bestimmte teleologische Auffassung der Natur wird abgelehnt. Die Vorstellung, der Stein falle zur Erde, weil dort sein, dem Charakter der Schwere entsprechender, wesensmäßiger Ort sei und die Flamme steige, ihrem Wesen der Leichtigkeit entsprechend, nach oben, wird aufgegeben zugunsten eines Naturbegriffs, für den universale Gesetze gelten. Gesetzmäßiges Verhalten aber impliziert das Prinzip: Vor dem Gesetz ist alles gleich. Privilegien sind im Bereich der Natur abgeschafft.

Naturrecht heißt dementsprechend: Für die gesellschaftliche Ordnung gilt ein Naturbegriff, für den ebenfalls strenge Gesetzmäßigkeit gilt, und d. h.: Jeder Mensch ist vor dem Gesetz gleich. Privilegien soll es auch hier fortan nicht mehr geben. Keineswegs werden damit jedoch die individuellen Unterschiede zwischen den Personen geleugnet, wie Georg Simmel – so Bloch – fälschlicherweise behauptete (vgl. Bloch Bd. 6, 190). Erst wenn man die Wandlung des Naturbegriffs in die Naturrechtskonzeption miteinbezieht, entdeckt man das revolutionäre Element gegenüber aller traditionalistischen Rechtsvorstellung. Die in der Französischen Revolution ausgesprochene Parole der Gleichheit ist undenkbar ohne den, dem Naturrecht zugrundeliegenden, neuen Naturbegriff.

In dem Kapitel ‚Aporien und Erbe an der Trikolore: Freiheit Gleichheit, Brüderlichkeit' deckt Bloch vorwärtsweisende und problematische Aspekte dieser Begriffstrias zur Zeit der Französischen Revolution auf. Für die zur Macht kommende bürgerliche Klasse bedeutete Freiheit vor allem freie Verfügung über Besitz, einschließlich der freien Verfügung über die Arbeitskraft der abhängig Arbeitenden. Freiheit des Handels, der Meere, des Gewerbes sind die positiven Bestimmungen dieses Freiheitsbegriffs. Sie richten sich gegen die Beschränkungen der feudalen Ständeordnung. Gleichzeitig aber produzieren sie neue Widersprüche, worauf bemerkenswerterweise bereits Hegel im § 243 seiner *Rechtsphilosophie* hingewiesen hatte.

Er sagte: „Wenn die bürgerliche Gesellschaft sich in ungehinderter Wirksamkeit befindet, so ist sie innerhalb ihrer selbst in *fortschreitender Bevölkerung* und *Industrie* begriffen. – Durch die *Verallgemeinerung* des

Zusammenhangs der Menschen durch ihre Bedürfnisse und der Weisen, die Mittel für diese zu bereiten und herbeizubringen, vermehrt sich die *Anhäufung der Reichtümer* – denn aus dieser gedoppelten Allgemeinheit wird der größte Gewinn gezogen – auf der einen Seite, wie auf der anderen Seite die *Vereinzelung* und *Beschränktheit* der besonderen Arbeit und damit die *Abhängigkeit* und *Not* der an diese Arbeit gebundenen Klasse, womit die Unfähigkeit der Empfindung und des Genusses der weiteren Freiheiten und besonders der geistigen Vorteile der bürgerlichen Gesellschaft zusammenhängt" (Hegel Bd. 7, 389).

Deutlicher lassen sich auch in der Sprache von Marx der Verlust der Freiheit und die Zunahme von Abhängigkeit aus den gegebenen Produktionsverhältnissen der bürgerlichen Gesellschaft nicht ausdrücken. Das bedeutet: Die Akkumulation des Kapitals produziert totale Abhängigkeit und Verelendung der Arbeiterklasse. Den ideologischen Charakter der bürgerlichen Freiheit charakterisiert Bloch mit einem Zitat aus der von Marx und Engels gemeinsam verfassten Abhandlung *Die Heilige Familie:* „Eben das Sklaventum der bürgerlichen Gesellschaft ist dem Schein nach die größte Freiheit, weil die scheinbar vollendete Unabhängigkeit des Individuums, welches die zügellose, nicht mehr von allgemeinen Banden und nicht mehr vom Menschen gebundene Bewegung seiner entfremdeten Lebenselemente, wie z. B. des Eigentums, der Industrie, der Religion etc. für seine eigne Freiheit nimmt, während sie vielmehr seine vollendete Knechtschaft und Unmenschlichkeit ist'" (Bloch Bd. 6, 202).

Die in Preußen erst 1810 abgeschaffte Leibeigenschaft bedeutete für eine sich langsam bildende kapitalistische Industriegesellschaft Herauslösung des in ländlichen Abhängigkeitsverhältnissen lebenden Menschen aus einer feudalen Ordnung und Bildung eines freien Lohnarbeiters, der in wechselnde industrielle Produktionsverhältnisse eingepasst werden kann. Damit sind die Voraussetzungen für die Bildung eines Stadtproletariats erfüllt. Freiheit als besitzbürgerliche Kategorie bedeutet also für die große Masse der abhängig arbeitenden Bevölkerung, dass frei über sie verfügt werden kann. Bürgerliche Freiheit hält so nicht, was sie verspricht. Was aber als unabgegoltener und noch zur Verwirklichung drängender Kern in ihr steckt, bringt Bloch auf die kurze Formel: *„Inhalt* der Freiheit: das unentfremdete Humanum" (ebd., 186).

Bestimmter verhält es sich mit der Kategorie Gleichheit. Die Forderung der Gleichheit ist dort, wo sie ernsthaft erhoben wird, weniger leicht korrumpierbar. Zwar hat es auch hier die Versuche gegeben, sie im Sinne einer „Seelen-Gleichheit vor Gott" (ebd., 189) zu entschärfen, aber es ist – so Bloch – „nur eine Frage der praktizierenden Konsequenz, ob sich der bürgerlichen Gleichheits-Forderung, nämlich nach Abschaffung der Klassenvorrechte, die proletarische anschloß, nämlich nach Abschaffung der Klassen selber" (ebd., 188). Gerade die Mathematisierbarkeit des Gleichheitsbegriffs macht ihn geeignet, ihn quantitativ auf gleiche Vermögensverhältnisse anzuwenden. Babeuf – so Bloch –, „der Sozialist von 1794", hat den Zusammenhang von Freiheit und Gleichheit des Eigentums deutlich herausgestellt. Bloch zitiert seine Forderung wie folgt: Das „Privateigentum ist die Quelle alles Unheils auf Erden. Indem ich diese Lehre predigte, wollte ich das Volk von Paris an die *Republik* fesseln, das Volk, das fast schon *zur Monarchie* bekehrt war durch die Intrigen der Feinde der Freiheit'" (ebd., 188). Die Verbindung von Freiheit und Gleichheit schafft die Voraussetzung für die dritte Forderung der Französischen Revolution: die Brüderlichkeit. Zusammengenommen bedeutet das: „Der Freiheitskampf erzeugt Gleichheit; die Gleichheit als Ende der Ausbeutung und Abhängigkeit erhält die Freiheit, die Brüderlichkeit lohnt eine Gleichheit, worin es keiner mehr nötig hat, ja überhaupt in der Lage ist, dem anderen ein Wolf zu sein" (s. Zitat).

In der in Blochs Utopie angestrebten Einheit von Freiheit, Gleichheit und Brüderlichkeit verbinden sich Ziele, die in der Geschichte unterschiedlichen Traditionssträngen angehören. Es sind das Naturrecht einerseits und die Sozialutopien andererseits. Ihren Unterschied bestimmt Bloch so: „Die Sozialutopien gehen überwiegend auf *Glück,* mindestens auf Abschaffung der Not und der Zustände, die diese erhalten oder produzieren. Die Naturrechtstheorien gehen, wie so deutlich erhellte, überwiegend auf *Würde,* auf Menschenrechte, auf juristische Garantien der menschlichen Sicherheit oder Freiheit, als Kategorien des humanen Stolzes. Demgemäß richtet sich die Sozialutopie vor allem auf Abschaffung des menschlichen *Elends,* das Naturrecht vor allem auf Abschaffung der menschlichen *Erniedrigung*" (Bloch Bd. 6, 234). Beide Momente gehören für Bloch aufs engste zusammen, denn „es gibt keine menschliche Würde ohne Ende der Not, aber auch kein menschgemäßes Glück ohne Ende alter oder neuer Untertänigkeit" (ebd., 237). Zugleich betont er, dass ihre Verwirklichung nur in einer sozialistischen Gesellschaft möglich werden kann. Auf sie richtet sich die „Hoffnung", deren Erfüllung aber „durchaus noch nicht garantiert sicher und gewiß" ist (Bloch Bd. 5, 1624).

Bemerkenswert ist jedoch, dass Bloch über die Forderung nach konkreter Erfüllung von Freiheit, Gleichheit und Brüderlichkeit noch hinausgeht. Es geht ihm auch um ein neues Verhältnis des Menschen zur Natur. Das neuzeitliche Naturverhältnis ist vor allem bestimmt durch Technik, und die hat folgenden Charakter: „Unsere bisherige Technik steht in der Natur wie eine

Besatzungsarmee in Feindesland" (ebd., 814). Daher erweitert Bloch die Begriffstrias um die Utopie einer Überwindung des aktuellen „Ausbeuter- und Tierbändigerstandpunktes" gegenüber der Natur. Das Ziel besteht darin, „die technische Naturentfremdung" (ebd., 813) aufzuheben und zur Natur ein Verhältnis der Freundschaft zu entwickeln. „Naturströmung als Freund, Technik als Entbindung und Vermittlung der im Schoß der Natur schlummernden Schöpfungen, das gehört zum Konkretesten an konkreter Utopie" (ebd., 813). Seine politische Utopie, die Bloch im Anschluss an die noch nicht verwirklichten Ideale der Französischen Revolution entwickelt, ergänzt er durch die Utopie einer „Naturallianz" (ebd.).

Die Wirkungsgeschichte von Bloch ist beachtlich. Es gibt eine international bedeutsame Wirkung seines Denkens in der Theologie, in der Gesellschaftskritik und im Bereich der Menschenrechte. Blochs Werk *Das Prinzip Hoffnung* ist wohl der vorerst letzte groß angelegte Versuch einer geschichtsphilosophisch begründeten, konkreten Utopie. Im Unterschied aber zu Marx, für den das Ziel der Geschichte „mit der Notwendigkeit eines Naturprozesses" erreicht wird (Marx 1962, 927), bleibt es für Bloch nur eine Hoffnung, deren Erfüllung „nicht garantiert" ist. Für Marquard dagegen ist Geschichtsphilosophie überhaupt an ein Ende gekommen und durch Anthropologie ersetzt worden (vgl. Marquard 1982, 138 f.), und Fukuyama erklärt nach dem Zerfall der Sowjetunion und dem Erfolg der „liberalen Demokratie" mit Berufung auf Hegel gar *Das Ende der Geschichte* (vgl. Fukuyama 1992, 444 f.). Doch beiden Interpretationen zum Trotz bleibt festzuhalten: Solange Blochs erneut thematisierten Ideale der Französischen Revolution sowie eine erst noch zu entwickelnde nachhaltige „Naturallianz" nicht global verwirklicht sind, bleibt Geschichte ein Thema der praktischen Philosophie.

IV Kritik der Gesellschaft

Erst nachdem in der Französischen Revolution sich der dritte Stand, das Bürgertum, aus dem streng hierarchischen Ständestaat herauslöste und sich als bürgerliche Gesellschaft etablierte, entstand das, was wir heute Gesellschaft im Unterschied zum Staat nennen. Es war Comte, der als erster für die Wissenschaft von der Gesellschaft den Begriff „Soziologie" einführte. Darüber hinaus ist er durch sein Drei-Stadien-Gesetz bekannt geworden, nach dem die Menschheit drei geschichtliche Phasen durchläuft, die theologische, die metaphysische und schließlich die positive, die durch Wissenschaft bestimmt ist. In ihr herrscht die Vernunft. Marx und Weber sind frühe, bedeutende Kritiker der bürgerlichen Gesellschaft. Marx sieht mit der Bourgeoisie eine neue Klasse heraufkommen, die die Klasse der Proletarier solange ausbeutet, bis diese sich in einem erfolgreichen Klassenkampf dagegen behauptet und eine freie Gesellschaft gründet, ein ‚Reich der Freiheit'. Für Weber ist dagegen die bürgerliche, kapitalistische Gesellschaft durch ein strenges Arbeitsethos bestimmt, das in der protestantischen Ethik begründet ist. Im zwanzigsten Jahrhundert hat der Kapitalismus in Milton Friedman, einem amerikanischen Wirtschaftswissenschaftler, einen entschiedenen Verfechter gefunden. Im Anschluss an Adam Smith vertritt er die These, dass der Kapitalismus, der auf das freie Spiel der Kräfte setzt, zu einem allgemeinen Wohlstand geführt hat, der nur durch einen ausufernden und stark regulierenden Wohlfahrtsstaat in seinem Erfolg gefährdet werden kann. Er bezeichnet seine Theorie als Liberalismus. Gegen diesen Ansatz erhebt Wendy Brown, amerikanische Politikwissenschaftlerin, erhebliche Bedenken. Der von ihr als Neoliberalismus bezeichnete gegenwärtige Kapitalismus

© Der/die Autor(en), exklusiv lizenziert an Springer-Verlag GmbH, DE, ein Teil von Springer Nature 2022
W. Pleger, *Dialogische Vernunft*, https://doi.org/10.1007/978-3-662-65289-3_5

gefährdet die Demokratie, weil sie den sie tragenden, politisch denkenden und handelnden Bürger zu einem bloßen Humankapital degradiert. Alle politischen und gesellschaftlichen Bereiche werden im Kapitalismus nur noch nach wirtschaftlichen Kategorien bemessen. Der Mensch wird zum ‚homo oeconomicus'.

1   Die Gesellschaft und der Geist des Positivismus (Comte)

Bei dem Studium der Entwicklung des menschlichen Geistes von seinem einfachsten Ansatz bis auf unsere Zeit glaube ich ein großes Gesetz entdeckt zu haben, dem diese Entwicklung unterworfen ist […]. Dieses Gesetz lautet: Jeder Zweig unserer Kenntnisse durchläuft der Reihe nach drei verschiedene theoretische Zustände (Stadien), nämlich den theologischen oder fiktiven Zustand, den metaphysischen oder abstrakten Zustand und den wissenschaftlichen oder positiven Zustand […]. Im theologischen Zustand richtet der menschliche Geist seine Untersuchungen auf die innere Natur der Dinge und auf die ersten Ursachen und letzten Ziele aller Erlebnisse, die ihn treffen; mit einem Wort: auf die absolute Erkenntnis. Die Vorgänge gelten ihm hier als die Taten weniger oder zahlreicher übernatürlicher Wesen, und deren Einwirkungen erklären ihm alle auftretenden Unregelmäßigkeiten der Welt. Im metaphysischen Zustand, der nur eine Abwandlung des vorhergehenden ist, werden die übernatürlichen Mächte durch abstrakte Kräfte oder Entitäten ersetzt, die den verschiedenen Wesen der Welt innewohnen sollen. […]. Im positiven Zustand erkennen wir endlich die Unmöglichkeit, zu absoluten Begriffen zu gelangen; wir geben es auf, den Ursprung und die Bestimmung des Weltalls zu ermitteln und die inneren Ursachen der Erscheinungen zu erkennen. Statt dessen suchen wir deren Gesetze durch gemeinsamen Gebrauch der Vernunft und der Beobachtungen zu entdecken, d. h. deren Beziehungen im Nacheinander und der Ähnlichkeit nach. Die Erklärung der Tatsachen besteht nur noch darin, daß man die einzelnen Erscheinungen in Beziehung setzt zu allgemeinen Tatsachen, deren Zahl der Fortschritt der Wissenschaft stetig zu vermindern strebt.

(Auguste Comte: Die Soziologie. Positive Philosophie. Stuttgart 1974, S. 1 f.)

August Comte wird 1798 in Montpellier geboren. Er besucht, nachdem er das Lyzeum in Montpellier absolviert hat, ab 1814 die ‚École polytechnique'

zu Paris. 1817 wird er Sekretär des Sozialphilosophen Saint-Simon, von dem
er sich jedoch 1824 wegen eines Meinungsstreits trennt. Ab 1826 hält er in
seiner Wohnung Vorlesungen über die „positive Philosophie" ab, muss diese
jedoch wegen eines schweren Nervenleidens unterbrechen und sich vorübergehend in einer psychiatrischen Klinik behandeln lassen. In den folgenden
Jahren erscheint bis zum Jahre 1842 sein sechsbändiges Hauptwerk *Cours de
philosophie positive*. Bewerbungen um eine Professur bleiben jedoch erfolg-
los. Er wird von Freunden finanziell unterstützt. 1844 begegnet er Clotilde
de Vaux, der er, nach ihrem frühen Tod im Jahre 1846, eine zentrale Stelle
in der nun von ihm entwickelten „Religion der Menschheit" zuweist. 1848
gründet er die ‚Société positiviste', die eine weltweite Verbreitung findet. Er
stirbt 1857 in Paris (vgl. Comte 1974, IX-XXXVII; Wagner, 2001).

Die Lebenszeit von Comte fällt in eine Epoche gravierender geschichtlicher Umbrüche. Mit der Französischen Revolution wird, zunächst in
Frankreich, der Feudalismus beendet und mit ihm die politische Ständeordnung. Bereits im Januar 1789 hatte der Abbé Sieyès in seiner Flug-
schrift *Qu'est-ce que le Tiers- Ètat? (Was ist der dritte Stand?)* die Legitimität
der feudalen Ordnung in Frage gestellt und damit gegenüber Adel und
Klerus das Recht des dritten Standes, der Bürger, eingefordert. Aus ihm
ging im Zuge der Revolution das hervor, was seitdem ‚bürgerliche Gesellschaft' genannt wird. Sie bildete die Basis für die Nationalversammlung und
die Gründung der Ersten Republik im Jahre 1792. Das nachrevolutionäre
Frankreich ist bestimmt durch einen permanenten Wechsel von Regierungs-
und Staatsformen. Die führenden Köpfe sind Robespierre, Napoleon,
Ludwig XVIII., Karl X., Louis Philipp I. und Napoleon III.

Zunehmend wurde die bürgerliche Gesellschaft auch zu einem Gegen-
stand wissenschaftlichen Interesses, doch erst Comte führte 1839 im vierten
Band seines *Cours de philosophie positive* für diese Untersuchungen eine
eigene wissenschaftliche Disziplin ein, die „Soziologie" (vgl. Comte 1956,
XV). Er entwickelte eine Hierarchie von wissenschaftlichen Disziplinen,
für die er nach dem von ihm sogenannten ‚enzyklopädischen Gesetz' eine
Ordnung aufstellte. „Hiernach lautet also meine enzyklopädische Formel:
Mathematik, Astronomie, Physik, Chemie, Biologie und zuletzt Soziologie"
(Comte 1974, 30). Das Ensemble dieser Wissenschaften war bestimmt
durch den „Geist des Positivismus" und bildete die Einheit der „positiven
Philosophie".

In seinem *Discours sur l'esprit positif (Rede über den Geist des Positivismus)*
aus dem Jahre 1844, in dem er eine komprimierte Fassung seines Hauptwerkes vorlegt, erläutert er die Entdeckung dieser Ordnung wie folgt:
„So gelangt man Schritt für Schritt zur Entdeckung der unwandelbaren

zugleich historischen und dogmatischen Rangordnung der sechs Grund-
wissenschaften, der Mathematik, der Astronomie, der Physik, der Chemie,
der Biologie und der Soziologie, von denen die erste notwendig den
ausschließlichen Ausgangspunkt und die letzte das einzige wesentliche Ziel
der gesamten positiven Philosophie bildet. Diese (Rangordnung) wird fortan
als wesenhaft ein wirklich unteilbares System bildend aufgefaßt, [...] da
sich alles letztlich auf die Menschheit, den einzig völlig allgemeinen Begriff
bezieht" (Comte 1956, 209 ff.). Für Comte stellt diese Rangordnung den
einzig vertretbaren wissenschaftlichen Weg von dem durch die Mathematik
repräsentierten Prinzip abstrakter Zahlenverhältnisse über die physikalischen
Darstellungen der anorganischen Natur zu den Gegebenheiten der
organischen Natur dar, um in der Soziologie, die sich mit der „Menschheit"
befasst, ihren höchsten Grad an Konkretion zu erreichen.

Die ‚Geschichte des positiven Geistes' hat er in seinem sogenannten
„Drei-Stadien-Gesetz" erläutert. Er bezeichnet sie als theologisches, als
metaphysisches und als positives Stadium (s. Zitat). Im ersten Stadium, das
er noch einmal einteilt in „Fetischismus"; „Polytheismus" und „Monotheismus", „sucht der menschliche Geist in einer Zeit, in der er den einfachsten
wissenschaftlichen Problemen noch nicht gewachsen ist, begierig und fast
ausschließlich nach den wesentlichen *Ursachen,* seien sie nun Erstursachen
oder Endursachen – der verschiedenen Erscheinungen, die ihn beein-
drucken, sowie nach der ihnen zugrunde liegenden Erzeugungsweise, mit
einem Wort nach absoluten Erkenntnissen" (ebd., 7). Er interpretiert jede
Erscheinung im Wesentlichen nach dem Muster von Erzeugung, und da er
sich selbst als ein erzeugendes, d. h. produzierendes, Wesen versteht, entspricht es seiner natürlichen Neigung, „menschliche Art und Weise auf alles
zu übertragen, indem wir alle nur möglichen Phänomene denen angleichen,
die wir selbst produzieren" (ebd.). Auf diese Weise bot sich für die Erklärung
der Welt eine einfache Antwort auf alle scheinbar „unlösbare Fragen" an, für
die der Mensch eine „ursprüngliche Vorliebe" hat.

Doch in der Neuzeit ist zumindest bei den Europäern die theologische
Erklärungsweise aufgegeben worden, weil sich die Einsicht durchsetzte,
„daß die geheimnisvollen Forschungen, auf welche sie abzielten, mehr
und mehr als unserer Intelligenz grundsätzlich unerreichbar ausgeschaltet
worden sind" (ebd., 11). Allerdings enthält der Monotheismus nicht nur
eine theoretische Welterklärung, sondern auch Maßstäbe für moralisches
und politisches Handeln. Es entspricht dem Ansatz von Comte, die jeweils
überwundenen Stufen des menschlichen Denkens nicht einfach nur zu verwerfen, sondern in ihnen notwendige Phasen der Geschichte zu sehen und
sie zu bewahren. Daher betont er, „daß diese anfängliche Philosophie nicht

weniger unentbehrlich für die vorläufige Entwicklung unserer Soziabilität (Geselligkeit) wie für unsere Intelligenz gewesen ist" (ebd., 17). Ohne
sie hätte es nicht die „geistige Autorität" gegeben, die sowohl „gemeinsame
Lehrmeinungen" ermöglichte als auch „das soziale Band" zwischen den
Menschen knüpfte.

Das metaphysische Stadium stellt eine Art „Zwischenphilosophie" dar
zwischen dem theologischen Stadium, das der „Kindheit der Menschheit"
entspricht, und dem „Mannesalter des Geistes", das im positiven Stadium
erreicht ist. Dieses Zwischenstadium ist, wie das theologische, charakterisiert
durch eine „Neigung zu absoluten Erkenntnissen" (ebd., 17). Auch die Metaphysik möchte alle Erscheinungen auf eine Ursache zurückführen, nun aber
nicht mehr auf Gott, sondern auf die „*Natur*" (ebd., 21). An die Stelle der
übernatürlichen Kräfte, die in der Theologie genannt werden, tritt nun als
ein allgemeiner Seinsgrund die Natur. Die Metaphysik beruft sich zu seiner
Beschreibung auf den „Namen *Ontologie*" (ebd., 19). Die Bestimmung
des Wesens der Dinge erfolgt im Wesentlichen auf der Grundlage der
Argumentation und nicht auf der der Beobachtung. Indem sie sich gegen
den Wahrheitsanspruch der Theologie richtet, erfüllt sie „in geistiger und erst
recht in sozialer Beziehung lediglich eine *kritische* oder auflösende Tätigkeit"
(ebd., 21). In dieser Hinsicht allerdings war dieses Stadium wichtig, denn es
führte dazu, den unhaltbaren Absolutheitsanspruch der Theologie zu brechen
und das moderne Denken vorzubereiten. Comte würdigt diese Leistung
so: „So hat während der letzten fünf Jahrhunderte der metaphysische Geist
auf negativem Wege den Hauptaufschwung unserer modernen Zivilisation
gefördert, indem er nach und nach das theologische System zersetzte, das, seit
die gesellschaftliche Wirksamkeit der monotheistischen Denkweise am Ende
des Mittelalters sich als wesentlich erschöpft erwiesen hatte, schließlich rück-
schrittlich geworden war" (ebd., 25).

Das positive Stadium des menschlichen Denkens ist schließlich erreicht,
wenn die Forscher auf einen absoluten Wahrheitsanspruch verzichten
und die „Beobachtung" zur Grundlage der Erkenntnis gemacht wird.
An die Stelle des durch die „spekulative Logik" vorgebrachten Arguments
tritt die „Tatsache". „Sie anerkennt von nun an als *Grundregel*, daß keine
Behauptung, die nicht genau auf die einfache Aussage einer besonderen oder
allgemeinen Tatsache zurückführbar ist, einen wirklichen oder verständ-
lichen Sinn haben kann" (ebd., 27). Mit der Betonung der Beobachtung
verliert auch die Einbildungskraft an Bedeutung. Ziel ist es, Beziehungen
zwischen den Beobachtungen zu erkennen. „Mit einem Wort, die grundlegende Revolution, die das Mannesalter unseres Geistes charakterisiert,
besteht im wesentlichen darin, überall anstelle der unerreichbaren

Bestimmung der eigentlichen Ursachen die einfache Erforschung von *Gesetzen*, d. h. der konstanten Beziehungen zu setzen, die zwischen den beobachteten Phänomenen bestehen" (ebd., 27 ff.). Die Erforschung der Beziehungen, d. h. der Relationen zwischen den Phänomenen, macht die Erkenntnis *„relativ"* (ebd., 29). Sie verzichtet auf das Absolute. Relativ sind die Erkenntnisse auch insofern, als sie auf individuelle Beobachtungen zurückgehen, die gleichzeitig aber auch „soziale Phänomene sind, da sie ja in der Tat aus einer kontinuierlichen und kollektiven Entwicklung hervorgegangen sind" (ebd., 31). Das bedeutet aber, dass sie „dem gesamten sozialen Fortschritt untergeordnet sind" (ebd., 31).

Wer wie Comte die auf Beobachtung zurückgehenden Tatsachen betont, muss damit rechnen als Empirist bezeichnet zu werden. Doch gegen diese Bezeichnung wendet sich Comte entschieden. Der von ihm vertretene „echte positive Geist" ist vom Empirismus, der sich in einer „unfruchtbaren Anhäufung zusammenhangloser Fakten" erschöpft, ebenso weit entfernt, wie vom „Mystizismus" (ebd., 33). Für ihn bilden die Tatsachen nur die „unentbehrlichen Rohstoffe", die nötig sind, um zu Gesetzen zu kommen und die haben den Sinn, eine „rationale Voraussicht" zu erlangen. Er fasst sein Plädoyer für positives Denken so zusammen: „So besteht der wahre positive Geist vor allem darin, *zu sehen um vorauszusehen (voir pour prevoir)*, zu erforschen, was ist, um daraus auf Grund des allgemeinen Lehrsatzes von der Unwandelbarkeit der Naturgesetze – das zu erschließen, was sein wird" (ebd., 35).

Während das theologische Denken über lange Zeit Garant einer geistigen wie sozialen Ordnung war, bestand der Fortschritt der metaphysischen Denkweise darin, diese unhaltbar gewordene Ordnung zu zerstören. Durch das neue positive Denken wird das nur negative, zerstörerische Potential des metaphysischen Denkens überwunden. Die „geistigen Bedürfnisse" und „praktische Impulse" des gegenwärtigen Denkens „erfordern stets eine glückliche Kombination von Beständigkeit und Aktivität, aus der die gleichzeitigen Forderungen nach *Ordnung* und *Fortschritt* oder nach Verbindung und Ausweitung hervorgehen" (ebd., 41 ff.). Das Thema dieses neuen positiven Denkens ist nicht mehr „auf das Universum, sondern auf den Menschen oder vielmehr auf die Menschheit bezogen [...]. Man darf sich dann im Grunde nur noch eine einzige Wissenschaft denken, die Wissenschaft vom Menschen oder genauer gesagt die Sozialwissenschaft" (ebd., 51). Ordnung und Fortschritt lassen sich im positiven Denken miteinander verbinden, weil die sozialwissenschaftliche Forschung keinen destruktiven Charakter hat, sondern an der Entwicklung einer neuen sozialen Ordnung der Menschheit interessiert ist.

Das neue Denken schafft aber auch eine *„Harmonie zwischen Wissenschaft und Technik, positiver Theorie und Praxis"* (ebd., 57). Ihr Ziel ist eine Verbesserung der menschlichen Situation in einem umfassenden Sinne. Comte schwebt dabei ein ausgesprochen weiter Begriff von Technik vor. „Denn die Technik wird dann nicht mehr ausschließlich geometrisch, mechanisch oder chemisch usw. sein, sondern auch und in erster Linie politisch und moralisch. Denn die von der Menschheit ausgeübte Haupttätigkeit muß in jeder Hinsicht in der ständigen Verbesserung ihrer eigenen individuellen wie kollektiven Natur bestehen" (ebd., 61). Philosophie, Wissenschaft, Technik und Praxis bilden für Comte eine Einheit, die nur ein Ziel hat, die Situation der Menschheit zu verbessern.

Dies alles ist das Ergebnis eines theoretisch-praktischen Engagements, das er mit dem Begriff Positivismus verbindet. „Diese spontane Tendenz zur unmittelbaren Herstellung einer vollständigen Harmonie zwischen theoretischem und aktivem Leben muß schließlich als das erfreulichste Privileg des Geistes des Positivismus angesehen werden" (ebd., 63). Anders als der spätere Gebrauch des Wortes Positivismus, der allzu häufig mit der von Comte explizit kritisierten Tatsachengläubigkeit in Verbindung gebracht wurde, ist für ihn der Begriff mit einer positiven gesamtgesellschaftlichen Utopie verbunden. Zu ihr gehört neben der politisch-moralischen Erneuerung wesentlich auch die Industrie. „In Bezug auf diese innere Harmonie von Wissenschaft und Technik ist es schließlich wichtig zu bemerken, welche glückliche Tendenz aus ihr für die Entwicklung und Befestigung der gesunden Philosophie entspringt, infolge des wachsenden Übergewichts, das in unserer modernen Zivilisation das industrielle Leben erhält. […] Indem die moderne Gesellschaftsform das industrielle Leben immer mehr zur Geltung bringt, muß sie also die große geistige Umwälzung mächtig fördern, die heutzutage unsere Intelligenz von der theologischen zur positiven Denkweise erhebt" (ebd., 65).

Das positive Denken hat gegenüber dem theologischen und dem metaphysischen den weiteren Vorteil, dass es sich mit *„bon sens"*, d. h. mit *„gesundem Menschenverstand"* verbinden lässt. Es hat daher die Chance, sich auch in der Bevölkerung zu verbreiten. In diesem Kontext erscheint es als wichtig, sich über die verschiedenen Bedeutungen des Begriffs positiv zu verständigen. Comte unterscheidet fünf. Der Begriff „positiv" meint zunächst das „*Tatsächliche*" im Gegensatz zum bloß „Eingebildeten" und verleiht zum zweiten dem „*Nützlichen*" im Gegensatz zum „Müßigen" Ausdruck. In der „Philosophie erinnert er dann an die notwendige Bezogenheit aller unserer gesunden Theorien auf die ständige Verbesserung unserer individuellen und kollektiven Lebensbedingungen" (ebd., 85 ff.). Der Begriff positiv bedeutet drittens „*Gewißheit*" im Unterschied zur „Unentschiedenheit". Er ist daher in der Lage, die endlosen Streitereien der Metaphysiker zu beenden und „die logische Harmonie im Individuum und die geistige Vereinigung der gesamten Gattung zu begründen" (ebd., 87). Die vierte, von der Gewissheit zu unterscheidende, Bedeutung von positiv besteht in „*Genauem*", bei dem es darum geht, „überall den Grad von Genauigkeit zu erreichen, der mit dem Wesen der Erscheinungen vereinbar ist und mit den Forderungen unserer wahren Bedürfnisse übereinstimmt" (ebd.). Die fünfte Bedeutung von positiv steht im Gegensatz zu „*negativ*". Sie gibt „eine der höchsten Eigenschaften der neuzeitlichen wahren Philosophie an, indem sie zeigt, daß diese von Hause aus nicht dazu bestimmt ist, zu zerstören, sondern zu *organisieren*" (ebd.). Alle diese Bedeutungen verbindet eine Intention. Hinzuweisen ist auf den „spontanen Ursprung des positiven Geistes, der in der Tat überall aus einer besonderen Rückwirkung der praktischen Vernunft auf die theoretische hervorgegangen ist" (ebd., 97).

Soziologie im Sinne Comtes hat nicht das Ziel der wertfreien Wiedergabe gesellschaftlicher Fakten, sondern ist Geschichtsphilosophie in praktischer Absicht (vgl. Wagner 2001, 95). Als Zeuge und unmittelbar Betroffener einer der gewaltsamsten geschichtlichen Umbrüche der neueren Zeit soll sein Denken dazu beitragen, „den tatsächlich einzig möglichen Ausweg aus der gewaltigen sozialen Krise herzustellen, die sich seit einem halben Jahrhundert im ganzen europäischen Abendland und vor allem in Frankreich entwickelt hat" (Comte 1956, 105). Der von ihm entwickelte Positivismus soll dazu helfen, die Gewalt zu beenden, d. h. „die entscheidende, bis jetzt so vergeblich gesuchte, Versöhnung der gleichzeitigen Forderungen nach Ordnung und Fortschritt zu stiften" (ebd., 117). Er strebt nach einer gesellschaftlichen Ordnung, in der das, was den Menschen im Unterschied zum Tier ausmacht, seine „*Menschheit*" (*humanité*) entwickelt werden kann, d. h. „einerseits die Intelligenz andererseits die Soziabilität, Eigenschaften, die von Natur aus solidarisch und einander wechselseitig Mittel und Zweck sind" (ebd., 125). Um dieses Ziel zu erreichen, kommt es darauf an, sich von dem „verhängnisvollen System des *Egoismus*" zu verabschieden und „unmittelbar das Sozialgefühl, die erste notwendige Grundlage jeder gesunden Moral, zu entwickeln" (ebd., 149).

Um dieses Sozialgefühl zu stärken, reichen aber bloße Appelle nicht aus. Gefordert sind vielmehr organisierte Einrichtungen der Erziehung, des Unterrichts, der Bildung. In erster Linie ist dabei den „Proletariern" Aufmerksamkeit zu schenken, „die zahlreichste Klasse […], die unsere Zeit ohne jede regelmäßige Belehrung läßt" (ebd., 173). Bei dem „Proletariat" wird der positive Geist auf fruchtbaren Boden fallen, und zwar nicht nur in praktischer, sondern auch in theoretischer Hinsicht. „Bei ihm wird auch ein derartiges Studium am reinsten einen theoretischen Charakter annehmen können, weil es eher von jenen eigensüchtigen Ansichten frei ist, welche die höheren Klassen, die fast immer mit habgierigen oder ehrgeizigen Berechnungen beschäftigt sind, hierbei mehr oder weniger unmittelbar mitbringen" (ebd., 183).

Doch obwohl Comte so eindeutig Partei ergreift für die Interessen der Proletarier, von dem Aufruf zu einem revolutionären Sturz der bürgerlichen Klasse durch das Proletariat, wie er 1848, vier Jahre nach Comtes Schrift, von Marx und Engels im *Manifest der kommunistischen Partei* erging, ist Comte weit entfernt. Er steht für die allgemeine Verbesserung der Moral, für eine friedliche Reform der bestehenden Verhältnisse, nicht für deren gewaltsamen Umsturz. Er betont zudem: „Wenn das Volk auch gegenüber dem direkten Besitz politischer Macht augenblicklich gleichgültig ist und bleiben muß, kann es doch niemals auf seine unerläßliche ständige Teilhabe an der moralischen Macht verzichten" (ebd., 191). Auch glaubt er nicht, dass eine Veränderung im System der Institutionen die entscheidende Verbesserung der Lage der Menschen herbeiführen kann. Er beruft sich auf Grundzüge der neuzeitlichen Geschichte, wenn er betont: „Seit die reale Einwirkung der Menschheit auf die Außenwelt in der Neuzeit sich spontan zu organisieren begann, verlangt sie das ständige Zusammenarbeiten von zwei unterschiedlichen an Zahl höchst ungleichen aber in gleicher Weise unentbehrlichen Klassen: einerseits die der eigentlichen *Unternehmer,* die stets wenig zahlreich sind, die verschiedenen notwendigen Materialien, einschließlich des Geldes und des Kredites besitzen, und das Ganze jedes Arbeitsprozesses leiten, indem sie daher auch die Hauptverantwortung für alle möglichen Ergebnisse übernehmen; andererseits die unmittelbar *Ausführenden,* die von einem periodischen Lohne leben und die ungeheure Mehrheit der Arbeiter bilden, von denen in einer Art abstrakter Zielsetzung jeder elementare Handlungen verrichtet, ohne sich besonders um deren schließliches Zusammenwirken zu kümmern" (ebd., 179 ff.).

Das Interesse der Arbeiter richtet sich nicht auf den Klassenkampf. Es geht ihnen um die Erfüllung ihrer unmittelbaren „sozialen Bedürfnisse". Es „geht in der Tat darum, allen zunächst eine normale Erziehung und sodann regelmäßige Arbeit zu verschaffen; so lautet im Grunde das wahre *Sozialprogramm der Arbeiter.* Wahrhafte Popularität kann es nur noch für eine Politik geben, die notwendig dieses doppelte Ziel anstrebt" (ebd., 193). Das solidarische Zusammenwirken der Klassen und das weltweit gemeinsam angestrebte Ziel der Humanität haben für Comte eine absolute Priorität gegenüber einer erneuten, mit zerstörerischer Gewalt einhergehenden

Neuordnung der politischen Verhältnisse. Der Fortschritt, für den er sich engagiert, schafft eine neue Ordnung nicht mit Gewalt, sondern auf dem Wege der Versöhnung, d. h. der Reform.

Während Comte zunächst, beeindruckt von der Entwicklung des naturwissenschaftlichen Denkens bei Bacon und Galilei, selbst ein *„Naturgesetz der Geschichte der Gesellschaft"* (Windelband, 1980, 562) finden wollte, maß er nach seiner Begegnung mit Clotilde Vaux der Rolle der Frauen und dem von ihnen in besonderer Weise repräsentierten „Sozialgefühl" eine immer größere Bedeutung bei. Nachdem er 1848 die ‚Société positiviste' gegründet hatte, nahm seine Bewegung immer stärker religiöse Formen an. 1852 veröffentlichte Comte seinen *Catéchisme positiviste (Katechismus der positiven Religion [...] in elf Gesprächen zwischen einer Frau und einem Priester der Menschheit).* In seiner Studie zu Comte bemerkt Wagner dazu: „In den Augen Comtes gab es kein höchstes Wesen, sondern lediglich ein großes Wesen, nämlich die Menschheit (humanité), die sich, indem sie sich in der Vergegenwärtigung ihres eigenen Fortschreitens (Humanité) selbst verehrte, zu einer Einheit zusammenschließen sollte" (Wagner 2001, 73).

Die von ihm in den Blick genommene Menschheit zielte ab auf die „Weltgesellschaft". Deren Herrschaftsform sollte eine „Soziokratie" sein. Comte bemerkt dazu: „Es ist [...] unsere Absicht, den Westen sowohl von einer anarchischen Demokratie, als von einer rückschrittlichen Aristokratie zu befreien, um, soweit dies möglich, eine wahre Soziokratie zu begründen, die mit weisem Vorbedacht alle menschlichen Kräfte an der allgemeinen Wiedergeburt, jede einzelne ihrem Wesen entsprechend, mitwirken läßt'" (ebd., 85). Diese „Soziokratie", und damit verabschiedet er sich von seinem bisherigen reformorientierten Konzept, hat bei ihm zweifellos Züge einer autoritären Herrschaftsform. Das lässt sich auch aus seiner Beurteilung der geschichtlichen Ereignisse seiner Zeit ablesen. Nachdem mit dem Sieg Louis Napoleon Bonapartes bei den Präsidentschaftswahlen am 10.12. 1848 das Ende der Zweiten Republik erreicht war und dieser zudem durch einen Staatsstreich am 2.12.1851 die Voraussetzungen für seine Krönung zum Kaiser Napoleon III. im Jahre 1852 geschaffen hatte, begrüßte Comte diese Entwicklung als eine „‚glückliche Wendung, welche soeben die parlamentarische Regierung abgeschafft und die diktatorische Republik ins Leben gerufen'" hat (ebd., 84). Man darf annehmen, dass die „diktatorische Republik" Napoleons III. das Vorbild für seine „Okzidentale Republik" war, die er anstrebte (vgl. ebd., 85).

Zur Wirkungsgeschichte Comtes gehört die weltweite Verbreitung der von ihm gegründeten ‚Société positiviste'. Die in Brasilien gebildete war besonders erfolgreich. Nach dem Sturz der Monarchie im Jahre 1890 erreichte sie, dass Comtes Devise von „Ordnung und Fortschritt" als Spruchband mit den Worten „Ordem e Progresso" in die Nationalflagge aufgenommen wurde. Mehr noch: „Tatsächlich war der Positivismus in Brasilien sogar Staatsreligion" (ebd., 107). In wissenschaftlicher Hinsicht lassen sich bei Weber und Simmel im Kontext des Historismus Anklänge an Gedanken von Comte finden (vgl. ebd.). Der Neopositivismus des ‚Wiener Kreises' und das von ihm entwickelte Konzept der „Protokollsätze" schließt sich jedoch stärker an empiristische Strömungen an und weniger an Comte. In der ‚Kritischen Theorie der Gesellschaft' von Adorno ist Comte schließlich lediglich ein „Erzpositivist". Für ihn „enthüllt *Comtes* Hoffnung, Soziologie könne die soziale Macht steuern, sich als naiv, es sei denn, sie liefere Pläne für totalitäre Machthaber" (Adorno u. a. 1974, 142).

2 Kritik der kapitalistischen Gesellschaft (Marx/Weber)

Das Reich der Freiheit beginnt in der Tat erst da, wo das Arbeiten, das durch Not und äußere Zweckmäßigkeit bestimmt ist, aufhört; es liegt also der Natur der Sache nach jenseits der Sphäre der eigentlichen materiellen Produktion. Wie der Wilde mit der Natur ringen muß, um seine Bedürfnisse zu befriedigen, um sein Leben zu erhalten und zu reproduzieren, so muß es der Zivilisierte, und er muß es in allen Gesellschaftsformen und unter allen möglichen Produktionsweisen. Mit seiner Entwicklung erweitert sich dieses Reich der Naturnotwendigkeit, weil die Bedürfnisse; aber zugleich erweitern sich die Produktivkräfte, die diese befriedigen. Die Freiheit in diesem Gebiet kann nur darin bestehen, daß der vergesellschaftete Mensch, die assoziierten Produzenten diesen ihren Stoffwechsel mit der Natur rationell regeln, unter ihre gemeinsame Kontrolle bringen, statt von ihm als von einer blinden Macht beherrscht zu werden; ihn mit dem geringsten Kraftaufwand und unter den, ihrer menschlichen Natur würdigsten und adäquatesten Bedingungen vollziehen. Aber es bleibt dies immer ein Reich der Notwendigkeit. Jenseits desselben beginnt die menschliche Kraftentwicklung, die sich als Selbstzweck gilt, das wahre Reich der Freiheit, das aber nur auf jenem Reich der Notwendigkeit als seiner Basis aufblühen kann. Die Verkürzung des Arbeitstags ist die Grundbedingung.

(Karl Marx: Ökonomische Schriften. Bd. III. Stuttgart 1964, S. 671 f.)

Karl Marx wird 1818 in Trier als Sohn des Rechtsanwalts Heinrich Marx geboren, der, um als Anwalt am Gericht zugelassen zu werden, vom Judentum zum Protestantismus hin konvertiert war. Er studiert in Bonn und Berlin Jura, Philosophie und Geschichte. 1841 promoviert er in Jena mit einer Dissertation über das Thema *Differenz der demokritischen und epikureischen Naturphilosophie.* Seit 1842 arbeitet er als Redakteur der ,Rheinischen Zeitung'. 1843 zieht Marx nach Paris um, wird von dort ausgewiesen und führt von da an das ruhelose Leben eines Emigranten, bis er im Jahre 1849, inzwischen staatenlos geworden, in London sein endgültiges Exil findet. Hier entsteht sein Hauptwerk *Das Kapital.* In London wird auch 1864 die ,Erste Internationale' gegründet, in der er bis zu ihrer Auflösung im Jahre 1876 eine führende Rolle spielt. Marx stirbt 1883 in London (vgl. Blumenberg 1972; Euchner 1983; Fetscher o. J.; Flechtheim/Lohmann 2003; Pleger 2018, 254–260).

Der leitende Gedanke von Marx ist dadurch charakterisiert, dass er den Materialismus in eine geschichtlich-gesellschaftliche Perspektive rückt. Er wird damit zum führenden Repräsentanten des später sogenannten historischen Materialismus (vgl. HWP 5, Sp. 859 f.). Folgende Aussage macht das deutlich: „Wir kennen nur eine einzige Wissenschaft, die Wissenschaft der Geschichte" (Marx 1971 II, 15). Sie entstammt dem Entwurf des Buchs *Die Deutsche Ideologie,* das Marx zusammen mit Engels veröffentlichte. Im *Manifest der kommunistischen Partei* aus dem Jahre 1848 bestimmt Marx, unter Verwendung von Vorarbeiten von Engels (vgl. Fetscher o. J., 77), die geschichtliche Situation seiner Zeit in aller Kürze wie folgt: „Die Geschichte aller bisherigen Gesellschaft ist die Geschichte von Klassenkämpfen. [...] Unsere Epoche, die Epoche der Bourgeoisie, zeichnet sich jedoch dadurch aus, daß sie die Klassengegensätze vereinfacht hat. Die ganze Gesellschaft spaltet sich mehr und mehr in zwei große feindliche Lager, in zwei große, einander direkt gegenüberstehende Klassen: Bourgeoisie und Proletariat" (Marx 1971 II, 817 f.).

Den Ausgangspunkt seiner philosophischen Überlegungen bildet jedoch zunächst die Religionskritik von Feuerbach. In seinem Buch *Das Wesen des Christentums* hatte Feuerbach sich nicht mit der Widerlegung eines Gottesbeweises begnügt, vielmehr kam es ihm darauf an, Theologie in Anthropologie umzuwandeln (vgl. Feuerbach 1969, 53). Das bedeutete, die Religion als eine das menschliche Denken auszeichnende Größe zu interpretieren. Dabei unterschied er religiöse Elemente, die dem Menschen förderlich sind, so das Gebot der Nächstenliebe, von solchen, die dem Menschen schaden wie der Glaube, der zu Intoleranz und Gewalt aufstachelt (vgl. ebd., 380 ff.).

Marx greift den anthropologischen Ansatz von Feuerbach auf und fragt nach der gesellschaftlichen und geschichtlichen Bedeutung der Religion. Mit Feuerbach vertritt er die These, dass der Mensch seine eigenen Bedürfnisse und Wünsche auf Gott hin projiziert hat. Nun komme es darauf an, diese Projektion rückgängig zu machen. Marx formuliert diesen Gedanken so:

„Der Mensch, der in der phantastischen Wirklichkeit des Himmels, wo er einen Übermenschen suchte, nur den *Widerschein* seiner selbst gefunden hat, wird nicht mehr geneigt sein, nur den *Schein* seiner selbst, nur den Unmenschen zu finden, wo er seine wahre Wirklichkeit sucht und suchen muß" (Marx 1962 I, 488). Die Projektion der menschlichen Wünsche auf Gott ist ein Ausdruck für die elende Situation des Menschen in seiner gesellschaftlichen Wirklichkeit. „Das *religiöse* Elend ist in einem der *Ausdruck* des wirklichen Elendes und in einem die *Protestation* gegen das wirkliche Elend. Die Religion ist der Seufzer der bedrängten Kreatur, das Gemüt einer herzlosen Welt, wie sie der Geist geistloser Zustände ist. Sie ist das *Opium* des Volks" (ebd.).

Für Marx ergibt sich aus dieser Interpretation Folgendes: Es reicht nicht aus, die Religion als ein illusionäres Wunschdenken zu entlarven, vielmehr kommt es darauf an, die gesellschaftlichen Zustände, in denen ein religiöses Wunschdenken nötig ist, zu kritisieren und daraus praktische Konsequenzen zu ziehen. Er formuliert diesen Gedanken so: „Die Kritik der Religion endet mit der Lehre, daß der *Mensch das höchste Wesen für den Menschen sei,* also mit dem *kategorischen Imperativ, alle Verhältnisse umzuwerfen,* in denen der Mensch ein erniedrigtes, ein geknechtetes, ein verlassenes, ein verächtliches Wesen ist" (ebd., 497).

Dabei taucht aber die Frage auf, wie aus der Kritik heraus der Impuls erfolgen kann, tatsächlich ‚die Verhältnisse umzuwerfen'. Der Übergang von einer Kritik, die in der Theorie bleibt, zu einer gesellschaftlich revolutionären Praxis geschieht nach Marx so: „Die Waffe der Kritik kann allerdings die Kritik der Waffen nicht ersetzen, die materielle Gewalt muß gestürzt werden durch materielle Gewalt, allein auch die Theorie wird zur materiellen Gewalt, sobald sie die Massen ergreift" (ebd.). Sie ergreift die Massen, sobald die Kritik die wirkliche Situation der Menschen erfasst. Die Arbeiten von Marx lassen sich als Versuch verstehen, die konkrete Situation des Menschen zu erkennen. Dabei lassen sich zwei Aspekte unterscheiden. Der eine besteht darin, das Wesen des Menschen zu erfassen, und der andere, die gesellschaftliche Situation, in der sich der Mensch befindet, zu analysieren. Dabei wird es sich erweisen, dass das Wesen des Menschen durch die gesellschaftliche Situation korrumpiert wird.

Bei der Bestimmung der „wahren Wirklichkeit" des Menschen, d. h. seines Wesens, greift Marx auf Motive Feuerbachs zurück, der die Zugehörigkeit des Menschen zur Natur betont hatte. Marx sagt: „Der *Mensch* ist unmittelbar *Naturwesen*" (Marx 1971, 274). Als Naturwesen verfügt er einerseits über bestimmte Anlagen und Fähigkeiten, die ihm Tätigkeiten ermöglichen, zum anderen aber ist er als ein leiblich bedingtes Lebewesen bestimmten Bedürfnissen unterworfen, z. B. dem Hunger. Marx betont: „Der Hunger ist das gegenständliche Bedürfnis eines Leibes nach einem außer ihm seienden, zu seiner Integrierung und Wesensäußerung unentbehrlichen *Gegenstande*" (ebd.). Die menschlichen Fähigkeiten ermöglichen es dem Menschen, seine Bedürfnisse zu befriedigen, die durch seine natürliche, leibliche Situation bedingt sind. Die Tätigkeit, durch die das geschieht, ist die Arbeit. Arbeit ist die spezifisch menschliche Antwort auf die Situation der natürlichen Bedürftigkeit. Der Begriff Arbeit wird zu einem Schlüsselbegriff seiner Anthropologie.

Marx versteht Arbeit als ‚Selbsterzeugung des Menschen'. Er greift bei dieser Definition auf Hegel zurück, der, wie Marx anerkennend betont, „die Selbsterzeugung des Menschen als einen Prozeß faßt (…), daß er also das Wesen der *Arbeit* faßt und den gegenständlichen Menschen, wahren, weil wirklichen Menschen, als Resultat seiner *eigenen Arbeit begreift*" (ebd., 269). Allerdings habe Hegel nur die „geistige" Arbeit erfasst, nicht die körperliche (ebd., 270). Marx definiert die Arbeit als eine „Lebenstätigkeit", die „frei", „bewußt" und „universell" ist (Marx 1962 I, 567). Durch sie eignet sich der Mensch zum Zweck der Lebenserhaltung und der Selbsterzeugung in einem umfassenden Sinn die Gegenstände der Natur an.

Stellt die Arbeit in dem genannten Sinne die Möglichkeit der Entfaltung der Wesenskräfte des Menschen dar, so sind die Arbeitsbedingungen in der konkreten gesellschaftlichen Situation dadurch ausgezeichnet, dass in ihr sich diese Kräfte nicht entfalten können, sondern korrumpiert werden. Die Arbeitsbedingungen sind bestimmt durch die Kapitaleigner, die die Bedingungen der Produktion festsetzen. Marx bezeichnet die Korruption des Menschen aufgrund der ihm auferlegten Arbeitsbedingungen als Entfremdung (vgl. Israel 1972, 45–125), ein Begriff, der ihm von Hegel her vertraut war. Er unterscheidet vier Aspekte der Entfremdung:

Der erste ist die Entfremdung von der Natur als dem Gegenstand der Arbeit. Sie beinhaltet den Gedanken, dass durch die Umwandlung der Natur in Produkte der Arbeiter a) Gegenstände zukünftiger Arbeit verliert und dass damit zugleich b) die Natur als unmittelbare Lebensgrundlage verschwindet. „Je mehr also der Arbeiter die Außenwelt, die sinnliche Natur, durch seine Arbeit sich *aneignet,* um so mehr entzieht er sich *Lebensmittel* nach der doppelten Seite hin, erstens, daß immer mehr die sinnliche Außenwelt aufhört, ein seiner Arbeit angehöriger Gegenstand, ein *Lebensmittel* seiner Arbeit zu sein; zweitens, daß sie immer mehr aufhört, *Lebensmittel* im unmittelbaren Sinn, Mittel für die physische Subsistenz des Arbeiters zu sein" (Marx 1962 I, 562 f.).

Der zweite Aspekt der Entfremdung bedeutet, dass die Art der Arbeit dem Arbeiter aufgezwungen wird, d. h., „daß die Arbeit dem Arbeiter *äußerlich* ist, d. h. nicht zu seinem Wesen gehört, daß er sich daher in seiner Arbeit nicht bejaht, sondern verneint, nicht wohl, sondern unglücklich fühlt, keine freie physische und geistige Energie entwickelt, sondern seine Physis abkasteit und seinen Geist ruiniert. Der Arbeiter fühlt sich daher erst außer der Arbeit bei sich und in der Arbeit außer sich. (…) Seine Arbeit ist daher nicht freiwillig, sondern gezwungen, *Zwangsarbeit*" (ebd., 564).

Der dritte Aspekt bedeutet die Entfremdung des Arbeiters von seinem „Gattungswesen". Durch die Art der Arbeit entstehen Zwänge, die das Wesen der Arbeit als einer freien, bewussten und universellen Lebenstätigkeit einerseits ausnutzen und zugleich in ihrem Sinn umkehren. Marx führt den Gedanken so aus: „Die bewußte Lebenstätigkeit unterscheidet den Menschen unmittelbar von der tierischen Lebenstätigkeit. (…) Nur darum ist seine Tätigkeit freie Tätigkeit. Die entfremdete Arbeit kehrt das Verhältnis dahin um, daß der Mensch, eben weil er ein bewußtes Wesen ist, seine Lebenstätigkeit, sein *Wesen* nur zu einem Mittel für seine *Existenz* macht" (ebd., 567).

Der vierte Aspekt der Entfremdung bedeutet schließlich „die *Entfremdung des Menschen* von dem *Menschen*" (ebd., 569). Das bedeutet, dass sich der Arbeiter durch seine Arbeit nicht nur seinem mit ihm arbeitenden Menschen entfremdet, der sein Konkurrent ist; vielmehr erzeugt er zugleich die Produktionsverhältnisse, in denen sich Arbeiter und Kapitalist gegenüberstehen; denn: „Das Verhältnis des Arbeiters zur Arbeit erzeugt das Verhältnis des Kapitalisten zu derselben, oder wie man sonst den Arbeitsherrn nennen will." (ebd., 571). Marx hat an dem zentralen Gedanken der Entfremdung festgehalten, auch wenn sich seine Wortwahl mit der Zeit verändert.

Seinem Hauptwerk *Das Kapital* hat er den Untertitel gegeben: *Kritik der politischen Ökonomie.* Er will damit deutlich machen, dass er nicht die Perspektive der klassischen Nationalökonomie einnimmt. Während die Nationalökonomie die ökonomischen Prozesse unter dem Aspekt der Kapitalbildung betrachtet, d. h. der Bildung materiellen Reichtums, geht die politische Ökonomie, so wie Marx sie versteht, darüber hinaus. Sie thematisiert auch die Situation des Arbeiters. Sie fragt nach den konkreten

Arbeitsbedingungen, unter denen dieser Reichtum geschaffen wird. Dazu gehört z. B. die Theorie der Entfremdung. Aber Marx nimmt auch die nationalökonomische Perspektive ein und analysiert den Prozess der Akkumulation des Kapitals.

Um den Prozess der Erzeugung materiellen Reichtums zu verstehen, ist es notwendig, das leitende Interesse des Kapitalisten zu erkennen. Es ist ausgerichtet auf die Vermehrung von Geld. Die Produktion von Waren und ihr Verkauf stellen dabei nur einen Umweg dar, um dieses Ziel zu erreichen. Der erste Schritt bei der Analyse dieses Umwegs ist die Unterscheidung der Ware in ihren Gebrauchswert und ihren Tauschwert. Marx greift dabei auf eine entsprechende Unterscheidung von Aristoteles zurück, die er in seiner *Politik* traf (vgl. 1257 a). Der Gebrauchswert bezeichnet den Nutzen, den eine Ware für den ‚Verbraucher' hat, der Tauschwert dagegen den Geldwert, den eine Ware beim Tausch erzielt, d. h. seinen Marktwert. Bezogen auf den Tauschwert werden auf diese Weise so qualitativ unterschiedliche Dinge wie Weizen, Tabak oder Bücher quantitativ vergleichbar. Für den Tauschwert gibt es ein Äquivalent an Geld, und daher ist der Kapitalist immer nur am Tauschwert einer Ware interessiert und nicht an ihrem Gebrauchswert.

Marx bezeichnet den an Geldreichtum interessierten Kapitalisten ironisch als „Schatzbildner" und charakterisiert ihn psychologisch so: „Der lebendige Trieb der Schatzbildung ist daher der *Geiz,* für den nicht die Ware als Gebrauchswert, sondern der Tauschwert als Ware Bedürfnis ist. (…) Der Schatzbildner verachtet die weltlichen, zeitlichen und vergänglichen Genüsse, um dem ewigen Schatz nachzujagen, den weder die Motten noch der Rost fressen, der ganz himmlisch und ganz irdisch ist" (Marx 1964 VI, 959). Der ‚Schatzbildner' ist mit dem für ihn typischen „Asketismus" und „tatkräftiger Arbeitsamkeit" seiner religiösen Zugehörigkeit nach „wesentlich Protestant und mehr noch Puritaner" (ebd., 961).

Die Frage ist: Wie kann mit Hilfe des Tauschwertes einer Ware diese in Reichtum umgewandelt werden. Die naheliegende Antwort lautet: durch einen Handel, in dem Ware gegen Geld und Geld gegen Ware getauscht wird. Der Gedanke ist dabei, dass ein Händler bei dem Verkauf einer Ware mehr Geld erzielt, als er selbst bei ihrem Kauf investiert hat. Aber dieser Gedanke ist falsch; denn in der gesamten Zirkulationssphäre von Geld und Waren gleichen sich die Gewinne des einen mit den Verlusten des anderen aus. „Die Gesamtheit der Kapitalistenklasse eines Landes kann sich nicht selbst übervorteilen (…) Die Zirkulation oder der Warenaustausch schafft keinen Wert" (Marx 1962 IV, 160).

Wenn aber der bloße Tausch von Waren keinen höheren Wert, d. h. keinen Mehrwert schafft, entsteht die Frage, ob dies durch den Gebrauch einer Ware möglich ist. Aber welche Ware könnte das sein?

„Um aus dem Verbrauch einer Ware Wert herauszuziehen, müßte unser Geldbesitzer so glücklich sein, *innerhalb der Zirkulationssphäre,* auf dem Markte, eine Ware zu entdecken, deren *Gebrauchswert* selbst die eigentümliche Beschaffenheit besäße, *Quelle von Wert* zu sein, deren wirklicher Verbrauch also selbst *Vergegenständlichung von Arbeit* wäre, daher *Wertschöpfung.* Und der Geldbesitzer findet auf dem Markt eine solche *spezifische* Ware vor – das *Arbeitsvermögen* oder *die Arbeitskraft*" (ebd., 164 f.).

Die Bildung von Mehrwert oder „Wertschöpfung" durch den Verbrauch der Ware Arbeitskraft ist dadurch möglich, dass ihr Gebrauchswert über dem Tauschwert liegt. Das bedeutet, dass der Arbeiter durch Verausgabung seiner Arbeitskraft einen größeren Wert schafft, als er an Lohn erhält. „Der Umstand, daß die tägliche Erhaltung der Arbeitskraft nur einen halben Arbeitstag kostet, obgleich die Arbeitskraft einen ganzen Tag wirken, arbeiten kann, daß daher der Wert, den ihr Gebrauch während eines Tages schafft, doppelt so groß ist als ihr eigener Tageswert, ist ein besonderes Glück für den Käufer, aber durchaus kein Unrecht gegen den Verkäufer" (ebd., 198 f.). – Es ist einsichtig, dass dieser Satz aus der Perspektive der Nationalökonomie gesagt wird, nicht aus der der politischen Ökonomie, denn für sie ist es durchaus ein Unrecht.

Das ungeheure Potential, das in der auf diese Weise gewonnenen Wertschöpfung liegt, führt zu einem Konzentrationsprozess des Kapitals. Einer immer geringeren Zahl von Kapitalisten steht eine immer größere Zahl von Arbeitern gegenüber, die eine industrielle Reservearmee bilden. Es entsteht eine Entwicklung, die schließlich zum Zusammenbruch des kapitalistischen Systems führt. Bereits in der Programmschrift *Das Manifest der kommunistischen Partei* hatte Marx das Ende der Bourgeoisie prognostiziert, indem er behauptete: „Der Fortschritt der Industrie, dessen willenloser und widerstandsloser Träger die Bourgeoisie ist, setzt an die Stelle der Isolierung der Arbeiter durch die Konkurrenz ihre revolutionäre Vereinigung durch die Assoziation. Mit der Entwicklung der großen Industrie wird also unter den Füßen der Bourgeoisie die Grundlage selbst weggezogen worauf sie produziert und die Produkte sich aneignet. Sie produziert vor allem ihre eigenen Totengräber. Ihr Untergang und der Sieg des Proletariats sind gleich unvermeidlich" (Marx 1971 II, 832). Das Ziel der Geschichte, eine klassenlose Gesellschaft, beschreibt er wie folgt: „An die Stelle der alten bürgerlichen Gesellschaft mit ihren Klassen und Klassengegensätzen tritt eine Assoziation, worin die freie Entwicklung eines jeden die Bedingung für die freie Entwicklung aller ist" (ebd., 843). In beiden Punkten bleibt sich Marx treu: in der Prognose des unvermeidlichen Untergangs der Bourgeoisie und in dem Ziel einer klassenlosen Gesellschaft. Im *Kapital* formuliert Marx diese Gedanken so:

„Mit der beständig abnehmenden Zahl der Kapitalmagnaten (…) wächst die Masse des Elends, des Drucks, der Knechtschaft, der Entartung, der Ausbeutung, aber auch die Empörung der stets anschwellenden und durch den Mechanismus des kapitalistischen Produktionsprozesses selbst geschulten, vereinten und organisierten Arbeiterklasse. Das *Kapitalmonopol wird zur Fessel der Produktionsweise,* die mit und unter ihm aufgeblüht ist. Die Zentralisation der Produktionsmittel und die Vergesellschaftung der Arbeit erreichen einen Punkt, wo sie unverträglich werden mit ihrer kapitalistischen Hülle. Sie wird gesprengt. *Die Stunde des kapitalistischen Privateigentums schlägt. Die Expropriateurs werden expropriiert.* (…) die kapitalistische Produktion erzeugt mit der Notwendigkeit eines Natur-prozesses ihre eigene Negation" (Marx 1962 IV, 926 f.). Was steht am Ende dieses Prozesses? Es ist „die menschliche Kraftentwicklung, die sich als Selbstzweck gilt, das wahre Reich der Freiheit" (s. Zitat). Seine Prognose ist – so Marx – keine Utopie, sondern strenge Wissenschaft. Als eine strenge Wissenschaft versteht auch Weber die von ihm entwickelte Soziologie, auch wenn er in seiner Kritik der kapitalistischen Gesellschaft einen anderen Ansatz wählt.

Max Weber wird 1864 in Erfurt geboren. Er studiert 1883/84 in Berlin Jura, Nationalökonomie, Philosophie und Theologie und wird dort 1889 promoviert. Zwei Jahre später erfolgt seine Habilitation über römische Agrargeschichte. 1894 wird er Professor für Nationalökonomie in Frei-burg und 1896 in Heidelberg. Dort bildet sich um ihn ein Kreis von jungen Intellektuellen, zu dem auch Karl Jaspers, Georg Lukacs und Ernst Bloch gehören. Weber wird zu einem Mitinitiator der 1909 gegründeten ‚Deutschen Gesellschaft für Soziologie'. Nach dem Ende des Ersten Welt-kriegs engagiert sich Weber für die junge Republik. Marianne Weber, seine Frau, hat darüber in ihrer umfangreichen und anschaulichen Biographie *Max Weber. Ein Lebensbild* (vgl. Weber 1989, 650) berichtet. Weber wird 1918 Mitglied der von Friedrich Naumann gegründeten Deutschen Demo-kratischen Partei. 1919 übernimmt er in München den Lehrstuhl für Nationalökonomie. Er stirbt dort im Juni 1920 (vgl. Fügen 1985; Weber 1989; Heins 1990; Pleger 2020, 322 f.).

Für Max Weber bilden Jurisprudenz, Nationalökonomie, Philosophie, Religion und Geschichte ein eng verflochtenes Band sozialgeschichtlicher Fragestellungen. Das verbindet ihn mit dem Werk von Marx (vgl. Löwith

1988, V, 324). Darüber hinaus verfolgen beide eine gemeinsame, spezifische Fragestellung. Es ist die nach den Entstehungs- und Existenzbedingungen des Kapitalismus. Doch ihre Antworten sind ganz unterschiedlich. Während Marx ihn in eine materialistische Geschichtsbetrachtung einbettet, geht es Weber darum, den „Geist des Kapitalismus" ausfindig zu machen. Einig sind sich beide allerdings darin, dass der Kapitalismus die prägende Kraft der gegenwärtigen Gesellschaft darstellt und dass er in sich fragwürdig und zwiespältig ist. Ebenso wie Marx ist Weber bereit, die ungeheure Leistungs-fähigkeit des modernen Kapitalismus anzuerkennen, umgekehrt aber stellt er auch seine negativen Auswirkungen auf die Situation des arbeitenden Menschen heraus. Während Marx zur Charakterisierung dieser Situation den Begriff der Entfremdung wählt, bezeichnet Weber den Kapitalismus als ein „faktisch unabänderliches Gehäuse", in das der Mensch „hineingeboren" wird, und „in dem er zu leben hat" (Weber 2013, 79).

Der Kapitalismus bildet daher auch den Hintergrund für die Frage der Ethik. Zu fragen ist: Wie hat sich der Kapitalismus zu einer sowohl öko-nomischen als auch ethischen Grundhaltung entwickeln können? Im Gegensatz zu Marx sieht Weber in dem „kapitalistischen Geist" die Ursache für bestimmte ökonomische Verhältnisse und nicht umgekehrt. Um die Ursachen des Kapitalismus erkennen zu können, lässt Weber zunächst einen Repräsentanten des „kapitalistischen Geistes" in seiner reinsten Form zu Wort kommen. Er findet ihn in dem amerikanischen Staatsmann, Schrift-steller und Erfinder Benjamin Franklin (1706–1790). Weber zitiert Franklin wie folgt: „Bedenke, daß die *Zeit Geld* ist; wer täglich zehn Schillinge durch seine Arbeit erwerben könnte und den halben Tag spazieren geht, oder auf seinem Zimmer faulenzt, der darf, auch wenn er nur sechs Pence für sein Vergnügen ausgibt, nicht dies allein berechnen, er hat nebendem noch fünf Schillinge ausgegeben oder vielmehr weggeworfen'" (ebd., 75).

Dieser kapitalistische Geist umfasst zwei Aspekte. Der eine besteht in einem grenzenlosen Gewinnstreben. Weber weist darauf hin, dass das Gewinnstreben nicht ein luxuriöses Leben zum Ziel hat, sondern die Möglichkeit, diesen Gewinn zu sparen oder zur Erreichung eines noch höheren Gewinns investieren zu können. Der zweite Aspekt, der mit dem ersten eine Einheit bildet, ist der wichtigere. Er besteht in einem auf die Spitze getriebenen Arbeitsethos. Ihm entsprechend kommt es darauf an, gerade den Luxus zu vermeiden, nicht zu ‚faulenzen', sich keine ‚Ver-gnügungen' zu gönnen, sondern über den Bedarf hinaus zu arbeiten. Das Arbeiten selbst wird zum eigentlichen Zweck des Lebens. Die Arbeit wird zum Beruf, mehr noch, zu einer Berufung.

Doch diese von Franklin geforderte Einstellung ist keineswegs selbstverständlich. Weber betont: „Der kapitalistische Geist [...] hat sich in schwerem Kampf gegen eine Welt feindlicher Mächte durchzusetzen gehabt. Eine Gesinnung wie sie in den zitierten Ausführungen Benjamin Franklins zum Ausdruck kam und den Beifall eines ganzen Volkes fand, wäre im Altertum wie im Mittelalter ebenso als Ausdruck des schmutzigsten Geizes und einer schlechthin würdelosen Gesinnung" verurteilt worden (ebd., 80).

Diese Haltung änderte sich erst mit der Reformation. Es war besonders die von Calvin vertretene Prädestinationslehre, die eine Wende herbeiführte. Die Frage war: Woran kann der Mensch erkennen, dass er zu den Erwählten gehört? Die Antwort ist: Es ist vor allem der durch Arbeit erzeugte äußere Erfolg. Auf diese Weise werden „jene selbstgewissen ‚Heiligen‘ gezüchtet, die wir in den stahlharten puritanischen Kaufleuten jenes heroischen Zeitalters des Kapitalismus und in einzelnen Exemplaren bis in die Gegenwart wiederfinden. Und andererseits wurde, um jene Selbstgewißheit zu *erlangen,* als hervorragendstes Mittel rastlose Berufsarbeit eingeschärft" (ebd., 150 f.).

Inzwischen hat sich der Kapitalismus seiner religiösen Ursprünge entledigt. Aus der religiösen Askese der Mönche wurde die „innerweltliche protestantische Askese" (ebd., 193) der modernen Berufsarbeit. Es ist bemerkenswert, dass bereits Marx den kapitalistischen „Schatzbildner" mit der protestantischen Ethik in Verbindung gebracht hat (vgl. Marx 1964, 959). Für Weber jedenfalls steht fest, dass mit dem Kapitalismus eine Wirtschaftsordnung geschaffen wurde, die ein „stahlhartes Gehäuse" ist, dem niemand entkommt (vgl. Weber 2013, 201). Das Fazit ist: „Indem die Askese die Welt umzubauen und in der Welt sich auszuwirken unternahm, gewannen die äußeren Güter dieser Welt zunehmende und schließlich unentrinnbare Macht über den Menschen, wie nie jemals zuvor in der Geschichte. Heute ist ihr Geist – ob endgültig, wer weiß es? – aus diesem Gehäuse entwichen. Der siegreiche Kapitalismus jedenfalls bedarf, seit er auf mechanischer Grundlage ruht, dieser Stütze nicht mehr" (ebd.). Die kapitalistische Wirtschaftsordnung ist, bei aller Zweckrationalität im Einzelnen, in ihrer Gesamtheit ein irrationales „Triebwerk", das, einmal in Gang gesetzt, mechanisch weiterläuft „bis der letzte Zentner fossilen Brennstoffs verglüht ist" (ebd.).

Die Wirkungsgeschichte von Marx und Weber verläuft denkbar unterschiedlich. Darauf hat bereits Karl Löwith in seiner 1932 veröffentlichten Studie *Max Weber und Karl Marx* hingewiesen. Weber schuf mit seinen Schriften Grundlagen für die *„bürgerliche Soziologie"*, Marx dagegen wurde zum Schöpfer des politisch bedeutsamen *„Marxismus"* (vgl. Löwith 1988, V, 324). Während der Marxismus nach der russischen Revolution von 1917 die weltanschauliche Grundlage für die Sowjetunion bildete, ohne allerdings ein ‚Reich der Freiheit' zu begründen, behauptete sich der von Weber charakterisierte ‚Geist des Kapitalismus' in der westlichen Welt erfolgreich. Nach dem Ende des Zweiten Weltkriegs kam es zwischen beiden Weltmächten zu einem ‚kalten Krieg' und zu einem ‚Wettkampf der Systeme'. Ökonomisch standen sich ‚Kapitalismus' und ‚sozialistische Planwirtschaft' unversöhnlich gegenüber. In dieser Situation hat Milton Friedman im Jahr 1962 sein viel beachtetes Buch zur Rechtfertigung des Kapitalismus mit dem bezeichnenden Titel *Capitalism and Freedom* verfasst. Heute, mehr als hundert Jahre nach dem Tod Webers, ist die marxistische Utopie der Sowjetunion mit ihrem Zerfall an ein Ende gekommen. Die aber von Weber prognostizierte Zukunft des Kapitalismus und des mit ihm verbundenen Endverbrauchs fossiler Brennstoffe hat mit der immer stärker ins Bewusstsein tretenden ökologischen Krise eine neue, ungeahnte Bedeutung bekommen. Allerdings ist damit das Ende des Kapitalismus nicht zwangsläufig verbunden. Er tritt in eine neue kritische Phase.

3   Kapitalismus und freier Markt (Friedman)

Grundsätzlich gibt es nur zwei Arten, die wirtschaftlichen Aktivitäten von Millionen von Menschen zu koordinieren: Die eine ist die zentral gelenkte, wobei mithilfe von Zwangsmaßnahmen gearbeitet wird, also mit Techniken, wie sie Armeen und totalitäre Staaten anwenden. Die zweite Art ist die freiwillig gesteuerte, also die Kooperation einzelner Individuen, wie man sie auf jedem Marktplatz erleben kann.

Die Möglichkeit der Koordination durch freiwillige Kooperation basiert auf der elementaren – freilich häufig verneinten – Voraussetzung, dass beide Parteien einer wirtschaftlichen Transaktion von ihr profitieren, *vorausgesetzt, die Transaktion geschieht auf beiden Seiten freiwillig und in vollem Wissen darüber, was geschieht./* Der Austausch kann daher Koordination ohne Zwang herbeiführen. Das funktionierende Modell einer Gesellschaft, die durch das Mittel des freiwilligen Austausches organisiert wird, ist die *freie, auf privatem Unternehmertum basierende Marktwirtschaft* – was wir den Wettbewerbs-Kapitalismus genannt haben. [...].

Die Existenz eines freien Marktes ersetzt natürlich nicht die Notwendigkeit einer Regierung. Im Gegenteil: Die Regierung ist einmal wichtig als das Forum, das die „Spielregeln" bestimmt, und zum anderen als der Schiedsrichter, der über die Regeln wacht und sagt, ob sie auch richtig ausgelegt wurden. Die große Leistung des Marktes besteht darin, dass er die Anzahl der Probleme reduziert, die mithilfe politischer Maßnahmen entschieden werden müssen. Der Markt hilft dabei, den Umfang zu minimieren, in dem die Regierung direkt in das Spiel eingreift.

(Milton Friedman: Kapitalismus und Freiheit. München/Berlin 2015, S. 36 u. 38).

Milton Friedman wird 1912 als Sohn ungarischer, jüdischer Einwanderer in New York geboren. Er studiert zunächst an der Universität in New Jersey Mathematik und Ökonomie, setzt sein Studium der Ökonomie dann aber an der Universität von Chicago fort und schließt es mit dem Titel ‚Master of Arts' ab. Seine Dissertation verfasst er an der ‚Columbia University'. 1946 beginnt Friedman seine Lehrtätigkeit an der Universität von Chicago und begründet dort die sogenannte ‚Chicagoer Schule'. Er wird 1959 in die ‚American Academy of Arts und Sciences' gewählt. Mit seinem 1962 erschienenen Buch *Capitalism and Freedom* (dt. *Kapitalismus und Freiheit*) wird er berühmt und einem breiteren Publikum bekannt. 1970–72 ist er Präsident der von Friedrich August von Hayek gegründeten Mont Pelerin Society (vgl. Hayek 2005). Er beendet seine Lehrtätigkeit an der Universität in Chicago im Jahre 1976 und erhält im selben Jahr den Nobelpreis für Wirtschaftswissenschaften. Er stirbt 2006 in San Francisco (vgl. Pies/ Leschke, Hg. 2004).

Im Zentrum der von Friedman vertretenen ökonomischen Theorie steht die, im Zuge der mit der Französischen Revolution, entstandene Verbindung politischer und wirtschaftlicher Freiheit innerhalb einer bürgerlichen Gesellschaft. Entzog diese der feudalen Despotie ihre Machtgrundlage und erkämpfte sich ihr gegenüber Autonomie, so behielt der ökonomische Liberalismus, zu dem sich auch Friedman bekennt, seine Frontstellung gegen den Staat bei, auch nachdem dieser spätestens in der zweiten Hälfte des 20. Jahrhunderts nicht mehr obrigkeitsstaatlich organisiert war, sondern demokratisch. Sein Kampf richtet sich nicht nur gegen das kommunistische Regime in Russland, sondern ebenso gegen, seiner Meinung nach, autoritäre Tendenzen in Staaten der westlichen Welt. Es gibt für ihn, idealtypisch betrachtet, nur zwei Wirtschaftssysteme: den auf Freiheit beruhenden „Wettbewerbs-Kapitalismus" und die „zentral gelenkte", mit „Zwangsmaßnahmen" durchgesetzte, Planwirtschaft, wie sie „totalitäre Staaten" praktizieren (s. Zitat). Er begreift die wirtschaftliche Freiheit bemerkenswerter Weise nicht als Folge der politischen, sondern umgekehrt die politische als Folge der wirtschaftlichen. Der freie Markt und die ihn bestimmende wirtschaftliche Freiheit, konsequent praktiziert, führen zur politischen Freiheit. Friedman führt diesen Gedanken wie folgt aus:

„Der Markt sichert die wirtschaftliche Freiheit. Aber diese Eigenschaft führt zugleich weit über den Bereich des rein Wirtschaftlichen hinaus. Politische Freiheit bedeutet, dass es keinen Zwang eines Menschen über einen anderen geben darf, [...] sei es durch einen Monarchen, einen Diktator, eine Oligarchie oder eine momentane demokratische Majorität. Die Bewahrung der Freiheit verlangt die Eliminierung solcher Machtzusammenballung, so weit es nur geht. Die Macht, die dann noch übrig bleibt, muss weitmöglichst verteilt und zerstreut sein – als ein echtes System der ‚Checks and Balances'. Indem er die Organisation der wirtschaftlichen Aktivitäten der Kontrolle der politischen Instanzen entzieht, eliminiert der Markt zugleich die Quelle der Macht, Zwänge auszuüben. Er ermöglicht es, der wirtschaftlichen Stärke der politischen Macht eher einen Zügel anzulegen als irgendwelche sonstigen Maßnahmen, die man bisher dagegen ergriffen hat" (Friedman 2015, 38 f.).

Zwar plädiert Friedman nicht für die Abschaffung des Staates, denn dieser ist die Institution, die die wirtschaftliche Freiheit zu garantieren hat, aber damit er das in der rechten Weise tut, ist es notwendig, der „politischen Macht" mithilfe der „wirtschaftlichen Stärke" des freien Marktes gelegentlich „Zügel anzulegen", auch einer solchen, die durch eine „demokratische Majorität" zustande gekommen ist. Wie das geschehen soll, sagt er jedoch nicht. Gelegentlich reicht selbst eine „einfache Mehrheit" nicht aus, um eine politische Entscheidung zu legitimieren. „So wird sich zum Beispiel kaum einer damit einverstanden erklären, Probleme der Redefreiheit durch einfache Mehrheit entschieden zu wissen" (ebd., 48).

Innerhalb der Gesellschaft übt der freie Markt jedoch einen wohltuenden Einfluss auf das politische Klima aus, denn er diskriminiert nicht nach den dort herrschenden politischen und gesellschaftlichen Vorurteilen. „Kein Brotkäufer weiß, ob der verwendete Weizen von einem Kommunisten oder Republikaner, Konstitutionalisten oder Faschisten, von einem Farbigen oder einem Weißen angebaut wurde. Das macht deutlich: Ein unpersönlicher Markt trennt wirtschaftliche Aktivitäten von politischen Ansichten und schützt zugleich den Einzelnen vor Diskriminierung infolge von Gründen, die mit seiner individuellen Produktivität nichts zu tun haben" (ebd., 45).

Für wirtschaftliche wie politische Freiheit gelten dieselben Prinzipien, nämlich „freie Diskussion und freiwillige Zusammenarbeit. Das Ideal ist die Übereinstimmung von verantwortlichen Individuen, die aufgrund freier Diskussion erreicht worden ist" (ebd., 46). Dem freien Markt aber kommt dabei die führende Rolle zu, denn so Friedman: „Je mehr Aktivitäten durch den Markt erfasst werden, umso geringer ist die Zahl der Probleme, die eine eindeutige politische Entscheidung und Einigung erfordern" (ebd.,

47). Überall dort, wo der freie Markt sich eigene Regeln schafft, ist das Eingreifen des Staates nicht nur überflüssig, sondern schädlich. Friedman beruft sich bei seinem ökonomischen Konzept ausdrücklich auf Adam Smith und das von ihm verwendete Bild der „unsichtbaren Hand", die im freien Markt angeblich dafür sorgt, dass durch die egoistischen Interessen der einzelnen Wirtschaftsbürger ganz unbeabsichtigt das Gemeinwohl gefördert wird. Friedman zitiert Smith wie folgt: „Indem der Einzelne seine eigenen Ziele zu erreichen sucht, dient er oft den Interessen der Gesellschaft besser, als wenn er sie bewusst verfolgt. Ich habe nicht viel Gutes von denen gesehen, die vorgaben, für das Allgemeinwohl zu arbeiten'" (ebd., 165; vgl. Smith 2009, 451).

Ein Minimum an staatlicher Autorität muss jedoch erhalten bleiben, denn die Freiheit des Individuums wird nicht nur mit gefährlichen Konzentrationen gesellschaftlicher und politischer Macht konfrontiert, sondern ebenso mit der Freiheit des anderen Individuums. Das bedeutet: „Bei der Freiheitsentfaltung der Menschen kann es zu Konflikten kommen, und dann muss die Freiheit eines Menschen beschränkt werden, um die Freiheit des anderen zu bewahren" (Friedman 2015, 49). Konflikte dieser Art werden durch die Gerichte gelöst. Eine besondere Rolle spielen in diesem Zusammenhang Fragen des Eigentumsrechts. Außerdem hat der Staat, jedenfalls in den USA, für sich einen entscheidenden Bereich des Wirtschaftslebens ganz für sich in Anspruch genommen, der inzwischen von niemandem mehr in Frage gestellt wird; es handelt sich um das „Geldwesen". „Die Verfassung sieht ausdrücklich vor, und der Kongress ist dadurch ermächtigt, ‚Geld zu prägen und den Wert der eigenen und fremden Währung zu regulieren'" (ebd., 51). Friedman fasst seine Überlegungen zur Rolle des Staates für das Wirtschaftsleben wie folgt zusammen: „Die Organisation des Wirtschaftslebens durch freiwilligen Austausch setzt voraus, dass wir über die Instanz der Regierung die Voraussetzungen für die Aufrechterhaltung von Ruhe und Ordnung geschaffen haben. Das bedeutet, dass die Menschen keinen Zwang gegeneinander ausüben dürfen, dass Verträge, die freiwillig abgeschlossen wurden, eingehalten werden müssen. Die Bedeutung der Eigentumsrechte ist juristisch festgelegt, desgleichen ihre Auslegung und Durchsetzung. Es gibt einen festgelegten monetären Rahmen" (ebd., 51).

Wenn jede Machtkonzentration in einer freien Gesellschaft gefährlich ist, dann gilt das allerdings nicht nur für politische Macht, sondern ebenso auch für wirtschaftliche. Eine solche Machtkonzentration stellt das Monopol dar, das den freiwilligen Austausch unter den Marktteilnehmern und echte Konkurrenz behindert. Gewöhnlich wird unter Monopol die, gerade im

Kapitalismus häufig auftretende, privatwirtschaftliche Konzentration großer Unternehmen verstanden, für die der Staat nicht verantwortlich ist. Doch Friedman beurteilt die Rolle des Staates bei der Monopolbildung anders. Er sagt: „In der Praxis entstehen Monopole häufig – wenn nicht sogar immer – durch Regierungssubventionen oder durch kollektive Absprachen der einzelnen Unternehmer" (ebd., 52). In einzelnen Fällen kann ein Staatsmonopol sogar sinnvoll sein. „Ein einfaches Beispiel ist vielleicht die Einrichtung von Telefondiensten innerhalb eines Staates" (ebd., 52). In diesem Fall handelt es sich um ein „technisches Monopol".

Ein negatives Beispiel für ein Staatsmonopol stellt jedoch das Eisenbahnwesen dar, das im 19. Jahrhundert wohl aus technischen Gründen seine Berechtigung hatte, das sich inzwischen aber „zum Schutzorgan der Eisenbahn gegen die Konkurrenz von Lastkraftwagen und anderen Transportmitteln entwickelt" (ebd., 53). Dasselbe betrifft die Post. „So gibt es zum Beispiel keinen plausiblen Grund für unser heutiges staatliches Postmonopol" (ebd., 54). Auch in anderen Bereichen wäre es möglich und sinnvoll, das staatliche Monopol aufzugeben und es privaten Unternehmungen zu überlassen, so z. B. bei „großen Fernstraßen mit hoher Verkehrsdichte und wenig Zufahrten" (ebd., 55) oder aber bei Nationalparks, wie etwa dem von „Yellowstone", bei dem es nur wenige Zugänge gibt. Die Beispiele zeigen, dass im Laufe der Zeit die „negativen Auswirkungen einer verstärkten Regierungsintervention" immer deutlicher werden und „die Liberalen von heute" die Ausmaße „des riesigen Staatsapparates" in zunehmendem Maße kritisieren (vgl. ebd., 57). Das Argument, das Friedman gegen eine Vergrößerung des „Staatsapparates" vorbringt, besteht seiner Meinung nach in der Gefahr der Machtkonzentration und im Verlust der Freiheit des Individuums. Die ist aber einem Liberalen besonders wichtig. „Seiner Ansicht nach muss zu diesem Zweck die Macht aufgeteilt werden. Er wird argwöhnisch, wenn der Regierung Funktionen zugeteilt werden, die der Markt ausführen könnte. Denn das setzt Zwang an die Stelle von Kooperation und bedroht dadurch, dass die Regierung eine größere Rolle erhält, die Freiheit auch auf anderen Gebieten" (ebd., 62).

Das beginnt bei der Geldpolitik. „Eine Kontrolle des Staates über den Goldpreis ist, genauso wie jede andere Preiskontrolle, mit einer freien Wirtschaft unvereinbar" (ebd., 82). Der Versuch, die eigene Währung gegenüber anderen Währungen zu stützen ist genauso verfehlt wie Zollbeschränkungen, mit denen die eigene Warenproduktion vor fremden Importen geschützt werden sollen (vgl. ebd., 96). Das gilt selbst dann, wenn andere Länder Zölle erheben. Seine Botschaft ist in diesem Fall: „Wir könnten der übrigen Welt sagen: Wir glauben an die Freiheit, und wir möchten sie auch praktizieren. Niemand kann euch zwingen, frei zu sein. Das ist eure Sache. Aber wir können euch volle Kooperation anbieten, mit gleichen Bedingungen für alle. Unser Markt steht euch offen. Verkauft hier, was ihr könnt, und was ihr wollt. Nutzt die Gelegenheiten, zu kaufen, was ihr möchtet. So kann die Kooperation zwischen den einzelnen Menschen weltweit sein und frei" (ebd., 97). Es betrifft aber auch die Investitionspolitik des Staates im eigenen Land, mit der nach Keynes (1883–1946) eine schwache Wirtschaft unterstützt werden soll (vgl. Keynes 2009). Friedman hält diesen Ansatz für völlig falsch (vgl. Friedman 2015, 105 f.).

Aber auch andere Einflüsse des Staates im eigenen Land sollten zurückgedrängt werden. Einer davon ist das Schulwesen. Friedman ist davon überzeugt, dass die meisten Familien in der Lage sind, „die finanziellen Opfer, die für die grundlegende Schulbildung erbracht werden müssen", selbst zu tragen. Geschähe dies, dann hätte das einen positiven Effekt auf die Reduktion des Staatsapparates. „Dies würde die ganze Staatsmaschine zum Verschwinden bringen, die heute noch erforderlich ist, um die Steuern von allen Einwohnern während ihres ganzen Lebens einzutreiben und sie meist diesen Leuten nur zurückzugeben während der Zeit, in der ihre Kinder auf der Schule sind" (ebd., 110). Abgesehen davon könnte damit zugleich die Einmischung des Staates in die Verwaltung der Schule vermindert werden (vgl. ebd.). Stattdessen könnte der Staat Eltern „Gutscheine" geben, „die bis zu einer bestimmten Summe pro Kind und Jahr eingelöst werden können, um dafür ‚staatlich anerkannte' Ausbildungsleistungen einzukaufen" (ebd., 113). Die Privatisierung der Schulen geschähe dadurch, dass „die bestehenden Einrichtungen an private Unternehmer verkauft werden" (ebd., 122). Der Vorteil für die Eltern bestünde darin, dass sie eine größere Vielfalt in der Wahl des geeigneten Ausbildungsplatzes für ihr Kind hätten.

Noch abwegiger als das staatlich organisierte Schulwesen ist die „subventionierte Ausbildung von Tierärzten, Schönheitsoperateuren und Zahntechnikern sowie eines Heeres anderer Spezialisten – wie es in den von den Vereinigten Staaten unterstützten Ausbildungsinstitutionen weithin geschieht" (ebd., 112). Problematisch ist auch die staatliche Subventionierung der College-Ausbildung. Um Familien mit geringem Einkommen zu unterstützen, könnte eine „Regierungsbehörde" den Betroffenen einen Kredit gewähren, die der Empfänger zu einem bestimmten Zinssatz „über eine festgelegte Höhe" an den Staat zurückzahlt (vgl. ebd., 131). Die Gefahr, dass der Empfänger nach seiner Ausbildung auswandert, ohne den Kredit zurückzuzahlen, ist gegenüber den Vorteilen zu vernachlässigen (vgl. ebd., 132).

Eine weitere schädliche Einflussnahme des Staates auf den freien Markt ergibt sich aus der Gesetzgebung, die die „Chancengleichheit für alle auf dem Arbeitsmarkt" garantieren und die „Diskriminierung' auf dem Arbeitsmarkt aufgrund von rassischer Zugehörigkeit, Hautfarbe oder Religion" (ebd., 138) verhindern soll. Selbst wenn man wie Friedman davon überzeugt ist, „dass ein Mensch nach dem beurteilt werden sollte, was er ist und was er tut und nicht aufgrund derart äußerlicher Charakteristika" (ebd., 137), sei es nicht gerechtfertigt, anderen Menschen seine Vorlieben und Abneigungen gegenüber bestimmten Personen vorzuschreiben, vor allem dann, wenn sich daraus für ihn wirtschaftliche Nachteile ergeben. Das aber wäre z. B. der Fall, wenn etwa in einem „Gemüseladen" der Besitzer aufgrund der Gesetzgebung gezwungen würde, die erste freie Stelle einem qualifizierten „Schwarzen" zu geben, mit der Konsequenz, dass seine Kunden, die eine „starke Aversion dagegen haben, von Schwarzen bedient zu werden", wegbleiben. Die Folge wäre auf jeden Fall Einkommenseinbußen. „Wenn die Abneigung der Einwohner stark genug ist, könnte der Laden sogar dazu gezwungen sein, zu schließen" (ebd., 138).

Die freie Wahl der Marktteilnehmer, wie immer sie auch durch fragwürdige Geschmacksurteile bestimmt sein mag, darf durch den Staat nicht beeinflusst werden. Oftmals lässt sich nicht einmal feststellen, was dabei schließlich den Ausschlag gab. Friedman erläutert das an folgendem Beispiel: „Wenn die Allgemeinheit insgesamt Blues-Sänger Opern-Sängern vorzieht, erhöht sie zweifelsohne den wirtschaftlichen Wohlstand der Ersteren in Relation zu dem der Letzteren. [...] Der potenzielle Opern-Sänger ist ‚benachteiligt' durch den Geschmack der Allgemeinheit" (ebd., 139). Friedman fasst sein Plädoyer für den freien Markt und gegen Gesetze zur Bekämpfung von Diskriminierung wie folgt zusammen: „Wie schon betont ist es für diejenigen unter uns, die der Meinung sind, dass ein bestimmtes Kriterium, wie die Hautfarbe, irrelevant sei, angebracht, unsere Mitmenschen zu überzeugen, der gleichen Ansicht zu sein. Nicht angebracht ist jedoch die Anwendung von Zwang durch die Staatsgewalt, um sie dazu zu zwingen, in Übereinstimmung mit unseren Prinzipien zu handeln" (ebd., 142).

Die konkreten Arbeitsbedingungen sollten ebenso wie die vereinbarten Löhne zwischen Arbeitgebern und Arbeitnehmern ausgehandelt werden, wobei der Arbeitgeber kein anderes Ziel verfolgen sollte als das Wohl seiner Aktionäre und die Arbeitnehmer ebenso ihre Interessen. Sind die Arbeitnehmer in Gewerkschaften organisiert, verschiebt sich das Kräfteverhältnis zum Teil erheblich. Arbeitnehmer, die in Branchen mit starken Gewerkschaften beschäftigt sind, haben eine erheblich größere Chance, ihre Gehaltsforderungen durchzusetzen. Doch daraus ergeben sich häufig negative Auswirkungen auf die übrigen Arbeitnehmer. Friedman erläutert diesen Sachverhalt so: „Da im Allgemeinen die Gewerkschaften ihre stärkste Position in sowieso gut bezahlten Gruppen von Arbeitnehmern haben, war die Auswirkung ihrer Aktivität, dass gut bezahlte Arbeiter noch höher bezahlt wurden, was zu Lasten der Arbeitnehmer mit geringeren Einkommen ging" (ebd., 154). Unter dieser Voraussetzung erscheint es nicht verwunderlich, wenn Friedman zu folgender negativer Einschätzung der Rolle der Gewerkschaften kommt: „Die Gewerkschaften haben daher nicht nur der Allgemeinheit und der Gesamtheit der Arbeitnehmer geschadet, indem sie das Gleichgewicht auf dem Arbeitsmarkt störten, sondern sie trugen auch dazu bei, die Einkommensverteilung der Arbeitenden durch Verminderung der Möglichkeiten für die am stärksten benachteiligten Arbeiter ungünstiger zu gestalten" (ebd.).

Gleichwohl ergreift unverständlicherweise – so Friedman – der Staat nicht Partei für das durch die Gewerkschaften gefährdete Wohl der Allgemeinheit, sondern unterstützt diese sogar noch bei ihren Kämpfen. „Gewerkschaftliche Kampfmaßnahmen, die mit tatsächlicher oder möglicher physischer Gewalt oder mit Zwang Hand in Hand gehen, wären ohne die unausgesprochene Tolerierung durch die Staatsgewalt schwer möglich" (ebd., 162).

Eine weitere Beeinträchtigung des freien Marktes durch den Staat geschieht durch den Lizenzzwang in vielen Berufen, der zur Folge hat, dass jemand den von ihm angestrebten Beruf nur ausüben darf, wenn er dafür eine staatliche Genehmigung vorweisen kann. Es handelt sich um das Überbleibsel des „mittelalterlichen Zunftsystems" (ebd., 169). Friedman betont, dass dieser Zwang „eine ernstliche Einschränkung für das Individuum darstellt, Tätigkeiten ihrer freien Wahl nachzugehen" (ebd., 174). Friedman erläutert seine Kritik am Beispiel der Medizin, für den er den Lizenzzwang aufheben möchte. Den erwartbaren Einwand, dass es gerade in diesem Bereich wichtig ist, dass die berufliche Qualifikation nur durch eine Prüfung garantiert werden kann, die anschließend durch die Lizenzvergabe dokumentiert wird, widerspricht Friedman mit dem Argument, „dass die Tatsache eines vor 20 oder 30 Jahren bestandenen Examens schwerlich gegenwärtig fachliche Kompetenz garantiert" (ebd., 191). Er fragt sich, wie hätte sich die Medizin entwickelt unter folgender Voraussetzung: „ein jeder hätte als Arzt praktizieren können, mit der einzigen Einschränkung der rechtlichen und finanziellen Verantwortlichkeit für jeden durch Betrug oder Nachlässigkeit angerichteten Schaden"? (ebd., 191). Seine Antwort lautet: „Anstelle von Individualpraxen plus großen Krankenhauseinheiten, die der öffentlichen Hand oder karitativen Organisationen unterstehen, hätten sich vielleicht medizinische Konglomerate oder Gesellschaften gebildet – eben medizinische Teams. [...] Diese medizinischen Teams – Warenhäuser der Medizin, wenn man so will – hätten eine vermittelnde Funktion zwischen Arzt und Patient eingenommen. In ihren Eigenschaften als Langzeiteinrichtungen, die an einen Standort gebunden sind, hätten sie ein starkes Interesse an einem guten Ruf bezüglich Zuverlässigkeit und hohem Qualitätsstandard besessen. Aus den gleichen Gründen hätten die Klienten diesen Ruf kennen gelernt" (ebd., 191 f.). Die Qualität bliebe garantiert – so Friedman – und jeder Patient hätte die freie Arztwahl und wäre nicht der „Zentralplanung seitens der Regierung" ausgeliefert sowie „Einrichtungen in der Art eines Berufsmonopols" (ebd., 192).

Ein anderes Thema im Zusammenhang des freien Marktes bilden die z. T. erheblichen Unterschiede der Einkommen. Lassen die sich ethisch rechtfertigen? Macht man, wie Friedman, die Freiheit des Individuums zur Grundlage der Antwort, dann lassen sich die Unterschiede auf zweifache Weise erklären: durch Fleiß und Glück. Für die erste nennt er folgendes Beispiel: „Jemand mag eine Routinetätigkeit mit viel Freizeit und Gelegenheit zum Sonnenbaden einer höher dotierten, aber anstrengenderen Betätigung vorziehen, und ein anderer mag genau umgekehrt empfinden" (ebd., 194). Harte Arbeit wird in der Regel höher dotiert als leichte, und so sind die daraus entstehenden Einkommensunterschiede als das unterschiedliche Engagement der Individuen zu erklären. Doch auch das Glück spielt dabei eine nicht unerhebliche Rolle. Insofern gleicht das berufliche Engagement auch einem Lotteriespiel mit ungewissem Ausgang. „Das Mädchen, das Filmschauspielerin und nicht Beamtin werden möchte, und der Mensch, der anstelle von öffentlichen Schuldverschreibungen lieber ein paar Uranwerte erwirbt, entscheiden sich freiwillig für die Lotterie" (ebd.).

Die sich daraus ergebenden Vermögensunterschiede können durch freiwilliges Engagement im Bereich der Wohltätigkeit gemildert werden. „Eine weltweite ‚Geschenkverteilung' würde jedoch jede Zivilisation unmöglich machen" (ebd., 197). Im Übrigen sei die ökonomische Ungleichheit in kapitalistischen Ländern keineswegs so groß, wie immer behauptet wird. Er sagt, bezogen auf das Jahr 1962: „Es gibt sicherlich entschieden weniger Ungleichheit in westlichen kapitalistischen Gesellschaften wie den skandinavischen Ländern, Frankreich, Großbritannien und den Vereinigen Staaten als in einer Statusgesellschaft wie in Indien oder in einem rückständigen Land wie Ägypten. Vergleiche zu kommunistischen Ländern wie Russland sind schwieriger zu bringen, da es zu wenig und nur recht unzuverlässige Informationen gibt" (ebd., 201).

Eine wichtige Maßnahme des Staates, den ungleichen Einkommens-
verhältnissen Rechnung zu tragen, besteht in einer „progressiven Steuer-
staffelung". Friedman spricht sich, ebenso auch wie Hayek (vgl. Hayek
2005, 416), gegen eine Progressionssteuer und für eine einheitliche
Proportionalsteuer aus. Das Argument, dass dadurch dem Staat notwendige
Einnahmen fehlten, lässt er nicht gelten. Er macht folgende Rechnung auf:
„Unser gegenwärtiger Steuersatz geht von 20 bis 91 %, die 50 %-Marke
wird bei einem jährlichen versteuerbaren Einkommen von 18.000 $ für
Einzelpersonen oder 36.000 $ für Ehegatten mit gemeinsamem Jahresaus-
gleich erreicht. Dabei würde ein gleich bleibend proportionaler Steuersatz
von 23,5 % auf das versteuerbare Einkommen, wie es gegenwärtig definiert
ist, d. h. über dem gegenwärtigen Freibetrag und nach allen gegenwärtig
gestatteten Abzügen, das gleiche Aufkommen erbringen wie das gegenwärtige stark progressive Schema" (Friedman 2015, 208).

Schließlich richtet sich Friedmans entschiedene Kritik auf das staatliche Rentensystem. Er fragt: „Was für eine Berechtigung kann es für eine
Besteuerung der Jugend zur Unterstützung der Alten, unabhängig vom
wirtschaftlichen Status der Alten, geben?" (ebd., 218). Nicht nur wird dem
Einzelnen damit die Freiheit genommen, aufgrund eigener Entscheidung für
sein Alter zu sorgen, der Staat verpflichtet ihn mit dem Kauf der „Renten-
marken" ein System zu unterstützen, das die Lasten ungleich und daher
ungerecht verteilt. Zwar mag in bestimmten Bereichen eine Versicherungs-
pflicht sinnvoll sein, so z. B. bei der „Kraftfahrzeughaftpflichtversicherung",
aber in diesem Fall schreibt der Staat nicht vor, bei welchem der vielen Ver-
sicherer die Police abgeschlossen wird, noch bietet er gar eine solche an.
Friedmans vernichtende Kritik lautet: „So wie ich die Lage der Dinge sehe,
kann nur ein einseitiger und engstirniger Sozialist oder ein Befürworter
zentralistischer Machtausübung um ihrer selbst willen sich für das Prinzip
der Verstaatlichung der Zuteilung von Rentenanspruchsnachweisen einsetzen" (ebd., 222).

Wie aber soll der Staat, jenseits der wichtigen privaten Wohltätigkeit
mit der Armut der sozial Schwachen umgehen? Friedman möchte diese
Menschen nicht ihrem Schicksal überlassen. Seine Lösung ist ein staatlich
garantiertes „Grundeinkommen". Wenn eine Person – so sein Vorschlag –
ein Einkommen hätte, das 100 Dollar unter dem Steuerfreibetrag liegt,
würde sie „negative Steuern bezahlen, also eine Zuwendung erhalten. [...]
Wenn sie überhaupt kein Einkommen bezöge [...] würde sie bei konstantem
Zuwendungssatz 300 Dollar erhalten. [...] Die genaue Höhe des Grund-
einkommens hinge davon ab, was die öffentliche Hand aufbringen könnte"
(ebd., 228 f.).

Friedmans These, es gäbe im Bereich der Wirtschaft nur die Alternative Kapitalismus oder kommunistische Planwirtschaft, blieb nach der Weltwirtschaftskrise von 1929–1932 nicht unwidersprochen. Gesucht wurde nach einem „Dritten Weg". Der Wirtschaftswissenschaftler Alexander Rüstow (1885–1963) prägte dafür den Ausdruck „Neoliberalismus". Als ein ‚dritter Weg' ist auch die von Ludwig Erhard (1897–1977) in Deutschland eingeführte „soziale Marktwirtschaft" zu verstehen, die den ‚Sozialstaat', und nicht den kapitalistischen ‚Minimalstaat' zum Leitbild hat (vgl. Erhard 2009, 190). Einen negativen Klang bekam der Begriff „Neoliberalismus" als Friedman ab 1973 das Regime von Pinochet ökonomisch beriet. Heute steht der Begriff für einen rücksichtslosen Kapitalismus. Dagegen plädiert Piketty für eine Modernisierung des ‚Sozialstaats' „im 21. Jahrhundert" (vgl. Piketty 2016, 627).

4   Neoliberalismus und ‚homo oeconomicus' (Brown)

Die Behauptung, daß der Neoliberalismus für das Wesen und die Zukunft der Demokratie in jeglicher Form grundlegend zerstörerisch ist, beruht auf einem Verständnis des Neoliberalismus, das ihn als etwas anderes als eine Menge wirtschaftspolitischer Verfahren, eine Ideologie oder eine Umgestaltung der Beziehung zwischen Staat und Wirtschaft versteht. In dem Maße, wie sich eine normative Ordnung der Vernunft über drei Jahrzehnte hinweg zu einer weit und tief verbreiteten Regierungsrationalität entwickelte, verwandelt der Neoliberalismus jeden Bereich und jedes Unterfangen des Menschen gemeinsam mit den Menschen selbst gemäß einem bestimmten Bild des Ökonomischen. Jedes Verhalten ist ökonomisches Verhalten; alle Bereiche des Lebens werden in ökonomischen Begriffen und Metriken erfaßt und gemessen, auch wenn diese Bereiche nicht direkt monetarisiert werden. Innerhalb der neoliberalen Vernunft und in den Bereichen, die von ihr beherrscht werden, sind wir bloß noch und überall Exemplare des *Homo oeconomicus,* der selbst eine historisch spezifische Form hat.
(Wendy Brown: Die schleichende Revolution. Wie der Neoliberalismus die Demokratie zerstört. Berlin 2015, S. 7 f.)

Wendy Brown wird 1955 in Kalifornien geboren. Sie studiert Politikwissenschaft und Ökonomie an der ‚University of California' in Santa Cruz und

Philosophie an der ‚Princeton University', wo sie 1983 auch promoviert wird. 1999 wird sie First Professor of Political Science an der ‚University of California' in Berkeley. Ihre Forschungsschwerpunkte sind Politische Theorie, Kritische Theorie der Gesellschaft und Geschlechterforschung. Als Kritikerin des Neoliberalismus unterstützt sie die Occupy-Wall-Street-Bewegung. Ihr 2010 erschienenes Buch *Walled States, Waning Sovereignty* wird 2012 mit dem David Easton Price in Political Theory ausgezeichnet.

Der von Brown gebrauchte Begriff des Neoliberalismus stellt eine Radikalisierung bestimmter Erscheinungsformen des Kapitalismus der letzten Jahrzehnte dar. Seine eindeutig negative Bedeutung erhielt er, nachdem Ökonomen der Universität von Chicago, zu denen auch Friedman gehörte, nach dem Sturz von Allende im Jahre 1973 dem Diktator Pinochet ihre ökonomische Theorie als ein „Experiment" nahebrachten (vgl. Brown 2015, 19). Die Ideologie des Neoliberalismus besteht darin, dass sie den ungehinderten Marktmechanismus und die in ihm wirksamen Kräfte an die Stelle demokratischer Willensbildungsprozesse der Bürger setzt. Der ‚homo oeconomicus' verdrängt den ‚homo politicus'. Das ist Browns zentrale These.

Um diese These in ihrem geschichtlichen Kontext zu verstehen, erscheint es sinnvoll, sie mit dem Entstehen der bürgerlichen Gesellschaft in Verbindung zu bringen. Im Zuge der Französischen Revolution, in der Adel und Klerus entmachtet wurden, ergriff der dritte Stand, das Bürgertum, die Macht. Für den Begriff Bürger aber gibt es im Französischen zwei Ausdrücke, ‚citoyen' und ‚bourgeois'. Der erste bezeichnet den Staatsbürger, der zweite den Wirtschaftsbürger. Der erste ist der ‚homo politicus', der zweite der ‚homo oeconomicus'. In seiner Kritik der bürgerlichen Gesellschaft macht Marx nun darauf aufmerksam, dass der ‚bourgeois', d. h. der Wirtschaftsbürger und nicht der ‚citoyen', die führende Stellung in der nach der Revolution entstandenen bürgerlichen Gesellschaft übernommen hätte. Der politische Bereich, ja der Staat selbst, verlöre seine, noch von Hegel betonte, übergeordnete Stellung. Im Anschluss an diese Überlegungen von Marx beschreibt Brown nun im ersten Teil ihres Buches den Neoliberalismus als den Prozess der vollständigen Verdrängung des ‚homo politicus' durch den ‚homo oeconomicus'.

Gilt vielfach Adam Smith mit seinem 1776 erschienenen Buch *Wohlstand der Nationen* als Gründungsvater kapitalistischen Denkens (vgl. Smith 2009), so rehabilitiert Brown ihn, indem sie auf das radikal Neuartige des gegenwärtigen Neoliberalismus hinweist. „Weit entfernt von Adam Smith' Geschöpf, das von dem natürlichen Drang, zu ‚handeln und Dinge gegeneinander auszutauschen' angetrieben wird, ist der heutige *Homo oeconomicus* ein sorgfältig konstruiertes und geregeltes Stück Humankapital, das die

Aufgabe hat, seine Position im Wettbewerb zu verbessern und wirksam einzusetzen sowie seinen (monetären und nichtmonetären) Bestandswert, über
all seine Bemühungen und Schauplätze hinweg zu fördern" (Brown 2015,
8). Keineswegs geht es Brown bloß um die These, dass der Bereich der Wirtschaft in zunehmendem Maße Einfluss auf politische Prozesse nimmt und
die Korruption zunimmt. „Vielmehr wandelt die neoliberale Vernunft [...]
die Bedeutung und Tätigkeit der wesentlichen Bestandteile der Demokratie
in etwas *Ökonomisches* um. Liberaldemokratische Institutionen, Praktiken
und Gewohnheiten werden diese Umwandlung vielleicht nicht überleben.
Radikaldemokratische Träume vielleicht ebenfalls nicht" (ebd., 15).

Doch wie definiert Brown Demokratie, die in der Gegenwart mehr denn
je gefährdet ist? Wirft man einen Blick auf den Ursprung des Begriffs in
der griechischen Geschichte, so muss man feststellen, dass selbst dort seine
Bedeutung schwankt (vgl. Reese-Schäfer 1998, 24). Brown kommentiert
diese Uneindeutigkeit des Begriffs so: „*Demos/kratia* wird übersetzt mit
‚Volksherrschaft' oder ‚Herrschaft durch das Volk'. Aber wer war das ‚Volk'
des antiken Athens? Die Besitzenden? Die Armen? Die Ungezählten? Die
vielen? Dieser Streit herrschte in Athen selbst, weshalb für Platon die Demokratie der Anarchie nahesteht, während sie für Aristoteles die Herrschaft der
Armen ist" (Brown 2015, 18).

Schaut man vom geschichtlichen Ursprung des Begriffs her in die Gegenwart, so hat seine Mehrdeutigkeit erheblich zugenommen. Es gibt eine der-
artige Fülle von Bedeutungen, aber auch von kritischen Einschätzungen,
dass eine Verständigung über etwas, das eine zentrale politische Orientierung
geben soll, fast aussichtslos zu sein scheint. „In der volkstümlichen Vorstellungswelt steht ‚Demokratie' für alles von freien Wahlen bis zu freien
Märkten, von Protesten gegen Diktatoren bis zu Recht und Ordnung, von
der zentralen Bedeutung von Rechten bis zur Stabilität von Staaten, von der
Stimme der versammelten Menge bis zum Schutz der Individualität und
der Falschheit von Maximen, die von der Masse aufgezwungen werden. Für
manche ist die Demokratie das Kronjuwel des Westens; für andere ist sie
das, was der Westen niemals wirklich besaß, oder sie ist hauptsächlich eine
Politur für die imperialen Ziele des Westens. Die Demokratie gibt es in so
vielen Spielarten – soziale, liberale, radikale, republikanische, repräsentative,
autoritäre, direkte, partizipatorische, deliberative, plebiszitäre -, daß solche
Behauptungen häufig aneinander vorbeigehen" (ebd., 17).

Aus dieser schon begrifflich schwierigen Situation zieht Brown zwei
Konsequenzen. Die eine besteht darin, dass sich ihrer Meinung eindeutig
sagen lässt, was Demokratie nicht ist. Die Demokratie steht „nicht nur im
Gegensatz zu Tyrannei und Diktatur, zu Faschismus oder Totalitarismus, zu

Aristokratie, Plutokratie oder Korporatokratie, sondern auch zu einem zeit-
genössischen Phänomen, bei dem die Herrschaft sich zur Steuerung und
zum Management der Ordnung verwandelt, die die neoliberale Rationalität hervorbringt" (ebd., 18). Sie spricht sich, trotz der unübersehbaren
Schwächen der Demokratie in ihrer bisherigen Praxis, für sie aus. „Liberal-
demokratische Praktiken und Institutionen bleiben fast immer hinter ihrem
Versprechen zurück und kehren dieses manchmal sogar auf grausame Weise
um, doch liberal-demokratische Prinzipien erhalten Ideale von universell
geteilter Freiheit und Gleichheit sowie der politischen Herrschaft durch und
für das Volk aufrecht, und sie halten diese Ideale auch durch" (ebd., 16).

Diese Ideale, ja die Demokratie selbst, werden durch demokratie-
feindliche Kräfte gefährdet, und das umso mehr, als Zweifel bestehen, ob
„Menschen ein natürliches und beständiges Begehren nach Demokratie
haben" (ebd., 9). Daher wächst die Einsicht, „daß die demokratische Selbstbestimmung von einem Volk, das versucht, sie zu praktizieren, bewußt wert-
geschätzt, gepflegt und gehegt werden muß und daß sie mit Wachsamkeit
unzähligen ökonomischen, sozialen und politische Kräften widerstehen
muß, die sie zu deformieren oder zu beeinträchtigen drohen" (ebd., 9). In
der Gegenwart wird die Demokratie in besonderer Weise durch neoliberale
Tendenzen bedroht, in denen der Mensch in der Gefahr steht, zu einem
Stück „Humankapital" zu werden. Brown erläutert die fünf wichtigsten
Aspekte dieses Prozesses wie folgt:

Erstens sind wir Humankapital nicht nur für uns selbst, sondern auch
für den Betrieb oder den Staat. „Ein Subjekt, das sowohl für sich selbst als
auch für ein Unternehmen oder einen Staat als Humankapital aufgefaßt
und konstruiert wird, trägt beständig das Risiko des Scheiterns, der Arbeitslosigkeit und des Verlassenwerdens, ohne daß es selbst etwas dazu beiträgt,
gleichgültig wie klug und verantwortlich es ist. Finanzkrisen, Stellenabbau,
Outsourcen, Zwangsbeurlaubung – all diese Dinge und noch mehr können
uns gefährden, auch wenn wir kluge und verantwortliche Investoren und
Unternehmer gewesen sind. Diese Gefährdung reicht bis zum Minimal-
bedarf an Nahrung und Obdach hinunter, insofern alle Arten von
Programmen zur sozialen Absicherung durch den Neoliberalismus abgebaut
wurden" (ebd., 40).

Zweitens bedeutet Humankapital, dass an die Stelle der politisch und
rechtlich garantierten Gleichheit aller Bürger das Prinzip der Ungleichheit
tritt, denn ökonomisch gesehen sind wir sehr ungleich (vgl. Piketty 2016,
311). „Eine Demokratie, die aus Humankapital besteht, weist Gewinner
und Verlierer auf und nicht Gleichbehandlung oder gleichen Schutz"

(Brown 2015, 41). Der „Gesellschaftsvertrag", der jeder Demokratie zugrunde liegt, wird damit aufgekündigt.

Drittens verschwinden, „wenn alles Kapital ist", auch die Organisationsformen der Arbeiterschaft, die „Klasse" als soziale und politische Einheit und die Gewerkschaften. „Das bereitet den Weg für die Infragestellung mehrerer Jahrhunderte der Arbeitsgesetzgebung und andere Schutzmaßnahmen und Sozialleistungen in der euroatlantischen Welt und – was vielleicht genauso wichtig ist – macht die Grundlagen solcher Schutzmaßnahmen und Sozialleistungen unlesbar. Ein Beispiel für diese Unlesbarkeit ist die wachsende, weitverbreitete Opposition gegen Altersrenten, Arbeitsplatzsicherheit, bezahlten Urlaub und andere schwer erkämpfte Leistungen durch Arbeitskräfte im öffentlichen Dienst" (ebd., 41 f.).

Viertens verliert die „Staatsbürgerschaft" im Zuge der Ökonomisierung aller Lebensbereiche und der zunehmenden Machtlosigkeit des ‚homo politicus' an Bedeutung. „Die Ersetzung des Staatsbürgerseins, bestimmt als Sorge um das öffentliche Wohl, durch ein Staatsbürgersein, das auf den Bürger als *Homo oeconomicus* reduziert ist, beseitigt auch die eigentliche Idee eines Volkes, eines Demos, das seine kollektive politische Souveränität behauptet" (ebd., 42 f.). Politik, die als Sorge um das gemeinsame öffentliche Wohl einer Nation verstanden wurde, verschwindet. Sie wird ersetzt durch eine neuartige politische Ökonomie, um globale Markt- und Machtinteressen. „Es bleiben Kämpfe um Macht, hegemoniale Werte, Ressourcen und zukünftige Entwicklungen" (ebd., 43).

Ein Beispiel hierfür ist die im Zuge des Irakkrieges von den Amerikanern durchgesetzte Verordnung, nach der es den irakischen Bauern verboten ist, ihr eigenes Saatgut, d. h. „Samen geschützter Arten aufzubewahren" (ebd., 172). Die Folge war, dass „die irakischen Bauern jetzt dauerhaft an ihre ausländischen Händler gebunden" sind, z. B. an Monsanto, die sie mit Saatgut und den dafür notwendigen Pflanzenschutzmitteln beliefern. „Die biodynamische, diversifizierte, kostengünstige, ökologisch nachhaltige Weizenproduktion im Irak ist Geschichte" (ebd.).

Fünftens schließlich weicht das Konzept des Humankapitals auch den tradierten Begriff der Gerechtigkeit auf, indem er ihn von ökonomischen Bedingungen abhängig macht. In seiner ‚Rede zur Lage der Nation' vom Januar 2013 vertrat der amerikanische Präsident – so Brown – die These: „Gerechtigkeit, Frieden oder Nachhaltigkeit mit Bezug auf die Umwelt können in dem Maße verfolgt werden, wie sie ökonomische Zwecke fördern" (43). Mit der Erosion politischer und rechtlicher Kategorien kommt der Staat in eine paradoxe Situation. Einerseits wird er selbst zum

Teilnehmer in einer ausschließlich ökonomisch bestimmten Gesellschaft, andererseits aber soll er zugleich ihr Hüter und Diener sein. „In dem Maße, wie der Staat selbst in all seinen Funktionen von einer Marktrationalität privatisiert, umfaßt und beseelt wird und wie seine Legitimität zunehmend auf Erleichterung, Rettung und Steuerung der Wirtschaft beruht, wird er gemessen wie jede andere Firma auch. Tatsächlich besteht eine der Paradoxien der neoliberalen Umwandlung des Staates darin, daß er zwar nach dem Modell der Firma umgestaltet wird, obwohl er gezwungen ist, einer Wirtschaft zu dienen, die er nicht anrühren, geschweige denn in Frage stellen soll" (ebd., 44).

Im Anschluss an diese fünf Thesen zieht Brown folgenden Schluss: „In der neoliberalen *politischen* Vorstellungswelt, die eine Wendung im Hinblick auf das Verantwortungsbewußtsein genommen hat, sind wir nicht mehr Geschöpfe der moralischen Autonomie, Freiheit oder Gleichheit. […]. In dieser Hinsicht läßt die Auffassung des *Homo oeconomicus* als Humankapital nicht nur den *Homo politicus* auf der Strecke, sondern auch den Humanismus selbst" (ebd., 46). Ihr erstes Fazit ist: „Der Neoliberalismus ist die Rationalität, durch die der Kapitalismus am Ende die Menschheit verschlingt […]. In dem Maße, wie die Ausbreitung dieser Form den Inhalt der liberalen Demokratie […] schlechthin verwandelt, unterdrückt er demokratische Sehnsüchte und gefährdet demokratische Träume" (ebd., 48).

Im zweiten Teil ihres Buches beschreibt Brown die Formen der Ausbreitung der neoliberalen Rationalität. An erster Stelle steht dabei die veränderte Rolle der ‚governance‘ im gesellschaftlichen Prozess. Der Begriff ‚governance‘ hat zwei Bedeutungen. Er steht sowohl für ‚Regierung‘ als auch für ‚Verwaltung, Management‘. Während die ‚Regierung‘ in der Regel für eine zentrale Institution steht, die an der Spitze einer Hierarchie steht, Anordnungen trifft und für ihr Regierungshandeln verantwortlich ist, hat die ‚Verwaltung‘ eine dezentrale Struktur und eine nur auf den jeweiligen verwalteten Bereich hin begrenzte Verantwortung. „Die Governance ersetzt hierarchische, von oben nach unten gerichtete Verfügungen und Vollzüge durch horizontale Netzwerke beteiligter Anspruchsgruppen, die einen gemeinsamen Zweck verfolgen" (ebd., 149). Diese scheinbar demokratiefreundliche Dezentralisierung der Macht ist tatsächlich – so Brown – Ausdruck einer „Politikfeindlichkeit", denn sie „verwandelt politische Kämpfe um staatliche Zwecke und Ressourcen in lokale Verwaltungspraktiken, die sowohl die mit den Ressourcen verbundenen Einschränkungen als auch die Ziele, die ihnen übertragen werden, als etwas Gegebenes annehmen" (ebd., 150). Demokratie als Wettstreit um die richtigen politischen Ideen und als Kampf um die Macht, diese durchzusetzen, wird ausgehöhlt (vgl. ebd., 151).

Gleichzeitig wird die zentrale politische Verantwortung der Regierung an die Verwaltung abgegeben, ohne dass diese in der Lage wäre, sie wirklich zu übernehmen. „Dezentralisierung bedeutet häufig, daß Probleme im großen Maßstab, wie zum Beispiel Rezessionen, Finanz- und Kapitalkrisen [...] des Staats, an kleine und schwache Einheiten weitergereicht werden, die nicht in der Lage sind, sie technisch, politisch oder finanziell zu bewältigen" (ebd., 155).

Doch das Prinzip der Delegierung der Verantwortung geht noch weiter. Letztlich wird die Verantwortung für das Leben in all seinen Bereichen dem Individuum übertragen. Die Verantwortung des Staates, soziale Standards zu garantieren, verschwindet. Das Individuum ist dafür verantwortlich, für sich selbst zu sorgen. Brown bezeichnet diesen Vorgang als „Responsibilisierung". „Man verlangt also von responsibilierten Individuen, für sich selbst in einem Kontext von Mächten und Eventualitäten zu sorgen, die ihre Fähigkeit dazu drastisch begrenzen. Aber die Dezentralisierung und Responsibilisierung machen Menschen auch entbehrlich und schutzlos. Diese Wende der neoliberalen politischen Rationalität signalisiert mehr als den Abbau der Logik des Sozialstaats oder gar des liberalen Gesellschaftsvertrags: Abermals drückt sie deren genaue Umstülpung aus" (ebd., 158 f.). Daher wird das „responsibilierte" Individuum, das sich als ‚homo oeconomicus' versteht, auch angesichts ständig steigender Studiengebühren, danach streben, sein eigenes Humankapital dadurch zu steigern, das es einen Studiengang wählt, der ihm im späteren Beruf eine hohe Rendite garantiert. Das bedeutet: *„Wissen, Denken, Ausbildung"* werden „nahezu ausschließlich wegen ihres Beitrags zur Kapitalwertsteigerung geschätzt und begehrt" (ebd., 212).

Doch die Vertreter der „neoliberalen Vernunft" gehen noch einen Schritt weiter. Nicht nur, dass sie das Individuum sozialstaatlicher Unterstützung berauben wollen, sie bekämpfen die Idee des Sozialstaats selbst. „Mehr als einfach nur aufgegeben zu werden, wird die rechtliche Stützung der Macht des Volkes in der neoliberalen Vernunft als unannehmbare Blockade in einem (mythischen) freien Markt angesehen, parallel dazu, wie Sozialleistungen, zum Beispiel Gesundheitsfürsorge und Sozialhilfe, und sogar öffentliche Dienstleistungen und öffentliche Institutionen, als sozialistisch kodiert und als Antithese zur Marktdemokratie hingestellt werden" (ebd., 183).

Darüber hinaus aber hat das neoliberale Denken Einzug in die Rechtssprechung gehalten. Damit ist eine neue Stufe in der Durchsetzung des Neoliberalismus erreicht. Brown führt dafür folgendes Beispiel für die USA an: „Im Juni 2011 [...] bestätigte der Oberste Gerichtshof von Wisconsin ein Gesetz auf Einzelstaatsebene, das die Macht von

Gewerkschaften bei Tarifverhandlungen aushöhlte. (Löhne können zwar noch immer verhandelt werden, aber das gilt nicht für Arbeitsbedingungen und Arbeitgeberleistungen.)" (ebd., 182) Diese Entscheidung, die von einem Bundesberufungsgericht bestätigt wurde, ist – so Brown – „ein Todesstoß für die organisierte Arbeiterschaft im öffentlichen Sektor" (ebd.).

Eine Steigerung dieser Tendenz geschieht dadurch, dass das Kapital mit Hilfe von Lobbyisten Einfluss auf die Gesetzgebung nimmt. Das führt zu folgender Perversion rechtsstaatlicher und demokratischer Prinzipien: „Gewählte Beamte sind dazu da, daß man Geschäfte mit ihnen macht, und nicht für die Sicherung von Gerechtigkeit oder Sozialstaatlichkeit, auch nicht für das Eingehen auf heutige gemeinsame Herausforderungen oder für die Verhütung zukünftiger gemeinsamer Notlagen. Wenn Wählerstimmen und Geld die Währungen sind, die für diese Geschäfte zur Verfügung stehen, kann das Großkapital seinen eigenen Wert und seine Positionierung im Wettbewerb durch die Zuführung von Wählerstimmen steigern" (ebd., 204).

Die Umkehrung demokratischen Denkens erreicht im Neoliberalismus immer neue Höhepunkte. Nicht nur, dass dem Individuum in einer sozialen Notlage die staatliche Fürsorge entzogen wird, ihm werden im Gegenteil zusätzliche Opfer für das reibungslose Funktionieren der Wirtschaft abverlangt. Der ehemals dem religiösen Ritus zugehörige Begriff des „Opfers" erhält unter neoliberalen Vorzeichen eine neue Bedeutung. „Wenn wir zum Opfer gegenüber der Wirtschaft als höchster Macht und zum Opfer für den ‚Aufschwung' oder für einen ausgeglichenen Haushalt ermahnt werden, beruft sich die neoliberale Austeritätspolitik sowohl auf die religiösen als auch auf die säkularen, politischen Bedeutungen des Begriffs. [...]. Doch die Verwüstung menschlichen Wohlergehens, die aus gekürzten Arbeitsstellen, Löhnen, Sozial- und Dienstleistungen folgt, bringt denen, die sich opfern oder geopfert werden, keine unmittelbaren Erträge. Vielmehr ist das mutmaßliche Ziel die Wiederherstellung der ‚Gesundheit' der Wirtschaft und der Staatsfinanzen, die Rückkehr vom Rand des Bankrotts, des Währungszusammenbruchs, des Zahlungsausfalls wegen zu hoher Schulden oder der Herabstufung der Bonität" (ebd., 260).

Angesichts dieser Situation scheint es der demokratischen „Linken" an einer „Vision" zu mangeln, auf den gegenwärtigen Zustand eine politische Antwort zu finden. Brown sieht zwei mögliche Antworten. Die eine besteht darin, dass die ‚Opfer' sich zusammenschließen und ein gemeinsames Opfer ganz anderer Art dadurch erbringen, dass sie gegen die neoliberalen Akteure protestieren. Das geschieht in der Occupy-Wall-Street-Bewegung. „So wird beispielsweise der Zorn, der sich berechtigterweise auf Investmentbanken richtet, in einen Aufruf zu einem gemeinsamen Opfer umgeleitet, das von ihren Opfern (*victims*) vollzogen wird. Das scheint genau die Logik zu sein, die Occupy versuchte bloßzustellen und umzukehren bei ihrer Bemühung, die Banken, und nicht das Volk, für die Erschaffung einer untragbaren schuldenbasierten Wirtschaft haftbar zu machen" (ebd., 262).

Die andere Antwort ist längerfristig zu verstehen. Es handelt sich um die Rehabilitierung der ‚human sciences‘, d. h. der „geisteswissenschaftlichen Bildung", die im Zuge fortschreitender ökonomischer Rationalität zu Unrecht in Verruf gekommen ist. Brown beschließt ihr Buch mit der Hoffnung, die sich mit der Neubelebung dieser Bildung verbindet. „Ein menschliches Leben, das völlig an die Produktion von Wohlstand gebunden ist, sei es im Sinne der Arbeit, um ihn hervorzubringen, oder im Sinne des ständigen Wachens über seine Akkumulation, ist klein und unverwirklicht. Dasselbe gilt für ein menschliches Leben, das keine kreativen oder geistigen Fähigkeiten entwickelt und nicht danach strebt, seine eigenen Angelegenheiten zu regieren. Eine geisteswissenschaftliche Bildung ist die umfassendste Bestätigung dieser Wahrheit [...]. Das Angebot dieser Bildung an breite Bevölkerungsschichten schließt sie daher in die Projekte des Humanismus und der demokratischen Regierungsführung ein, die so lange den wenigen vorbehalten waren" (ebd., 227 f.). Die Aufgabe der demokratischen „Linken" besteht daher – so Brown – zum einen darin, eine „realisierbare und ansprechende Alternative zur kapitalistischen Globalisierung zu entwickeln" (ebd., 268) und zum anderen im Engagement für eine „Kultur", die die kreativen, geistigen und politischen Potentiale des Individuums zur Entfaltung kommen lässt (vgl. ebd.).

V Staat und Politik

An der Entwicklung des Staates, griechisch *polis,* zu einer Rechtsordnung
hat Solon maßgeblichen Anteil. Ausgehend von einer unerträglichen Ver-
schuldung vieler Kleinbauern in seinem Land, setzte er nicht nur deren Entschuldung durch, sondern tat sich darüber hinaus als Gesetzgeber hervor,
der schriftlich fixiertes Recht einführte und Maßnahmen ergriff, die als Vor-
bereitungen zur Einführung der Demokratie verstanden werden können.
Mit ihm bekam der Rechtsstaat eine konkrete Gestalt. Zu Beginn der Neuzeit verlieh Hobbes in seinen Schriften dem Staat einen absoluten Charakter.
Für ihn sind es die nicht enden wollenden Bürgerkriege, die ihn dazu veranlassen, den obersten Souverän des Staates mit einer unumschränkten
Machtfülle auszustatten. Dessen Autorität beruht einzig darauf, einen
dauerhaften Frieden zu garantieren. Alexis de Tocqueville, Schriftsteller
und Jurist, befindet sich nach der Französischen Revolution in einer völlig
anderen Situation. Der feudale absolutistische Staat ist beseitigt worden,
und es beginnt die Suche nach einer neuen staatlichen Ordnung. Diese
sieht Tocqueville in der Demokratie, deren charakteristische Merkmale er
auf einer Reise in Amerika studiert. Ihre, auch für Europa nachahmens-
werten, Vorzüge bestehen vor allem in der Pressefreiheit, der Versammlungs-
und Vereinigungsfreiheit und in der politischen Beteiligung der Bürger.
Für Russland sieht Tocqueville dagegen eine neue politische Knechtschaft
heraufkommen. Höffe, der einen ‚aufgeklärten Liberalismus' vertritt,
thematisiert das Verhältnis von Staat, Gesellschaft und Politik im Kontext
des Freiheitsbegriffs in der Moderne. Leitend wird dabei für ihn das Konzept
einer personalen Freiheit. Ihre Relevanz erörtert er in den verschiedenen

© Der/die Autor(en), exklusiv lizenziert an Springer-Verlag GmbH, DE, ein Teil von
Springer Nature 2022
W. Pleger, *Dialogische Vernunft,* https://doi.org/10.1007/978-3-662-65289-3_6

politischen und gesellschaftlichen Zusammenhängen. Er sieht in der liberalen Demokratie die unverzichtbare Grundlage für alles nationale und internationale Handeln.

1   Der Staat als Rechtsordnung (Solon)

Mir gibt das Herz den Befehl, die Athener so zu belehren:
Gilt kein Gesetz, wird viel Übel dem Staate zuteil.
Gilt das Gesetz, – es fügt zu schöner Ordnung das Ganze;
Die aber Unrecht tun, legt es in Fesseln sogleich;
Glättet das Rauhe, bezwingt die Gierde, erniedrigt den Hochmut,
Dörrt der Verblendung frech wuchernde Blüten und stellt
Das verborgene Recht wieder her; vermessenes Handeln
Dämpft es und setzt dem Zwist zwischen den Bürgern ein Ziel,
Macht ein Ende dem bitteren Zank. Befolgt man das Rechte,
Wird bei dem Menschengeschlecht alles gerade und gut.
(Solon: Fragmente, in: Zoltan Franyo (Hg.): Frühgriechische Lyriker. Teil 1. Berlin 1971, (fr. 3)).

Solon wird ca. 64o v. Chr. in Athen als Mitglied einer Adelsfamilie geboren. In der sozialen und wirtschaftlichen Krise Athens, ausgelöst durch die große griechische Kolonisationsbewegung und der damit verbundenen Aufspaltung der Bürgerschaft in reiche, adlige Händler und arme Agrarbevölkerung, wird er 594/93 zum Archon, d. h. einer der obersten Staatsbeamten, und Schiedsmann (diallaktes) gewählt, nachdem er bereits im Krieg gegen Megara und Salamis politisch in Erscheinung getreten ist. Bei dem Versuch, einen Ausgleich zwischen den zerstrittenen Parteien herbeizuführen, tritt er in der Rolle eines Gesetzgebers (nomothetes) auf und ersetzt die mündliche Tradition des Rechts durch ein geschriebenes und öffentlich zugängliches Gesetzeswerk. Nach der Vollendung dieser Aufgabe soll er auf die Übernahme der Herrschaft verzichtet, Athen für zehn Jahre verlassen und weite Reisen unternommen haben, u. a. nach Ägypten. Er stirbt ca. 560 v. Chr. in Athen. (vgl. Bengtson 1965; Jaeger 1973; Schubert 2012; Pleger 1991, 48–55).

Ausgangspunkt seiner rechtlichen Neuordnung der *polis* waren die unhaltbaren Zustände, die durch eine zunehmende Verschuldungskrise weiter Teile der ländlichen Bevölkerung gegenüber den adligen Großgrundbesitzern eingetreten waren. Bürger, die ihre Schulden nicht

begleichen konnten, verloren nicht nur ihr Land, markiert durch „Pfänder-
steine", sondern wurden zu Schuldsklaven und konnten von ihren Besitzern
auch ins Ausland verkauft werden. Um diesen Missstand zu beheben, führte
Solon eine Entschuldung (*seisachtheia*) durch und damit die Befreiung aller
Sklaven aus der Schuldknechtschaft. Solon erläutert die Durchführung
seines Plans in einem Gedicht:

„Hätt' ich den Plan, weswegen ich das Volk vereint,/ Jemals im Stich
gelassen, eh' ich ihn erfüllt?/ Bezeugen kann es vor dem Richterstuhl der
Zeit/Die große Mutter aller Götter des Olymps/Am besten: unsre schwarze
Erde, die ich einst/Befreit von Pfändersteinen, dicht in sie gepflockt;/ So
machte ich die lang' Versklavte wieder frei,/ Ich führte viele teils mit Recht
teils ohne Recht/Verkaufte Sklaven in die gottgebaute Stadt/Athen zurück
und andre, die in Not gedrängt/Geflüchtet waren, stets von Land zu Land
gejagt,/ Der attischen, der Muttersprache, schon entwöhnt./ Und manchem,
der zu Hause hier im schnöden Joch/Der Knechtschaft zitterte vorm Übermut des Herrn,/ Gab ich die Freiheit wieder. Denn durch meine Macht/
Hab' ich Gewalt zugleich und Recht in eins gefügt,/ Und redlich hab' ich
ausgeführt, was ich versprach./ Gesetze schrieb für Edle ich und Niedere,/
Bestimmte jedem so das Recht, das ihm gebührt" (fr. 24).

Mit der Entschuldung führte Solon die erste der zwei an ihn heran-
getragenen Forderungen durch. Die zweite jedoch, Neuverteilung des
Landes, erfüllte er nicht. Gleichwohl ist seine rechtliche Neuordnung des
Staates beachtlich. Aristoteles hat sie in seiner Studie *Der Staat der Athener*
detailliert beschrieben. Er schreibt: „Als Solon Herr über die Staatsgeschäfte
geworden war, befreite er das Volk für die Gegenwart und die Zukunft
dadurch, daß er Kreditvergabe mit leiblicher Haftung unterband, und er
erließ Gesetze, und setzte Tilgungen der privaten und der öffentlichen
Schulden in Kraft, die man Lastabschüttelung nannte, da man nun des
Druckes ledig geworden war" (Aristoteles 1987, 12 f.). Zu seiner rechtlichen
Neuordnung des Staates gehörten die Einführung einer Ordnung von Maß,
Gewicht und Münzen. Er entwickelte eine Gesetzgebung in den Bereichen
des Familienrechts, des Prozessrechts und der Wehrordnung. Das bedeutet
im Einzelnen:

- Im Zuge einer in Athen beginnenden Münzprägung glich er den
  attischen ‚Stater' dem korinthischen an und machte die athenische Wirtschaft auf diese Weise im Außenhandel konkurrenzfähig.

- Im Familienrecht verbot er die Ehe unter Vollgeschwistern; er gab dem kinderlosen Erblasser eine größere Testierfreiheit und führte ein Unterhaltsrecht für Witwen und Waisen ein.
- Im Bereich des Wirtschaftsrechts verbot er die Ausfuhr aller Bodenprodukte, bis auf den Ölexport, gestattete die Einbürgerung von politischen Flüchtlingen und Techniten (Handwerkern) und ermöglichte einen durch keine Zinsauflagen beschränkten Geldverkehr.
- Auch im Prozessrecht kam es zu Neuerungen. So führte Solon die Popularklage ein, d. h. jeder Bürger, nicht nur der Sippenangehörige, konnte ein Verbrechen öffentlich anklagen. Er erließ eine allgemeine Amnestie, mit Ausnahme der wegen Mord oder versuchter Tyrannenherrschaft Verurteilten.
- Die Reform der Wehrordnung war zugleich eine nach Einkommensklassen gebildete Timokratie. Entscheidend war hierfür, dass nicht mehr der Adel, sondern der Besitz als Einteilungskriterium fungierte. Die Bürger mit einem Jahresertrag von 500 Scheffeln konnten Archonten und Schatzmeister werden, die anderen Ämter waren auch Rittern (mit 300 Scheffeln) und Zeugiten, Männer die über ein eigenes Gespann verfügten, (mit 200 Scheffeln) zugänglich. Das Vermögen grundbesitzloser Bürger wurde umgerechnet (1 Scheffel = 1 Schaf = 1 Drachme).

Von besonderer Bedeutung ist, dass Solon als Gegengewicht zum Areopag den Rat der 400 aus je 100 erlosten Ratsherren der vier Phylen (Stämme) bildete. Besonders diese Maßnahme führte dazu, dass er bereits in der Antike als Urheber der Demokratie genannt wurde. Solons Gesetze wurden auf drehbaren hölzernen Stelen (axones) mit quadratischem Grundriss eingeritzt, und diese Stelen wurden in einen Rahmen (kurbeis) eingefügt. Teile davon sollen bis zum Jahre 200 v. Chr. erhalten geblieben sein (vgl. Meier, 1994, 69–85).

Solons Tätigkeit als Gesetzgeber lässt sich nicht ablösen von seiner Tätigkeit als Schriftsteller. Das Schriftenverzeichnis bei Diogenes Laertios (I, 6) nennt außer den Gesetzen, Elegien (5000 Verse), Jamben und Epoden. Erhalten sind ca. 220 Verse aus den Elegien und 70 aus Jamben und Trochäen. In Sprache und Form weist Solons Dichtung eine große Nähe zu Homer und Hesiod auf. Sein Stil ist einfach und anschaulich, in manchen Teilen auch lehrhaft oder politisch rhetorisch. Seinen Wahrheitsanspruch bringt er nur indirekt zur Geltung, indem er den der Dichtung seiner Zeit infrage stellt: „viel lügen die Dichter" (fr. 21).

Solon galt in der Antike neben Kleobulos, Chilon, Thales, Pittakos, Bias und Periander als einer der sieben Weisen. Die Gesamtzahl schwankt jedoch erheblich, da auch noch andere Namen genannt werden. Der bekannteste ihm zugeschriebene Spruch lautet: „Nichts zu sehr" (meden agan). Diese Maxime, verbunden mit der Suche nach dem rechten Maß, durchzieht alle erhaltenen Fragmente und bilden den Grundsatz seiner Ethik. Weitere ihm zugeschriebene Sprüche sind: „Fliehe die Lust, die Unlust gebiert", „Freunde erwirb nicht rasch, die du aber erworben hast, verwirf nicht rasch", „Wenn du gehorchen gelernt hast, wirst du auch zu befehlen verstehen", „Rate deinen Mitbürgern nicht das Angenehmste, sondern das Beste", „Sei gegen deine eigenen Angehörigen milde" und schließlich „Erschließe das Unsichtbare aus dem Sichtbaren" (Capelle 1968, 65). Besonders diese letzte Maxime wird in der späteren Ontologie und in der Medizin eine wichtige Rolle spielen.

Solons Denken zentriert sich um den Begriff des Rechts. Dabei führt er den bei Hesiod entwickelten Rechtsgedanken fort und verbindet ihn mit politischen und legislativen Aspekten. Zwar hat das Recht auch für Solon einen mythologischen Hintergrund, denn der Garant des Rechts ist Zeus. Die Überwachung des Rechts untersteht Dike, aber es genügt Solon nicht, sich auf die früher oder später eingreifende göttliche Gerechtigkeit zu verlassen.

Während bereits Hesiod das Recht als eine nur dem Menschen zukommende Sphäre herausgestellt hat, beansprucht Solon darüber hinaus eine besondere Verantwortung der Bürger einer *polis* für seine Verwirklichung. Die Notwendigkeit, für die Einhaltung des Rechts zu kämpfen, ergibt sich daraus, dass die Götter Rechtsverletzungen erstens nicht verhindern und keineswegs sofort ahnden. Solon rechnet damit, dass die göttliche Vergeltung in einzelnen Fällen sofort erfolgt, in anderen Fällen aber erst sehr viel später und dann die unschuldigen Kinder oder gar Enkel trifft.

Neben Zeus und Dike treten bei ihm die Moiren auf. Aufgrund der Tatsache, dass die Götter in vielen Fällen nicht sofort eingreifen, stellt sich dem Menschen ihr Handeln als unvorhersehbares Schicksal dar. Keineswegs geht es den Guten immer gut und den Schlechten schlecht. Dem unbefangenen Blick stellt sich das Leben als verwirrend, unvorhersehbar und ungerecht dar, denn „beides erteilt die Moira den Sterblichen: Böses und Gutes;/ Keiner entflieht dem Los, das ihm die Götter geschenkt./ Was wir auch treiben, es birgt Gefahren; Keiner kann wissen,/ wenn er sein Werk beginnt, wie ihm das Ende gerät./ Denn wer gut zu handeln versucht, stürzt – den er nicht ahnte –/ Jäh in den tiefen Grund bitteren Unheils hinab;/ Wer aber Böses plant, den überschütten die Götter/Gnädig mit Glück und Erfolg" (fr. 1).

Die von Solon herausgestellte Ungerechtigkeit des Schicksals stellt einen deutlichen Widerspruch zu der von Zeus und Dike garantierten Gerechtigkeit dar. Es ist daher nicht auszuschließen, dass Solon in der Ungerechtigkeit des Schicksals und der Gerechtigkeit von Zeus einen Nachklang des Streits der alten Götter, die „erdgebunden und dem Element verhaftet" sind (Otto 1987, 21), gegen die neuen, olympischen, wahrnimmt.

Solons Götterwelt ist gegenüber der von Homer und Hesiod arm. Außer den genannten, die für ihn die wichtigsten sind, wird ‚gaia', die „schwarze Erde", genannt, die er durch Beseitigung der Schuldsteine, ‚óroi', selbst „befreit" hat, damit sie umso leichter den Menschen ihre Gaben bieten kann. Dieser Gedanke kommt in folgenden Versen zum Ausdruck: „Sie trinken und sie schmausen: Kuchen diese hier,/ Brot jene dort, noch andere gebackenen Teig/Mit Linsenbrei gemischt. Nicht fehlt es hier/An irgendeiner Speise, wie die Erde sie,/ Die schwarze neidlos schenkende, den Menschen gönnt" (Solon, fr. 26).

Solons Verhältnis zu den Göttern ist ambivalent. In seiner *Elegie an die Musen* betet er: „Ihr, des olympischen Zeus und Mnemosynes strahlende Töchter,/ Musen Pieriens, leiht meinem Gebete Gehör./ Bringt mir den Segen der seligen Götter und sichert allen/Menschen zu jeglicher Zeit mir meinen ehrenden Ruf" (fr. 1). Hier werden nicht den Musen selbst die Worte in den Mund gelegt, wie bei Homer, noch die Wahrheit der eigenen durch ihren Auftrag legitimiert, wie bei Hesiod, vielmehr bleibt Solon auf der Seite des bittenden Menschen, der sich der Erhörung seines Gebets keineswegs sicher sein kann. Solons Aussage, dass Dike die Übertretung des Rechts früher oder später ahnden wird, hat daher den Charakter eines Wunsches. Sein Engagement fürs Recht hat zweifellos eine göttliche Legitimation, aber es ist nicht als eine Intervention in den ohnehin garantierten Lauf der Gerechtigkeit zu verstehen. Die Notwendigkeit eines Engagements für das Recht im Staate ist vielmehr Ausdruck einer gewandelten Einsicht hinsichtlich der Stellung des Menschen in der Welt. Dem Schicksal ist das menschliche Leben bei Solon unterworfen wie bei Homer, aber hinsichtlich des Kampfes um das Recht wird bei Solon zum ersten Mal ein eigenes, nicht bloß stellvertretendes Handeln des Menschen thematisiert. In ihm kündigt sich eine Versachlichung der Göttin Dike an. Schadewaldt formuliert das Revolutionäre des politisch-rechtlichen Engagements Solons so: „Man kann sagen, daß hier zum erstenmal der Gedanke des Rechtsstaats gedacht ist, und mehr als das: er ist nicht nur gedacht, sondern in der solonischen Gesetzgebung auch durchgeführt worden" (Schadewaldt 1978, 117).

Die Bestätigung für die Richtigkeit dieser These ergibt sich daraus, dass es möglich wird, die sachlichen Aspekte des Rechts bei Solon, losgelöst von aller Mythologie, zu bezeichnen. Mag noch der Wohlstand, der der Beachtung des Rechts folgt, als mythologisch zu verstehende Belohnung aufzufassen sein, so lassen sich doch folgende Momente streng begrifflich fassen: Das Recht erfüllt wesentlich die Funktion, den Streit zwischen den Bürgern zu schlichten. Das gelingt dadurch, dass alle übertriebenen Ansprüche zurückgewiesen werden. Eine besondere Rolle spielt dabei die Eindämmung der unstillbaren und grenzenlosen Habgier der Menschen. Aufgabe des Rechts ist es ganz allgemein, Grenzen zu ziehen, ja Solon bezeichnet sich selbst als einen Grenzstein zwischen den streitenden Parteien.

Der zweite Aspekt des Rechts ist, dass es einen Ausgleich schafft. Solon wählt zur Verdeutlichung dieses Gedankens Bilder aus dem Bereich der Natur. Während der Sturm, der das Meer aufwühlt, dieses in einen Zustand der Unausgeglichenheit bringt, ist die glatte See die „gerechteste" (dikaiótatos) (fr. 11, 18). Die Naturmetapher verlagert die Bestimmung des Begriffs auf eine sachliche Ebene. Die Ausgeglichenheit als entscheidendes Charakteristikum des Rechts ist nicht etwa die personale Eigenschaft eines Gottes, sondern hat ihren Bezugspunkt in einer sachlichen Naturanschauung. Die Ordnung der Natur, d. h. die *eukosmia,* und die der *polis,* verstanden als *eunomia,* entsprechen sich.

Ist das Recht durch Ausgeglichenheit und Maß bestimmt, so besteht die Kunst der Rechtssprechung wesentlich in der Erkenntnis des richtigen Maßes. Solon scheint dieses Problem im Auge zu haben, wenn er sagt: „Schwer zu fassen ist verborgenes Maß der Erkenntnis, welches bündig allein die Grenze bestimmt" (fr. 16). Und man möchte das folgende Fragment, das wie dieses den Charakter einer Spruchweisheit hat, als Begründung ergänzen, denn „gänzlich verborgen ist ja den Menschen der Wille der Götter" (fr. 17). Ist aber der Wille der Götter verborgen, und ist auch der Vogelflug, auf den schon Homer nicht mehr viel gab, ein zu unsicheres Zeichen, ihn zu erkunden, wird eine vom Menschen selbst zu leistende Bestimmung des richtigen Maßes, das das Recht ausmacht, umso dringlicher. Philosophisch bedeutsam ist aber auch, dass etwas „Verborgenes" (aphanès) als Maßstab eingeführt wird. Damit wird deutlich, dass sich Solon bereits im Medium der philosophischen Spekulation bewegt (vgl. Schadewaldt 1978, 113–121).

Solon verbindet seine rechtsphilosophischen Einsichten mit politisch-praktischen Perspektiven. Zum ersten Mal in der griechischen Geschichte wird dem Volk (démos) Einfluss (géras) – eigentlich ein Beuteanteil – zugestanden (vgl. Murray 1982, 244 ff.). In seinem Werk *Der Staat der Athener* beurteilt bereits Aristoteles die Gesetzesinitiative von Solon so: „In diesen Gesetzen scheint er demokratische Elemente niedergelegt zu haben"

(Aristoteles 1987, 16). Mehr noch: Solon selbst wurde – so Aristoteles – „der erste Anführer der Volkspartei" (ebd., 9). Wichtig ist auch, dass der politische Gegenspieler des Volkes die unersättlichen, habgierigen Reichen sind. Der durch das Recht zu schaffende Ausgleich ist daher als ein materieller Lastenausgleich anzusehen.

Nicht weniger wichtig ist im Zusammenhang mit der Aufhebung der Schuldknechtschaft Solons Kritik der Tyrannis. Sie richtet sich vor allem gegen den Tyrannen Peisistratos, der kurz vor Solons Tod seinen ersten Umsturzversuch unternahm und 561 v. Chr. die Macht ergriff (vgl. Murray 1982, 251). Auf die Situation der Machtergreifung zielt folgendes Fragment ab: „Wenn ein erbärmliches Los euch traf durch eigene Verfehlung,/ Rechnet die eigne Schuld nicht den Unsterblichen zu./ Habt ihr doch selbst diese Leute geholt, habt ihnen geholfen,/ Dafür ward euer Lohn bitteres Sklavengeschick./ Einzeln wandelt ein jeder von euch auf füchsischer Fährte,/ Aber zur Masse vereint handelt ihr ohne Verstand;/ Denn ihr blickt nur auf Zunge und Wort des listigen Mannes,/ Aber was folgt, die Tat, seht ihr Verblendeten nicht" (fr. 8).

Solons Aussagen über den Menschen sind bestimmt durch den tragisch-pessimistischen Ton, der bereits bei Homer und Hesiod anzutreffen ist. Ähnlich wie nach ihm Sophokles beschreibt Solon die Situation des Menschen in einer eigentümlich distanzierten, halb bewundernden, halb bedauernden Haltung:

„Jeder gefällt sich im Wahn eigener Größe, bevor/Ihn das Leid überfällt, dann jammert er; aber bis dahin/Gaffen wir nur, vom Schein flüchtiger Hoffnung erfreut./ Wen die quälenden Leiden aufs Krankenlager geworfen./ Immer hofft er darauf, daß ihm gesunde der Leib;/ Dieser, ein Jämmerling, meint, er sei vollkommen und tüchtig,/ Hält sich selbst für schön, fehlt ihm auch jeglicher Reiz;/ Jener, der Güter bar, gequält von den Nöten der Armut,/ Meint, er habe bestimmt bald es zu Reichtum gebracht./ Andere streben nach anderem. Der eine vertraut sich dem Meere/Mit seinen Schiffen, begehrt Heimkehr und reichen Gewinn,/ Wagt sich hinaus aufs Reich der Fische, der tückischen Winde,/ Schont sich nimmer und setzt sorglos sein Leben aufs Spiel./ Andre durchfurchen das baumreiche Feld und plagen sich bitter,/ Fronende Jahr um Jahr mit dem gebogenen Pflug./ Einer, geübt in Athenas Kunst und auch Hephaistos'/ Werke, erwirbt sich das Brot durch seine tätige Hand./ Einen belehrte die schenkende Gunst der olympischen Muse,/ Daß er sich auf das Maß lieblicher Weisheit versteht./ Einen erkor zum Seher der Gott mit dem Bogen, Apollon,/ Und so sieht er fern drohendes Unheil voraus,/ Wenn es die Götter gewähren; doch was das Schicksal verhängte,/ Wehrt keine Vogelschau, wehrt auch Opfer nicht ab./ Manche besorgen das Werk des kräuterbewanderten Paion,/ Ärzte: doch fraglich bleibt stets der erstrebte Erfolg" (fr. 1).

Deutlich ist bei dieser Beschreibung der tragische Konflikt zu spüren: Der Bewunderung der vielfältigen und erfindungsreichen Aktivitäten des Menschen steht die Trauer über die Vergeblichkeit und Vergänglichkeit aller menschlichen Anstrengungen gegenüber. Was nützen dem Menschen all die mühselig erworbenen Güter, wenn schließlich unumstößlich feststeht: „... die zahllosen Güter der Erde/Läßt ein jeder zurück, geht es den Hades hinab./ Denn du kaufst dich vom Tod nicht los und nicht von der Krankheit,/ Auch nicht vom Alter, das schlimm unwiderruflich dir naht" (fr. 14). Das Resümee ist: „Glücklich ist keiner der sterblichen Menschen; denn alle sind elend./ Wie sie vom Himmel herab Helios wandernd erblickt" (fr. 15). Von Bedeutung ist, dass trotz dieses pessimistischen Grundtons, bei Solon so wenig wie bei Homer oder Hesiod, sich Resignation einstellt. Sein Denken und Handeln ist auf die menschliche Praxis ausgerichtet. Daher lässt sich die These vertreten: Solon ist der erste bedeutsame Repräsentant der praktischen Philosophie. Diese erlebte eine neue Blüte erst – nach einer langen Phase naturphilosophischen und ontologischen Denkens – wieder bei Sokrates, Platon und Aristoteles.

Die Wirkungsgeschichte Solons beginnt bei Platon, der seinen Stammbaum mütterlicherseits – nach dem Bericht von Diogenes Laertios – bis auf die Familie Solons zurückführen konnte (vgl. Diogenes Laertios 1967, I, 149). Bedeutsamer aber sind die inhaltlichen Anknüpfungspunkte im Werk Platons. In seiner *Politeia* vertritt er gegenüber bestimmten Sophisten und dem von ihnen vertretenen ‚Recht des Stärkeren' mit derselben Vehemenz wie Solon das Prinzip des Rechtsstaats. Dieses Prinzip wird auch zum leitenden Gedanken bei Aristoteles in seinem Werk *Politik*. Er hat darüber hinaus in seiner Studie *Der Staat der Athener* dem Wirken Solons eine ausführliche Darstellung gewidmet. In der Stoa knüpft Marc Aurel mit seinem Konzept des Kosmopolitismus an Solons Gedanken der Entsprechung natürlicher Harmonie mit politischer Ausgeglichenheit an. Der von Solon entwickelte Gedanke des Rechtsstaats wird zum konstitutiven Merkmal der weiteren politischen Geschichte, auch wenn nicht ausdrücklich auf ihn Bezug genommen wird. Der Historiker Bengtson kommt deshalb zu folgendem Urteil: „Solon hat den ersten modernen Staat des griechischen Mutterlandes, der diesen Namen überhaupt verdient, geschaffen, mit Solons Schöpfung beginnt die Geschichte der Staatsidee in Europa" (Bengtson 1965, 100).

2   Das Gewaltmonopol des Staates (Hobbes)

Die Menschen, die von Natur aus Freiheit und Herrschaft über andere lieben, führten die Selbstbeschränkung, unter der sie, wie wir wissen, in Staaten leben, letztlich allein mit dem Ziel und mit der Absicht ein, dadurch für ihre Selbsterhaltung zu sorgen und ein zufriedeneres Leben zu führen – das heißt, dem elenden Kriegszustand zu entkommen, der [...] aus den natürlichen Leidenschaften der Menschen notwendig folgt, dann nämlich, wenn es keine sichtbare Gewalt gibt, die sie im Zaume zu halten und durch Furcht vor Strafe an die Erfüllung ihrer Verträge und an die Beachtung der natürlichen Gesetze zu binden vermag [...]. Der alleinige Weg zur Errichtung einer solchen allgemeinen Gewalt, die in der Lage ist, die Menschen vor dem Angriff Fremder und vor gegenseitigen Übergriffen zu schützen und ihnen dadurch eine solche Sicherheit zu verschaffen, daß sie sich durch eigenen Fleiß und von den Früchten der Erde ernähren und zufrieden leben können, liegt in der Übertragung ihrer gesamten Macht und Stärke auf einen Menschen oder eine Versammlung von Menschen, die ihre Einzelwillen durch Stimmenmehrheit auf einen Willen reduzieren können. [...] Dies ist mehr als Zustimmung oder Übereinstimmung: Es ist eine wirkliche Einheit aller in ein und derselben Person, die durch Vertrag eines jeden mit jedem zustande kam, als hätte jeder zu jedem gesagt: *Ich autorisiere diesen Menschen oder diese Versammlung von Menschen und übertrage ihnen mein Recht, mich zu regieren, unter der Bedingung, daß du ihnen ebenso dein Recht überträgst und alle ihre Handlungen autorisierst.* Ist dies geschehen, so nennt man diese zu einer Person vereinte Menge Staat, auf lateinisch *civitas*. Dies ist die Erzeugung jenes großen *Leviathan* oder besser, um es ehrerbietiger auszudrücken, jenes *sterblichen Gottes,* dem wir unter dem *unsterblichen Gott* unseren Frieden und Schutz verdanken.

(Thomas Hobbes: Leviathan. Hg von I. Fetscher. Frankfurt a. M. 1996, S. 131 u. 134).

Thomas Hobbes wird 1588 als Sohn eines Landgeistlichen in Westport (Wiltshire) geboren. Er studiert ab 1603 in Oxford Logik und Physik und schließt sein Studium 1607 mit dem Grad eines Baccalaureus artium ab. 1608 bestellt ihn der Baron Cavendish zum Tutor und Hofmeister seines Sohnes. Er wird 1623 Sekretär von Francis Bacon und übernimmt dessen Ablehnung der aristotelischen Philosophie. Auf einer Studienreise auf dem europäischen Festland lernt er Mersenne, Gassendi, Descartes und Galilei kennen. 1640 verfasst er sein Werk *The Elements of Law, Naturall and*

Politique, in dem er, in der Auseinandersetzung zwischen Karl I. und dem Parlament, die absolute Souveränität des Monarchen betont. In Paris, wohin Hobbes aus Furcht vor Verfolgung durch das Parlament geflohen ist, erscheint 1642, dem Jahr des Ausbruchs des Bürgerkriegs in England, Teil 3 seines philosophischen Hauptwerkes *Elementa Philosophiae (Grundzüge der Philosophie),* das *De Cive (Vom Bürger)* betitelt ist. Teil 1 *De Corpore (Vom Körper)* erscheint 1655, Teil 2 *De Homine (Vom Menschen)* 1658. Sein bekanntestes und staatstheoretisch bedeutendstes Werk *Leviathan, or The Matter, Forme and Power of a Common-Wealth Ecclesiasticall and Civill* erscheint 1651. 1679 stirbt Hobbes in Hardwick/Derbyshire (vgl. Tuck o.J; Münkler 1993, Coplestone 1994; Kersting 2002; Höffe 2010).

Thomas Hobbes gilt bis zum heutigen Tage als abschreckendes Beispiel eines materialistischen und atheistischen Denkers, der mit seinem Plädoyer für die Autorität des Staates geradezu als Vorläufer der totalitären Diktaturen des zwanzigsten Jahrhunderts zu verstehen ist (vgl. Sternberger 1986, 182–188). Allzu leicht werden dabei aber die Motive seines Denkens übersehen, die in der geschichtlichen Situation Englands in der Mitte des 17. Jahrhunderts ihren Ursprung haben und die gleichwohl in dem von ihm intendierten Ziel Ansätze erkennen lassen, die unvermindert aktuell sind. Die ihn in seiner politischen Philosophie durchgängig beschäftigende Frage lautet: Wie kann der elende Zustand des akuten oder latenten Krieges zwischen den Menschen überwunden werden und worauf kann sich eine dauerhafte Friedensordnung gründen? Eine Antwort auf diese Frage findet man nur, wenn man sich den Aufbau seiner weit gespannten Philosophie vergegenwärtigt.

Hobbes hat mit seinem Werk *Elementa Philosophiae* einen Grundriss des von ihm gedachten philosophischen Systems gegeben. Der Begriff ‚Element‘ schließt mit Bedacht an Euklids ‚Elemente der Geometrie‘ an, die ihm in ihrer begrifflichen Präzision einen methodischen Leitfaden bieten (vgl. Höffe 2010, 32 f.). Die Elemente aber, die er seiner Philosophie zugrunde legt, sind die körperlichen Atome, die in der antiken Atomistik bei Demokrit und, ihm nachfolgend, bei Epikur auftreten. Philosophie ist für Hobbes, in Anlehnung an dieses Konzept, daher die Wissenschaft von der Bewegung der Körper im Raum. Er unterscheidet drei Arten von Körpern: die physikalischen Körper, die menschlichen und die politischen.

Der dritte Teil seines Werks, das den Titel *Vom Bürger* trägt, enthält die Lehre vom politischen Körper (vgl. Hobbes 1994, 59–234). Grundlegende Gedanken seines Staatskonzepts werden hier bereits formuliert: Ausgangspunkt ist der Naturzustand, in dem jeder, in steter Furcht vor dem anderen Menschen, für seine eigene Sicherheit sorgen muss. Da das aber auf Dauer nicht gelingen kann, vereinigen sich die Menschen zu einer Versammlung und übertragen ihre Rechte auf den von ihnen gegründeten Staat und sein Oberhaupt. Hier taucht die berühmte Formulierung auf: *„Der Mensch ist ein Wolf für den Menschen"* (ebd., 59). Ebenso wahr ist aber auch: *„Der Mensch ist ein Gott für den Menschen"* (ebd.). Wölfe sind die Menschen nicht als „Bürger", sondern „wenn man die Staaten untereinander vergleicht" (ebd.). Wölfe sind sie im „Krieg" (ebd., 61).

Von den drei in der Antike diskutierten Staatsformen Monarchie, Aristokratie und Demokratie favorisiert er die Monarchie. Der Mangel der Demokratie besteht darin, dass in ihr das Volk herrschen will. Daraus ergibt sich die Schwierigkeit, dass es zur Aufrechterhaltung der staatlichen Ordnung aber auch zur Abwehr einer akuten Bedrohung der Sicherheit jederzeit in der Lage sein muss, gemeinsame Beschlüsse herbeizuführen, „oder es muß wenigstens für die Zwischenzeit *einem* Menschen oder einem Rate die Ausübung der höchsten Gewalt eingeräumt werden" (ebd., 152). Damit aber wird deutlich, dass die auf Dauer angelegte Übertragung der staatlichen Gewalt auf ein Staatsoberhaupt der Demokratie überlegen ist.

Die am gründlichsten ausgearbeitete Darstellung seiner politischen Philosophie findet sich jedoch im 1651 erschienenen Werk *Leviathan oder Stoff, Form und Gewalt eines kirchlichen und bürgerlichen Staates* (Hobbes 1996).

Zunächst ein Wort zu dem merkwürdigen Titel des Buches. Leviathan ist der im AT (Jes 27,1; Ps. 74,14 und Hiob 40,25–41,26) genannte Name eines Meeresungeheuers, das als Symbol dem lebensbedrohenden Chaoswasser bald einer pfeilschnellen gewundenen Schlange, bald einem Walfisch ähnelt. Die Schilderung bei Hiob bezieht sich auf ein Krokodil. Bei den übrigen Texten haben wir es mit einem mythischen Tier zu tun. Ein Hinweis darauf, dass Hobbes bei seiner Titelwahl die Hiobstelle im Auge hatte, ergibt sich daraus, dass Hiob ein kurzes Stück vorher (40,15) von einem friedlichen Landtier spricht, dessen Name Behemot ist, und von den meisten Interpreten des AT mit „Nilpferd" übersetzt wird. Den Titel *Behemot* aber wählt Hobbes für seine 1668 entstandene Geschichte der englischen Bürgerkriegsepoche (1642–1649), der jedoch die Druckerlaubnis verweigert wurde.

Was veranlasste Hobbes dazu, für die allegorische Darstellung des Staates ein mythologisches Ungeheuer zu wählen? Als eine vorläufige Antwort auf diese Frage mag die Vermutung gewagt werden: Nur ein furchteinflößendes Ungeheuer an Macht ist in der Lage, den stets bedrohten Frieden der Menschen zu wahren. Gleichzeitig aber ist bemerkenswert, dass das Titelbild gar nicht ein Tier darstellt; vielmehr wird der Leviathan, der Souverän des Staates, als ein ‚homo magnus' gezeigt, der in seiner rechten Hand ein

Schwert hält und in der linken den Krummstab eines Bischofs. Die Figur
erhebt sich über einer Landschaft, die im Stil von Merian-Stichen ein Stadt
und Land umfassendes Panorama zeigt. Der obere Bildrand wird begrenzt
durch einen Text, der auf folgendes Zitat aus dem Buch Hiob Bezug
nimmt: „Auf Erden ist seinesgleichen niemand; er ist gemacht, ohne Furcht
zu sein. Er verachtet alles, was hoch ist; er ist ein König über alles stolze
Wild" (Hiob 41,25 f.). Hobbes schreibt: „Non est potestas Super Terram
quae Comparetur ei", d. h. „Es gibt keine Macht auf Erden, die der seinen
vergleichbar wäre" (vgl. Kersting 2002, 39 f.). Die Figur selbst ist im Stile
der Bilder eines Arcimboldo – zusammengesetzt aus einer Vielzahl von
Menschen, die in ihrer schuppenförmigen Anordnung den Eindruck eines
Brustpanzers erwecken. Der untere Teil des Titelblattes ist aufgeteilt in
drei Felder. Im linken, also unterhalb des Schwertes, werden fünf Symbole
der weltlichen Macht, in der rechten unteren Bildhälfte fünf Symbole der
kirchlichen Macht dargestellt, und im mittleren Teil finden sich Titel,
Autor, Erscheinungsort und –jahr sowie der Verleger (vgl. Kersting 1996,
29 ff.). Die Interpretation, die das Titelblatt nahelegt, lautet: Die staatliche Gewalt ergibt sich aus dem Zusammenwachsen aller Bürger zu einem
großen Menschen, der in sich alle weltliche und geistliche Macht vereinigt
und wie ein Gott oder Dämon die Erde überragt und beherrscht. Das Bild
symbolisiert diese Macht und flößt zugleich Furcht ein – Merkmale, die sich
mit der mythischen Figur des Leviathan unschwer verbinden lassen.

Das Buch Leviathan umfasst vier Teile mit den Titeln: 1. Vom Menschen,
2. Vom Staat, 3. Vom christlichen Staat und 4. Vom Reich der Finsternis.

Der erste Teil enthält seine Anthropologie – beginnend mit einer Wahr-
nehmungstheorie, mit Fragen der Logik, mit einer Affektenlehre, mit
ethischen und religiösen Fragestellungen und mit der Darstellung der Notwendigkeit der Staatsgründung. Der zweite Teil stellt das Zentrum des
Buches dar, da in ihm die Struktur der souveränen staatlichen Gewalt in
einer Fülle rechtstheoretischer Überlegungen entfaltet wird. Der dritte Teil
dient dem Nachweis, dass diese Staatsauffassung nicht der Bibel widerspricht, sondern vielmehr durch sie legitimiert wird. Der vierte Teil wendet
sich gegen „katholische" und „presbyterianische" „Irrlehren", die behaupten,
das Reich Gottes sei mit der Kirche auf Erden identisch oder es gebe einen
irdischen Stellvertreter Gottes auf Erden. Als Urheber dieser „Irrlehren" sieht
er Päpste und Priester.

Eine besondere Beachtung verdienen die ersten beiden Teile des Werkes,
in denen Hobbes die formalen Bedingungen der Entstehung des Staates,
d. h. den Übergang der Situation der vereinzelten Individuen vom Naturzustand in den Rechtszustand des Staates, erläutert. Den Ausgangspunkt

seiner Überlegungen bildet das Individuum. Berücksichtigt man, dass das lateinische Wort Individuum eine wörtliche Übersetzung des griechischen Wortes Atom („atomon') darstellt, könnte man vermuten, dass Hobbes auch in seiner politischen Philosophie den Ansatz einer atomistisch bestimmten Körperlehre verfolgt. Aber dem Versuch, eine universelle Körperlehre zu entwickeln, steht die von Hobbes selbst zur Sprache gebrachte Einsicht entgegen, dass sich die physikalischen Körper anders verhalten als die Menschen. Die Bewegungen, die die menschlichen Individuen ausführen, sind im Unterschied zu den physischen Körpern „willentlich", und diese „willentlichen Bewegungen" sind „Leidenschaften" mit einem großen geistigen Potential. Das atomistische Konzept wird damit verlassen.

Im sechsten Kapitel des ersten Teils definiert Hobbes eine ganze Reihe beim Menschen anzutreffender Leidenschaften: Hunger und Durst, Vergnügungen und Lust, Neigung und Verlangen, Liebe und Abneigung, Freude und Kummer, Mut, Zorn, Hoffnung, Verzweiflung, Selbstvertrauen, Misstrauen, Tapferkeit, Großmut, Geiz u. v. a. m. Eine besondere Bedeutung kommt der Neugier zu. Hobbes bemerkt: „Das *Verlangen,* das Warum und Wie zu wissen, ist *Neugier,* die bei keinem anderen Lebewesen als dem *Menschen* vorkommt. So unterscheidet sich der Mensch also nicht nur durch seine Vernunft, sondern auch durch diese einmalige Leidenschaft von anderen *Tieren,* bei denen die Vorherrschaft des Nahrungstriebs und anderer sinnlicher Begierden das Bemühen, Gründe kennenzulernen, nicht aufkommen lassen. Es handelt sich dabei um eine geistige Lust, die durch die andauernde Freude an der beständigen und unermüdlichen Erzeugung von Wissen das kurze Feuer jeder fleischlichen Lust weit übertrifft" (Hobbes 1996, 43 f.). Diese Stelle passt schlecht zu dem angeblich rein materialistischen Autor, als der er vielfach einseitig verstanden wird.

Bedeutsam ist auch die Leidenschaft der Furcht, die Hobbes als Ursprung der Religion deutet: „*Furcht* vor einer unsichtbaren Gewalt, die vom Geist erdichtet oder auf Grund öffentlich zugelassener Erzählungen eingebildet ist, ist *Religion;* sind sie nicht zugelassen, *Aberglaube.* Und ist die eingebildete Gewalt genauso beschaffen, wie wir sie uns vorstellen, so ist es *wahre Religion*" (ebd., 44). Die durch Furcht in Gang gebrachte poetische Einbildungskraft schafft eine „wahre Religion", wenn die „eingebildete Gewalt" so beschaffen ist, wie wir sie uns vorstellen. Diese Formulierung ist von der Herodots nicht weit entfernt, der die Ansicht vertrat, Homer und Hesiod habe den Griechen ihre Welt der Götter geschenkt. Vico brachte diesen Gedanken auf die griffige Formel: „fingunt simul creduntque" (sie erdichteten und glaubten zugleich daran) (Vico 1966, 68).

Als naturalistisch darf Hobbes' Anthropologie gleichwohl bezeichnet werden, weil er die natürlichen Leidenschaften der Menschen zum durchgängigen Handlungsmotiv erklärt. Aber zu ergänzen ist, dass die Leidenschaften einer erstaunlichen Vergeistigung fähig sind. Es sind die Leidenschaften, die den Verstand in Bewegung versetzen. Hobbes erläutert den Zusammenhang so: „Die Leidenschaften, die am stärksten von allen die Verstandesunterschiede bewirken, sind hauptsächlich das mehr oder weniger starke Verlangen nach Macht, Reichtum, Wissen und Ehre. Sie alle können auf das erste, nämlich auf das Verlangen nach Macht, zurückgeführt werden. Denn Reichtum, Wissen und Ehre sind nur verschiedene Arten von Macht./ Und deshalb kann ein Mensch, der keine große Leidenschaft für jedes dieser Dinge empfindet, der, wie man sagt, gleichgültig ist, unmöglich eine große Phantasie oder viel Urteilskraft haben, obwohl er insofern ein guter Mensch sein mag, als er keinen Anlaß zu Streit gibt. Denn die Gedanken sind gleichsam die Kundschafter und Spione der Wünsche, die das Gelände erkunden und den Weg zu den gewünschten Dingen finden sollen" (Hobbes 1996, 56). Und keine Wünsche haben bedeutet wie „tot sein", bemerkt Hobbes erläuternd.

Bemerkenswert ist an seiner Ausführung, dass er den Gedanken nicht in einen Gegensatz zur Leidenschaft stellt, wie es vor allem in der von Platon inspirierten Anthropologie immer wieder betont wird, sondern als eine Verlängerung einer Leidenschaft. Für Hobbes ist daher, wie es im Sprichwort heißt, der Wunsch der Vater des Gedankens. Alle Leidenschaften orientieren sich an der Macht, behauptet er. Aber ist die Macht nicht nur ein Mittel, um etwas zu erreichen, was in der Tradition Glück oder das höchste Gut genannt wird? Ein höchstes Gut, ein letztes Ziel aber gibt es für Hobbes nicht. Glückseligkeit ist nicht das letzte Ziel und auch nicht die „Seelenruhe", wie noch die Stoa lehrte. „Denn es gibt kein *finis ultimus,* d. h. letztes Ziel, oder *summum bonum,* d. h. höchstes Gut, von welchen in den Schriften der alten Moralphilosophen die Rede ist. Auch kann ein Mensch, der keine Wünsche mehr hat, so wenig weiterleben wie einer, dessen Empfindungen und Vorstellungen zum Stillstand gekommen sind. Glückseligkeit ist ein ständiges Fortschreiten des Verlangens von einem Gegenstand zu einem anderen, wobei jedoch das Erlangen des einen Gegenstandes nur der Weg ist, der zum nächsten Gegenstand führt" (ebd., 75).

In welcher Weise nun ist das Machtstreben in dieses ruhelose Glücksstreben eingebaut? Die Macht ist als das Mittel zu verstehen, sich die Gegenstände des Glücksverlangens zu verschaffen. Und da dieses an kein Ende kommt, gibt es auch kein Ende des Machtstrebens. Hobbes bemerkt: „So halte ich an erster Stelle ein fortwährendes und rastloses Verlangen nach immer neuer Macht für einen allgemeinen Trieb der Menschheit, der nur mit dem Tod endet. Und der Grund hierfür liegt nicht immer darin, daß sich ein Mensch einen größeren Genuß erhofft als den bereits erlangten, oder daß er mit einer bescheidenen Macht nicht zufrieden sein kann, sondern darin, daß er die gegenwärtige Macht und die Mittel zu einem angenehmen Leben ohne den Erwerb von zusätzlicher Macht nicht sicherstellen kann" (ebd.). Um also überhaupt den ‚status quo' zu erhalten, ist ein nie nachlassendes Machtstreben unumgänglich: Stillstand ist Rückschritt. Das ist die Devise der Anthropologie von Hobbes, in der sich zugleich das Grundprinzip der sich in dieser Zeit entwickelnden Konkurrenzgesellschaft in einem merkantilistischen Sinne ausspricht (vgl. Kersting 1996, 12).

Aber dem Machtstreben als der primären Äußerungsform der menschlichen Leidenschaft droht eine Gefahr, und die ist gegeben durch den anderen Menschen; denn dieser ist ja ebenfalls durch rastloses Machtstreben bestimmt. Die Gefahr ist umso größer, je mehr sich der Mensch eingestehen muss, dass er von Natur aus gegenüber dem anderen nichts voraus hat. Weder in geistiger noch in körperlicher Hinsicht zeichnet sich der eine vom anderen wesentlich aus. Die Menschen sind, so Hobbes, von Natur aus gleich. Anders gesagt: Die tatsächliche natürliche Ungleichheit fällt hinsichtlich des Erfolgs des Machtstrebens nicht ins Gewicht; denn angenommen zwei Menschen erstreben dasselbe Gut, z. B. „ein geeignetes Stück Land", so entsteht wegen dieser Frage zwischen ihnen Streit. Aber gelingt es auch einem der beiden, sich dieses Gutes zu bemächtigen, so kann er doch nicht sicher sein, dass ihn nicht der andere durch List oder eine Kooperation mit anderen, von seinem Besitz vertreibt. Am Beginn jedes Machtstrebens steht daher das elementare Streben nach „Selbsterhaltung", und dieses wird durch das Machtstreben des anderen gefährdet. Wie kann man dieser Gefahr begegnen? Die Macht als Verfügungsgewalt über Gegenstände muss ergänzt werden durch Macht im Sinne von Herrschaft über Menschen. „Und da folglich eine solche Vermehrung der Herrschaft über Menschen zur Selbsterhaltung eines Menschen notwendig ist, muß sie ihm erlaubt werden" (Hobbes 1996, 95).

Da aber jeder andere ebenfalls nach einer solchen Herrschaft strebt, muss jeder den anderen als seinen potentiellen Feind betrachten, von dem er sich bedroht fühlt. Das Ergebnis ist ein „Krieg eines jeden gegen jeden" (ebd., 96). Von einem Krieg ist nicht erst dann zu sprechen, wenn es zu regelrechten Kampfhandlungen kommt, sondern bereits dann, wenn eine „Bereitschaft dazu während der ganzen Zeit" besteht (ebd.). Die Furcht vor dem anderen, die streng genommen die Furcht vor einem gewaltsamen Tod ist, führt im Extremfall dazu, dass die Menschen ihre Kräfte und ihre

Aufmerksamkeit nicht mehr der Vermehrung der Güter widmen können, sondern nur noch der eigenen Sicherheit. „In einer solchen Lage ist für Fleiß kein Raum, da man sich seiner Früchte nicht sicher sein kann; und folglich gibt es keinen Ackerbau, keine Schiffahrt, keine Waren, die auf dem Seeweg eingeführt werden können, keine bequemen Gebäude, keine Geräte, um Dinge, deren Fortbewegung viel Kraft erfordern, hin- und herzubewegen, keine Kenntnis von der Erdoberfläche, keine Zeitrechnung, keine Künste, keine Literatur, keine gesellschaftlichen Beziehungen, und es herrscht, was das Schlimmste von allem ist, beständige Furcht und Gefahr eines gewaltsamen Todes – das menschliche Leben ist einsam, armselig, ekelhaft, tierisch und kurz" (ebd., 96).

Das ist der Naturzustand, wie Hobbes ihn beschreibt. Aber was sind seine Argumente? Die Argumente, sagt er, muss ich nicht in neuen Behauptungen oder umständlichen Beweisführungen erbringen, liefern sie doch tagtäglich alle Menschen durch ihr Verhalten. Sucht nicht jeder vor Antritt einer Reise durch sichere Begleitung sich zu schützen? „Welche Meinung hat er also von seinen Mit-Untertanen, wenn er bewaffnet reist, welche von seinen Mitbürgern, wenn er seine Türen verschließt, und welche von seinen Kindern und Bediensteten, wenn er seine Kästen verschließt? Klagt er da die Menschen durch seine Handlungen nicht ebensosehr an wie ich durch meine Worte?" (ebd., 97).

Aber, so ein möglicher Einwand, sind die Menschen wirklich anzuklagen, die sich um ihre eigene Sicherheit sorgen, oder nicht vielmehr die Natur, die „die Menschen so sehr entzweien und zu gegenseitigem Angriff und gegenseitiger Vernichtung treiben sollte" (ebd., 96)? Hobbes erstaunliche Antwort lautet: Die Natur ist gar nicht auf Zerstörung angelegt, sondern auf vernunftgeleitete Selbsterhaltung. Natürliche Leidenschaft und Vernunft gehören zusammen. Er erläutert das Zusammenspiel beider Faktoren so: „Die Leidenschaften, die die Menschen friedfertig machen, sind Todesfurcht, das Verlangen nach Dingen, die zu einem angenehmen Leben notwendig sind und die Hoffnung, sie durch Fleiß erlangen zu können. Und die Vernunft legt die geeigneten Grundsätze des Friedens nahe, auf Grund deren die Menschen zur Übereinstimmung gebracht werden können. Diese Gebote sind das, was sonst auch Gesetze der Natur genannt wird" (ebd., 98). Die von Hobbes ins Spiel gebrachte Natur ist mehr als der ihm unterstellte atomistische Materialismus, größer auch als der klassische Gegensatz von Natur und Vernunft. Eher schon entspricht sein Denken dem aristotelischen und stoischen Grundsatz einer ‚vernünftigen Natur' (vgl. Höffe 2010, 198). Entscheidend ist, dass Hobbes als Grundlage seiner Anthropologie nicht einen Aggressionstrieb annimmt, sondern ein Streben nach Selbsterhaltung. Wenn aber das Aggressionsstreben nicht als eine ursprüngliche Leidenschaft angenommen werden muss, dann kann die Vernunft die potentielle Feindschaft als Ergebnis eines fehlgeleiteten Sicherheitsbedürfnisses durchschauen und Maßnahmen entwickeln, die potentielle Feindschaft in einen aktuellen Frieden umzuwandeln. Die Gesetze der Natur bringen die Einsichten der Vernunft in eine allgemeinverbindliche Form, zu der die natürlichen Leidenschaften den Menschen hinleiten.

Das erste Gesetz einer vernünftigen Natur lautet daher: *„Suche Frieden und halte ihn ein"* (ebd., 100). Dazu gehört aber auch: *„Wir sind befugt, uns mit allen zur Verfügung stehenden Mitteln zu verteidigen"* (ebd.), auch mit den Mitteln des Krieges, aber eben nur des Verteidigungskrieges. Der zweite Grundsatz lautet: *„Jedermann soll freiwillig, wenn andere ebenfalls dazu bereit sind, auf sein Recht auf alles verzichten, soweit er dies um des Friedens und der Selbstverteidigung willen für notwendig hält, und er soll sich mit soviel Freiheit gegenüber anderen zufrieden geben, wie er anderen gegen sich selbst einräumen würde* [...] Dem entspricht dieses Gesetz der Heiligen Schrift: *Was ihr wollt, daß euch andere tun sollen, das tut ihnen"* (ebd.). Der dritte Grundsatz lautet: *„Abgeschlossene Verträge sind zu halten"* (ebd., 110). Der Vertragsbrüchige handelt nicht nur unvernünftig, er stellt sich auch außerhalb jeder menschlichen Gemeinschaft. Hobbes bemerkt dazu: „Deshalb kann jemand, der seinen Vertrag bricht und folglich seine Meinung zu erkennen gibt, er könne dies vernünftigerweise tun, in keine Gesellschaft aufgenommen werden, die sich zur Erhaltung des Friedens und zur Verteidigung zusammenschließt – außer auf Grund des Irrtums derer, die ihn aufnehmen" (ebd., 112).

Eine Gesellschaft aber, die sich vertragsmäßig auf der Grundlage der genannten natürlichen Gesetze zusammenschließt um Feindschaft und Krieg zu überwinden und einen dauerhaften Friedenszustand zu erreichen, gründet zu diesem Zwecke einen Staat, dessen Oberhaupt sie alle Vollmachten dazu überträgt. Die spezifische Aufgabe des Staatsoberhauptes charakterisiert Copleston so: „Hobbes did not envisage the sovereign as controlling all human activities; he thought of him as legislating and controlling with a view to the maintenance of peace and security" (Copleston 1994 V, 48). Die Übertragung der politischen Gewalt ist, bezogen auf diese Aufgabe, absolut und bis auf wenige Ausnahmen auch umfassend. Die Ausnahmen betreffen die Fälle, in denen der Souverän nicht in der Lage ist, die Sicherheit seiner Bürger zu garantieren. Hobbes begründet das so: „Die Verpflichtung der Untertanen gegen den Souverän dauert nur so lange, wie er sie auf Grund seiner Macht schützen kann, und nicht länger. Denn das natürliche Recht der Menschen, sich selbst zu schützen, wenn niemand anderes dazu in der Lage ist, kann durch keinen Vertrag aufgegeben werden" (Hobbes 1996, 171).

Hobbes unterscheidet auch im *Leviathan* die klassischen Staatsformen der Monarchie, der Aristokratie und der Demokratie und vertritt die These, dass die Monarchie am besten geeignet ist, die Aufgabe des Souveräns zu erfüllen. Jede Aufteilung der Macht führe zur Zersplitterung der Kräfte, zu Streit und Unsicherheit (vgl. ebd., 145 ff.). Entscheidend ist auch, dass der Souverän seine Legitimation durch einen freilich historisch nicht fixierbaren, sondern fiktiven Vertrag vom Volk übertragen bekommt. Das bedeutet aber auch, dass der Souverän seine Legitimation nicht durch göttliche Gnaden-wahl erhalten hat. Hobbes erhebt damit das Volk zur Grundlage staatlicher Gewalt. Damit schuf er sich Feinde bei den Vertretern der traditionellen Monarchie, andererseits aber auch Feinde in der Kirche, da er dem Souverän auch die kirchliche Gewalt übertrug.

Im Interesse der Überwindung und dauerhaften Vermeidung eines Bürgerkriegs, dem Grundübel der menschlichen Gesellschaft, stattet er den Souverän mit großer Machtvollkommenheit aus. Eine wirksame Kontrolle staatlicher Macht hat Hobbes abgelehnt. So wendet er sich strikt gegen das Prinzip der Gewaltenteilung. Das bedeutet: „Den Gesetzen aber, die der Souverän selbst, das heißt der Staat, erläßt, ist er nicht unterworfen" (ebd., 248). Seine Begründung ist, dass es in diesem Fall eine neue Macht geben müsste, die über dem Souverän stünde und „auch einen Richter und eine Gewalt zu seiner Bestrafung über ihn, was die Schaffung eines neuen Souveräns und aus demselben Grund wieder die Schaffung eines dritten zur Bestrafung des zweiten bedeutet, und so endlos weiter, bis zur Verwirrung und Auflösung des Staates" (ebd.).

In dieser Hinsicht ist der moderne Rechtsstaat einen anderen Weg gegangen. Er vertritt im Anschluss an Montesquieu das Prinzip der institutionellen Gewaltenteilung, das dieser ca. hundert Jahre nach Hobbes entwickelte. Die drei Gewalten sind Legislative, Exekutive und Judikative (vgl. Montesquieu 1965, 212 f.). Wenn wir heute in einem demokratischen Staat gleichwohl die Auffassung vertreten, dass zur Wahrung der inneren und äußeren Sicherheit das Gewaltmonopol bei der Exekutive und d. h. einer Institution des Staates liegt, und jede Form der Bewaffnung einzelner Bürger oder Gruppen zur Sicherung ihrer Rechte ablehnen, dann hat diese Auffassung eine ihrer Wurzeln in Hobbes' politischer Philosophie. Das in der Verfassung der USA garantierte Recht auf privaten Waffenbesitz – mit z. T. erschreckenden Konsequenzen – fällt dabei aus dem Rahmen dieses Ansatzes.

Zur Rezeptions- und Wirkungsgeschichte von Hobbes gehört sowohl das kritische Urteil von Kant, der betont, dass nach ihm „das Staatsoberhaupt durch Vertrag dem Volk zu nichts verbunden" ist (Kant 1998, VI, 303), aber auch das emphatische Bekenntnis von Carl Schmitt in seinem 1938 erschienenen Werk *Der Leviathan in der Staatslehre des Thomas Hobbes* zu Hobbes. Hannah Arendt kritisiert Hobbes dagegen aufs Schärfste. Sie betont: „Er ist der einzige politische Denker, der je für den von ihm entworfenen Staat mit Stolz den Namen Tyrannis in Anspruch genommen hat" (Arendt 1995, 244). Ähnlich urteilt Dolf Sternberger. Für ihn beginnt mit dem *Leviathan* die „Fortbildung der absoluten Souveränität zum totalen Staat und zur totalitären Herrschaft" (Sternberger 1986, 184). Leo Strauss sieht dagegen in Hobbes einen Verteidiger individueller Rechte und Vorkämpfer des politischen Liberalismus (vgl. Strauss 1977, 189). Auch Habermas versucht, Hobbes vor dem Vorwurf des Absolutismus zu verteidigen. Er möchte in ihm „eher den Theoretiker eines bürgerlichen Rechtsstaates ohne Demokratie als den Apologeten des unbeschränkten Absolutismus" erblicken, denn, so sein Argument: „Nach Hobbes kann nämlich der Souverän seine Befehle nur in der Sprache des modernen Rechts erteilen" (Habermas 1998, 118). In ähnlicher Weise betont Höffe, „daß Hobbes' Gemeinwesen zweifellos nicht das Urbild eines totalitären Staates abgibt" (Höffe 2010, 220). Diese Aussagen machen deutlich, dass die Beurteilungslinien der politischen Philosophie von Hobbes bis heute kontrovers verlaufen.

3   Die Zukunft der Demokratie (Tocqueville)

Die stufenweise Entwicklung der Gleichheit der gesellschaftlichen Bedingungen ist also ein von der Vorsehung gewolltes Ereignis, denn sie hat dessen wesentliche Merkmale: sie ist allgemein, sie ist beständig und sie entzieht sich immer neu der menschlichen Einwirkung; alle Begebenheiten und alle Menschen dienen der Entwicklung der Gleichheit.

Kann man wirklich annehmen, eine so weit ausholende gesellschaftliche Bewegung sei durch die Anstrengungen einer Generation aufzuhalten? Meint man, die Demokratie werde, nachdem sie das Feudalsystem zerstört und die Könige überwunden hat, bei den Bürgern und den Reichen zögern? Wird sie jetzt einhalten, da sie so stark geworden ist, ihre Gegner so schwach? […].

Die Demokratie belehren, ihre religiösen Überzeugungen nach Möglichkeit beleben, ihre Sitten reinigen, ihre Bewegungen in eine Ordnung bringen, nach und nach ihre Unerfahrenheit durch die Einsicht in die Staatsgeschäfte, ihre blinden Neigungen durch die Kenntnis ihrer wahren Interessen ersetzen, ihre Regierung Zeit und Ort anpassen: das ist es, was den Menschen, die heute an der Spitze des Staates stehen, als oberste Pflicht auferlegt ist.

Eine durchaus neue Welt bedarf einer neuen politischen Wissenschaft.

(Alexis de Tocqueville: Die Demokratie in Amerika. Frankfurt a.M./ Hamburg 1956. S. 20 f.)

Alexis de Tocqueville wird 1805 als Sohn einer adligen Familie in Paris geboren. Nach seinem juristischen Studium wird er 1827 Richter am Gericht in Versailles. 1831/32 bereist er die USA und studiert dort das Gefängniswesen, die Gesellschaft und die Demokratie. Tocqueville legt 1832 sein Richteramt nieder. 1835 erscheint der erste Band seiner Studie *De la Démocratie en Amérique,* 1840 der zweite. In den Jahren 1839–1848 wird er als Abgeordneter Berichterstatter für den Gesetzentwurf zur Abschaffung der Sklaverei. 1841 erfolgt seine Aufnahme in die ‚Académie francaise'. Im Februar 1848 bricht eine Revolution in Paris aus, vor der Tocqueville bereits gewarnt hatte. Am 10.12. 1848 wird Louis- Napoléon zum Präsidenten der Zweiten Republik gewählt und Tocqueville 1849 Außenminister in der Regierung Falloux-Barrot. Nachdem die Regierung durch Louis-Napoléon entlassen wurde, tritt Tocqueville von seinem Amt zurück. Nach dem Staatsstreich von Louis-Napoléon Bonaparte am 2.12.1851 wird Tocqueville vorübergehend verhaftet. Nach seiner Freilassung zieht er sich aus der Politik zurück. Er stirbt 1859 an den Folgen einer Tuberkulose in Cannes (vgl. Hereth 1991).

In seinem Werk über die Demokratie in Amerika analysiert Tocqueville nicht nur die dortigen politischen und gesellschaftlichen Verhältnisse, sondern stellt Betrachtungen über die allgemeine geschichtliche Entwicklung an. Politik, Gesellschaft und das Rechtswesen sind für ihn dabei die maßgeblichen Faktoren der Geschichte in Amerika und in Europa. Entscheidend für die Entwicklung ist die Tendenz auf Gleichheit und, mit ihr verbunden, die Demokratie. Er scheut sich nicht, in dieser Entwicklung eine göttliche Vorsehung zu erkennen (s. Zitat). Ihr hat sich der Christ zu fügen, aber er hat auch keine vernünftigen Argumente dagegen vorzubringen. „Das Christentum, nach dem alle Menschen vor Gott gleich sind, kann nichts dagegen haben, auch alle Bürger vor dem Gesetz gleich zu sehen" (Tocqueville 1956, 26).

Am deutlichsten lassen sich diese Tendenzen auf Gleichheit in den Vereinigten Staaten von Amerika beobachten. Sie bilden für ihre Anerkennung die besten Voraussetzungen, weil sie nicht mit der strengen hierarchischen Struktur einer Ständegesellschaft belastet sind wie in Europa. In den Verhältnissen der USA lässt sich daher bereits jetzt – so Tocqueville – die „große demokratische Revolution" erkennen, die Europa noch bevorsteht (ebd., 17).

In der Einleitung zu seinem Werk entwirft Tocqueville die Utopie einer demokratischen Gesellschaft im Unterschied zur aristokratischen, die in Europa gerade ihren Untergang erlebt. Wie könnte in Europa der Übergang von einer Aristokratie zur Demokratie sich vollziehen? Entscheidend ist, dass die Standesschranken überwunden werden. Daher seine Vision:

„Da aber vermischen sich die Stände, die zwischen den Menschen errichteten Schranken fallen; man zerschneidet den Grundbesitz, die Macht teilt sich auf, die Bildung breitet sich aus und das geistige Vermögen der Menschen gleicht sich einem allgemeinen Niveau an; die Gesellschaftsordnung wird demokratisch, und die Herrschaft der Demokratie setzt sich schließlich in den Institutionen und Sitten friedlich durch" (ebd., 23.) Was wird das Ergebnis dieser Entwicklung sein? Wie wird die vollentwickelte Demokratie aussehen? Tocqueville beschreibt sie so: „Am Ende dieser Entwicklung denke ich mir eine Gesellschaft, in der alle das Gesetz als ihr Werk betrachten, es lieben und sich ihm widerspruchslos fügen, in der die Autorität der jeweiligen Regierung zwar für notwendig, aber nicht für göttlich gehalten wird, und in der die Liebe zum Staatsoberhaupt nicht eine Leidenschaft, sondern ein besonnenes und ruhiges Gefühl ist. Da jedermann Rechte hat und sicher ist, seine Rechte auch durchzusetzen, würde sich dann zwischen allen Klassen ein gesundes Vertrauen und eine gewisse gegenseitige Nachgiebigkeit einstellen, die vom Hochmut so weit entfernt ist wie von der Erniedrigung" (ebd.).

Aber der Bürger würde nicht nur die Vorteile der Demokratie genießen, er würde auch einsehen, dass für ihr Gelingen, im Unterschied zu älteren Staatsformen, das politische Engagement jedes Bürgers gefordert ist. „Das mit seinen wahren Interessen vertraute Volk würde dann begreifen, daß man, um die Vorteile des Staates zu genießen, die staatsbürgerlichen Lasten auf sich nehmen muß. Der freie Zusammenschluß der Bürger könnte dann an die Stelle der persönlichen Macht des Adels treten, und der Staat wäre vor Tyrannei und Willkür sicher" (ebd., 23 f.).

Wie aber wird sich die Demokratie als Gesellschaft darstellen? Welche Rolle wird die Religion in ihr spielen? Der Monotheismus wird – so Tocqueville – immer mehr durch den Pantheismus ersetzt werden. Der Mensch vereinfacht sein Denken, „indem er Gott und Universum zu einem einzigen All vereinigt" (ebd., 133). Überhaupt wird die Gesellschaft nicht so sehr ein Bild der Extreme, sondern eins der Ausgeglichenheit zeigen. Er sagt: „Begeisterung und Glaubenseifer werden fehlen; für Bildung und Erfahrung aber werden die Bürger zuweilen große Opfer bringen; da einer so schwach ist wie der andere, wird jeder in gleichem Maße auf die Hilfe seiner Mitbürger angewiesen sein; und da er weiß, daß er sich auf diese nur verlassen kann, wenn er auch ihnen seine Unterstützung gewährt, wird er mühelos zu der Einsicht gelangen, daß sein eigenes Interesse für ihn mit dem Interesse der Allgemeinheit zusammenfällt./ Die Nation wird im Ganzen genommen weniger glanzvoll, weniger ruhmreich, vielleicht sogar weniger stark dastehen; aber die Mehrheit der Bürger wird sich eines größeren Wohlstands erfreuen, und das Volk wird sich friedliebend zeigen, nicht weil es glaubt, es könne ihm nicht noch besser gehen, sondern weil es einsieht, daß es ihm gut geht" (ebd., 24).

Das ist die Vision, wie sie Tocqueville für Europa entwickelt. Wie aber stellt er die Demokratie in Amerika dar? Keineswegs so positiv wie seine Utopie für Europa. Seine Beschreibung der bestehenden demokratischen Verhältnisse in Amerika zeichnet sich durch eine unbestechliche Analyse aus, in der ihre Stärken, deutlich aber auch ihre Schwächen, beleuchtet werden. Zu Beginn des zweiten Buches äußert er sich zu der Frage, warum er das tat, so: „Die Antwort ist einfach. Weil ich nicht der Feind der Demokratie war, wollte ich aufrichtig zu ihr sein./ Die Menschen erfahren von ihren Feinden niemals und von ihren Freunden kaum die Wahrheit. Deswegen sprach ich sie aus" (ebd., 128). Zunächst weist er auf zwei Stärken der Demokratie in Amerika hin.

Der erste Punkt, den Tocqueville nennt, ist das Erbrecht. Im Unterschied zu aristokratischen Staaten, in denen, nach dem Prinzip des Erstgeburtsrechts, der Erstgeborene den gesamten Grundbesitz übernimmt, setzt sich in der Demokratie ein neues Erbrecht durch, nach dem „der Nachlaß des Vaters gleichmäßig unter die Kinder verteilt" wird. Das hat gravierende Folgen nicht nur für das geteilte Eigentum, sondern auch für die Erben. Mit der Aufsplitterung des Bodens verliert die Familientradition, die sich mit diesem Boden verband, an Bedeutung. Längerfristig ergibt sich folgende Konsequenz: „Nehmt den Grundbesitzern das Interesse, aus Gefühl, Erinnerung, Stolz oder Ehrgeiz den Boden zu bewahren, so könnt ihr sicher sein, daß sie ihn früher oder später verkaufen werden, denn daran haben sie ein großes geldliches Interesse, da bewegliches Kapital mehr Zinsen abwirft als anderes und leichter der Befriedigung der Bedürfnisse des Augenblicks dient" (ebd., 34 f.). Das Ergebnis ist: Durch die gleiche Aufteilung des Vermögens verschwindet der Unterschied zwischen Großgrundbesitzer und

Kleinbauer bzw. Landarbeiter. Stattdessen setzt sich das Prinzip der Gleichheit in einem wichtigen ökonomischen Bereich der Gesellschaft durch und mit ihr eine Stabilisierung der Demokratie.

Die Gleichheit ist deshalb eine entscheidende Bedingung der Demokratie, weil sie, streng genommen, Gleichberechtigung meint. Mit ihr verbunden ist das gleiche Recht jedes Bürgers, Einfluss auf die Regierung des Landes zu nehmen. Die Bedingung hierfür ist ein allgemeines, freies und gleiches Wahlrecht, ohne Abstufung nach Vermögensverhältnissen, d. h. ohne „Wahlzensus". Aus dem allgemeinen Wahlrecht ergibt sich als zweite Stärke der Demokratie das Prinzip der Volkssouveränität. Tocqueville betont: „Heute hat das Prinzip der Volkssouveränität in Amerika alle denkbaren Entwicklungsstufen durchlaufen. [...]. Alle Gewalt geht vom Volke aus; man begegnet kaum einem Menschen, der den Gedanken wagen oder gar aussprechen würde, die Gewalt sei anderswo zu suchen. Durch die Wahl der gesetzgebenden Körperschaft nimmt das Volk an der Gesetzgebung, durch die Wahl der Beamten der ausführenden Gewalt an ihrer Ausführung teil; man kann sagen, daß das Volk sich wirklich selbst regiert, so gering und so begrenzt ist der Anteil der Verwaltung, so sehr ist die Verwaltung sich ihres Ursprungs aus dem Volke bewußt und gehorcht der Gewalt, in der sie wurzelt. Das Volk beherrscht die politische Welt Amerikas wie Gott das Universum" (ebd., 42 f.).

Tatsächlich ist es aber nicht das ganze Volk, das herrscht. Es ist in der amerikanischen Demokratie die Mehrheit der im Parlament vertretenen Parteien. Damit verbindet sich aber auch eine entscheidende Schwäche. Die Parteien repräsentieren die politischen Überzeugungen der Mehrheit der Bevölkerung. Dieses Kernstück der Demokratie erfüllt Tocqueville mit Sorge, denn es verbindet sich mit der Gefahr einer „Tyrannei der Mehrheit" (ebd., 61), die die Rechte der Minderheiten missachtet. „In den Vereinigten Staaten hat daher die Mehrheit eine enorme tatsächliche und eine fast ebenso große Macht der Überzeugung; und sobald über eine Frage die Mehrheit erst einmal zustande gekommen ist, gibt es sozusagen nichts, was ihren Gang hemmen, geschweige denn zum Stillstand bringen könnte, nichts, was ihr Zeit ließe, die Klagen derer anzuhören, die sie auf ihrem Weg zermalmt./ Die Folgen dieses Sachverhaltes für die Zukunft sind unheilvoll und gefährlich" (ebd., 89).

Der Gedanke einer „Tyrannei der Mehrheit" stammt dabei nicht von Tocqueville selbst, vielmehr beruft er sich dabei auf Thomas Jefferson, den dritten Präsidenten der Vereinigten Staaten, der die mit der Demokratie verbundene Gefahr der Tyrannei in einem Brief vom 15. März 1789 so formulierte: „In unserem Regierungssystem ist die ausführende Gewalt nicht der einzige, vielleicht nicht einmal der Hauptpunkt meiner Sorge. Die Tyrannei der Gesetzgeber ist zur Stunde und wird noch auf Jahre hinaus die Gefahr sein, die wir am meisten zu fürchten haben. Die Tyrannei der ausführenden Gewalt wird auch an die Reihe kommen, aber erst in späterer Zeit'" (ebd., 103). Diese führe dann zu einer Despotie, eine Gefahr, die auch Tocqueville bereits nennt.

Die Tyrannei der Mehrheit betrifft alle Bereiche des Staates und der Gesellschaft, denn auch in ihr bestimmt die Mehrheitsmeinung Leben und Denken der Menschen. Das betrifft vor allem Schriftsteller. „In Amerika zieht die Mehrheit einen drohenden Kreis um das Denken. Innerhalb dieser Grenzen ist der Schriftsteller frei; aber wehe, wenn er sie zu überschreiten wagt! Er hat zwar kein Autodafé zu fürchten, aber er ist allen erdenklichen Unannehmlichkeiten und täglichen Nachstellungen ausgesetzt. Die politische Laufbahn ist ihm verschlossen: er hat die einzige Gewalt, die sie ihm eröffnen könnte, beleidigt: Man versagt ihm alles, selbst den Ruhm" (ebd., 97). Wie aber steht es mit den Rechten anderer Minderheiten? Tocqueville erwähnt drei, deren Situation er jedoch sehr unterschiedlich beurteilt. Es sind die „Indianer", die „freien Neger" (ebd., 94) und die „Arbeiter".

Trotz seiner genauen Beobachtung der gesellschaftlichen Verhältnisse und seiner analytischen Schärfe des Urteils ist Tocqueville gegenüber dem Schicksal der Indianer leider völlig blind. Er schreibt ihnen ihre elende Lage selbst zu. Deren Ursache sieht er in mangelnder Erziehung und Bildung. Den voraussehbaren Untergang der Indianer beschreibt er so: „Es gibt Völker, deren erste Erziehung so mangelhaft war und deren Wesen eine so seltsame Mischung aus Leidenschaften, Unwissenheit und allen möglichen falschen Vorstellungen ist, daß sie die Ursache ihres Elends nicht selbst auszumachen vermögen; sie seufzen unter Übeln, die sie nicht erkennen./ Ich bin durch weite Landstriche gereist, die einst von mächtigen Indianervölkern bewohnt waren, die heute untergegangen sind; ich habe bei aussterbenden Stämmen gewohnt, die täglich ihre Zahl abnehmen und den Glanz ihres wilden Ruhms schwinden sahen; ich habe gehört, wie diese Indianer das ihrer Rasse zugedachte Schicksal selber voraussahen. Es gibt zwar keinen Europäer, der sich nicht darüber klar ist, was man tun muß, um diese unglücklichen Völker vor dem sicheren Untergang zu retten. Sie selbst aber wissen es nicht [...]. Man müßte Gewalt anwenden, um sie zum Leben zu zwingen" (ebd., 82).

Anders beurteilt er die Situation der freigelassenen, d. h. „freien Neger". Als Tocqueville 1831/32 die USA besucht, herrscht dort noch die Sklaverei. Zwar erklärte die Unabhängigkeitserklärung von 1776 alle Menschen für frei, doch fand diese Überzeugung keinen Eingang in die Verfassung. „Auf Betreiben der Delegierten des Südens wurden alle Stellen aus der Verfassung gestrichen, die den Sklavenhandel erwähnten oder sogar verurteilten" (Wimmer 1979, 149). Doch wie waren die Rechte der „freien Neger"? Sie zahlen Steuern und haben auch das Wahlrecht, doch sie gehen nicht zur Wahl. Auf die erstaunte Frage Tocquevilles nach dem Grund, erhält er folgende Antwort: „Oh, nicht daß sie sich etwa weigerten, dorthin zu gehen, aber sie haben Angst, daß man sie mißhandelt. Es kommt nämlich bei uns manchmal vor, daß ein Gesetz sich nicht auswirken kann, weil die Mehrheit es nicht unterstützt. Nun hat aber die Mehrheit die größten Vorurteile gegen die Neger, und die Justiz ist nicht imstande, ihnen die Rechte zu gewährleisten, die ihnen der Gesetzgeber zugestanden hat'" (Tocqueville 1956, 94 f.). Tocqueville ist erschüttert.

Schließlich die Situation der Arbeiter. Tocqueville weist zunächst daraufhin, „daß die Demokratie die Entwicklung der Industrie begünstigte und die Zahl der Industriellen außerordentlich vermehrte" (ebd., 156). Er glaubt sogar, dass durch diese Entwicklung eine neue Form der „Aristokratie" entstehen könnte, repräsentiert durch eine „besondere Klasse, die die Industrie leitet" (ebd., 158). Doch wie ist die Situation des Arbeiters, der in den neu entstandenen Fabriken mit der Massenproduktion von Waren beschäftigt ist? Bemerkenswert ist, mit welcher Genauigkeit Tocqueville die Produktionsverhältnisse beschreibt, die wenige Jahre später im Zentrum der Analyse von Marx stehen werden.

Tocqueville bemerkt: „Ein Arbeiter, der sich ständig und ausschließlich mit der Fabrikation desselben Gegenstandes beschäftigt, erlangt am Ende eine außerordentliche Geschicklichkeit für diese Arbeit, verliert aber zugleich die allgemeine Fähigkeit, sich geistig mit seiner Arbeit auseinanderzusetzen. Er wird täglich geschickter, aber weniger erfinderisch, und man kann sagen, daß der Mensch in ihm verkümmert, je stärker er sich als Arbeiter vervollkommnet./ Was kann man von einem Menschen erwarten, der zwanzig Jahre seines Lebens damit verbrachte, Stecknadelköpfe herzustellen? Und womit könnte sich in ihm der machtvolle Menschenverstand, der so oft die Welt vorwärtstrieb, beschäftigen, wenn nicht damit, das beste Mittel für die Herstellung von Stecknadelköpfen zu suchen!/ Wenn ein Arbeiter auf diese Weise einen beträchtlichen Teil seines Lebens verbracht hat, so kreist sein Denken für immer nur um den täglichen Gegenstand seiner Arbeit; sein Körper hat bestimmte starre Gewohnheiten angenommen, von denen er sich nicht mehr befreien kann. Mit einem Wort, er gehört nicht mehr sich selbst an, sondern dem Beruf, den er ergriffen hat. [...]. Je stärker das Prinzip der Arbeitsteilung zur praktischen

Anwendung gelangt, desto schwächer, beschränkter und abhängiger wird der Arbeiter" (ebd., 156 f.). Das Beispiel für das Prinzip der Arbeitsteilung übernimmt Tocqueville von Adam Smith (vgl. Smith 2009, 12).

Wie aber ist die Situation des Unternehmers? Auch hier braucht die Beschreibung den Vergleich mit Marx nicht zu scheuen. Tocqueville bemerkt: „Während also einerseits die Betriebswissenschaft die Arbeiterklasse ständig erniedrigte, erhöhte sie die Klasse der Herren./ Während der Arbeiter immer mehr seinen Verstand auf die Durchführung eines kleinen Details beschränkt, überblickt der Unternehmer ein größeres Ganzes. Sein Geist wächst in dem Verhältnis, in dem der des Arbeiters zusammenschrumpft. Bald wird der Arbeiter nur noch die physische Kraft ohne jeden Intelligenzaufwand nötig haben, während der Unternehmer Wissen, ja fast Genie benötigt, um einen Erfolg erringen zu können. Der eine sinkt fast zum Tier herab, während der andere immer mehr dem Verwalter eines großen Königreiches gleicht" (Tocqueville 1956, 157).

Die Ursache dieser fatalen Entwicklung sieht er in zwei neuen „Axiomen der Betriebswissenschaft", nämlich Konzentration des Kapitals und das Prinzip der Arbeitsteilung. Sie haben maßgeblich zu dem rasanten Erfolg der Industrie beitragen. Doch ihr Preis ist hoch. Er geht auf Kosten der menschlichen Würde des Arbeiters. Der damit verbundene gesellschaftliche Zustand ist für eine Demokratie, die diese ins Zentrum stellt, nicht tragbar. Das hat Tocqueville klar erkannt und dabei auf die politischen Konsequenzen hingewiesen, die in die Kompetenz des Gesetzgebers fallen: „Ich sehe nichts in der gesamten politischen Welt, das den Gesetzgeber mehr beschäftigen sollte als diese beiden neuen Axiome der Betriebswissenschaft" (ebd., 156). Bei der Arbeiterfrage geht es nicht, wie bei der Durchsetzung des Wahlrechts, um Probleme der Exekutive, sondern um einen dringenden Handlungsbedarf der Legislative.

Eine große Gefahr droht der Demokratie schließlich aus einer Gesellschaft heraus, in der die Bürger ihre politische Verantwortung nicht erkennen, sondern sich nur um ihre privaten Dinge kümmern. Das aber führt zu einer Stärkung der Zentralgewalt und schließlich zur Despotie. Tocqueville skizziert das Szenario einer solchen Entwicklung: „Ich will entwerfen, unter welchen neuen Zügen der Despotismus sich in der Welt einstellen könnte: Ich sehe eine unübersehbare Menge ähnlicher und gleicher Menschen, die sich rastlos um sich selbst drehen, um sich kleine und gewöhnliche Freuden zu verschaffen, die ihr Herz ausfüllen. [...] Über diesen Bürgern erhebt sich eine gewaltige Vormundschaftsgewalt, die es allein übernimmt, ihr Behagen sicherzustellen und über ihr Schicksal zu wachen. Sie ist absolut, ins einzelne gehend, pünktlich, vorausschauend und milde. Sie würde der väterlichen Gewalt gleichen, hätte sie – wie diese – die Vorbereitung der Menschen auf das Mannesalter zum Ziel; sie sucht aber, im Gegenteil, die Menschen unwiderruflich in der Kindheit festzuhalten; sie freut sich, wenn es den Bürgern gut geht, vorausgesetzt, daß diese ausschließlich an ihr Wohlergehen denken. […] Auf diese Weise macht sie den Gebrauch des freien Willens immer überflüssiger und seltener, beschränkt die Willensbetätigung auf ein immer kleineres Feld und entwöhnt jeden Bürger allmählich der freien Selbstbestimmung. […]. Ich bin immer der Überzeugung gewesen, daß diese Art einer geregelten, milden und friedlichen Knechtschaft, die ich eben gezeichnet habe, sich mit einigen der äußeren Formen der Freiheit besser verbinden könnte, als man denkt, und daß es ihr nicht unmöglich wäre, sich sogar im Schatten der Volkssouveränität niederzulassen" (ebd., 206 f.).

Damit Demokratie gelingt, müssen – so Tocqueville – folgende Bedingungen erfüllt sein: Gewaltenteilung der staatlichen Organe, Vereinigungsfreiheit, Pressefreiheit und politisches Engagement der Bürger.

Das Prinzip der Gewaltenteilung wurde von Montesquieu in seinem Buch *Vom Geist der Gesetze* im Jahre 1748 entwickelt (Montesquieu 1965, 212 f.). Tocqueville bekennt sich uneingeschränkt dazu. Er sieht in ihr einen Garanten gegen die Tyrannei: „Stellen wir uns dagegen eine gesetzgebende Gewalt vor, die die Mehrheit repräsentiert, ohne notwendig der Sklave von deren Leidenschaften zu sein; eine ausführende Gewalt, die eine angemessene Macht besitzt, und eine richterliche Gewalt, die von den anderen beiden Gewalten unabhängig ist; auch dann haben wir eine Demokratie, aber für die Tyrannei wird es kaum noch Chancen geben" (Tocqueville 1956, 95).

Von entscheidender Bedeutung ist auch die Vereinigungsfreiheit, die auch die Möglichkeit bietet, politische Parteien zu gründen, die um die Macht konkurrieren. „Heutzutage ist die Vereinigungsfreiheit ein notwendiger Schutz gegen die Tyrannei der Mehrheit geworden. In den Vereinigten Staaten geht, wenn eine Partei erst einmal an die Herrschaft gelangt ist, die gesamte öffentliche Gewalt in ihre Hände über; ihre Freunde besetzen alle Stellen und verfügen über die gesamte organisierte Macht. Die hervorragendsten Männer der Gegenpartei müssen sich dann abseits halten, wenn es ihnen nicht gelingt, die Schranke, die von der Macht trennt, zu durchbrechen; die Minderheit muß der äußeren Macht, die sie unterdrückt, ihr ganzes moralisches Gewicht entgegensetzen" (ebd., 61).

Auch um das Gewicht der politisch nicht repräsentierten Minderheit zu stärken, und den vielen individuellen Meinungen Gehör zu verschaffen, ist die Pressefreiheit von entscheidender Bedeutung für eine Demokratie. Tocqueville führt dazu aus: „Je mehr ich die Freiheit der Presse in ihren Hauptwirkungen betrachte, um so klarer wird es mir, daß in der Gegenwart die Pressefreiheit der wesentlichste Baustein, sozusagen der erste Grund der Freiheit ist. Ein Volk, das frei bleiben will, hat daher das Recht zu fordern, daß man die Pressefreiheit unter allen Umständen achtet" (ebd., 60).

All diese wichtigen Instanzen einer Demokratie aber blieben bedeutungslos, wenn sich die Bürger nicht selbst für die Demokratie engagierten, um so der Gefahr einer Despotie vorzubeugen. Dazu gehört es, dass ein Bürger seine politische Gleichgültigkeit überwindet und im Extremfall sogar bereit ist, „einem ungerechten Gesetz den Gehorsam" zu verweigern (ebd., 92). Ist erst einmal eine Despotie zur Herrschaft gelangt, so kann sie nur noch durch eine „Revolution" (ebd., 216) beseitigt werden, die auch in „demokratischen Zeiten" nicht grundsätzlich ausgeschlossen werden kann. Tocquevilles Fazit, das er mit seinem Plädoyer für die Demokratie verbindet, lautet daher: „Wichtig ist also weniger der Kampf gegen die Anarchie oder den Despotismus, als gegen die Gleichgültigkeit, die fast unterschiedslos beide hervorbringen kann" (ebd., 210).

Die Wirkungsgeschichte von Tocqueville beginnt unmittelbar nach dem Erscheinen seines Buches *Die Demokratie in Amerika* im Jahre 1835. Er wurde mit einem Schlag in Europa und in Amerika berühmt. Schon bald schloss er die Bekanntschaft mit John Stuart Mill, der ihn in seinem Buch *Über Freiheit* aus dem Jahre 1859 lobend erwähnte (vgl. Mill 1987, 88) und den Topos ‚Tyrannei der Mehrheit' von ihm übernahm (vgl. ebd., 10). In Deutschland hat sich Dilthey noch begeisterter über ihn geäußert. Tocqueville ist für ihn „unter allen Analytikern der politischen Welt der größte seit Aristoteles und Machiavelli" (Dilthey 1968, 104). Gleichwohl geriet er in Deutschland zunächst wieder in Vergessenheit. „In unserem Jahrhundert war Tocqueville verschollen bis 1945" (Schröder 1969, 118). Erst mit dem demokratischen Neuaufbau Deutschlands nach dem Zweiten Weltkrieg gedachte man seiner wieder. Beachtung fand auch sein Urteil hinsichtlich der zukünftigen weltgeschichtlichen Bedeutung von Amerika und Russland und der in ihnen vorherrschenden politischen Prinzipien: „Freiheit ist dem einen der Antrieb, Knechtschaft dem anderen" (Tocqueville 1956, 126). Auch Hannah Arendt betont die Genauigkeit in den geschichtlichen Beobachtungen von Tocqueville, vor allem in seiner Beurteilung der Französischen Revolution (vgl. Arendt 1994, 54).

4   Personale Freiheit und ‚aufgeklärter Liberalismus' (Höffe)

Der Mensch ist nicht einfachhin frei und verantwortlich; er muß es werden. In diesem Werdeprozeß spielen Erziehung und soziale Beziehungen eine wesentliche Rolle. Um diese Rolle zu verstehen, ist es nicht minder wesentlich, daß man von anderen, den Eltern, Lehrern und den vielen Menschen, mit denen man Umgang pflegt, sich zur Freiheit und Verantwortung aufgefordert, sogar herausgefordert findet. Freiheit und Verantwortung haben den Charakter einer Herausforderung, einer Provokation. Sie provozieren den Menschen, insofern er ein sinnliches Wesen ist, das in sozialen und traditionsbestimmten Netzen lebt, trotz der damit angesprochenen Vorgaben, sein Tun und Lassen selbstverantwortlich vorzunehmen.

[…]. Die Provokation muß freilich vom Subjekt angenommen werden. Sie muß bei ihm „in Leib und Seele" eingehen, nämlich von der Gesamtperson anerkannt werden. Freiheit und Verantwortung haben daher zweitens den Charakter der Anerkennung, und zwar ein und derselben Anerkennung. Personale Freiheit ist kein natürlicher Besitz. Der Mensch bringt von Geburt an nur ein Potential mit, das erstens entwickelt und dessen Leitzweck, Freiheit, samt Verantwortung, zweitens anerkannt werden muß. [...].

Biographisch gesehen ist es in der Regel ein längerer Prozeß der Erziehung und Selbsterziehung. Jedenfalls kommt beides zusammen. Zum Freiheits- und Verantwortungswesen muß man nicht bloß gemacht werden, sondern wesentlich auch sich selbst machen.

(Otfried Höffe: Kritik der Freiheit. Das Grundproblem der Moderne. München 2015, S. 356).

Otfried Höffe wird 1943 in Leobschütz, Oberschlesien (heute Polen), geboren. Er studiert von 1964–1970 Philosophie, Geschichte, Theologie und Soziologie an den Universitäten in Münster, Tübingen, Saarbrücken und München. In den Jahren 1970/71 ist er Visiting Scholar der ‚Columbia University'. Er wird 1971 mit einer Dissertation zu Aristoteles promoviert und habilitiert sich 1974 in München mit seiner Arbeit *Strategien der Humanität. Zur Ethik öffentlicher Entscheidungsprozesse.* Von 1978 bis 1992 ist er Lehrstuhlinhaber für Ethik und Sozialphilosophie sowie Direktor des Internationalen Instituts für Sozialphilosophie und Politik in Fribourg (Schweiz), wo er auch einen Lehrauftrag für Rechtsphilosophie an der juristischen Fakultät erhält. Außerdem unterrichtet er von 1986– 1998 Sozialethik an der ‚ETH Zürich'. 2002 erhält er den Bayerischen

Literaturpreis für wissenschaftliche Darstellungen von literarischem Rang. Er ist Ordentliches Mitglied der ‚Heidelberger Akademie der Wissenschaften' sowie Mitglied in der Nationalen Akademie der Wissenschaften ‚Leopoldina'. Von 1992 bis zu seiner Pensionierung im Jahre 2011 ist er Professor für Philosophie in Tübingen (vgl. Höffe 2015, 283).

In seinem Buch *Kritik der Freiheit* spannt Höffe einen weiten gesellschaftspolitischen Bogen, der von der anthropologisch begründeten personalen Freiheit über ihre verschiedenen gesellschaftlichen Handlungsfelder bis hin zur politisch bedeutsamen Freiheit in einer „partizipativen Demokratie" (ebd., 266) und völkerrechtlich verbindlichen internationalen Beziehungen reicht. Die personale Freiheit bildet den Kern der gesellschaftlichen, der politischen und der rechtlichen Dimension. Höffe formuliert das Konzept seiner in diesem Sinne weit gefassten politischen Philosophie mit folgenden Worten: „Ein Denken, das sich dem Prinzip der Freiheit verpflichtet hat, pflegt man Liberalismus zu nennen. Übernimmt es zum Zweck der Regeneration Elemente der Aufklärung, so kann es ‚Liberalismus aus dem Geist der Aufklärung' oder kürzer ‚aufgeklärter Liberalismus' heißen. Für einen derartigen Liberalismus plädiert diese Studie" (ebd., 14).

Zur Bestimmung der personalen Freiheit unterscheidet Höffe begrifflich in einem anthropologisch bedeutsamen Sinne zunächst zwischen negativer und positiver Freiheit. Negativ frei sind Menschen die, „ob Gefängnis, Lagerhaft, Heim, Waisenhaus oder drückende Schulden – eine Enge hinter sich lassen" (ebd., 23). Positiv frei ist, „wer seinem Tun und Lassen selbst den Antrieb und die Richtung vorgibt und den eigenen Weg dazu einschlägt. Und innerlich frei ist, wer ohne Angst in Übereinstimmung mit seinen Überzeugungen lebt, wer seine Würde bewahrt, und zwar jene Würde, deren Kern eine Selbstachtung bildet" (ebd.). Allerdings: Eine grenzenlose Freiheit kann es weder in der einen noch in der anderen Weise geben. „Eine grenzenlose Freiheit, die pure Willkürfreiheit, bricht sich sowohl an inneren als auch an äußeren, dann bald natürlichen, bald sozialen, bald persönlichen Grenzen" (ebd., 24). Im Unterschied zu der Antike, in der die Begriffe „Freier" und „Sklave" eine politische und rechtliche Bedeutung hatten, geht es in der „heutigen Freiheitsdebatte […] um die Handlungs- und Willensfreiheit, also um die Freiheit zurechnungsfähiger Personen, um personale Freiheit" (ebd., 21). Diese thematisiert Höffe in unterschiedlichen Bereichen. Es sind Kultur und Technik, Medizin und Erziehung, Wirtschaft und Gesellschaft, Wissenschaft und Kunst, Politik und Recht.

Mit seinem Konzept eines „aufgeklärten Liberalismus" schließt sich Höffe an Motive von Adam Smith an, die er jedoch kritisch fortentwickeln

möchte. Dieser in der Neuzeit entwickelte Ansatz, auch „Wirtschaftsliberalismus" genannt, ist seit einiger Zeit einer erheblichen Kritik ausgesetzt. Höffe unternimmt es in seinem Buch, nicht nur für die Wirtschaft,
sondern in allen Bereichen der Gesellschaft und des Staates seinen Entwurf
eines „aufgeklärten Liberalismus" dadurch plausibel zu machen, dass er
Argumente für und gegen den Liberalismus ernst nimmt, sie erörtert und
den Versuch macht, durch ein abgewogenes Urteil sein Konzept zu verteidigen, das sich auch der „Selbstkritik" verpflichtet hat (vgl. ebd., 17).

Er beginnt mit ‚Kultur und Technik' als einem Bereich, in dem dem
Menschen als „Mängelwesen" die „Emanzipation von Naturzwängen der
äußeren Natur" gelingt. Sie ist als solche deren „äußere Kultivierung" (ebd.,
41 ff.). Deshalb repräsentiert die „technikgestützte Bearbeitung der Natur
zugunsten menschlicher Interessen" (ebd., 46) einen Grundbegriff der
Kultur. Allerdings liegt im Fortschritt der Technik auch eine Gefahr. Die ist
bei der Entwicklung der Atombombe unübersehbar geworden, und selbst
die friedliche Nutzung der Atomenergie birgt ihre Risiken.

Grundsätzlich sind drei Arten der Technik zu unterscheiden: erstens die
defensive Technik, die es dem Menschen ermöglicht, sich z. B. durch Deich-
bau gegen Naturgewalten zu schützen, zweitens die ökonomische Technik,
die bei der Domestikation von Tieren und Pflanzen eine wichtige Rolle
spielt und schließlich drittens die kompensatorische Technik, die angefangen
von Kleidung und Wohnung über Haushaltsgeräte, Schiffe und Land-
fahrzeuge bis hin zur Telekommunikation menschliche Mängel ausgleicht
(vgl. ebd., 46 f.).

Gleichwohl bleiben die Erfolge der Technik ambivalent. „Durch Raub-
bau an der Natur, einschließlich Überjagen und Überfischen, auch Ver-
giften, nicht zuletzt durch Klima-Veränderungen stört sie das bisherige
Gleichgewicht empfindlich" (ebd., 52). Andererseits aber lässt sich der weltweite Kampf gegen den Hunger ohne „technische Leistung" nicht durch-
führen (ebd., 53). Bei einem sorgfältigen Abwägen bieten aber „die großen
technischen Entwicklungen der Menschheit per Saldo mehr Chancen als
Risiken" (ebd., 51). Schließlich entwickelt er eine ökologisch anmutende
Utopie, die er unter den Begriff „Oikopoiese" fasst. „In einem Prozeß,
der ‚Oikopoiese' heißen kann, wird die naturale Natur für die Zwecke des
Menschen hergerichtet (-*poiesis*), auf daß sie schließlich zum *oikos,* zur
Heimstatt, sogar Heimat des Menschen werde. Eine kluge Menschheit läßt
freilich so viel an nichtkultivierter Natur übrig, daß man sie noch als Gegen-
bild zu Technik- und Sozialzwängen genießen kann" (ebd., 49).

Die Medizin ist ein Bereich, in dem die personale Freiheit ebenfalls eine
entscheidende Rolle spielt. Der Zusammenhang von Gesundheit, Krankheit

und Freiheit ist evident. „Unter sonst gleichen Bedingungen ist der gesunde Mensch freier als der kranke, und ein Kranker, dem man Atemnot und Schmerzen lindert, ist freier als der, bei dem es unterbleibt. Der von einem Unfall Genesene ist freier als der an den Unfallfolgen Leidende. Schließlich ist, wer ein längeres Leben erwartet, freier, als wer in jungen Jahren zu sterben hat" (ebd., 61).

Ein medizinisch besonders brisantes Thema ist der „Freitod", der üblicherweise, aber völlig unzutreffend „Selbstmord" genannt wird, da ihm alle Attribute fehlen, die einen Mord im juristischen Sinne charakterisieren. Vielmehr handelt es sich bei ihm um eine spezifisch menschliche Handlungsweise. „Unter allen uns bekannten Lebewesen steht diese Möglichkeit allein dem Menschen offen. Sie belegt, daß er nicht einfachhin da ist, sondern sich zu sich selbst verhält und daß ihm dabei eine im wörtlichen Sinne radikale, bis zu den Wurzeln des Lebens reichende Verfügungsmacht offensteht" (ebd., 69). Im konkreten Fall allerdings stellt sich die Frage in sehr spezifischer Weise. Von „Freitod" im strengen Wortsinn kann man nur in folgendem Fall sprechen: „Wer ungezwungen und wohlüberlegt, also tatsächlich frei Hand an sich legt, handelt im wörtlichen Sinn destruktiv und irreversibel. Er beweist sich seine Freiheit, indem er sie zugleich verspielt; er setzt in Freiheit seiner Freiheit ein Ende" (ebd.). Die empirische Suizidforschung spricht in diesem Fall von einem „Bilanzsuizid". Doch der ist in der Regel sehr selten. „In den weitaus meisten Fällen wird ein Freitod von Personen verübt, die am Sinn des Lebens verzweifeln" (ebd., 70). In keinem Fall aber ist die in der Geschichte lange Zeit vorherrschende moralische Ächtung des Freitods zu akzeptieren. Ihm steht auch nicht die „Menschenwürde" entgegen. Das bedeutet: „Da gegen ein moralisches Verbot des Freitods respektable Gründe sprechen, überlasse man die persönliche Bewertung der Freiheit des einzelnen" (ebd., 74). Andererseits aber muss in Ländern, in denen es eine legale „Suizidbeihilfe" gibt, verhindert werden, dass „bei besonders verletzlichen Personen, etwa chronisch Kranken, Schwerbehinderten oder Kindern" ein Druck aufgebaut wird, diese in Anspruch zu nehmen (ebd., 77).

Nicht minder problematisch als das Lebensende ist der Lebensanfang, vor allem bei Unfruchtbarkeit. Die medizinisch begleiteten Möglichkeiten reichen hier von der Samenspende über die Leihmutterschaft bis hin zum sogenannten „Retortenbaby". Einige adoptieren ein fremdes Kind oder aber sie verzichten ganz auf ihren Kinderwunsch. Das politische Fazit ist: „Eine offene, aufgeklärte liberale Gesellschaft überläßt diese Optionen ganz den Betroffenen. Zu deren Entscheidungsfreiheit gehört auch, für den Kinderwunsch medizinische Unterstützung zu suchen" (ebd., 81).

Einen eigenen Bereich stellt die „innere" Freiheit dar, d. h. die „interne" Kultivierung". Sie dient der „Erziehung zur Freiheit". Die Technik als die Domäne der „äußeren Kultivierung" wäre gar nicht denkbar ohne die „innere", die „interne". Sie eröffnet dem Menschen die „Grundstufe personaler Freiheit, die Handlungsfreiheit" (ebd., 90). „Ohne die interne Kultivierung verfügt der Mensch nicht einmal über ein Potential für Freiheit, noch weniger ist er ein reales Freiheitswesen; er besitzt lediglich Anlagen. Mittels Erziehung mitsamt der Bildung wird nicht eine im Prinzip schon gegebene Freiheit nur in dieser oder jener Hinsicht erweitert oder gesteigert. Vielmehr betritt man erstmalig eine Welt, das Reich der Handlungsfreiheit, das man sich dann, im Verlauf der Erziehung, mehr und mehr erschließt" (ebd.).

Für die Erziehung zur Freiheit hat Kant entscheidende Hinweise gegeben, die sich Höffe zu eigen macht. Nach Kant gliedert sich die Erziehung in verschiedene Stufen. Sie endet „in der entscheidenden, eben kosmopolitischen Erziehung, die auf die Moral abzielt" (ebd., 93 f.). Die „Moralisierung" dient dem Ziel, dass der Mensch ein moralisches Wesen werde. Dazu gehört, daß er Pflichten gegen sich selbst erfülle, vor allem, die „„Würde der Menschheit in seiner eigenen Person nicht zu verleugnen'" (ebd., 101 f.). Daraus folgt die Pflicht gegen andere. Sie besteht in der „„Ehrfurcht und Achtung für das Recht der Menschen', die ,dem Kinde schon sehr früh beigebracht werden' sollen" (ebd., 102). Zu dem von Kant erläuterten moralischen Ziel gehört es schließlich, „daß Kinder arbeiten lernen'", d. h. die Fähigkeit erlangen, für ihren Lebensunterhalt selbst zu sorgen. Das hat keinen nur ökonomischen Sinn, sondern ist „Teil der größeren Erziehungsziele, der Eigenständigkeit und Selbständigkeit, also der Freiheit" (ebd., 106). Diejenigen, die diese Fähigkeit nicht erworben haben, bleiben nach Kant „das ganze Leben hindurch Kinder'" (ebd., 107). Die unverminderte Aktualität der Pädagogik Kants besteht in seinem „Plädoyer für Freiheit" und der von ihm angestrebten „Erziehung zur Persönlichkeit" (ebd., 107). Im 20. Jahrhundert hat – so Höffe – John Dewey dieses pädagogisch wie politisch bedeutsame Ziel neu formuliert.

Im Bereich der Wirtschaft folgt Höffe zunächst den Gedanken von Adam Smith (vgl. Smith 2009), der annahm, dass der freie Markt den *Wohlstand der Nationen* – so der Titel seines Werkes – herbeiführen werde (vgl. Höffe 2015, 118). Höffe beruft sich dabei auf das Prinzip vom „freien Spiel der Kräfte" (ebd., 116), das er nicht nur für die Wirtschaft in Anspruch nimmt, sondern auf alle Bereiche der Gesellschaft ausdehnen möchte. In diesem freien Spiel der Kräfte kann jeder Bürger seine eigene Stellung in ihr finden. Das entspricht seiner Freiheit und seiner Verantwortung. Dem Staat kommt lediglich das „Prinzip der Subsidiarität" zu. Das bedeutet: „Der Staat darf nur das an sich ziehen, was die Individuen für sich oder mit anderen entweder überhaupt nicht oder entschieden schlechter zustande bringen" (ebd., 117). Gleichwohl möchte Höffe den Staat nicht ganz so stark aus seiner Verantwortung entlassen, wie es Adam Smith tat. Das hat mehrere Gründe. Einer davon ist der Finanzmarkt, der inzwischen eine ungeheure eigene Dynamik mit z. T. gravierenden Konsequenzen entwickelt hat. Ein Beispiel hierfür ist die weltweite Finanzkrise im Jahre 2007 (vgl. ebd., 155).

In einer globalen Wirtschaft ist darüber hinaus verstärkt die „ökologische Dimension" zu berücksichtigen. Das bedeutet: „Ohne Zweifel muß sich der Wirtschaftsliberalismus um einen ökologischen Liberalismus erweitern und sich, wo nötig, von ihm korrigieren lassen" (ebd., 129). Damit verbindet sich eine „neue soziale Frage". „Ohne die ‚alte soziale Frage' zu verdrängen, also ohne sich von der bleibenden Aufgabe zu dispensieren, die Vorsorge für Krankheit, Alter und Arbeitslosigkeit zu regeln und Armut und Verelendung zu verhindern, darf man die Verantwortung für die zukünftigen Generationen nicht länger verdrängen. Ihnen gegenüber sind die Errungenschaften der Zivilisation und Kultur zu bewahren und, wie schon in der Vergangenheit geschehen, um neue Errungenschaften zu erweitern" (ebd.).

Diese Aufgaben kann nur ein Sozialstaat leisten, wie er sich in den europäischen Staaten, nicht jedoch in demselben Maße in den USA, entwickelt hat (vgl. ebd., 143). Er kann seine Leistungen, die im „Umverteilen" von Reichtum bestehen, jedoch nur erbringen, wenn der „freie Markt" dafür sorgt, „daß es möglichst viel zum Umverteilen gibt" (ebd., 141). Wird allerdings das Prinzip des Sozialstaats überfordert, führt das zu stark steigenden „Staatsausgaben" und einer damit verbundenen „immens gewachsenen Staatsverschuldung" (ebd., 154). Ursache hierfür ist nicht zuletzt folgender Sachverhalt: „Nicht wenige Personen ziehen den Status ‚Sozialhilfe' einer (kaum höher honorierten) Arbeit vor" (ebd., 146). Das liegt weder im Interesse des Staates noch des Bürgers. Der Staat kann und soll die „Eigenverantwortung, also die Freiheit der Bürger und mit ihr deren Selbstachtung" stärken (ebd., 169). Das bedeutet, im Sinne Kants, dass jeder Bürger nach Möglichkeit für sich selbst sorgt. Sonst wird das Gemeinwesen zu einem „maternalistischen Fürsorgestaat" (ebd.), der Freiheit und Gerechtigkeit aller gefährdet.

Einen besonderen Bezug zur Freiheit haben das Wissen und die Wissenschaften. Die Haltung eines aufgeklärten Liberalismus hierzu ist eindeutig. „Die liberale Unterstützung beginnt mit dem kompromißlosen Einsatz für das einschlägige Freiheitsrecht, negativ gesprochen für das Verbot von Zensur, positiv gesagt für die Wissenschafts- und Forschungsfreiheit" (ebd., 196). Innerhalb von Wissenschaft und Forschung lassen sich drei Arten unterscheiden. Die erste Wissensart ist zu verstehen als „angewandte Forschung" (ebd., 197). Sie hat, wie bereits erläutert, ihr Feld in den Bereichen der Technik und der Medizin. Zu ihr trägt aber auch „eine freiheitsverpflichtete Pädagogik, sowohl zur Emanzipation von Zwängen der äußeren und der inneren Natur als auch zur Befreiung von Hunger und Armut bei" (ebd.). Nicht zuletzt dient sie der Schaffung von Arbeitsplätzen und widersetzt sich damit „der mit Arbeitslosigkeit einhergehenden Einschränkung der Handlungsfreiheit" (ebd.).

Die zweite Art des Wissens hat den Charakter der Aufklärung. Als der griechische Philosoph Xenophanes erkannte, dass es sich bei der Iris genannten Göttin in Wahrheit um ein natürliches meteorologisches Phänomen handelt, gelang ihm Aufklärung in zweifacher Hinsicht: Zum einen kritisierte er damit ein religiöses Dogma und zum anderen lieferte er „eine ‚rationale' Erklärung der Natur", an die sich weitere Naturerklärungen anschließen ließen.

Die dritte Art des Wissens stellt ihre Höchstform dar. Sie wurde von Aristoteles in besonderer Weise hervorgehoben. Es besteht in einem „nutzenfreien Wissen", dem der „Rang eines Selbstzwecks" zukommt und das „seine Würde in sich selbst" trägt (ebd., 198). Dieses Wissen ist zu unterscheiden von „Grundlagenforschung", für die eine spätere Anwendung bereits mitgedacht wird. Doch gerade das nutzenfreie Wissen „droht der modernen Gesellschaft fremd zu werden" (ebd.). Zu ihr gehört die Mathematik, fernab ihrer Verwendung in anwendungsbezogenen Bereichen wie Physik, Statistik oder Versicherungswissenschaft, ebenso aber auch „die Erforschung ausgestorbener Kulturen, Sprachen und Schriften, etwa der Neandertaler oder der Hieroglyphen- und der Maya-Schrift" (ebd., 199).

Spätestens seit Bacon ist das „nutzenfreie Wissen" zugunsten einer strengen „Zweckbindung" verabschiedet worden. Die Neuzeit ist diesem, von Bacon entwickelten, Wissenschaftsverständnis gefolgt (vgl. ebd., 201). Heute erleben wir die positiven wie negativen Folgen einer „Wissenschaft, die die Naturkräfte beherrschen will" (ebd., 205), denn insgesamt gesehen erfüllen die Naturwissenschaften sowohl „Wunschträume" als auch „Alpträume". Höffes Fazit daher: „Die nüchterne und zugleich genauere Beschreibung lautet deshalb auf Doppelgesichtigkeit, auf Ambivalenz" (ebd., 206).

Die Freiheit der Kunst ist wie die der Wissenschaft in Deutschland durch das Grundgesetz geschützt (vgl. Art. 5, 3). Das gilt z. B. auch für Karikaturen mit religionskritischem Inhalt. Die Freiheit der Kunst findet ihre Grenze „nur bei gleichrangigen Rechtsgütern" wie etwa dem

„Persönlichkeitsrecht" (Höffe 2015, 223). Trotz des Streits über einzelne Kunstwerke bleibt die Bilanz mit Blick auf die Kunst positiv: „Kunst gibt der Einbildungskraft Flügel der Freiheit" (ebd., 230). Kunstwerke repräsentieren eine „Phantasiewelt" und befreien „von den Zwängen der Wirklichkeit [...]. Sie bringen Gegenwelten zur Alltagswelt hervor und hellen blinde Flecken, auch Gefahren, Kehrseiten und Mißbräuche der Gegenwart auf; [...] sie zeigen ihre Abgründe und alltäglichen Schrecken; sie verfeinern diese Welt; vielleicht verschönern sie sie auch und verwandeln, sogar verklären das Gewöhnliche [...]; sie überhöhen oder erniedrigen, sie erlauben zu feiern und verleihen dem Feiern Ausdruck; sie lenken von der Wirklichkeit ab, oder sie stellen diese bloß" (ebd.). Aus all diesen Gründen ist die Kunst für eine freie Gesellschaft unverzichtbar.

Politische Freiheit im engeren Sinne hat ihren Platz in dem organisierten Zusammenleben, d. h. im Staat. Mit ihm wird der Naturzustand überwunden, in dem eine anarchische Freiheit herrscht. Der Staat schränkt diese Freiheit um der Sicherung der Freiheit aller ein (vgl. ebd., 236). Gleichwohl betont der „klassische Liberalismus" stets die „negativen' Freiheitsrechte". „Aus leidvoller Erfahrung mit dem absolutistischen Obrigkeitsstaat oder dessen Restbeständen plädiert er für das Recht jedes Individuums, seine Überzeugungen frei zu bilden und ihnen gemäß das eigene Leben frei zu gestalten" (ebd., 238). Der moderne Staat, der auch soziale Aspekte berücksichtigt, hat die Gestalt einer konstitutionellen Demokratie angenommen. „Die konstitutionelle Demokratie dürfte sogar zu den größten kulturellen Innovationen der Menschheit gehören. [...] Als Selbstorganisation des Zusammenlebens besitzt die Demokratie einen uneinholbaren Legitimitätsvorsprung" (ebd., 241). Zu den wesentlichen Freiheitsrechten innerhalb der Demokratie gehört die Pressefreiheit. In Übereinstimmung mit Tocqueville betont er: „Weil ohne entsprechende Medien keine Demokratie, namentlich keine partizipative Demokratie möglich ist, gehört die Pressefreiheit zu den für die politische Kultur wichtigsten Freiheitsrechten" (ebd., 266).

Die „partizipative Demokratie" ist auf die Beteiligung ihrer Bürger am politischen Willensbildungsprozess angewiesen. Höffe folgt dabei auch hier den Gedanken von Tocqueville (vgl. Tocqueville 1956, 210) und von Hannah Arendt (vgl. Arendt 1994, 325 ff.). Die Bereitschaft zu politischer Beteiligung ist jedoch sehr unterschiedlich entwickelt. Höffe unterscheidet den „Minimalbürger" vom „Staatsbürger" und diesen vom „Weltbürger". Der Minimalbürger bildet politisch gesehen eine „Minimalidentität" aus und ist als ein „Schrumpfbürger" zu verstehen. Er möchte die Vorteile des Staates genießen, ohne selbst einen Beitrag leisten zu wollen. „Jedenfalls neigt die Minimalidentität zu einer puren Forderungsidentität, nämlich zu einem Bürgersein, das sich auf Forderungen verkürzt" (Höffe 2015, 281). Den politisch verantwortlich denkenden und handelnden Staatsbürger zeichnen seine „Bürgertugenden" aus. „Die Bürgertugenden wiederum tragen als Rechtssinn, Gerechtigkeitssinn und Gemeinsinn zum Wohlergehen der Demokratie bei, gehören deshalb zum Kern eines aufgeklärten Liberalismus" (ebd., 275).

Im Zuge einer zunehmenden Globalisierung gewinnen internationale Beziehungen und internationales Recht eine immer größere Bedeutung. Sie stellen auch die demokratischen Nationalstaaten vor neue Probleme. Auf der einen Seite wollen diese nach Möglichkeit „ein Höchstmaß an Handlungsfähigkeit behalten" und sie nicht an den „teils wirtschaftlichen, teils politischen Weltmarkt" abgeben, auf der anderen Seite aber kommen sie nicht umhin, sich auf politische Innovationen einzulassen. „Deren wichtigste besteht in einer globalen Ordnung mit Rechts- und Demokratie-Charakter. Für beide Zwecke, sowohl für eine globale Realisierung politischer Freiheit als auch zum Zweck kollektiver Handlungsfähigkeit, braucht es eine freiheitliche Weltrechtsordnung" (ebd., 315). Ziel eines möglichen „Weltbürgers" kann es aber nicht sein, einer zentralistischen „Weltrepublik" anzugehören, sondern „Bürger einer föderalen Weltrepublik" zu sein. Diesem Konzept entsprechend „darf die Weltrepublik nur dort tätig werden, wo erstens überhaupt der Staat gefragt ist, wo zweitens der globale Staat besser als die Einzelstaaten oder besser als deren Selbstkoordination agieren kann. Zusätzlich darf die Weltrepublik nur im erforderlichen Maß tätig werden" (ebd., 322).

Am Ende seines Buches unternimmt es Höffe, sein Konzept einer personalen Freiheit gegenüber einem Determinismus zu verteidigen, wie er zurzeit besonders von Hirnforschern vertreten wird. Für sie ist das Verhalten der Menschen im Sinne radikaler Reduzierung der Wirklichkeit, allein durch „Naturkausalität" bestimmt. Alles Geschehen folgt dem Schema von Ursache und Wirkung. Sie bemerken dabei aber nicht den „pragmatischen Widerspruch", in den sie sich begeben. Denn während sie mit ihren „Äußerungen die Freiheit bestreiten, nimmt ihre Lebensweise, und nicht etwa erst ihr privates, sondern vor allem ihr Forscherleben, die Freiheit nachdrücklich in Anspruch. [...]. Der expliziten Freiheitsskepsis zum Trotz, also in einem offensichtlichen Widerspruch zu den die Freiheit ablehnenden Behauptungen, führen sie ein Leben in Freiheit und Verantwortung" (ebd., 346 f.). Höffe macht gegenüber dieser Freiheitsskepsis darauf aufmerksam, dass es neben dem Wirklichkeitsverständnis im Sinne der „Naturkausalität" eine „grundlegend andere Welt" gibt. „Es ist die Welt der Gründe, also eine Welt von Ursachen jener Art, die nicht der (naturalen, sozialen oder psychischen) Natur, sondern der handlungsorientierten Vernunft, letztlich der reinen praktischen Vernunft entspricht. Das übliche Ursachen-Wirkungs-Denken ist also zugunsten eines Denkens in Begriffen praktischer Vernunft aufzugeben. In ihren Gründen zeigt sich die personale Freiheit als denkmöglich und wird sich via negationis finden, als gelebte Wirklichkeit" (ebd., 342).

In seinem Verständnis personaler Freiheit lässt sich Höffe leiten von Aristoteles, der bereits das Konzept einer situativ begrenzten Wahlfreiheit entwickelte, von Adam Smith, der für den klassischen Wirtschaftsliberalismus steht, und schließlich von Kant, der neben der Betonung der Naturkausalität auf die praktische Vernunft als Garant der Freiheit hinwies. Die praktische Vernunft ist auch die Grundlage für einen „aufgeklärten Liberalismus". Dieser garantiert eine Verbindung von personaler und politischer Freiheit in einer partizipativen Demokratie. Er bildet aber ebenso die Orientierung für die internationalen Beziehungen, die in einer von globalen Krisen bedrohten Welt immer wichtiger werden. Eine demokratisch gefestigte „freiheitliche Weltrechtsordnung", die Höffe im Blick hat, bleibt jedoch vorerst eine Utopie.

VI Pädagogik der Selbstbestimmung

Die Notwendigkeit der Erziehung ergibt sich aus der spezifischen Hilflosigkeit des Menschen bei seiner Geburt. Allzu lange jedoch beschränkte sich die Pädagogik darauf, Anleitungen für die möglichst schnelle und reibungslose Anpassung des Kindes an die Welt der Erwachsenen zu geben. Es ist das besondere Verdienst von Rousseau, die Kindheit als eine eigene Weise des Welterlebens neu entdeckt zu haben. In seinem Erziehungsroman *Emile* schildert er, wie er seinem fiktiven Zögling, fernab der korrupten Gesellschaft, durch eine naturgemäße Erziehung hilft, seine Menschlichkeit zu entdecken und zu entwickeln. Er lässt ihn, nicht durch Vorschriften oder moralische Ermahnungen, sondern durch Erfahrung, die Einsichten gewinnen, die nötig sind, um Selbständigkeit zu erlangen. Auch Maria Montessori beginnt ihre pädagogischen Überlegungen mit der Kritik der bisherigen Erziehungspraxis, die auf Abrichtung und Drill ausgerichtet war. Demgegenüber betont sie das Recht der Kinder auf besondere Zuwendung, da sie die Zukunft der Menschheit repräsentieren. Als Ärztin und Pädagogin widmet sie der Entwicklung des Kleinkindes ihre besondere Aufmerksamkeit. Entgegen der verbreiteten Auffassung von der Bedeutung des Spiels für die kindliche Entwicklung betont sie, dass sich das Kind durch eine spezifische Form der Arbeit die Welt aneigne. Dazu benötigt es allerdings pädagogisch geeignetes Lernmaterial. Andreas Flitner kritisiert ebenfalls die bisherige Erziehung, die allzu sehr auf Anpassung abzielte. Die Konsequenz der Antipädagogik, deshalb auf Erziehung ganz zu verzichten, lehnt er jedoch ab. Vielmehr müsse es das Ziel der Erziehung sein, das Ich des Kindes zu stärken und ihm dabei zu helfen, eine eigene

W. Pleger, *Dialogische Vernunft*, https://doi.org/10.1007/978-3-662-65289-3_7

unverwechselbare Person zu werden. Im Anschluss an Schleiermacher sieht er drei Erziehungsmaßnahmen als gerechtfertigt an: erstens, das Behüten des Kindes vor unerwarteten Gefahren, zweitens, das Gegenwirken bei schädlichen Einflüssen von außen oder bei einer inneren Fehlentwicklung und drittens, das Unterstützen bei der Entwicklung des Kindes zur Person.

1   Die Entdeckung der Kindheit (Rousseau)

Menschen, seid menschlich, das ist eure vornehmste Aufgabe! Seid menschlich gegen jeden Stand, gegen jedes Alter, gegen jeden, der Menschenantlitz trägt. Welche Weisheit gibt es noch außer dieser Menschlichkeit? Liebt die Kindheit, fördert ihre Spiele, ihre Freuden, ihr liebenswürdiges Wesen! Wer von euch hat sich nicht manchmal nach dem Alter zurückgesehnt, in dem das Lachen immer um die Lippen spielt und der Friede immer in der Seele wohnt? Warum wollt ihr den unschuldigen Kleinen den Genuß dieser kurzen und flüchtigen Spanne und ein so kostbares Gut, das sie nicht mißbrauchen können, rauben? Warum wollt ihr diese ersten dahineilenden Jahre, die für sie so wenig wiederkehren wie für euch, mit Bitterkeit und Schmerzen füllen? Väter, kennt ihr den Augenblick, wo der Tod eure Kinder erwartet? Wollt ihr bereuen müssen, ihnen die wenigen Augenblicke, die ihnen die Natur gewährt hat, geraubt zu haben? Laßt sie sich des Lebens freuen, sobald sie es können. Sorgt dafür, daß sie das Leben gekostet haben, ganz gleich, zu welcher Stunde Gott sie ruft.

(Jean-Jacques Rousseau: Emil oder Über die Erziehung. Paderborn 1998, S. 55).

Jean-Jacques Rousseau wird 1712 in Genf als Sohn eines Uhrmachers geboren. Seine Mutter stirbt wenige Tage nach seiner Geburt. Er verbringt eine unruhige Jugend ohne eine geregelte Ausbildung. 1742 geht er nach Paris, wo er Hauslehrer und Notenschreiber wird. Dort lernt er Diderot kennen und schreibt für die *Encyclopédie* Artikel zur Musik. 1750 erhält er mit seiner *Abhandlung über die Wissenschaften und die Künste* den Preis der Akademie in Dijon, der ihn mit einem Schlag berühmt macht. 1755 wird sein *Diskurs über die Ungleichheit unter den Menschen* in Amsterdam veröffentlicht. Im Jahr 1762 erscheinen seine beiden zentralen Werke: sein Erziehungsroman *Emil oder Über die Erziehung* und seine staatstheoretisch-politische Programmschrift *Der Gesellschaftsvertrag*. Das Parlament in Paris konfisziert und verurteilt den *Emile* und erlässt gegen den Autor einen

Haftbefehl, der daraufhin in die Schweiz flieht. Doch auch die Behörden in Genf verdammen und verbrennen beide Werke. Rousseau flieht nach Neuchâtel und erhält schließlich Asyl durch den Gouverneur Lord Keith. 1763 wird er Bürger des zu Preußen gehörenden Fürstentums Neuchâtel. Er verzichtet auf sein Bürgerrecht der Republik Genf. 1766 reist er in Begleitung Humes nach England. Nach seiner Rückkehr nach Paris verfasst er 1770 sein autobiographisches Werk *Bekenntnisse,* das posthum erscheint. 1776 schreibt er sein letztes, ebenfalls autobiographisches, Werk *Träumereien eines einsamen Spaziergängers.* Rousseau stirbt 1778 in Ermenonville. 1794 wird sein Sarg von den Führern der Französischen Revolution ins Pariser Pantheon überführt (vgl. Fetscher 1975; Holmsten 1983; Taureck 2009, Pleger 2020, 221–233).

Rousseau ist ein führender Repräsentant des 18. Jahrhunderts, das als Zeitalter der Aufklärung verstanden wird. Ihm kommt im Französischen der Name ‚le siècle philosophique' oder ‚l'âge de la raison' zu, das Zeitalter der Vernunft. Die Orientierung an der Vernunft umfasst sowohl theoretisch-wissenschaftliche und technisch-künstlerische als auch moralisch-praktische Aspekte. In Abgrenzung zum Denken des Mittelalters, in dem die an der Bibel orientierte scholastische Methode vorherrschte, bilden bereits im 17. Jahrhundert Erfahrung und Vernunft die neuen Prinzipien des Denkens und Handelns. Das 18. Jahrhundert bringt nun die Vernunft mit der Lichtmetapher Aufklärung, französisch ‚les lumières', in eine Verbindung.

Rousseau ist zweifellos ein Denker der Aufklärung, aber er versucht ein eigenes und sehr eigenwilliges Konzept von Aufklärung zur Geltung zu bringen, das bestimmten Strömungen seiner Zeit widerspricht. Es richtet sich gegen die einseitige Betonung der theoretisch-wissenschaftlichen und der technisch-künstlerischen Ausrichtung des Denkens und gegen die Annahme, dieses allein könne die Situation der Menschen auch in moralisch-praktischer Hinsicht verbessern. Nirgendwo hat er seinen Protest gegen diese Illusion deutlicher zum Ausdruck gebracht als in seiner preisgekrönten Antwort auf die von der Akademie Dijon gestellten Frage: *Ob die Wiederherstellung der Wissenschaften und Künste zur Läuterung der Sitten beigetragen hat* (vgl. Rousseau 1995, S. 27).

Entgegen der vorherrschenden Meinungen seiner Zeit, die einen allgemeinen, vor allem aber einen moralischen, Fortschritt der Gesellschaft im Gefolge der sich schnell entwickelnden Wissenschaften und Künste annehmen, sieht Rousseau einen solchen nicht (vgl. Fetscher 1975, 21). Mit außerordentlicher Schärfe charakterisiert er den moralischen Zustand der Gesellschaft seiner Zeit wie folgt: „Es gibt keine aufrichtigen Freundschaften mehr, keine wirkliche Hochachtung, kein festes Zutrauen. Argwohn,

Mißtrauen, Furcht, Kälte, Zurückhaltung, Haß und Verleumdung werden sich ewig unter diesem einförmigen und betrügerischen Schleier der Höflichkeit, dieser gepriesenen Feinheit der Sitten verstecken, welche wir der Aufklärung unseres Jahrhunderts zu verdanken haben" (Rousseau 1995, 36). Aber er geht noch einen Schritt weiter. Dieser katastrophale moralische Zustand der Gesellschaft steht nicht nur in einem scharfen Kontrast zu dem Fortschritt der Wissenschaften und Künste, er ist vielmehr durch ihn verursacht, denn, so sein vernichtendes Urteil, „unsere Seelen sind in dem Maße verdorben, in dem unsere Wissenschaften und Künste vollkommener geworden sind" (ebd., 37). Wissenschaften und Künste, so wie sie sich zu seiner Zeit darstellen, entfremden den Menschen von der Natur und seinen natürlichen Empfindungen.

Gleichwohl verurteilt Rousseau sie nicht generell, sondern nur ihre gegenwärtigen Formen. Positive Ausnahmen sind für ihn Bacon von Verulam, Descartes und Newton. Aber auch die Spitzfindigkeiten der „Rechtsgelehrtheit" sind für den überflüssig, der „nichts als die Pflichten eines Menschen und die Bedürfnisse der Natur" kennt (ebd.). Ähnliches gilt für den Bereich der Pädagogik. Rousseau bemerkt: „Gleich von unserer Kindheit an putzt eine unvernünftige Erziehung unseren Geist auf und verdirbt unser Urteil" (ebd., 52). Die Konsequenz ist: Die Kinder „werden den Irrtum nicht von der Wahrheit unterscheiden können und gleichwohl die Kunst besitzen, dieselben durch spitzfindige Scheingründe für andere unkenntlich zu machen. Allein, was Worte Großmut, Billigkeit, Mäßigkeit, Menschenliebe und Tapferkeit bedeuten, wird ihnen ganz unbekannt sein" (ebd., 53).

In seiner zweiten Abhandlung zu der ebenfalls von der Akademie von Dijon gestellten Frage: *Welches ist der Ursprung der Ungleichheit unter den Menschen, und ob sie durch das natürliche Gesetz autorisiert wird* (Rousseau 1984, 65) versucht Rousseau, die geschichtliche Entwicklung nachzuzeichnen, die von einem ursprünglich guten Naturzustand des Menschen bis zu dem gegenwärtigen korrupten Zustand der Gesellschaft geführt hat. Ursprünglich, so Rousseau, lebten die Menschen in Familienverbänden und kleinen Gruppen. Sie hatten sich vor allem gegenüber den wilden Tieren zu behaupten, die sie an Stärke übertreffen. Doch der Mensch, der im Gegensatz zum Tier über keinen eigenen Instinkt verfügt, ist gleichwohl in der Lage, sich alle Instinkte anzueignen. Folglich findet er seinen Lebensunterhalt leichter als dies irgendeines der Tiere vermag (vgl. ebd., 81). An die Stelle des naturgegebenen Instinkts tritt beim Menschen die Freiheit. Das bedeutet, „daß bei den Operationen des Tieres die Natur allein alles tut, wohingegen der Mensch bei den seinen als ein frei Handelnder mitwirkt.

Jenes wählt oder verwirft aus Instinkt und dieser durch einen Akt der Freiheit" (ebd., 99).

Mit der Freiheit einher geht „die Fähigkeit, sich zu vervollkommnen; [...] seine *Perfektibilität*)" (ebd., 103). Es ist einzugestehen, dass sie es ist, die den Menschen „aus jenem ursprünglichen Zustand fortzieht, in dem er ruhige und unschuldige Tage verleben würde; daß sie es ist, die, indem sie mit den Jahrhunderten seine Einsichten und seine Irrtümer, seine Laster und seine Tugenden zum Aufblühen bringt, ihn auf die Dauer zum Tyrannen seiner selbst und der Natur macht" (ebd., 105). Dazu gehört vor allem die private Aneignung von Grund und Boden mit fatalen Folgen für die Gesellschaft (vgl. ebd., 173).

Doch Rousseau macht sich keine Illusionen. Der ehemalige gute Naturzustand und das in ihm geltende Naturrecht, das auf Gleichheit basiert, sind unwiederbringlich verlorengegangen. Der gegenwärtige Zustand der Gesellschaft, wenngleich durch Akte des Unrechts entstanden, hat sich durch die Entwicklung eines Rechtssystems eine eigene Form der Legitimität geschaffen. Bezogen auf die Preisfrage heißt das aber auch, „daß die moralische Ungleichheit, die allein durch das positive Recht autorisiert wird, dem Naturrecht zuwider ist" (ebd., 271). Diese Verletzung des Naturrechts hat dazu geführt – und mit diesen Worten beschließt Rousseau seine Abhandlung -, „daß eine Handvoll Leute überfüllt ist mit Überflüssigem während die ausgehungerte Menge am Notwendigsten Mangel leidet" (ebd., 271 ff.). Rousseau ist davon überzeugt, dass die Gesellschaft seiner Zeit offensichtlich dem Naturrecht widerspricht, d. h. sie ist „manifestement contre la Loi de Nature" (ebd., 270). Damit ergibt sich für ihn die Perspektive auf einen gesellschaftlichen Zustand, der, unter Berücksichtigung der menschlichen Freiheit, dem Anspruch des Naturrechts möglichst nahe kommt. Mit diesem Gedanken ist der Rahmen abgesteckt, in dem sich Rousseaus weitere pädagogische und politische Überlegungen bewegen werden.

Das trifft schon für seinen Erziehungsroman *Emile* zu. Nicht unerwähnt bleiben darf in diesem Zusammenhang jedoch folgende immer wieder zitierte Tatsache: Rousseau hat seine fünf Kinder, die aus seiner Verbindung mit Thérèse Levasseur, einer Wäscherin aus Paris, hervorgegangen sind, nicht selbst erzogen, sondern sie im Findelhaus abgegeben (vgl. Holmsten 1983, 60). Zunächst rechtfertigte er sein Vorgehen mit den Worten: „Mir grauste davor, sie dieser schlecht erzogenen Familie zu überlassen, auf daß sie von ihr noch schlechter erzogen würden. Die Gefahren in der Erziehung der Findelkinder waren weit geringer" (Rousseau 1985, 581). Später aber bereute er sein Verhalten zutiefst (vgl. Holmsten 1983, 62 f.).

Pädagogische Erfahrung erwirbt er in seiner Zeit als Hauslehrer in Lyon ab 1740, und dort entwirft er auch für seinen Zögling bereits ein erstes *Projekt für die Erziehung*. In seinem *Emile* weitet sich dieses Projekt zu einem umfassenden pädagogischen Entwurf aus, das in seiner literarischen Durchführung eine Gestalt annimmt, die zugleich Züge eines Romans, eines Gedankenexperiments und einer Utopie hat. Die ihn motivierende Frage lautet: Wie müssten die Grundsätze einer naturgemäßen Erziehung unter der Voraussetzung bestimmt werden, dass das neugeborene Kind lediglich über seine natürlichen Kräfte verfügt und die Chance haben soll, diese zu entfalten, ohne dass die bestehende Gesellschaft diese Entwicklung unterdrückt, behindert oder in eine bestimmte Richtung lenkt? Rousseaus Antwort lautet: Das Kind muss fernab der schädlichen Einflüsse der Gesellschaft die Gelegenheit bekommen, in einem von einem klugen Erzieher eingerichteten, überwachten und garantierten Spielraum der Freiheit zu lernen, „Mensch zu sein". Bereits bei dieser Fragestellung wird das revolutionär Neue der pädagogischen Ethik von Rousseau deutlich. Es ist eine Ethik, in der Anthropologie und Pädagogik eine Einheit bilden. Maßstab für beide ist die „Menschlichkeit" (s. Zitat).

Damit einher geht auch ein neuer Blick auf das Kind. Das Kind ist nicht mehr der ‚kleine Erwachsene', der in möglichst kurzer Zeit durch ein festgelegtes Bündel von Maßnahmen dahin gebracht werden soll, die ihm von den Eltern vorab zugedachte Rolle in der Welt der Erwachsenen einzunehmen. Rousseau nimmt das Kind als ein eigenständiges Wesen wahr, das durch die Erziehung in die Lage versetzt werden soll, seine Stellung in der Gesellschaft selbst auszusuchen und zu erarbeiten. Die Aufgabe des Erziehers besteht lediglich darin, für diesen Prozess die geeigneten Rahmenbedingungen zu schaffen.

Rousseau beginnt seine Überlegungen mit zwei Missständen der Säuglingserziehung seiner Zeit. Der eine besteht darin, das Kind eng zu wickeln: „'Kaum ist das Kind geboren, kaum kann es seine Glieder frei recken und bewegen, so fesselt man es von neuem. Man wickelt es und legt es mit unbewegbarem Kopf und ausgestreckten Beinen, die Arme an den Körper angelegt, hin. Es wird in Bänder und Windeln verschnürt, daß es sich nicht mehr rühren kann [...]'" (Rousseau 1998, 16). Das frühe ‚Einschnüren' und ‚Fesseln' der Kinder sowie die damit einhergehende Unterbindung freier Bewegungen, sind ein Symbol für den gesellschaftlichen Zwang, dem das Kind von früh auf ausgeliefert ist.

Die zweite Unsitte betrifft den „naturwidrigen Brauch" vieler Mütter, ihre Kinder nicht mehr selbst zu stillen, sondern dieses gegen Geld einer Amme zu übertragen. Rousseau bemerkt: „Seitdem die Mütter, pflichtvergessen, ihre eigenen Kinder nicht mehr stillen wollen, müssen sie sie gewinn-süchtigen Frauen anvertrauen. Diese geben sich natürlich keine Mühe, da sie als Mütter fremder Kinder keinen Naturtrieb in sich fühlen" (ebd., 17). Um ihre Arbeit mit diesen Kindern möglichst gering zu halten, übernehmen sie nur allzu gern die Praxis des Wickelns, denn ein „ungewickeltes Kind müßte man unaufhörlich behüten; ein gewickeltes wirft man in die Ecke und kümmert sich nicht um sein Geschrei. […] Wissen diese süßen Mütter, die, ihres Kindes ledig, sich sorglos in der Stadt vergnügen, wie ihr gewickeltes Kind im Dorf behandelt wird? Bei der geringsten Störung hängt die Amme das Kind wie ein Wäschebündel an einen Haken und geht gemächlich ihren Geschäften nach, während das Unglückswurm wie am Kreuz hängt" (ebd.).

Das gestörte Verhältnis zum Kind und zur Kindheit äußert sich – so Rousseau – schließlich in einer zunehmenden Kinderlosigkeit. Frauen, die ihre Kinder nicht stillen, wollen schließlich „überhaupt keine mehr, was eine natürliche Konsequenz ist. Sobald das Muttersein als Last empfunden wird, findet man die Mittel, sich seiner zu entledigen. Man will eine fruchtlose Ehe, in der man ungestört genießen kann. Der Reiz wendet sich gegen die Gattung, statt zu ihrer Vermehrung zu dienen. Diese und andere Gründe der Entvölkerung zeigen uns das künftige Schicksal Europas an" (ebd., 18).

Nach diesen kritischen Vorbemerkungen wendet sich Rousseau den Grundsätzen einer naturgemäßen Erziehung zu. Er macht darauf aufmerksam, wie gefährdet das Kind gerade in seinen ersten Lebensjahren ist: „Die Hälfte der Kinder stirbt vor dem achten Lebensjahr" (ebd., 21). Doch diese traurige Tatsache ist für ihn kein Grund, das Kind vor allem schützen zu wollen und „jeden Schmerz von ihm fernzuhalten" (ebd., 20). Im Gegenteil: Es kommt vielmehr darauf an, das Kind in der rechten Weise abzuhärten. Wie das zu geschehen hat, zeigt uns die Natur. „Beobachtet die Natur und folgt dem Weg, den sie euch zeigt! Sie übt ihre Kinder beständig; sie härtet sie durch Prüfungen aller Art ab; sie lehrt sie von früh an, was Schmerz und Leid ist. Das Zahnen läßt sie fiebern, Leibschmerzen führen zu Krämpfen; Husten läßt sie fast ersticken; Würmer quälen sie […]. Hat das Kind aber diese Prüfungen überstanden, so ist seine Kraft gewachsen, und sobald es sein Leben nutzen kann, ist das Leben selber besser gesichert" (ebd., 20 f.).

Für die Ausarbeitung seines Konzepts einer naturgemäßen Erziehung bedient sich Rousseau einer Fiktion. Er stellt sich einen imaginären Zögling vor („élève imaginaire"), der keineswegs besonders begabt ist, sondern ein „Durchschnittsgeist", denn nur „der Durchschnitt braucht Erziehung" (ebd., 26). Er nennt ihn Emil. Sich selbst aber überlässt er die Rolle des ihm zugeordneten, geeigneten Erziehers, dem er großzügig alle „Eigenschaften eines guten Erziehers" zubilligt (ebd., 25). Emil ist ein Waisenkind, sodass der fiktive Erzieher über einen Zeitraum von ca. 25 Jahren, außer einer Amme für die Zeit als Säugling, seine Hauptbezugsperson ist. Er ist Erzieher und Lehrer in einer Person.

Die Erziehung des Kindes beginnt mit der Geburt. „Die ersten Eindrücke der Kinder sind reine Empfindungen: sie nehmen nur Lust und Schmerz wahr" (ebd., 39). Aus den Reaktionen auf wiederkehrende Eindrücke bilden sich erste, in der Regel von ihrer Umwelt unterstützte, Gewohnheiten. Doch gerade die sind zu vermeiden; denn sie überlagern die Naturbedürfnisse. Daher gilt die Devise: „Die einzige Gewohnheit, die ein Kind annehmen darf, ist die, keine anzunehmen" (ebd.) Ein Kind, das stets seinen Gewohnheiten folgt, wird schließlich ihr Sklave. Daraus folgt die Empfehlung: „Bereitet es von Anfang an auf den Zustand seiner Freiheit und auf den Gebrauch seiner Kräfte vor" (ebd.). Es kommt darauf an, das Kind instand zu setzen, „stets Herr seiner selbst zu sein und in allem nach seinem Willen, sobald es einen hat, zu handeln" (ebd.).

Für eine naturgemäße Erziehung gelten folgende Leitsätze: „Kinder haben keine überschüssigen Kräfte. Sie haben nicht einmal genug Kräfte für all das, was die Natur von ihnen verlangt. Man muß ihnen also den Gebrauch aller Kräfte lassen, die die Natur ihnen gibt und die sie sowieso nicht mißbrauchen können. Erster Leitsatz. /Man muß ihnen helfen und in allem beistehen, was ihnen an Einsicht oder Kraft an dem ermangelt, was zu ihren körperlichen Bedürfnissen gehört. Zweiter Leitsatz./ In der Hilfe, die man ihnen gewährt, muß man sich einzig auf das wirklich Nützliche beschränken, ohne der Laune oder unvernünftigen Wünschen etwas zuzugestehen. [...] Dritter Leitsatz./ Man muß ihre Sprache und ihre Zeichen sorgfältig studieren, damit man in einem Alter, in dem sie sich noch nicht verstellen können, unterscheiden kann, ob ihre Wünsche unmittelbar der Natur entspringen oder ihrem Gutdünken. Vierter Leitsatz" (ebd., 45 f.).

Ein leitender pädagogischer Gedanke Rousseaus besteht in einer Einsicht, die man ohne Übertreibung als die Entdeckung der Kindheit nennen könnte. Das Kind wird in seiner jeweiligen Präsenz in einer Weise ernst genommen wie in keinem Zeitalter zuvor. Das ist das revolutionär Neue an seinem Ansatz. Wie sehr sein Konzept der zu seiner Zeit noch vorherrschenden ‚Schwarzen Pädagogik' widerspricht, mag ein Zitat aus dem Werk von J. G. Krüger *Gedanken von der Erziehung der Kinder* aus dem Jahre 1752 belegen: „'Wenn euer Sohn nichts lernen will, weil ihr es haben wollt, wenn er in der Absicht weint, um euch zu trotzen, wenn er Schaden tut, um euch zu kränken, kurz, wenn er seinen Kopf aufsetzt: *Dann prügelt ihn, dann laßt ihn schrein: Nein, nein, Papa, nein, nein!* Denn ein solcher

Ungehorsam ist ebensogut, als eine Kriegserklärung gegen eure Person'" (Rutschky 1980, 170).

Für Rousseau dagegen ist das Kind weder ein mit Schwächen, Mängeln oder gar Bosheit versehener ‚kleiner Erwachsener', noch ist die Gegenwart eine möglichst schnell zu überwindende Episode des Menschseins. Das Kind ist vielmehr ein Wesen, dem zu jedem Zeitpunkt ein eigenes Recht zukommt. Die Devise, jedes Lebensalter in seiner Einmaligkeit ernst zu nehmen, bekommt auf dem Hintergrund der Tatsache der hohen Kindersterblichkeit eine besondere Schärfe. Rousseau bemerkt: „Was soll man also von jener barbarischen Erziehung denken, die die Gegenwart einer ungewissen Zukunft opfert, die ein Kind mit allen möglichen Fesseln bindet und damit beginnt, es unglücklich zu machen, um ihm für die Zukunft ein angebliches Glück zu bereiten, das es vielleicht nie genießen wird?" (Rousseau 1998, 55).

Natürlich aber weiß jeder gute Erzieher, dass das Leben auch auf Zukunft hin orientiert ist. Die besondere Kunst der Erziehung besteht daher darin, in das Erleben der Gegenwart die Ausrichtung auf die Zukunft zu integrieren. Drei Aspekte verdienen dabei eine besondere Beachtung. Es ist zum einen die moralische Erziehung, es ist zum zweiten das soziale Lernen und es ist schließlich drittens, den Zögling dazu zu befähigen, wirklich „Herr seiner selbst zu sein". Das ist aber nur möglich, wenn er auch in der Lage ist, seinen Lebensunterhalt selbst bestreiten zu können.

Rousseau beginnt seine Ausführungen zur Frage der moralischen Erziehung, die den Schlüssel auch zu allen anderen darstellt, mit der Kritik an der zu seiner Zeit üblichen Praxis. Moral, so die gängige Auffassung, lernt das Kind auf dem Wege der moralischen Belehrung. Doch dieser Weg führt in einen heillosen Zirkel. Der Versuch, Verbote zu erteilen und dabei an die Vernunft des Kindes zu appellieren, kann nicht gelingen, weil die Vernunft als moralischer Maßstab beim Kind noch nicht vorausgesetzt werden kann. Etwas mit dem Argument verbieten, das Verbotene stelle ein Unrecht dar, ist für das Kind, das den Sinn von Recht noch gar nicht kennt, sinnlos. Wird aber für den Fall der Übertretung des Verbots Strafe angedroht, wird es das Verbotene heimlich tun und für den Fall, dass es dabei entdeckt wird, lügen. Der Hinweis aber, dass Lügen ein Unrecht sei, macht deutlich, dass sich der Erzieher mit seinen Bemühungen nun tatsächlich in einem Kreis bewegt. Rousseau hat die Zirkelstruktur solcher „Moralbelehrungen" anschaulich erläutert (vgl. ebd., 68).

Grundlage der moralischen und jeder Erziehung sind die Erfahrung und die Praxis. Rousseau erläutert diesen Ansatz an zwei Beispielen. Im ersten geht es um den Gedanken, dass der Erzieher Strafen weder androhen noch verhängen soll. Der Zögling soll die negativen Konsequenzen seines falschen Handelns vielmehr durch die natürlichen Folgen erkennen. Es ist das Prinzip der negativen Erziehung (vgl. Forschner 1977, 187). In einem Gedankenexperiment unterstellt der Erzieher ein „schwererziehbares Kind", das „alles, was es berührt", zerstört. Die erste Empfehlung ist es, alle zerbrechlichen Gegenstände aus seiner Reichweite zu entfernen und für die trotzdem zerstörten Dinge keinen Ersatz zu schaffen, sondern das Kind den Verlust spüren zu lassen. Das gilt auch für Zerstörungen mit dramatischeren Folgen. „Es zerbricht die Scheiben in seinem Zimmer: laßt den Wind Tag und Nacht hereinblasen und kümmert euch nicht um seinen Schnupfen, denn es ist besser, daß es verschnupft als närrisch wird. Beklagt euch niemals über die Unannehmlichkeiten, die es euch macht, aber sorgt dafür, daß es sie zuerst empfindet" (Rousseau 1998, 80).

Bei dem zweiten Beispiel geht es darum, „den Kindern den Begriff des Eigentums zu vermitteln" und ihnen zu zeigen, „wie man ihn auf natürliche Weise auf das Recht der ersten Besitznahme durch die Arbeit zurückführt" (ebd.). Rousseau schließt sich dabei an Gedankengänge von Locke an (vgl. Locke 1977, 216 f.). So lernt auch Emil den Begriff der Arbeit kennen und den Respekt vor ihr. Auf dem Lande aufgewachsen, wird Emil schon früh vertraut gemacht mit der Landarbeit. Bald wird der Erzieher sein „Gärtnergehilfe" (Rousseau 1998, 78 f.). Die beiden pflanzen Bohnen. Sie gießen sie und pflegen sie. Doch eines Tages machen sie die Feststellung, dass alle Bohnen herausgerissen worden sind. Der herbeigerufene Gärtner, der das getan hat, entschuldigt sich aber keineswegs, sondern erhebt schwere Vorwürfe gegen die beiden. Er selbst hatte dort bereits, auf dem Boden, „den mein Vater urbar gemacht hat", gerade erst Melonensamen gesät, die nun zerstört sind. Darüber hinaus macht er sie darauf aufmerksam, dass es kaum noch „unbebauten Boden" gibt. So bleibt den beiden nur noch die Möglichkeit, sich zu entschuldigen.

Aber wie kann der Zögling Eigentum bilden, wenn der Boden, den er bearbeiten möchte, bereits anderen gehört? Da hat Jean-Jacques, der Erzieher, einen Vorschlag: Vielleicht räumt ihnen der Gärtner ja „eine Ecke seines Gartens zum Bebauen ein, wenn wir ihm die Hälfte des Ertrages geben?" (ebd., 79). Jean-Jacques und Emil werden seine Pächter. Damit ist der Gärtner einverstanden. Emil hat auf diese Weise durch Erfahrung und Praxis wesentliche Aspekte einer natürlichen und naturrechtlich bedeutsamen Lebensweise gelernt: die Möglichkeit, für seinen Lebensunterhalt zu sorgen, und damit, neben dem Erleben der Gegenwart, auch für seine Zukunft zu sorgen, den Zusammenhang von Arbeit und Eigentum zu erkennen, die bestehenden Rechtsverhältnisse zu respektieren und eine Methode zu erproben, mit anderen Menschen auf dem Weg einer Vereinbarung und eines Vertrags zu einer friedlichen Konfliktlösung zu kommen. Das alles, wäre durch bloße moralische Belehrung nicht zu erreichen gewesen. Bei der Betonung von Erfahrung, Arbeit und Praxis ist es nicht verwunderlich, dass diese Aspekte auch bei der Frage der Wahl der geeigneten Lebenstätigkeit eine besondere Rolle spielen. Diese liegt nach der bereits im ersten *Discours (Abhandlung)* enthaltenen Kritik an den Wissenschaften in körperlicher Tätigkeit.

Der von Rousseau konzipierte Zögling verfügt über genügend Reichtum und ist nicht gezwungen, für seinen Lebensunterhalt zu arbeiten. Doch die Welt der Adligen und Reichen, der Emil zweifellos zugehört, ist korrupt. Rousseau aber möchte seinen Zögling in einem umfassenden Sinne fördern und „einen Menschen aus ihm machen" (ebd., 194), und schließlich ist zu bedenken, dass Adel und Reichtum verloren gehen können. Entscheidend ist, dass Emil seine Unabhängigkeit und Freiheit bewahrt. Dazu gehört, dass er sich im Notfall seinen Lebensunterhalt verdienen kann, und das gelingt am besten, wenn er ein Handwerk erlernt (vgl. ebd.). Bei der Frage, welches das geeignete ist, wird der Erzieher das Naturell seines Zöglings, seine Neigungen und Vorlieben studieren. Es sollte eine Tätigkeit sein, wie sie einem kräftigen jungen Mann entspricht. „Wenn man alles überdenkt, so wäre es mir am liebsten, wenn Emil an der Tischlerei Gefallen fände. Sie ist sauber, nützlich und kann im Hause ausgeübt werden. Sie hält den Körper genügend in Bewegung und verlangt Geschicklichkeit und Kunstsinn. Sind auch die Formen der Werkstücke zweckbestimmt, so sind doch Schönheit und Geschmack nicht ausgeschlossen" (ebd., 200). Rousseau sieht im Handwerk nicht eine geistlose, nur körperliche Tätigkeit, sondern die notwendige Ergänzung zur einseitigen Betonung der intellektuellen Fähigkeiten. Daher betont er: „Das große Geheimnis der Erziehung ist, daß die Leibeserziehung und die geistige Arbeit sich zur gegenseitigen Entspannung dienen" (ebd., 202).

Erst sehr spät beginnt für Emil die religiöse Erziehung. Es mag erstaunen, „daß ich das erste Alter meines Schülers habe verstreichen lassen, ohne mit ihm über Religion zu sprechen" (ebd., 266). Die übliche religiöse Erziehung, die darin besteht, die Kinder den Katechismus auswendig lernen zu lassen, ist, so Rousseau, völlig verfehlt. Das Kind lernt Dogmen, die es nicht begreift. Ein Beispiel dafür ist die Aussage: *„Man muß an Gott glauben, um erlöst zu werden.* Dieses falsch verstandene Dogma ist das Prinzip aller blutigen Unduldsamkeit und die Ursache aller eitlen Lehren, die der menschlichen Vernunft den Todesstoß versetzen, weil sie sich daran gewöhnen, sich mit Worten abspeisen zu lassen" (ebd., 267). Das Dogma ist unvernünftig und führt zur Intoleranz, weil in zwei nur geographisch verschiedenen Orten und den dort vorherrschenden Religionen „Gott" ganz unterschiedlich verstanden wird; in „Mekka" anders als in „Rom". Die dogmatischen Konsequenzen sind jedoch gravierend. Sie führen entweder zum Heil oder zur Verdammung. Daher fragt Rousseau: „Kann man von zwei einander so ähnlichen Situationen ausgehen, um den einen ins Paradies und den anderen in die Hölle zu schicken?" (ebd., 267). Rousseau entschließt sich daher, Emil in keiner bestimmten Religion zu unterweisen. „Wir führen ihn weder in die eine noch in die andere ein, aber wir setzen ihn instand, die zu wählen, zu der ihn der richtige Gebrauch seiner Vernunft führen muß" (ebd., 270). Nicht irgendeine Religion bietet die richtige Orientierung für das Handeln, sondern allein die Vernunft.

Im Schlusskapitel berichtet Rousseau davon, wie Emil die ihm entsprechende Frau, Sophie, findet. Erläutert wird ihre Erziehung und ihre Persönlichkeit. Mit der Eheschließung eröffnet sich die gemeinsame Teilnahme am gesellschaftlichen Leben. Die Aufgabe des Erziehers ist damit an ein natürliches Ende gekommen. Die Frage aber, wie eine Gesellschaft beschaffen sein müsste, die ihre Mitglieder politisch eint, aber gleichwohl ihre natürliche Freiheit bewahrt, erörtert Rousseau im *Gesellschaftsvertrag* (vgl. Rousseau 1974, 17; Fetscher 1975).

Rousseaus Wirkungsgeschichte ist für alle Bereiche seines Schaffens außerordentlich reich. Für das Gebiet der Erziehung sind nicht nur die Pädagogen Pestalozzi, Schleiermacher, Herbart und Fröbel zu nennen, sondern in bedeutsamer Weise auch Kant, der nicht nur Rousseaus Darstellung des Übergangs des Menschen von dem Naturzustand in den der Kultur ausdrücklich zustimmt (vgl. Kant 1998, VI, 93 ff.), sondern auch mit Blick auf dessen Betonung der Menschenrechte bekennt: „*Rousseau hat mich zurecht gebracht*" (Kant: AA 20,44; vgl. Gerhardt 2002, 96). Im zwanzigsten Jahrhundert stehen John Dewey und Maria Montessori stellvertretend für viele andere, die sich in ihrer Pädagogik von Rousseau inspirieren ließen.

2   Pädagogik vom Kinde aus (Montessori)

So müssen wir denn das Kind als schicksalhaft für unser Zukunftsleben ansehen. Wer immer für die menschliche Gesellschaft einen echten Vorteil erreichen will, der muss beim Kinde ansetzen, nicht nur, um es vor Abwegen zu bewahren, sondern auch, um das wirkliche Geheimnis unseres Lebens kennenzulernen. Von diesem Gesichtspunkt aus betrachtet, stellt sich die

Gestalt des Kindes machtvoll und geheimnisreich dar und wir müssen über sie nachsinnen, auf dass das Kind, welches das Geheimnis unserer Natur in sich birgt, unser Lehrmeister werde. [...].

Die Eltern sind die Wächter des Kindes, aber nicht seine Bauherren. Sie müssen es pflegen und beschützen im tiefsten Sinne dieser Worte, gleich einem, der eine heilige Aufgabe übernimmt, die über die Anliegen und Begriffe des äußeren Lebens hinausreicht. [...]. Zu solcher Aufgabe müssen die Eltern die Liebe, die von der Natur ihnen in die Seele gelegt wurde, läutern und sie müssen verstehen, dass diese Liebe der bewusste Teil eines noch tieferen Gefühls ist, das nicht durch Egoismus oder Trägheit des Herzens verdorben werden darf. Die Eltern müssen mit Offenheit und Bereitschaft dem brennendsten Sozialproblem begegnen: Ich meine den Kampf um die Anerkennung der Rechte des Kindes.

(Maria Montessori: Kinder sind anders. Stuttgart 2018, S. 288 f.)

Maria Montessori wird 1870 in Chiaravalle bei Ancona/Italien geboren. In den Jahren 1892–96 studiert sie Medizin an der Universität in Rom „und erhält als erste Frau Italiens das Promotionsdiplom" (Heiland 2014, 24). Ab 1897 ist sie an der ‚Psychiatrischen Klinik' der ‚Universität Rom' tätig. 1898 wird ihr Sohn geboren, der bei einer Pflegefamilie aufwächst und den sie erst 1913 zu sich nimmt (vgl. ebd., 32). In der Zeit von 1897–99 hält sie Vorträge über Frauenemanzipation und Sozialreform auf Kongressen in Turin, Rom und London. Im Jahre 1900 übernimmt sie die Leitung des von der Nationalen Liga zur Erziehung behinderter Kinder in Rom eröffneten medizinisch-pädagogischen Instituts. 1902 verzichtet sie auf die Institutsleitung und beginnt ihr Studium der Pädagogik, der Experimentalpsychologie und der Anthropologie. Im Januar 1907 eröffnet sie das erste ‚Kinderhaus' (casa dei bambini) im römischen Stadtteil San Lorenzo. Mit ihrem 1909 veröffentlichten Buch *„Il metodo della pedagogia scientifica"* (dt. *Die Entdeckung des Kindes*) erringt sie internationale Anerkennung. Montessori gibt 1911 ihre Arztpraxis auf und widmet sich nun ausschließlich der internationalen Verbreitung ihrer Methode. Von 1916–1936 lebt sie in Barcelona. 1924 wird ihre Methode in den italienischen Schulen eingeführt. 1933 zerstören die Nationalsozialisten die deutsche Montessori-Bewegung. Nach Konflikten mit dem Faschismus werden 1934 die Montessori-Schulen auch in Italien geschlossen. Bei Ausbruch des Bürgerkriegs in Spanien 1936 verlegt Montessori ihren Wohnsitz nach Amsterdam. 1939 verlässt sie Europa und lebt bis 1946 in Indien. Nach ihrer Rückkehr findet im Jahre 1949 der 8. internationale Montessori-Kongress in San Remo statt. Maria Montessori stirbt 1952 in Nordwijk aan

Zee in den Niederlanden (vgl. Kramer 1999, Heiland 2014, Pleger 2020, 245–256).

Montessori knüpft mit ihren pädagogischen Überlegungen an Rousseaus ‚Entdeckung der Kindheit' an, auf die dieser ca. 150 Jahre früher die Aufmerksamkeit gelenkt hatte. Das betrifft nicht nur ihre Betonung der spezifischen Eigenart des Kindes und der behutsamen, erfahrungsnahen Förderung seiner Entwicklung, sondern auch ihren Hinweis auf die nach wie vor bestehende Missachtung seiner Rechte sowie die gewalttätige und lieblose Erziehung. Dass die Erinnerung daran auch noch im 20. Jahrhundert notwendig war, ist alarmierend genug. Doch trotz der großen Nähe zu Rousseau, beruft sie sich nicht auf ihn (vgl. Kramer 1999, 77 f.), denn sie vertritt keinen philosophischen, sondern einen naturwissenschaftlich-positivistischen Standpunkt (ebd., 84 f.). Ihr Ansatz ist gleichwohl seinem in weiten Teilen sehr ähnlich. Der sie leitende Gedanke ist: Es gilt, die Welt des Kindes, die so unterschiedlich ist von der des Erwachsenen, neu zu entdecken und zu fördern. Daher komme es darauf an, dass nicht die Kinder sich an der gegenwärtigen, problematischen Welt der Erwachsenen orientieren, sondern umgekehrt die Erwachsenen an einer von den Kindern neu zu gestaltenden, glücklicheren Zukunft. Das bedeutet, dass nicht die Kinder lernen sollen, unsere Lebensweise zu übernehmen, sondern dass die Erwachsenen im Vorgriff auf die Zukunft von den Kindern lernen können, wie die Welt einmal werden könnte. Das heißt: „So müssen wir denn […] über sie nachsinnen, auf dass das Kind, welches das Geheimnis unserer Natur in sich birgt, unser Lehrmeister werde" (s. Zitat).

Damit dieser Perspektivenwechsel gelingt, ist es aber notwendig, dass sich der Blick auf das Kind radikal ändert. Es kommt darauf an, in ernsthafter Weise die Rechte des Kindes anzuerkennen. Sie bemerkt dazu: „Viel ist in letzter Zeit von den Menschenrechten gesprochen worden, besonders vom Recht des Arbeiters; nun aber ist der Augenblick da, in dem von den sozialen Rechten des Kindes die Rede sein muss" (Montessori 2018, 289). Das war aber bis zum Ende des 19. Jahrhunderts nicht der Fall. Montessori erläutert an einer Reihe von Beispielen, welchen Drangsalen die Kinder ausgesetzt waren. Viele Krankheiten und die hohe Sterblichkeitsrate der Kinder sind ein Beleg dafür. Die Schulen etwa waren ein Ort, wo die Kinder „pflichtmäßig Quälereien über sich ergehen lassen mussten. Die Schmalbrüstigkeit z. B., die zur Tuberkulose disponiert, kam daher, dass man die Kinder zwang, stundenlang in gebückter Haltung zu lesen und zu schreiben; überdies führte das zur Verbiegung der Wirbelsäule" (ebd., 293). Und sie fährt fort: „Aber die Quälerei war nicht nur physischer Art, sie erstreckte sich auch auf die geistige Arbeit. Das Lernen wurde zu einer drückenden

Last, die Kinder schwankten zwischen Überdruss und Furcht hin und her und waren geistig übermüdet und nervös erschöpft. Sie waren träge, entmutigt, melancholisch, verdorben, ohne Selbstvertrauen und ohne alle kindliche Lebensfreude" (ebd.).

Erst gegen Ende des Jahrhunderts erwachte ein Bewusstsein für das Problem. Den Anfang bildeten medizinische Untersuchungen in den Schulen. Die Ergebnisse waren mehr als besorgniserregend: „Viele Kinder waren, wenn sie in die Schule kamen, bereits müde, weil sie zuvor morgens hatten arbeiten müssen. Einige hatten Milch ausgetragen und dabei etliche Kilometer zurückgelegt, andere hatten auf der Straße Zeitungen verkauft oder hatten zu Hause gearbeitet, so dass sie hungrig und schläfrig in die Schule kamen und nurmehr eines wollten: ausruhen. Diese armen Kinder wurden dann vom Lehrer geprügelt, wenn sie nicht aufpassten oder seine Ausführungen nicht verstanden. Er, der nur an seine eigene Aufgabe und besonders an seine Autorität dachte, suchte durch Schimpfen Aufmerksamkeit, durch Drohen Gehorsam zu erwirken. [...] So verlief das Leben dieser Ärmsten zwischen der Ausbeutung durch ihre Familien und der Bestrafung durch den Lehrer" (ebd., 293 f.). Die Phantasie in den Methoden des Strafens ging noch weiter. „Andere Strafen waren ausgesprochene körperliche Folterungen: Etwa wenn das Kind stundenlang, das Gesicht der Wand zugekehrt, in der Ecke stehen musste, so dass es nichts sehen, sich mit nichts beschäftigen konnte, todmüde wurde und sich langweilte" (ebd., 295).

In diesen Beispielen kommt das Verständnis der über Jahrhunderte hin vertretenen Pädagogik zum Ausdruck. Montessori charakterisiert das Konzept dieser ‚schwarzen Pädagogik' so: „In allen pädagogischen Bestrebungen, ja in der ganzen Pädagogik war bis in unsere Tage hinein das Wort Erziehung fast immer gleichbedeutend mit Züchtigung und Ziel der Erziehung war, das Kind dem Erwachsenen gefügig zu machen, dem Erwachsenen, der sich an die Stelle der Natur und seine Zwecke und seinen Willen an die Stelle der Gebote des Lebens setzt" (ebd., 294 f.).

Voraussetzung für einen pädagogischen Neubeginn war ihrer Meinung nach, sich zunächst einmal Rechenschaft darüber abzulegen, in welch gravierender Weise sich die Welt des Kindes von der des Erwachsenen unterscheidet. Die Welt, in die das Neugeborene kommt, ist die des Erwachsenen, und die ist von seinen Bedürfnissen bestimmt, nicht denen des Kindes. In ihr haben die Kinder keinen Platz. Also: "Was sind Kinder? Eine dauernde Störung für den von immer schwereren Sorgen und Beschäftigungen in Anspruch genommenen Erwachsenen. Es ist kein Platz für sie in den engen Häusern der modernen Stadt, in denen sich die Familien zusammendrängen. Es ist kein Platz für sie auf den Straßen, denn die Fahrzeuge beanspruchen immer mehr Raum, und die Gehsteige sind voll von eiligen Menschen. Die Erwachsenen haben keine Zeit, sich um die Kinder zu kümmern, denn auf ihnen lasten dringende Pflichten. Vater und Mutter sind beide gezwungen zu arbeiten, und wo die Arbeit fehlt, da bedrückt und schädigt die Not erst recht Kinder wie Erwachsene. Es gibt kaum einen Zufluchtsort, wo das Kind das Gefühl haben kann, dass sein Seelenzustand Verständnis findet [...]. Es muss brav sein, sich ruhig verhalten, es darf nichts berühren, was ihm nicht gehört. [...] Was gehört ihm? Nichts. Vor einigen Jahrzehnten gab es noch nicht einmal einen Stuhl für Kinder" (ebd., 15 f.).

Es war die Erkenntnis dieser bedrückenden Situation des Kindes, die bei Montessori zu einer neuen Orientierung ihres Denkens führte. Wie kann für Kinder eine Umgebung geschaffen werden, die ihrem Erleben von Welt angemessen ist und die sie in ihrer Entwicklung fördert? Das war die Frage, die Montessori ihr weiteres Leben lang beschäftigen sollte. Am Anfang ihres Engagements standen die Erfahrungen, die sie als junge Ärztin im Jahre 1897 mit geistig zurückgebliebenen Kindern in der ,Psychiatrischen Klinik' der ,Universität Rom' machte. Montessori studierte das Werk von Itard (1774–1838), der im Jahre 1800 einen Jungen von 11 oder 12 Jahren, der ohne menschlichen Kontakt in den Wäldern in der Nähe von Aveyron aufgewachsen war, medizinisch betreute. Montessori erläutert: „Als man den Jungen fand, war er taub, und blieb es auch; sein Geist [...] erwies sich als untauglich, eine intellektuelle Erziehung aufzunehmen./ Und doch verdankt die wissenschaftliche Pädagogik diesem Kind ihre ersten Erfolge" (Montessori 2015, 81). Es gelang Itard, dem ,Wilden von Aveyron', wie er genannt wurde, mit Hilfe der Zuordnung von farbigen geometrischen Symbolen zu Buchstaben z. B. die Bedeutung des Wortes „LAIT" (Milch) zu vermitteln (vgl. Kramer 73). Montessori griff diesen Ansatz auf und hatte bei den behinderten Kindern in der Klinik einen unerwarteten Erfolg.

Mehr noch: Für sie führten die Erfahrungen mit geistig behinderten Kindern zu dem Entschluss, nach dem Medizinstudium nun im Jahre 1902 an der philosophischen Fakultät der ,Universität Rom' auch noch ein Studium der Pädagogik, der Experimentalpsychologie und der Anthropologie aufzunehmen (vgl. ebd., 117 f.). Das Ergebnis ihrer Studien war ein neues Verständnis der Entwicklung des Kindes von seiner Geburt an. Sie unterscheidet die zu ihrer Zeit noch vorherrschende unangemessene Weise des Umgangs mit dem Neugeborenen mit einer der Situation des Kindes angemessenen.

Ihre Kritik an der gängigen Praxis besteht vor allem darin, dass die Erwachsenen überhaupt nicht in der Lage sind, neben der Sorge für die werdende Mutter den ungeheuer anstrengenden und geradezu gewaltsamen Übergang des Säuglings von dem geschützten Raum der Gebärmutter in den der extra-uterinen Umgebung zu erkennen. Montessori schildert diesen Kontrast wie folgt:

„Rings um die Mutter wird das Licht gedämpft, herrscht Stille, denn die Mutter ist erschöpft./ Ist denn das Kind nicht erschöpft? Kommt es nicht von einem Aufenthaltsort her, wo nie der geringste Lichtschimmer, nie das leiseste Geräusch bis zu ihm gedrungen war? Das Kind hat somit den größten Anspruch auf Dunkelheit und Stille. [...] Was aber tut der Erwachsene mit diesem Neugeborenen, das aus dem Nichts kommt, dessen zarte Augen noch nie Licht erblickt haben, dessen Ohren ein Reich völliger Stille gewohnt sind? Wie behandelt er dieses Wesen, dessen gequälte Glieder bisher nicht den Druck einer Berührung gekannt haben?/ Dieser zarte Körper wird dem brutalen Anprall der festen Gegenstände ausgesetzt, wird von den seelenlosen Händen Erwachsener gefasst, die von seiner Zartheit nichts wissen./ Jawohl, das Neugeborene wird brutal behandelt. [...] Der Arzt fasst es ohne viel Federlesen an, und wenn es dabei verzweifelt schreit, lächelt alles beifällig. Ein Säugling hat sich so zu gebärden, das Schreien ist seine Sprache, und je mehr er weint, desto kräftiger weiten sich seine Lungen" (Montessori 2018, 42 f.).

Die Menschen – so Montessori – könnten bei der Begleitung des Geburtsvorgangs sich Rat in der Tierwelt, besonders der der Säugetiere, holen. „Die in Freiheit lebenden Säugetiere pflegen ihre Jungen oft mit noch größerer Sorgfalt. Fast alle diese Tiere leben in großen Herden. Das Weibchen, das die Stunde der Niederkunft herankommen fühlt, zieht sich jedoch stets von der Gruppe zurück und sucht sich einen abgelegenen, verborgenen Platz aus. Nach der Geburt hält die Mutter die Jungen in der Stille isoliert, und zwar während eines Zeitraums, der je nach der Art zwischen zwei und drei Wochen bis zu einem Monat und mehr schwankt. Schlagartig verwandelt sich die Mutter bei dieser Gelegenheit in eine Pflegerin und Helferin der neuen Geschöpfe. [...] Die Logik dieses Instinkts ist klar und einfach: Das Neugeborene eines Säugetiers bedarf besonderer Hilfe während der Zeit seiner ersten Berührungen mit der äußeren Umwelt" (ebd., 50 ff.). Übertragen auf den menschlichen Säugling bedeutete das: „Diese Behandlung bestünde etwa in der Bereitstellung eines vor dem Lärm der Stadt geschützten Raumes, wo ausreichende Stille herrscht und die Beleuchtung gedämpft werden kann. Dieser Raum müsste gleichmäßig warm gehalten werden wie ein Operationssaal, damit das Kind darin nackt liegen kann" (ebd., 46). Damit erübrigt sich die frühe, einengende

Bekleidung. Montessori folgt dabei sehr genau der Kritik Rousseaus an der Methode des Wickelns der Säuglinge.

Doch neben die körperliche Pflege des Säuglings hat die Beachtung seiner seelischen Entwicklung zu treten, die ihn deutlich vom Tier unterscheidet. „Die Tatsache, dass der Mensch nicht von festen und vorherbestimmten Leittrieben beherrscht wird, wie dies beim Tier der Fall ist, deutet auf das Vorhandensein einer gewissen Handlungsfreiheit, die erst langsam heranreifen kann. [...] Man könnte sagen, der Schöpfer habe der Natur allein nicht völlig vertraut und daher die höheren Aufgaben – die des Aufbaues und der Leitung – der Energie des Individuums überantwortet, einer Energie, die sich der Natur überlagert und in diesem Sinne über-natürlich genannt werden darf. Das ist die Grundtatsache der menschlichen Entwicklung: Der Menschengeist muss Fleisch werden, um den Weg ins Dasein zu erschließen und zu ermöglichen, und dieser Vorgang der Fleischwerdung stellt das erste Kapitel im Leben des Kindes dar" (ebd., 57 ff.).

Montessori kehrt mit diesem Konzept die gängige Auffassung der menschlichen Entwicklung um. Während die Evolutionstheorie wie die Entwicklungspsychologie stets davon ausgehen, dass in der natürlichen Entwicklung ein Prozess fortschreitender Vergeistigung, Sublimation, stattfindet, gibt es für Montessori ein „geistiges Embryo", das der „Fleischwerdung" bedarf (vgl. ebd., 54). Sie weist darauf hin, dass dieser Gedanke im „Christentum" entwickelt wurde. Montessori verbindet hier zwei schwer zu vereinbarende anthropologische Konzepte: nach dem einen ist der Mensch das von natürlichen Instinkten befreite Individuum, das aufgrund seiner Freiheit sein Leben selbst gestalten kann, nach dem anderen ist der Mensch ein „geistiger Embryo", dessen „Fleischwerdung" einer religiös zu deutenden kosmischen Ordnung entspricht.

Die seelische Entwicklung des Kindes vollzieht sich nicht kontinuierlich, sondern in einzelnen Phasen, die Montessori als „sensible Perioden" bezeichnet. Es handelt sich um „ganz bestimmte Empfänglichkeitsperioden", die aufgrund einer bestimmten Energie im Kind aktiviert werden können. Ohne diese Energie wäre das Kind nicht in der Lage, die Eindrücke der Umwelt produktiv zu nutzen. Montessori bemerkt: „Im Kinde ist die schöpferische Haltung, die potenzielle Energie vorhanden, die es befähigt, aufgrund seiner Umwelteindrücke eine seelische Welt aufzubauen" (ebd., 65). Von Bedeutung ist, dass diese „sensiblen Perioden" nur von einer bestimmten Dauer sind, um dem Kind „die Erwerbung einer bestimmten Fähigkeit zu ermöglichen. Sobald dies geschehen ist, klingt die betreffende Empfänglichkeit wieder ab" (ebd., 66).

So ist z. B. der Spracherwerb an eine bestimmte „sensible Periode" gebunden. Der Vorgang lässt sich wie folgt beschreiben: „Zuerst bilden die Geräusche, die aus der Umwelt auf das Kind eindringen, ein wirres, unfassbares Durcheinander. Dann aber wird das Kind mit einem Male gerade von jenen Lauten, die der ihm noch unverständlichen artikulierten Sprache angehören, bezaubert und angezogen; seine Seele, in der noch kein Gedanke ist, lauscht ihnen wie einer Art Musik und füllt sich damit an. Wie ein elektrischer Schlag geht es durch die kindlichen Muskeln – nicht durch alle, sondern nur durch jene, die bisher nichts anderes hervorgebracht haben als ungeformtes Geschrei. Diese Muskelgruppen erwachen nun plötzlich und beginnen, sich geregelt und diszipliniert zu bewegen, und mit der neu erworbenen Ordnung ihrer Tätigkeit verändern sich auch die von ihnen hervorgebrachten Laute" (ebd., 72).

Die weitere Sprachentwicklung vollzieht sich wie folgt: „Ein vier Monate altes Kind betrachtet bereits aufmerksam den Mund des sprechenden Erwachsenen, vollführt dabei unbestimmte Lippenbewegungen und hält den Kopf ganz steif und aufrecht, offensichtlich angezogen von diesem interessanten Phänomen. Erst mit sechs Monaten wird dieses Kind anfangen, selbst ein paar Silben zu artikulieren, aber schon ehe das laute Artikulieren beginnt, ist ein merkliches Interesse für Lautverbindungen bemerkbar und die verborgene Arbeit der Belebung der eigenen Sprachorgane setzt ein, was wiederum beweist, wie dem Akt ein seelischer Ansporn vorausgeht" (ebd., 79).

Bemerkenswert ist, dass Montessori den Spracherwerb des Kindes als eine Arbeit bezeichnet. Sie wählt bewusst diesen Ausdruck, denn sie ist der Überzeugung, dass nicht nur das Leben des Erwachsenen, sondern auch das des Kindes sich im Medium der Arbeit vollzieht. Bei der Arbeit des Erwachsenen geht es um den „Aufbau eines Lebensbereiches, der über der Sphäre des Natürlichen liegt. Es handelt sich hier um eine äußere Arbeit, getragen von vernunftbestimmter Willensanstrengung und auch als produktive Arbeit bezeichnet, ihrer Anlage nach sozial, kollektiv und organisiert" (ebd., 265). Die Arbeit des Kindes wird dagegen in der Regel gar nicht wahrgenommen, geschweige denn geschätzt, obwohl sie gegenüber der des Erwachsenen von gleich großer Bedeutung ist. Die Arbeit des Kindes besteht in nichts weniger als in der „Aufgabe, den *Menschen* zu bilden. Ist aus dem untätigen, stummen, unbeweglichen und des Bewusstseins entbehrenden Neugeborenen ein fertiger Erwachsener geworden, mit einer Intelligenz, die sich mit den Errungenschaften des seelischen Lebens bereichert und mit dem strahlenden Licht des Geistes, so ist dies alles dem Kind zu verdanken./ Denn ausschließlich durch das Kind wird der Mensch aufgebaut. [...] Die Arbeit des Kindes gehört einer anderen Ordnung an und hat eine andere Mächtigkeit als die Arbeit des Erwachsenen, ja ist dieser geradezu entgegengesetzt: Es ist eine unbewusste Arbeit, verwirklicht durch eine in der Entwicklung befindliche geistige Energie, eine Schöpfungsarbeit" (ebd., 269). Die pädagogisch-ethische Forderung an den Erwachsenen ist es, diese Arbeit anzuerkennen und dem Kind einen geschützten Freiraum zu seiner Erfüllung zu geben.

Sowohl die Sprachentwicklung als auch die weiteren Bereiche der kindlichen Entwicklung sind Teile dieser Arbeit. Ein Bereich ist der vom Kind entwickelte Ordnungssinn. Auch für ihn gibt es eine spezifische „sensible Periode". „Es mag verwunderlich und verstiegen klingen, wenn wir behaupten, dass das Kind eine Empfänglichkeitsperiode für äußere Ordnung durchlebe; herrscht doch allgemein die Überzeugung, das Kind sei seiner Natur nach unordentlich"(ebd., 81). Doch diese Annahme ist falsch. „Kleine Kinder zeigen eine charakteristische Liebe für Ordnung" (ebd.). Es ist dem Kind vielmehr wichtig, „alles dort zu finden, wo es hingehört" (ebd., 89). Der Sinn dieser Ordnungsliebe ist unmittelbar einsichtig. Sie macht vertraut mit der Welt. „In einer solchen, in ihren Zusammenhängen bekannten Umwelt vermag das Kind sich zu orientieren, sich zu bewegen und seine Zwecke zu erreichen. [...] Das Kind leistet somit jene Vorbereitungsarbeit, auf Grund deren der Erwachsene dann imstande sein wird, sich im Leben zurechtzufinden und seinen Weg zu suchen" (ebd.). Allerdings ist dieser Ordnungssinn an eine spezifische „sensible Periode" gebunden, „die mit zunehmendem Alter wieder verschwindet" (ebd., 82).

Das dritte Beispiel für einen wichtigen Abschnitt in der frühkindlichen Entwicklung ist die Fähigkeit zu gehen. Der aufrechte Gang erfordert eine Geschicklichkeit, die dem Menschen vorbehalten ist. „Die Natur vermag diese Schwierigkeit zu lösen, doch nur durch zwei Hilfsmittel: Das eine ist der Instinkt, das andere ein individueller Willensaufwand. [...] Der berühmte, von der Familie mit solcher Freude begrüßte ‚erste Schritt' stellt tatsächlich einen Triumph dar und kennzeichnet den Übergang vom ersten zum zweiten Lebensjahr. Er bedeutet sozusagen die Geburt des aktiven Menschen, der an die Stelle des untätigen tritt. Mit ihm hebt für das Kind ein neues Leben an" (ebd., 115). Das Kind gewinnt damit im wörtlichen und übertragenen Sinne eine erste ‚Selbstständigkeit'.

Im Jahre 1907 bot sich Montessori die Gelegenheit, ihre ersten pädagogischen Erfahrungen, die sie im Bereich der Psychiatrie mit geistig behinderten Kindern gemacht hatte, in ‚San Lorenzo', dem Armenviertel von Rom, auf eine Gruppe von 50–60 Kindern zu übertragen und fortzuentwickeln, die tagsüber, wenn ihre Eltern ihrer schlecht bezahlten Arbeit nachgingen, pädagogisch betreut werden sollten. In jedem Haus dieses Viertels wurde ein „Kinderzimmer", „*Casa dei Bambini*" genannt (vgl. Kramer 1999, 137), eingerichtet, das von einer Frau betreut werden sollte. Montessori beschreibt den Beginn ihrer Arbeit so:

„Es war der sechste Januar 1907, als unsere erste Schule für geistig normale Kinder von drei bis sechs Jahren eröffnet wurde. [...] Ursprünglich hatte man nichts weiter beabsichtigt als die kleineren Kinder der Arbeiter in einem Volkswohnhaus in einem Raum beisammenzuhalten, damit sie nicht auf den Treppen sich selbst überlassen blieben, die Wände beschmutzten und überhaupt Unfug stifteten. Zu diesem Zweck wurde in dem Gebäude ein Zimmer bereitgestellt und mir wurde die Sorge für diese Einrichtung übertragen, der man ‚eine vielversprechende Zukunft' voraussagte" (Montessori 2018, 160 f.).

Montessori entschloss sich, bei der Auswahl des Lehrmaterials das Konzept aufzugreifen, das sich im Umgang mit geistig behinderten Kindern als so erfolgreich erwiesen hatte. Der Erfolg war noch erheblich größer: „Das Unterrichtsmaterial, das ich den normalen Kindern darbot, hatte auf sie nicht dieselbe Wirkung, die es auf geistesschwache Kinder ausgeübt hatte. Wenn der betreffende Gegenstand das normale Kind anzog, so heftete es sogleich seine ganze Aufmerksamkeit darauf. Es arbeitete damit und arbeitete pausenlos, in einer bewunderungswürdigen Konzentration. Nachdem es gearbeitet hatte, *dann erst* schien das Kind befriedigt, ausgeruht und glücklich. Ausgeruhtsein war in diesen kleinen, heiteren Gesichtern, in diesen zufrieden leuchtenden Kinderaugen zu lesen, nachdem eine freiwillig übernommene Arbeit verrichtet war" (ebd., 162).

Die Schilderung zeigt deutlich, dass es sich bei der Tätigkeit der Kinder um Arbeit in dem von ihr erläuterten Sinne handelt und nicht um Spiel. Daher ist es auch einsichtig, dass sie der von Friedrich Fröbel (1782–1852) entwickelten Pädagogik des Spiels und dem von ihm verwendeten Spielzeug kritisch gegenübersteht (vgl. Heiland 2014, 83 ff.). Tatsächlich – so Montessori – sind die Kinder selbst nicht am Spielen interessiert. „Das brachte mich auf den Gedanken, im Leben des Kindes sei Spielen vielleicht etwas Untergeordnetes, zu dem es nur dann seine Zuflucht nimmt, wenn ihm nichts Besseres, von ihm höher Bewertetes zur Verfügung steht. [...] Denn jede Minute, die verstreicht, ist kostbar für das Kind, indem sie den Übergang von einer niedrigen zu einer höheren Stufe darstellt. Das Kind ist ja in unausgesetztem Wachstum begriffen und alles, was sich auf die Mittel seiner Entwicklung bezieht, fasziniert es und macht es unempfindlich für jede müßige Tändelei" (Montessori 2018, 171).

Das „Sinnesmaterial", das Montessori verwendet, ist daher als Arbeitsmaterial zu verstehen und nicht als Spielzeug. Mit ihm verbindet sich eine vom Kind durch seine Handhabung zu lösende Aufgabe. Die Aufgabe liegt im Bereich der Mathematik, der Arithmetik ebenso wie der Geometrie, der Kunst, vor allem der Musik, und der Sprache, zum Zweck des Lesens und Schreibens. So können z. B. Buchstaben, aus rauem Papier geschnitten, dazu dienen, Wörter zusammenzusetzen. Montessori knüpft dabei an die Methode von Itard an, mit der er einen so großen Erfolg gehabt hatte. Die Beschaffenheit ihres Materials erläutert sie so: „Das Sinnesmaterial besteht aus einem System von Gegenständen, die nach bestimmten physikalischen Eigenschaften der Körper wie Farbe, Form, Maße, Klang, Zustand von Rauheit, Gewicht, Temperatur usw. geordnet sind. Zum Beispiel eine Reihe von Glocken, welche die musikalischen Töne wiedergeben; eine Gruppe von Täfelchen in verschiedenen Farbschattierungen; eine Serie von Körpern in gleicher Form und abgestuften Abmessungen, andere dagegen, die sich untereinander durch ihre geometrische Form unterscheiden" (Montessori 2015, 122).

Die Kinder einer Gruppe, die in ihrem Raum, der auch in seinem Mobiliar an die Größenverhältnisse des Kindes angepasst ist, ‚arbeiten', holen sich aus dem mit dem Material bestückten Regal ein Ensemble von Gegenständen und lösen allein, zu zweit oder in der Gruppe, die damit verbundene Aufgabe. Welch faszinierende Wirkung von ihrer Lösung ausgehen kann, hat Montessori in einem berühmt gewordenen Beispiel beschrieben: „Die erste Erscheinung, die meine Aufmerksamkeit auf sich zog, zeigte sich bei einem etwa dreijährigen Mädchen, das damit beschäftigt war, die Serie unserer Holzzylinder in die entsprechenden Öffnungen zu stecken und wieder herauszunehmen. […] Ich erstaunte, als ich ein so kleines Kind eine Übung wieder und wieder mit tiefem Interesse wiederholen sah. Dabei war keinerlei Fortschritt in der Schnelligkeit und Genauigkeit der Ausführung feststellbar" (Montessori 2018, 167). Es ließ sich auch nicht stören als die übrigen Kinder singend im Raum herumliefen. „Darauf ergriff ich vorsichtig das Sesselchen, auf dem die Kleine saß, und stellte es mitsamt dem Kind auf einen Tisch. Die Kleine hatte mit rascher Bewegung ihre Zylinder an sich genommen und machte nun, das Material auf den Knien, ihre Übung unbeirrt weiter. Seit ich zu zählen begonnen hatte, hatte die Kleine ihre Übung zweiundvierzigmal wiederholt. Jetzt hielt sie inne, so als erwachte sie aus einem Traum, und lächelte mit dem Ausdruck eines glücklichen Menschen. Ihre leuchtenden Augen sahen vergnügt in die Runde. Offenbar hatte sie alle jene Manöver, die sie hätten ablenken sollen, überhaupt nicht bemerkt. Jetzt aber, ohne jeden äußeren Grund, war ihre Arbeit beendet" (ebd.).

Montessori nennt das beschriebene Phänomen die „Polarisation der Aufmerksamkeit". Sie belegt, dass jeder Mensch, und vor allem das Kind, von einer selbst gewählten Aufgabe so fasziniert sein kann, dass er in ihrer Erfüllung sich mit der Welt vermittelt und zu sich selbst findet. Die Bereitschaft, dem Kind Möglichkeiten der selbsttätigen Erschließung der Welt zu eröffnen, ist das, was Montessori in ihrer pädagogischen Ethik von den Erwachsenen fordert. Die Methoden von Belohnung und Strafen der traditionellen Pädagogik haben darin keinen Platz (vgl. ebd., 172).

Die Wirkungsgeschichte der von Montessori entwickelten Pädagogik ist enorm, trotz der von Spranger geäußerten Kritik an ihrem positivistischen Wissenschaftsverständnis (vgl. Heiland 2014, 136) und ihrer Vermengung von wissenschaftlichen Aussagen mit „religiösen" Spekulationen (vgl. Kramer 1999, 12). Bereits 1911 wurde die Montessori-Methode in italienischen und Schweizer Volksschulen eingeführt und auch in englischen und argentinischen Schulen. Es wurden Modellschulen in Paris, New York und Boston errichtet und nationale Montessori-Gesellschaften gegründet (vgl. Heiland 2014, 134). 1929 wurde die Association Montessori Internationale (AMI) in Berlin gegründet und später nach Amsterdam verlegt (vgl. ebd.). Anna Freud bestätigt den „'Enthusiasmus'" vieler Pädagogen für Montessori und betont, „daß die Montessori-Methode in wichtigen Beziehungen alles dem Erzieher bisher Gebotene übertraf'" (Kramer 1999, 11). Ihre Methode ist inzwischen Teil der international anerkannten Reformpädagogik geworden (vgl. ebd., 14).

3   Die Entfaltung der Person (Flitner)

Unsere Kinder wachsen in unserer Kultur und Gesellschaft auf, sie müssen darin leben und sich bewegen können, und sie wollen es auch. Alles, was sie lernen, das mehrt und stärkt zunächst ihre gesellschaftliche Tüchtigkeit.

Aber mehrt und stärkt es auch ihre Person, ihr eigenes Wollen und Denken, ihr „Selbstsein" oder ihr „Ich"? Das ist die zentrale Frage für die Erziehung. Ihre Aufgabe und ihre Berechtigung kann keinesfalls nur darin liegen, was sie als Anpassung für die Gesellschaft leistet, im Einüben der Rollen und im Übermitteln der Ordnung und Tradition: Das alles könnte die Gesellschaft mit ihren Institutionen, Ordnungen und Zwängen auch selber zustande bringen.

Was aber mit Hilfe der Erziehung sich bilden soll, ist eben vor allem anderen dieses „Ich", das Gefühl und Bewußtsein von der eigenen unverwechselbaren Person. Diese Person in ihrer Einzigartigkeit ist zwar von vornherein da; je mehr wir die frühe Kindheit erforschen, um so mehr bestätigen sich diese frühsten Spuren kindlicher Individualität [...]. Aber erst in der Kommunikation kann sich dieses originäre Ich festigen und sich seiner selbst bewußt werden. Erst im persönlichen Austausch, in den Gemeinschaften und Institutionen kann das Angelegte sich ausbilden zu einer Person, die von sich weiß und die sich behauptet. Das wichtigste für die Qualität der Erziehung ist also die Weise, wie Eltern und Erzieher dem Kind helfen, sich selbst zu finden und die eigene Person lernend zu entfalten.

(Andreas Flitner: Konrad, sprach die Frau Mama... Über Erziehung und Nicht-Erziehung. München 1985, 151).

Andreas Flitner wird 1922 als Sohn des Pädagogen Wilhelm Flitner in Jena geboren. Von 1945–1950 studiert er in Hamburg, Heidelberg und Basel die Fächer Geschichte, Philosophie und Germanistik. 1950 ist er als Lektor in Cambridge tätig. Seine Promotion erfolgt 1951 in Basel. 1954 habilitiert er sich bei Eduard Spranger und übernimmt 1956 eine Professur für Pädagogik in Erlangen. Von 1958–1988 ist er Professor für Pädagogik an der Universität Tübingen. 1990 wird er Mitglied der Akademie gemeinnütziger Wissenschaften in Erfurt und 1993 ordentliches Mitglied in der ‚Academia Europaea'. Schwerpunkte seiner Forschungen sind Allgemeine Pädagogik, Humboldt-Studien, das Kindes- und Jugendalter sowie Fragen der Bildungspolitik. Wichtige Veröffentlichungen von ihm sind: *Spielen-Lernen. Praxis und Deutung des Kinderspiels* (1972), *Konrad sprach die Frau Mama... Über Erziehung und Nicht-Erziehung* (1982) und *Reform der Erziehung. Impulse des 20. Jahrhunderts* (1992). Zu erwähnen sind schließlich die von Klaus Giel und ihm in fünf Bänden herausgegebenen *Werke* Wilhelm von Humboldts (Darmstadt 1969). Andreas Flitner stirbt 2016 in Tübingen (vgl. Flitner 1985).

Einen guten Zugang zur Pädagogik Flitners bietet sein Buch *Konrad, sprach die Frau Mama* (1985). Es gliedert sich in zwei Teile. Im ersten Teil erörtert Flitner Konzepte der traditionellen Pädagogik und deren Kritik. Das reicht von der Interpretation des in Millionenauflage erschienenen und in zahlreiche Sprachen übersetzten Kinderbuches von Heinrich Hoffmann *Der Struwwelpeter* (1984) über die von Katharina Rutschky herausgegebene Textsammlung *Schwarze Pädagogik* und Braunmühls *Antipädagogik* (1975) bis hin zu den psychoanalytisch inspirierten Büchern von Alice Miller. Im zweiten Teil entwickelt Flitner sein eigenes pädagogisches Konzept, das sich eng an Schleiermachers pädagogische Vorlesungen aus dem Jahre 1826 anlehnt, in denen die Entfaltung der *„persönlichen Eigentümlichkeit"* als Ziel der Erziehung genannt wird (vgl. Schleiermacher 1966, 34).

Flitner wählt als Ausgangspunkt seiner pädagogischen Überlegungen das beliebte Kinderbuch von Heinrich Hoffmann (1809–1894), der Direktor der städtischen Nervenheilanstalt in Frankfurt a. M. war und die Jugendpsychiatrie entwickelte. Gleichwohl ist sein Kinderbuch Ausdruck der traditionellen Pädagogik der Abschreckung und Ermahnung: Abschreckung für die Kinder mit Bezug auf die schlimmen Folgen des Ungehorsams und Mahnung an die Eltern, den seit dem Pietismus immer wieder beschworenen „bösen Eigenwillen des Kindes" bei Zeiten zu brechen (vgl. Rutschky 1980, 382). Flitner weist mit Blick auf die Geschichte vom daumenlutschenden Konrad gleich auf die Grausamkeit dieser Pädagogik hin. Er versetzt sich in die Rolle des Kindes, wenn er die Geschichte wie folgt kommentiert: „Wer sähe sie nicht vor sich, die zum Ausgang gekleidete Madame, drohend mit dem Zeigefinger und mit der erhobenen Schirmspitze, die verkörperte erzieherische Gewalt. Und das kläglich ihr gegenüberstehende Kind, schon im voraus schuldbewußt, weil es die Trennung von der Mutter, die Verlassenheit nicht anders wird überstehen können als mit dem tröstenden Daumen im Mund" (Flitner 1985, 9). Es kommt, wie zu erwarten. Das Kind ist ungehorsam, die angedrohte grausame Strafe erfolgt umgehend, die Daumen werden abgeschnitten. „Und dann steht es vor uns, das furchtbar bestrafte, für seine Schwäche noch verstümmelte Kind, ein Bild des Jammers. Und über ihm, das Gesicht in der Stukkatur der Wand, eben noch streng – Gottheit oder Gewissen –, nun zufrieden lächelnd ob der erteilten Strafe und der wiederhergestellten Ordnung; so wie auch der Autor mit dem Lauf der Dinge offenbar zufrieden ist:'Hei! da schreit der Konrad sehr'" (ebd.).

Flitners eingefügter Kommentar macht bereits das Verwerfliche der in der Geschichte illustrierten Pädagogik deutlich: Erziehung hat den Sinn, das Kind dem Willen des Erwachsenen zu unterwerfen. Sie ist blind für Bedürfnisse, Eigenarten und Ängste des Kindes. Die Entdeckung der Kindheit, die Rousseau so eindrücklich zur Geltung zu bringen suchte, und die von ihm daraus gezogenen pädagogischen Konsequenzen sind nicht in das allgemeine Bewusstsein aufgenommen worden. Dass es sich dabei nicht um eine überwundene Epoche handelt, beweisen zahlreiche Schriftsteller der Gegenwart, wie Christa Wolf, Peter Härtling, Thomas Bernhard, Fritz Zorn u. a., die ihre traurigen Kindheitserfahrungen „beschreiben und durchdenken" (ebd., 13).

Im zweiten Kapitel thematisiert Flitner die Textsammlung *Schwarze Pädagogik* von Katharina Rutschky mit Texten aus dem 18. und 19. Jahrhundert (vgl. Rutschky 1980). „Als Schwarze Pädagogik bezeichnet sie alles das, was in der pädagogischen Theorie und Praxis dem humanen Sinn der Erziehung – nämlich der Führung des Kindes zur Mündigkeit – widerstreitet; was zwar den *Namen* der Erziehung beansprucht, aber, genauer besehen, nicht für Leben und Freiheit der Kinder, sondern vielmehr für ihre Bändigung und Kränkung, für die Zerstörung ihrer Lebensfreude sorgt" (Flitner 1985, 15).

Doch die ‚Schwarze Pädagogik' hat eine noch weiter zurückreichende Tradition. Bereits Luther schrieb in seinem *Deutschen Katechismus* von 1529: „'Willst du nun nicht Vater und Mutter gehorchen und dich lassen ziehen, [...], so gehorche dem Henker ... gehorche dem Streckebein, das ist der Tod'" (ebd.). Für ihn und seine Epoche stand fest – so Flitner -, „daß ein Kind ohne Möglichkeit des Abirrens in die Ordnung des kirchlichen, politischen und moralischen Lebens *einzufügen* sei und daß diese Ordnung unmittelbar mit der Gottesordnung zusammenhänge" (ebd.). Der Gedanke, „ein Kind solle durch Erziehung *freigesetzt* werden zur Selbständigkeit und Personalität", war ihm und seiner Zeit völlig fremd (ebd.).

Erstaunlich ist es jedoch, dass sich ähnliche Texte auch in der Epoche der Aufklärung finden lassen, einer Zeit, in der die Forderung nach allgemeinen Menschenrechten laut wurde. Zwar gibt Rutschky zu, dass ihre Auswahl bewusst tendenziös sei und wichtige Pädagogen, die anderes forderten, nicht erwähnt werden. Erstaunlich ist es aber, dass sich überhaupt eine solche beachtliche Anzahl von Texten ‚Schwarzer Pädagogik' in dieser Zeit finden lässt. Flitner sieht darin eine Herausforderung, der er sich stellen will.

Die Texte enthalten eine „deprimierende Anhäufung von Ratschlägen und Hinweisen, wie die *Macht* gegenüber Kindern hergestellt werden kann, wie Kinder in *Gehorsam* und *Respekt* gehalten, *gelenkt* und *überwacht* werden können. [...]. Nicht nur um das Lenken von Kindern geht es, auch um rechtzeitige Beugung ihres eigenen Willens, Unterbindung ihrer Neugier, vor allem auf dem Gebiet der Geschlechtlichkeit; um Stabilisierung des Gehorsams, auch des unvernünftigen, nur um des Prinzips willen geforderten. Kinder sollen, nach diesen Erziehungsratschlägen, Tag und Nacht überwacht, bei jeder Heimlichkeit überführt, bei jeder Unwahrheit bloßgestellt, mit moralischen Maßstäben des Erwachsenenlebens gemessen und zugleich von der Einsicht in die Fehler der Erwachsenen abgeschirmt werden" (ebd., 17).

Wie ist aus heutiger Sicht diese Pädagogik zu beurteilen? Wie kann ein Kind „*freigesetzt*" werden zur „Selbständigkeit und Personalität"? Nach

Flitner nicht durch die bloße Negation dieser Erziehungsratschläge. Es komme vielmehr darauf an, die bereits von Schleiermacher geforderte „Dialektik" im Erziehungsprozess zu beachten. Das bedeutet: „Führen und Wachsenlassen, Schützen und Exponieren, Verwöhnen und Abhärten, systematisches Lernen und situative Erfahrung und ähnliche Polaritäten stehen sich nicht als einander ausschließende Prinzipien gegenüber, sondern müssen zur gegenseitigen Korrektur mit bedacht und als Anforderungen gegeneinander abgewogen werden. In diesem Sinne kann Pädagogik keine Handlungsvorschriften in der Art von Rezepten, sondern nur eine Erörterung der Alternativen und eben der zu berücksichtigenden Prinzipien geben, innerhalb derer dann, der einzelnen Situation gemäß, zu entscheiden und zu handeln ist" (ebd., 40).

Im dritten Kapitel widmet sich Flitner pädagogischen Strömungen, deren Ziel die Kritik der bisherigen „Schwarzen Pädagogik" ist (vgl. ebd., 15). Das beginnt mit der antiautoritären Bewegung von Alexander S. Neill und seinem Schulprojekt von ‚Summerhill', über das er in seinem Buch *Theorie und Praxis der antiautoritären Erziehung. Das Beispiel Summerhill* einen Erfahrungsbericht vorgelegt hat (vgl. Neill 1969) und steigert sich zu den Konzepten der Antipädagogen, die, enttäuscht über die Ergebnisse der antiautoritären Bewegung, Erziehung generell ablehnen. Sie richten – so Flitner – „ihre Attacken, ihre oft maßlose Polemik auf den Erziehungsanspruch als solchen: Erziehung *aller Art* ist nichts als Verkrüppelung und Mißhandlung, Ausagieren narzißtischer Machtgelüste, Prostitution, Betrug und so fort" (Flitner 1985, 48).

Ihre Intention gipfelt in der Devise „'Schafft die Erziehung ab!'" (ebd., 50). Ein Vorbild finden sie in Strömungen der Psychiatrie, in denen das Autoritätsgefälle von Arzt und Patient abgebaut werden soll und der Patient mit seinem eigenen Erleben, Denken und Fühlen als „*Subjekt* des Heilungs- und Konsolidierungsvorgangs" respektiert werden sollte. In ähnlicher Weise nun müssten die Eltern auf ihren „Erziehungsanspruch" verzichten und zu ihren Kindern in ein Verhältnis der „Gleichberechtigung" treten. „Aus dieser Befreiung, so meinen sie, könnte sich eine neue Solidarität von Kindern und Erwachsenen ergeben, in der die fatale Fortsetzung des zivilisatorischen Zugriffs auf die Kinder unterbrochen und damit der Erziehungskrieg vergessen werde" (ebd., 50 f.). Flitners Einwand gegen dieses Modell besteht darin, dass er schon das Verhältnis des Arztes zu seinem Patienten nicht als ein symmetrisches ansieht, da dem Arzt in seiner Berufsrolle die Verantwortung für seinen Patienten nicht abgenommen werden kann, der Patient aber nicht verantwortlich ist für den Arzt. Ähnliches gilt für das Verhältnis der Eltern zu ihren Kindern.

Völlig absurd wird die Forderung der Antipädagogen, wenn sie die Gleichberechtigung nicht als die Anerkennung der berechtigten Ansprüche der Kinder an die Erwachsenen begreifen, sondern diese in einem formal-juristischen Sinne interpretieren. So hat die antipädagogische Organisation ‚Freundschaft mit Kindern' in ihrem ‚Deutschen Kindermanifest' u. a. erklärt: „'Kinder haben das Recht, für ihr Leben und für ihre Taten rechtliche Verantwortung zu übernehmen (Art. 3). ... Sie können Verträge schließen, über Eigentum verfügen, Geschäfte eröffnen ... und in jeder anderen Form rechtsverbindlich tätig sein (Art. 5). Kinder haben das Recht, jedes Nahrungs- und Genußmittel, das Erwachsenen zugänglich ist, ungehindert aufzunehmen oder zu verweigern (Art. 15). Kinder haben das Recht, gegen Entgelt zu arbeiten (Art.9). Kinder haben das Recht, ihr Sexualleben selbst zu bestimmen und Nachkommen zu zeugen (Art. 18)'" (ebd., 56).

Offensichtlich sehen die Antipädagogen bei solchen Forderungen nicht, dass sie damit den Kindern keinen Gefallen tun, sondern sie der Möglichkeit berauben, sich zu gleichberechtigten Partnern der Erwachsenen zu entwickeln. Flitner verbindet seine Kritik mit folgenden Fragen: „Will man damit neuen Formen der Ausnutzung von Kindern Tür und Tor öffnen? Will man, daß Drogen, Alkohol und Pharmaka in die Hände und die Entscheidung von Kindern gelegt werden? Will man den Jugendarbeitsschutz aufheben und damit jede Art von materieller Ausbeutung Jugendlicher ermöglichen, als habe es so etwas wie gesundheits- und entwicklungszerstörende Kinderarbeit nie gegeben? Will man die Entwicklungstatsachen der Pubertät nicht einmal mehr so weit ernstnehmen, daß man das Recht zur Familiengründung (um der Jugend selbst willen) für diese Zeit aussetzt?" (ebd., 56). Daher seine Kritik an der Antipädagogik: Sie verkennt die spezifische Situation des Kindes und zwängt es in die Rolle eines ‚kleinen Erwachsenen'. Sie widerruft damit die Errungenschaften des 18. Jahrhunderts, das die Kindheit als eine eigene, mit besonderen Bedürfnissen und Ansprüchen bestimmte, Zeit des Menschen zu akzeptieren begann. Er charakterisiert die von den Antipädagogen geleugnete, pädagogisch bedeutsame Situation der Kinder so: „Sie wachsen aus einer Abhängigkeit, die zunächst einmal naturgegeben ist (und darum auch nicht inhuman sein kann) zu einer zunehmenden Selbständigkeit heran, wobei sie der Hilfe der Erwachsenen in einer sich verändernden Qualität und in abnehmendem Maße bedürfen" (ebd., 53).

Die antipädagogische Bewegung – so Flitner im folgenden Kapitel – hat durch die schweizerische Psychoanalytikerin Alice Miller (1923–2010) eine unerwartete Unterstützung erhalten. Ihre Überlegungen nehmen ihren Ausgangspunkt in einer Kritik an Freud, der die Erzählungen seiner Patienten von narzisstischer Kränkung, körperlicher Züchtigung und sexuellem Missbrauch in früher Kindheit zunächst ernst genommen hatte, sie später jedoch als Phantasieprodukte interpretierte. Aus dieser Neuinterpretation heraus entwickelte er schließlich – so Miller – sein Modell des Ödipuskomplexes.

Miller widerspricht nun Freuds Umdeutung und besteht darauf, dass den Kindern tatsächlich all diese Dinge angetan wurden, so z. B. in ihrem Buch *Am Anfang war Erziehung* (vgl. Miller 1983). Sie gibt – so Flitner – zudem folgende Deutung dieser Misshandlungen: „Die Erwachsenen tun den Kindern Furchtbares an. Und sie tun es aus Rache, weil ihnen selber in der Kindheit Schlimmes angetan worden ist, das in ihrem Unbewußten fortlebt und dafür sorgt, daß sie sich an ihren Kindern für die Kränkung schadlos halten" (Flitner 1985, 68). Aus diesem Grunde solidarisiert sich Miller vorbehaltlos mit dem Kinde und auch noch mit dem Kinde im Erwachsenen. Sie misstraut daher, ähnlich wie die Antipädagogen, der Erziehung und verabschiedet sich von Freuds Triebtheorie. Flitner kommentiert ihren Ansatz so: „Alice Miller geht vielmehr aus von dem emotionalen Zentrum der kindlichen Persönlichkeit, von seiner Spontaneität, seinen Liebesbedürfnissen, auch seinem Zorn und seinen Haßgefühlen. Daß diese Spontaneität und ihre Äußerungsformen erhalten bleiben und daß diese kindliche, mit sich übereinstimmende Persönlichkeit *sein darf, was sie ursprünglich ist,* oder wieder freigelegt werden kann, wenn sie überfremdet und zur Erwachsenenexistenz hingequält worden ist, *das* scheint ihr die Grundlage aller Erziehung (oder besser: der Grund für ihre Forderung nach Nicht-Erziehung) zu sein" (ebd., 72).

Die Rolle der Eltern wird von ihr darauf beschränkt, die Emotionen der Kinder vorbehaltlos zu akzeptieren und sie lediglich zu spiegeln, auf keinen Fall aber zu beeinflussen. Das aber, was im Verhältnis zu Kindern notwendig ist, ist – so Flitner – nicht die *„Spiegelung",* sondern eine pädagogisch verantwortliche *„Resonanz".* Antipädagogik provoziert daher die Frage: „Die Neigung, die hier indirekt gestützt wird, nämlich aus dem Felde zu gehen und Kinder und Jugendliche sich selbst zu überlassen, verbunden mit der Vorstellung von hinreichender Sozialisation durch die Gleichaltrigen – gehören sie nicht zu den traurigen Entlastungsversuchen der älteren Generation, die mit der Verzagtheit und Orientierungslosigkeit, auch mit dem pathologischen Narzißmus junger Menschen gewiß etwas zu tun haben?" (ebd., 78).

Im anschließenden Kapitel entwickelt Flitner sein eigenes Konzept der Pädagogik. Er formuliert es, mit Hinweis auf Schleiermacher, so: „Erziehung ist ihm ein behutsames *Begleiten* und denkendes *Mitwirken* an dem, was im Zusammenleben der Menschen, also unabhängig von der Erziehung, *von selbst* geschieht. [...] Diese Tätigkeit und Teilhabe des Erziehers an dem Leben des Kindes läßt sich, in leichter Abwandlung Schleiermacherscher Begriffe, verstehen als – *Behütung* des Kindes, Auswahl seiner Lebenswelt; – *Gegenwirkung* gegen Einflüsse von außen oder Neigungen von innen, die dem weiteren Leben des Kindes schädlich sein könnten; – *Unterstützung* seiner eigentümlich-individuellen ebenso wie seiner sozialen Entwicklung" (ebd., 81 f.). Mit diesen pädagogischen Maximen gibt Flitner seine Antwort auf die zuvor von ihm referierten Kritiker der Erziehung. Entgegen allen extremen Forderungen ist sein Ansatz bestimmt durch ein maßvolles und abgewogenes Zusammenspiel unterschiedlicher pädagogischer Aspekte.

Er beginnt mit dem Behüten. „Behüten heißt zunächst einmal: Im praktischen Umgang mit Kindern erfahren, verstehen, fühlen, wie Kinder die Welt verarbeiten können, die wir ihnen anbieten oder in die wir sie mit hereinnehmen. Und weiter: darauf Rücksicht nehmen, wie die Kinder sie verarbeiten; Erlebnisse und Eindrücke ihnen nach Möglichkeit ersparen, mit denen sie nicht fertig werden können – vor allem solche, die sie bedrohen, die ihnen Angst machen, die sie erschrecken oder auf andere Weise überfordern" (ebd., 84). Das Behüten ist von grundlegender Bedeutung, weil es dem Kind die für sein Leben notwendige Sicherheit gibt. „Kinder, die eine grundlegende Sicherheit ihrer frühen Beziehungen nicht erfahren haben, haben es oft lebenslänglich schwer, Selbstsicherheit und Selbständigkeit zu gewinnen" (ebd., 86). Erst durch die Sicherheit wird das Kind in die Lage versetzt, auch unvermeidlich auftretende Belastungen zu ertragen, wie Scheidung der Eltern, Krankenhausaufenthalte u. a. m. Behüten bedeutet also zunächst einmal, das Kind gegenüber Gefahren abschirmen. Doch das ist nicht alles, darf nicht alles sein. Daher: „Behütung heißt zweitens: Das Kind braucht Räume der Erkundung und der Welterfahrung. Diese Räume sind nicht selbstverständlich da, sie sind nicht mit der Lebens- und Arbeitswelt der Erwachsenen identisch. Sondern sie müssen als Lebensräume für Kinder gewählt, oft erst hergestellt, bedacht und gesichert werden" (ebd., 93). Das reicht vom Besuch eines Spielplatzes über die Anbahnung von Freundschaften bis hin zur Auswahl von Ferienorten. Das bedeutet, Kinder freizugeben und ihnen die Möglichkeit der Welterkundung zu bieten, einschließlich der damit verbundenen Risiken. Das bedeutet: „Kinder müssen auch in die Welt entlassen, müssen ‚gewagt' werden [...]. Gewagt heißt: daß ein Risiko eingegangen wird, das Risiko der Verselbständigung und Einbeziehung in die verworrene, schmerzbereitende, schreckliche Welt, der die Behütungsillusionen und die eigenen Ängste der Erzieher allzu oft nicht gewachsen sind" (ebd., 96). In Anlehnung an Gedanken von Janusz

Korczak (1878–1942) heißt das: „Kinder müssen gewagt, müssen frei-gegeben werden; aber nicht fallengelassen" werden (ebd., 97).

Der zweite Aspekt pädagogischen Handelns betrifft das Gegen-wirken. „Die Gegenwirkung ist gewiß der schwerste und heikelste Teil der Erziehung. Sie ist belastet von den Traditionsströmen der Kinderunter-drückung, von Strafpraxis und Schuldisziplin, die zu den dunklen Kapiteln europäischer Tradition gehören. [...] Auch die rabiate Gewaltanwendung sucht sich ja noch mit der Absicht zu rechtfertigen, man müsse doch das Kind vor dem falschen Weg bewahren und seine aufkommende Bosheit und Verstocktheit beizeiten austreiben" (ebd., 98). Doch nicht nur die Gewalt-anwendung gehört zu den offenkundig rabiaten Methoden der Gegen-wirkung. Es gibt auch subtile Formen, die nicht weniger brutal sind. „Denn die weniger brutalen Lenkungsmaßnahmen, die subtilen Strafen, frostige Zurückhaltung, Aufmerksamkeitsentzug, Ironie und ähnliche Spitzig-keiten – sie sind vielleicht nur die psychologisch verfeinerten Methoden für das gleiche brutale Vorhaben, nämlich den Kindern Unangenehmes zuzu-fügen, wenn sie nicht tun, was sie sollen" (ebd.). Angesichts dieser belasteten Geschichte verfehlten pädagogischen Handelns stellt sich Flitner folgende prinzipielle Frage: „Wenn wir [...] nur das als Erziehung gelten lassen wollen, was den jungen Menschen in seiner *Selbstwerdung* und in seinen *sozialen Fähigkeiten* stützt, so müssen wir diese Frage ernstnehmen: ob denn Gegenwirkung Teil der Erziehung sein kann" (ebd., 99).

Flitner kommt zu dem Urteil, dass die Erziehung prinzipiell nicht auf das Gegenwirken verzichten kann, dass es aber entscheidend darauf ankommt, wie dieses erfolgt und wie es mit positiven pädagogischen Aspekten ver-bunden werden kann. Das Gegenwirken ist generell notwendig um die „kulturelle Gemeinsamkeit" in einem Gemeinwesen zu erhalten. Das betrifft nicht nur Kinder, sondern jeden Bürger, „wenn er sich diesem Gemeinsamen entziehen will. Die Mittel der Gegenwirkung dienen als Stützsystem für den gemeinsamen Bestand der gesellschaftlichen Kultur" (ebd., 100). In einem politischen Gemeinwesen gehört dazu auch das Straf-recht. Im engeren pädagogischen Bereich stellt sich die Frage anders. „Hier geht es darum, die Augen nicht vor der Tatsache zu verschließen, daß es Anforderungen des Lernens, der Kultur und der Gesellschaft gibt, die nicht einfach auf dem Wege der Selbstentfaltung und der Selbständigkeit des Kindes liegen, die auch nicht einfach seinen Wünschen entsprechen und die deshalb durch Mitwirkung und Gegenwirkung der Erwachsenen erreichbar gemacht werden müssen" (ebd., 102).

Eine Form des Gegenwirkens ist der „*Tadel*". „Pädagogisch brauch-bar ist er nur [...], insofern er die Aufforderung und Möglichkeit enthält, das Getadelte zu korrigieren; insofern er also nicht entmutigt, sondern den Weg zur Verbesserung weist" (eb. 104). Das Entscheidende bei jeder Form der Gegenwirkung ist, dass sie gegenüber dem Kind erläutert und begründet wird. Einsicht entsteht, Handlungsalternativen aufgezeigt werden und das Vertrauensverhältnis erhalten bleibt. Jedes Fehlverhalten des Kindes stellt eine Grenzverletzung dar, die rückgängig zu machen ist. Das bedeutet pädagogisch betrachtet: „Wenn ich mit dem Kinde daran arbeite, daß es über die Grenze zurückfindet, wenn ich es erinnere an den Sinn und die Notwendigkeit dieser Grenzziehung, wenn ich mit ihm Barrieren beiseite räume, die ihm im Wege stehen, so arbeite ich nicht nur mit ‚Gegenwirkung', sondern zugleich mitwirkend, unterstützend an seiner Möglichkeit, das Richtige zu tun" (ebd., 109).

Das Unterstützen stellt den dritten Aspekt des pädagogischen Handelns dar, „der größte und wichtigste Teil der Erziehung. [...] Erziehen als Unterstützen aber setzt voraus, daß die eigene Person des Kindes und ihre Entwicklung als etwas Gegebenes angesehen, als etwas Unverwechsel-bar-Menschliches geachtet werden – ein Selbst, das wir hilfreich begleiten, das wir aber nicht machen oder modellieren sollen" (ebd., 116 f.). Wie aber vollzieht sich dieses Unterstützen, was sind seine Grundlagen? Flitner betont: „Die Hauptform des Unterstützens ist das *Verstehen* von Kindern, die Fähigkeit, auf Kinder einzugehen und ihre Lebensäußerungen und Lernschritte wahrzunehmen" (ebd., 122).

Im Unterschied zu Montessori gehören für Flitner zu diesen Lebensäußerungen sehr früh die verschiedenen Formen des Spiels. „Spielen ist eine ursprünglich-kindliche Aktivität. Die einfachsten Dinge, Bauklötze, Sandkasten, Puppen, ein paar Figuren reichen schon hin, um die intensivsten Spiele zu ermöglichen" (ebd., 129). Von dort aus ist es nicht weit zum Rollenspiel. „Nachahmung und Szenenspiel, als versuchsweises Eintreten in das Wirken und Handeln anderer Menschen; symbolische Aneignung ihrer Stärke, Größe oder Schönheit durch Verkleidung und durch Rollenspiel" (ebd.). Das alles hilft dem Kind, selbständig zu werden und seine eigene zukünftige Rolle in der Welt der Erwachsenen zu finden.

Doch spielerisch allein ist dieses Ziel nicht zu erreichen. Schon früh wird das Kind auch mit Anforderungen konfrontiert, denen es sich stellen muss. „Man muß morgens aus dem Bett, seine Sachen packen, rechtzeitig auf den Schulweg gelangen. [...] Ein Arzttermin steht an. Die Zahnspange muß abends eingesetzt werden. Das Kind kann nicht so lange aufbleiben, wie es will, weil es am nächsten Morgen nicht übermüdet in die Schule ziehen darf, und so fort" (ebd., 132). Auch bei der Bewältigung dieser Anforderungen kann der Erwachsene das Kind unterstützen. „Unterstützen also bedeutet hier, daß die Erzieher dem Kind helfen, mit diesen

Forderungen zurechtzukommen: ihm Dinge abnehmen, die ihm zu schwer
werden; mit ihm gemeinsam tun, was es allein zu sehr belastet: immer
wieder prüfen, was der Sinn der Forderungen ist und ob sie zu Recht
bestehen" (ebd., 134). Bei all dem täglichen Bemühen um dieses einzelne
dem Erzieher anvertraute Kind geht es der Pädagogik immer auch um ein
größeres, allgemeines Ziel. „Alle Erziehung (sogar die programmatische
Nicht-Erziehung) geht ja doch von der Hoffnung aus, daß es besser werden
möge; daß in den Kindern ein neuer Anfang, neue Möglichkeiten uns
gegenübertreten; und daß aus unserem eigenen Leben das Bessere, das Ver-
nünftigere und Humane in ihnen zur Geltung kommen kann" (ebd., 145).

Flitner verbindet mit der Erziehung daher eine gesellschaftliche Utopie,
und das in zweifacher Hinsicht. Die erste stellt die Erziehung in einen
geschichtlichen Kontext. Flitner bemerkt dazu: „Erziehung ist im Sinne der
Neuzeit eine Tochter der Aufklärung; deren Hoffnungen haben sich mit der
Erziehung verbunden: die Hoffnung auf Freiheit und Vernunft, auf liberale
und demokratische Ordnungen, auf Gerechtigkeit und Frieden. [...]. Daß
der Mensch nicht getrieben sein muß von Ängsten, sich nicht bedroht fühlen
muß von anonymen Mächten, [...] sondern daß er sich frei fühlen kann,
Herr seiner eigenen Entschlüsse und Gestalter seines Lebens" (ebd., 146).

Die zweite Hinsicht seiner Utopie betrifft die konkrete Situation der
gegenwärtigen Generation. Es geht darum, auf die Herausforderungen
der Zeit in einem gemeinsamen Lernprozess eine kooperative Antwort zu
finden. „Mit den Kindern lernen, mit der jungen Generation lernen – das
muß heißen: mit ihnen der Verschwendung und Naturzerstörung Ein-
halt gebieten; mit ihnen sich dafür einsetzen, daß der immer weiteren
Bewaffnung der Welt widerstanden wird; daß die knapper werdende Arbeit
neu verteilt wird; daß die Nöte der Jugend als die Nöte auch der anderen
Generationen angesehen werden, und vieles mehr. Das ist kein Programm
der ‚Erziehung', gewiß, sondern es gehört in den Horizont der großen
politischen Probleme. Aber es berührt die Erziehung, es gibt ihr den
Rahmen, es bestimmt den engen Horizont ihrer Arbeit ständig mit. Täglich
stellt sich heute die Frage an den Erzieher: ober er willens ist und fähig, *mit*
den jungen Menschen, die ihm anvertraut sind, zu lernen und *für* sie, für die
kommende Generation" (ebd., 156 f.).

Pädagogik ist für Flitner – wie auch für Rousseau und Montessori – wesentlich bestimmt durch eine pädagogisch verantwortliche „Kommunikation"
des Erwachsenen mit dem ihm anvertrauten Kind (s. Zitat). Sie hat das Ziel,
dem heranwachsenden Kind und Jugendlichen bei der Entwicklung zu einer
selbstständigen und selbstbestimmten Person zu helfen. Der Maßstab dieser
Kommunikation ist die dialogische Vernunft.

VII Die Freiheit der Kultur

Der Begriff Kultur hat seinen Ursprung im römischen Sprachgebrauch. Das Wort ‚agricultura', das den Ackerbau bezeichnet, übertrug Cicero auf den geistigen Bereich. Für ihn ist die ‚cultura animi' die ‚Pflege der Seele'. An diese Bedeutung knüpft Herder an und versteht unter Kultur alles das, was den Menschen über seine bescheidene natürliche Ausstattung hinausführt, angefangen von der Herstellung und Verwendung der Werkzeuge und der vom Menschen erfundenen Sprache, bis hin zu Kunst und Wissenschaft. Kultur ist das, was der Mensch in Freiheit schafft. Ziel aller Kultur ist seine Bildung zur Humanität. Ernst Cassirer führt diese Überlegungen fort. Kultur ist eine immer weiter fortschreitende „Selbstbefreiung" des Menschen, die in symbolischen Formen ihren Ausdruck findet. Sie schafft sich im Mythos eine ideale Welt. In den monotheistischen Religionen treten moralische Fragen hinzu. Kulturelle Schöpfungen sind die Sprache nicht weniger als die Kunst, die eine eigene Art der Entdeckung der Wirklichkeit darstellt. Einen besonderen Schwerpunkt hat die Kultur in den Wissenschaften, in den Naturwissenschaften nicht weniger als in den Geisteswissenschaften. Wie bei Herder gipfelt auch für Cassirer die Kultur in dem Prinzip der Humanität. Bei Herbert Marcuse wird dagegen die Kultur unserer Zeit einer strengen Kritik unterworfen. Die vorherrschende ‚affirmative Kultur' der modernen Gesellschaft — so seine Kritik — erfüllt die Funktion, den Menschen in ihren entfremdeten Verhältnissen den schönen Schein einer besseren, wertvolleren Welt vorzugaukeln. Sie dient der Entspannung und der geistigen Erhebung. Nähme man jedoch Kultur in ihrem ursprünglichen Sinn ernst, so könnte sie dazu dienen, die geistigen

© Der/die Autor(en), exklusiv lizenziert an Springer-Verlag GmbH, DE, ein Teil von Springer Nature 2022
W. Pleger, *Dialogische Vernunft*, https://doi.org/10.1007/978-3-662-65289-3_8

Fähigkeiten der Menschen zu entwickeln, das menschliche Zusammenleben human zu gestalten und den Frieden auf der Welt zu fördern. Auf diese Weise könnte sie dazu beitragen, die Gesellschaft in ein Kunstwerk zu verwandeln.

1   Freiheit, Kultur und Humanität (Herder)

Alle Erziehung kann nur durch Nachahmung und Übung, also durch Übergang des Vorbildes ins Nachbild, werden; und wie könnten wir dies besser als Überlieferung nennen? Der Nachahmende aber muß Kräfte haben, das Mitgeteilte und Mitteilbare aufzunehmen und es wie die Speise, durch die er lebt, in seine Natur zu verwandeln. Von wem er also, was und wieviel er aufnehme, wie er's sich zueigne, nutze und anwende: das kann nur durch seine, des Aufnehmenden, Kräfte bestimmt werden; mithin wird die Erziehung unsres Geschlechts in zwiefachem Sinn genetisch und organisch: genetisch durch die Mitteilung, organisch durch die Aufnahme und Anwendung des Mitgeteilten. Wollen wir diese zweite Genesis des Menschen, die sein ganzes Leben durchgeht, von der Bearbeitung des Ackers *Kultur* oder vom Bilde des Lichts *Aufklärung* nennen, so stehet uns der Name frei; die Kette der Kultur und Aufklärung reicht aber sodann bis ans Ende der Erde. Auch der Kalifornier und Feuerländer lernte Bogen und Pfeile machen und sie gebrauchen; er hat Sprache und Begriffe, Übungen und Künste, die er lernte, wie wir sie lernen; sofern ward er also wirklich kultiviert und aufgekläret, wiewohl im niedrigsten Grade. Der Unterschied zwischen aufgeklärten und unaufgeklärten, zwischen kultivierten und unkultivierten Völkern ist also nicht spezifisch, sondern nur gradweise.

(Johann Gottfried Herder: Werke in fünf Bänden. Bd. 4. Berlin 1982. S. 193 f.)

Johann Gottfried Herder wird 1744 in Mohrungen (Ostpreußen) geboren. Ab 1762 studiert er in Königsberg zunächst Medizin, dann Theologie und Philosophie. Dort hört er die Vorlesungen des ‚vorkritischen' Kant und ist von dessen Lehre und Persönlichkeit fasziniert. Er schließt Freundschaft mit Hamann und wird auf dessen Empfehlung 1764 Lehrer an der Domschule in Riga. Reisen nach Frankreich ermöglichen ihm die Bekanntschaft mit Diderot und d'Alembert. In Hamburg lernt er Lessing kennen, und in Straßburg schließt er Freundschaft mit Goethe. 1771 wird er Konsistorialrat und Hofprediger in Bückeburg und 1776 durch Vermittlung Goethes

Generalsuperintendent zu Weimar. 1788/89 unternimmt er eine Italienreise, die jedoch seine Erwartungen enttäuscht. Nach vorübergehender Mitarbeit an Goethes und Schillers *Horen* kommt es im Jahr 1796 zum Bruch mit der Weimarer Klassik. 1798 schließt er Freundschaft mit Jean Paul. 1799 kritisiert er in seiner Schrift *Verstand und Erfahrung. Eine Metakritik zur Kritik der reinen Vernunft* Kants Transzendentalphilosophie. Er stirbt 1803 in Weimar (vgl. Baur 1960, Kantzenbach 1992, Pleger 2018, 102–108).

Herder entwickelt seine Philosophie im Sinne einer Kulturanthropologie. Die ihn leitenden Gedanken lassen sich durch ein Ensemble folgender Begriffe charakterisieren: Natur und Naturgeschichte, Vernunft und Freiheit, Sprache und Kultur, Bildung und Humanität. Ausgangspunkt ist für ihn ein naturphilosophischer Ansatz, der sich an Spinoza und Leibniz orientiert. Die Formel ‚deus sive natura‘ wird für ihn ebenso zentral wie der Gedanke einer schöpferischen Natur (natura naturans). Seit seiner ersten bedeutenden philosophischen Schrift *Über den Ursprung der Sprache* aus dem Jahre 1771 lehnt er Metaphysik ab, die erfahrungsunabhängig ‚Denken‘, ‚Sprache‘ und ‚Vernunft‘ aus Begriffen ‚apriori‘ glaubt ableiten zu können. Das Denken ist für ihn ein organisch bedingter Akt der Reflexion und nicht die Leistung eines transzendentalen Subjekts.

Innerhalb der Neuzeit, in der die Definition des Menschen als ‚Mängelwesen‘ neu belebt wurde, gelten Herder und Gehlen als ihre prominentesten Vertreter (HWP 5, Sp. 712). Im Unterschied zum Tier, das durch Instinkte auf seine spezifische Lebensweise vorbereitet ist, zeichnet sich der neugeborene Mensch durch erhebliche Mängel aus, denn „bloß unter Tiere gestellt, ist's also das verwaisetste Kind der Natur, nackt und bloß, schwach und dürftig, schüchtern und unbewaffnet und, was die Summe seines Elendes ausmacht, aller Leiterinnen des Lebens beraubt. – Mit einer so zerstreuten, geschwächten Sinnlichkeit, mit so unbestimmten, schlafenden Fähigkeiten, mit so geteilten und ermatteten Trieben geboren, offenbar auf tausend Bedürfnisse verwiesen, zu einem großen Kreise bestimmt – und doch so verwaiset und verlassen, daß es selbst nicht mit einer Sprache begabt ist, seine Mängel zu äußern – Nein, ein solcher Widerspruch ist nicht die Haushaltung der Natur. Es müssen statt der Instinkte andre verborgne Kräfte in ihm schlafen" (Herder, Bd. 2, 108).

Diese anderen Kräfte sind Sprache, Vernunft und Freiheit. Sie markieren den Übergang vom Tier zum Menschen. Mit ihnen eröffnen sich die Fähigkeiten von Tradition und Erziehung, von Technik, Kunst und Wissenschaft. Sie alle machen das aus, was Herder in umfassender Weise als Kultur bezeichnet. Die Kultur befindet sich in einem Prozess der Vervollkommnung, in einem Vorgang zunehmender Kultivierung, zu der auch ein

Fortschritt an Moralität gehört. Ihr Ziel ist eine vollendete Humanität. Seine Philosophie ist zu verstehen als eine Kulturanthropologie in praktischer Absicht.

Eine zentrale Rolle für den Tier-Mensch-Vergleich und zugleich für seinen Begriff der Kultur spielt für Herder die dem Menschen eigentümliche Form der „Mitteilung", d. h. die Sprache (s. Zitat). Ihr hat er eine vielbeachtete Untersuchung gewidmet. Überlegungen hierzu hat er in seiner Antwort auf die von der Berliner Akademie der Wissenschaften ausgeschriebene Preisfrage *Über den Ursprung der Sprache* entfaltet. Die Schrift stellt Herders erste Ausarbeitung seiner Anthropologie dar. Sie ist bestimmt durch den Kontrast, der sich aus den natürlichen Mängeln des Menschen einerseits und deren Kompensation durch die Sprache andererseits ergibt. Die zweite bedeutende Ausarbeitung seiner Anthropologie und seiner Kulturtheorie findet sich in seinem umfangreichen Werk *Ideen zur Philosophie der Geschichte der Menschheit,* von dem die ersten beiden Teile 1784 erschienen. In ihm werden bedeutsame Modifikationen seines ersten anthropologischen Ansatzes vorgenommen, und daher sind beide Konzepte zu berücksichtigen.

In seiner ersten Schrift setzt sich Herder mit gängigen Thesen seiner Zeit über den Ursprung der Sprache auseinander. Nach der einen ist die menschliche Sprache als Fortsetzung der auch bei Tieren anzutreffenden Natursprache zu verstehen. Ihre Basis sind Empfindungslaute: „*Diese Seufzer, diese Töne sind Sprache. Es gibt also eine Sprache der Empfindung, die unmittelbares Naturgesetz ist*" (Herder, Bd. 2, 92). Diese Empfindungslaute teilt der Mensch mit dem Tier. Zum Verständnis der menschlichen Sprache reicht dieses Konzept nach Herder jedoch nicht aus, denn diese Laute sind situationsabhängig und ihre Bedeutungsbreite ist eng begrenzt. Zwar lassen sich auch jetzt noch in „*allen Sprachen des Ursprungs (…) Reste dieser Naturtöne*" finden, „nur freilich sind sie nicht die Hauptfäden der menschlichen Sprache" (ebd., 94 f.). Daher sei der Versuch von Condillac verfehlt, auf ihrer Basis die menschliche Sprache entwickeln zu wollen, da „aus Schällen der Empfindung nimmermehr eine menschliche Sprache wird" (ebd., 104).

Haltlos sei auch der Ansatz, die Sprache konventionell, d. h. als Ergebnis menschlicher Vereinbarungen, zu deuten, denn jede Vereinbarung setze bereits Sprache voraus (ebd., 118). Schließlich sei der Gedanke des Theologen Süßmilch falsch, der die menschliche Sprache als ein Geschenk Gottes interpretiert (ebd., 118). Auch hier werde bereits das vorausgesetzt, was erst zu entwickeln sei. Um das Geschenk der Sprache annehmen zu können, müsste der Mensch bereits über die Fähigkeit verfügen, Sprache zu verstehen. Das setze aber bereits Sprachkompetenz voraus.

Aus all diesen Aporien zieht Herder die Konsequenz, dass es einen Weg geben muss, die Sprache als eine eigene menschliche Erfindung zu deuten und damit zugleich als ein Zeugnis der Kultur. Dazu ist es sinnvoll, die spezifische Situation des Menschen im Vergleich zum Tier herauszuarbeiten. Der erste auffällige Unterschied betrifft den Instinkt.

Herder bemerkt: „Daß der Mensch den Tieren an Stärke und Sicherheit des Instinktes weit nachstehe, ja, daß er das, was wir bei so vielen Tiergattungen angeborne Kunstfähigkeiten und Kunsttriebe nennen, gar nicht habe, ist gesichert" (ebd., 105). Die Herrschaft des Instinkts ist verbunden mit einer eng begrenzten Lebensweise. „Jedes Tier hat seinen Kreis, in den es von der Geburt an gehört, gleich eintritt, in dem es lebenslang bleibet und stirbt" (ebd., 105). Dazu kommt eine weitere Beobachtung. Je schärfer die Sinne der Tiere sind, desto kleiner ist der Kreis ihrer Tätigkeit. Zwar baut die Biene ihren Korb mit großer Weisheit, „aber außer diesen Zellen und außer ihrem Bestimmungsgeschäft in diesen Zellen ist sie auch nichts. Die Spinne webet mit der Kunst der Minerva, aber alle ihre Kunst ist auch in diesen engen Spinnraum verwebet, das ist ihre Welt. Wie wundersam ist das Insekt und wie enge der Kreis seiner Würkung!" (ebd., 105 f.). Das Fazit ist: Der Lebenskreis des Tieres ist eng begrenzt, aber innerhalb dieses Kreises verfügt es aufgrund seiner Instinkte über alles, was es zum Leben braucht. Instinkte und Triebe geben ihm Sicherheit und garantieren sein Überleben.

Ganz anders ist die Situation des Menschen. „Als nacktes, instinktloses Tier betrachtet, ist der Mensch das elendeste Wesen. Da ist kein dunkler angeborner Trieb, der ihn in sein Element und in seinen Würkungskreis, zu seinem Unterhalt und an sein Geschäfte zeucht, kein Geruch und keine Witterung, die ihn auf die Kräuter hinreiße, damit er seinen Hunger stille, kein blinder, mechanischer Lehrmeister, der für ihn sein Nest baue! Schwach und unterliegend dem Zwist der Elemente, dem Hunger, allen Gefahren, den Klauen aller stärkern Tiere, einem tausendfachen Tode überlassen, stehet er da, einsam und einzeln, ohn den unmittelbaren Unterricht seiner Schöpferin und ohne die sichere Leitung ihrer Hand, von allen Seiten also verloren" (ebd., 160). Bestünde der Unterschied des Menschen zum Tier daher nur in diesen Mängeln, so wäre die Natur „gegen ihn die härteste Stiefmutter, da sie gegen jedes Insekt die liebreichste Mutter" war (ebd., 109). Der Topos von der ‚natura noverca', der stiefmütterlichen Natur, wird fester Bestandteil der Definition des Menschen als eines Mängelwesens.

Doch die Mängel werden kompensiert. Gerade die Schwäche der Sinne und der Mangel an Instinkt ist es, der ihm zum Vorteil gereicht. Es bedeutet nämlich Aufhebung der damit verbundenen Zwänge; und eben dadurch verwandeln sich diese Mängel in einen *„Vorzug der Freiheit"* (ebd., 110).

Indem der Mensch nicht mehr begrenzt ist durch einen engen Wirkungs-
kreis, bekommt er eine „*weitere Aussicht.* Er hat kein einziges Werk, bei
dem er also auch unverbesserlich handle; aber er hat freien Raum, sich an
vielem zu üben, mithin sich immer zu verbessern. Jeder Gedanke ist nicht
ein unmittelbares Werk der Natur, aber eben damit kann's sein eigen Werk
werden. (…) Nicht mehr eine unfehlbare Maschine in den Händen der
Natur, wird er sich selbst Zweck und Ziel der Bearbeitung" (ebd., 110).
Das Ensemble dieser „Disposition seiner Kräfte" heißt „Verstand, Vernunft,
Besinnung usw." (ebd., 110).

Sie bilden die Grundlage für die Erfindung der menschlichen Sprache.
Besinnung und Besonnenheit und mit ihr Reflexion bilden den Ausgangspunkt: „Der Mensch, in den Zustand von Besonnenheit gesetzt, der ihm
eigen ist, und diese Besonnenheit (Reflexion) zum erstenmal frei würkend,
hat Sprache erfunden" (ebd., 115). Die Erfindung der Sprache geschieht
in einem Akt der Reflexion, in dem sich die Aufmerksamkeit auf das
spezifische Merkmal einer Empfindung richtet, dieses von allen anderen
absondert und es mit einem „innerlichen Merkwort" verbindet. Herder
bemerkt:

„Der Mensch beweiset Reflexion, wenn die Kraft seiner Seele so frei
würket, daß sie in dem Ozean der Empfindungen, der sie durch alle Sinnen
durchrauschet, eine Welle, wenn ich so sagen darf, absondern, sie anhalten,
die Aufmerksamkeit auf sie richten und sich bewußt sein kann, daß sie
aufmerke. (…) Er beweiset also Reflexion, wenn er nicht bloß alle Eigenschaften lebhaft oder klar erkennen, sondern eine oder mehrere als unterscheidende Eigenschaften bei sich anerkennen kann; der erste Actus dieser
Anerkenntnis gibt deutlichen Begriff, es ist das erste Urteil der Seele. (…)
Mit ihm ist die menschliche Sprache erfunden" (ebd., 115 f.).

Die spezifischen Merkmale der Empfindung, die zur Wortbildung
anregen, sind bei verschiedenen Gegenständen ganz unterschiedlich. Bei
dem Schaf ist es das Blöken (ebd., 117), bei Kräutern der Geruch und der
Geschmack (ebd., 166). „Je mehr er nun Erfahrungen sammlet, verschiedne
Dinge und von verschiednen Seiten kennenlernt, desto reicher wird seine
Sprache" (ebd., 166). Die Sprachbildung ist jedoch keine Erfindung eines
Einzelnen. Menschliches Denken und Sprechen ist auf Dialog angelegt.
„Ich kann nicht den ersten menschlichen Gedanken denken, nicht das
erste besonnene Urteil reihen, ohne daß ich in meiner Seele dialogiere
oder zu dialogieren strebe; der erste menschliche Gedanke bereitet also
seinem Wesen nach, mit andern dialogieren zu können" (ebd., 126).
Ebenso ist der kindliche Spracherwerb nur vom Dialog aus zu begreifen.

Er ist nicht durch Nachahmung bestimmt – das könnte auch ein Papagei – sondern dadurch, dass die Kinder im Gebrauch ihrer eigenen Vernunft die Sprache ‚miterfinden' (ebd., 120). Anders als im Prometheus-Mythos erfolgt bei Herder die Kompensation der natürlichen Mängel nicht durch den Gebrauch des Feuers, sondern durch Freiheit, Vernunft, Besonnenheit, Reflexion und Sprache. Sie bilden die Grundlage der Kultur.

In seinen *Ideen zur Philosophie der Geschichte der Menschheit* wählt Herder als Ausgangspunkt seiner Überlegungen zu einer Kulturanthropologie einen naturphilosophisch – kosmologischen Ansatz (vgl. Kantzenbach 1992, 97). Er beginnt sein Werk mit dem Satz: „*Unsre Erde ist ein Stern unter Sternen*" (Herder, Bd. 4, 17). Dazu gehört, dass die Erde mit „unsichtbaren, ewigen Banden" an die Sonne als ihren Mittelpunkt gebunden ist, „von der sie Licht, Wärme, Leben und Gedeihen erhält" (ebd.). Es ist „Mutter Erde", die das Leben „hervorbringt, trägt, nährt, duldet und zuletzt liebreich in ihren Schoß aufnimmt" (ebd., 19). An der Stelle von Mutter Erde gebraucht Herder aber im Folgenden sehr häufig den Begriff Natur, aber auch Gott. Herders Sprachgebrauch bewahrt ebenso sehr Anklänge an die antike griechische Mythologie wie an die Philosophie Spinozas.

Bereits in der Einleitung hat er sich über seinen Sprachgebrauch wie folgt geäußert: „Die Natur ist kein selbständiges Wesen, sondern *Gott ist alles in seinen Werken*" (ebd., 15). Er bevorzuge jedoch den Begriff Natur, um den „hochheiligen Namen" Gottes durch seinen häufigen Gebrauch nicht zu entweihen. Ebenso spreche er gelegentlich auch „von den *organischen Kräften* der Schöpfung" (ebd.). Herders Verständnis der Natur kommt auch in der Überschrift zum Ausdruck, mit dem der zweite Teil beginnt: „*Unser Erdball ist eine große Werkstätte zur Organisation sehr verschiedenartiger Wesen*" (ebd., 21). Bemerkenswert ist, dass Herder nun diese Werkstätte mit Worten beschreibt, die sich anhören, als verträte er bereits eine Evolutionstheorie. So erläutert er die Entstehung des Lebens wie folgt: „Das Brennbare der Luft beförderte vielleicht den Kiesel zur Kalkerde, und in dieser organisierten sich die ersten Lebendigen des Meers, die Schalengeschöpfe, da in der ganzen Natur die Materie früher als die organisierte lebendige Form scheinet" (ebd., 22).

Nicht zu bezweifeln ist, dass Herder ein Stufenkonzept vertritt, bei dem die anorganische Materie, Pflanze, Tier und Mensch hierarchisch angeordnet sind. Doch, um von diesem Modell zur Evolutionstheorie zu kommen, sind zwei Zwischenschritte notwendig; der erste besteht darin, dass an die Stelle einer bloß hierarchischen Ordnung eine zeitliche Ordnung tritt und der zweite, dass aus dem zeitlichen Nacheinander ein evolutionäres Auseinander wird. Den ersten Zwischenschritt hat Herder vollzogen, den zweiten nicht. Herder erklärt definitiv: „Kein Geschöpf, das wir kennen, ist aus seiner ursprünglichen Organisation gegangen und hat sich ihr zuwider eine andre bereitet, da es ja nur mit den Kräften wirkte, die in seiner Organisation lagen, und die Natur Wege genug wußte, ein jedes der Lebendigen auf dem Standpunkt festzuhalten, den sie ihm anwies" (ebd., 34).

Gleichwohl spricht Herder sehr häufig bereits die Sprache der Evolution, und zwar dort, wo er den Übergang der niederen zur höheren Stufe als eine Art Metamorphose darstellt. Auf diese Weise wird ihm die Natur zur „Naturgeschichte" (ebd., 30). Grundlage hierfür ist der Gedanke, „daß bei aller Verschiedenheit der lebendigen Erdwesen überall eine gewisse Ein- förmigkeit des Baues und gleichsam **eine** *Hauptform* zu herrschen scheine, die in der reichsten Verschiedenheit wechselt. Der ähnliche Knochenbau der Landtiere fällt in die Augen: Kopf, Rumpf, Hände und Füße sind überall die Hauptteile; selbst die vornehmsten Glieder derselben sind nach *einem* Proto- typ gebildet und gleichsam nur unendlich variiert (…) und manche rohe Gestalten sind im Inwendigen der Hauptteile dem Menschen sehr ähnlich" (ebd., 25 f.). Die Variationen sind jedoch nicht im Sinne des Evolutions- gedankens zu verstehen, sondern als Ausdrucksformen einer Natur, die "spielet" (ebd., 29) und die nacheinander die verschiedensten, einander ähn- lichen, Lebensformen hervorbringt. Um die Sonderstellung des Menschen im Tierreich zu erkennen, biete sich die Methode der „vergleichenden Ana- tomie" an. Sie hat folgende Voraussetzung: „Wir setzen also alle Metaphysik beiseite und halten uns an Physiologie und Erfahrung" (ebd., 31).

Die Überlegenheit des Menschen gegenüber anderen „Landtieren" zeigt sich vor allem im aufrechten Gang. Dieser ist nicht zu verwechseln mit dem vorübergehenden bipeden Gang, zu dem viele Vierbeiner in der Lage sind. Er setzt einen vollständigen Gestaltwandel voraus. Um ihn zu verstehen, bietet sich der Vergleich mit dem Affen an, der dem Menschen am nächsten steht; denn „Der Affe (…) hat keinen determinierten Instinkt mehr; seine Denkungskraft steht dicht am Rande der Vernunft" (ebd., 36). Gleichwohl macht eine vergleichende Anatomie die Besonderheit der menschlichen Gestalt unübersehbar. Die wichtigsten Veränderungen sind: Die Stirn tritt hervor, der Schädel wölbt sich, die Nase wird schmaler, die Lippen bilden sich zu einem Mund, das Gesicht wird zu einem Oval: „Und wodurch dies alles? Durch die Formung des Kopfs zur *aufrechten Gestalt,* durch die innere und äußere Organisation desselben zum *perpendikularen Schwerpunkt*" (ebd., 39 f.).

Aufrechter Gang, Vergrößerung und Umbildung des Gehirns und schließlich die damit verbundene Fähigkeit geistiger Empfindungen bilden einen organischen Zusammenhang. Herder bringt die besondere Bestimmung und die hervorgehobene Stellung des Menschen gegenüber dem Tier schließlich mit folgenden Worten zum Ausdruck: „Um die Hoheit dieser Bestimmung zu fühlen, lasset uns bedenken, was in den großen Gaben *Vernunft* und *Freiheit* liegt und wie viel die Natur gleichsam wagte, da sie dieselbe einer so schwachen, vielfachgemischten Erdorganisation, als der Mensch ist, anvertraute. Das Tier ist nur ein gebückter Sklave (...). Der Mensch ist der erste *Freigelassene* der Schöpfung; er stehet aufrecht. Die Waage des Guten und Bösen, des Falschen und Wahren hängt in ihm: er kann forschen, er soll wählen" (ebd., 64 f.).

Damit eröffnet sich das weite Feld der Kultur. Zu ihr gehört „die Kunst", die für den Menschen seine „zweite Natur ist" (ebd., 68). Sie ist ihm nicht nur eine Hilfe, seine körperliche Blöße zu bedecken, sondern darüber hinaus weit mehr zu erreichen. „Also bekam der Mensch Kleidung, und sobald er diese und einige andere Kunst hatte, war er vermögend, jedes Klima der Erde auszudauren und in Besitz zu nehmen" (ebd., 69). Er erfand Werkzeuge, die ihm sein Überleben garantierten, und dazu gehören die, die für die „Bearbeitung des Ackers" notwendig sind (s. Zitat). Herder spielt bei dieser Formulierung auf Cicero an, der, in Übertragung des Begriffs ‚agricultura' auf die menschliche Seele, die Philosophie als die ‚cultura animi', die ‚Pflege der Seele', bezeichnete und damit zum Urheber unseres Kulturbegriffs wurde (vgl. Cicero 2008, Bd. 1, 324). Der positive Klang, der in dem Wort ‚Pflege' steckt, bleibt erhalten und verleiht dem Begriff Kultur eine positive Bedeutung. Noch in dem Begriff ‚Kulturlandschaft', mit dem eine Gegend bezeichnet wird, die von Menschen bearbeitet, aber auch gepflegt wird, ist dieser Ton zu vernehmen.

Darüber hinaus aber ist die Technik für Herder ganz allgemein eine „Kunst", die zur Kultur gehört. Er wählt hierfür ein Beispiel aus dem Bereich des Schiffsbaus. „Welch ein ungeheurer Fortgang ist's von der ersten Flöße, die das Wasser bedeckte, zu einem europäischen Schiff! Weder der Erfinder jener noch die zahlreichen Erfinder der mancherlei Künste und Wissenschaften, die zur Schiffahrt gehören, dachten daran, was aus der Zusammensetzung ihrer Entdeckungen werden würde; jeder folgte seinem Triebe der Not oder der Neugierde, und nur in der Natur des menschlichen Verstandes, des Zusammenhangs aller Dinge lag's, daß kein Versuch, keine Entdeckung vergebens sein konnte" (Herder, Bd. 4, 370). Dies ist, wie er betont, nur ein Beispiel dafür, wohin „die Hände der Europäer" reichen, und, die Brisanz der technischen Entwicklung vorausahnend, fragt er: „Wohin werden sie künftig reichen?" (ebd., 371).

Gleichwohl ist Kultur weit mehr als die Bearbeitung der äußeren Natur. Sie hat ihren zentralen Platz im zwischenmenschlichen Verhältnis. Von elementarer Bedeutung ist sie für die Erziehung (s. Zitat). Der Mensch bildet sich durch Tradition und Erziehung, d. h. durch Kultur. „Selbst Kinder, die unter die Tiere gerieten, nahmen, wenn sie einige Zeit bei Menschen gelebt hatten, schon menschliche Kultur unter dieselbe, wie die bekannten meisten Exempel beweisen; dagegen ein Kind, das vom ersten Augenblick der Geburt an der Wölfin übergeben würde, der einzige unkultivierte Mensch auf der Erde wäre" (ebd., 194 f.).

Mit diesen Überlegungen ist bereits der Bereich der Ethik angesprochen. Herders Ethik ist bestimmt durch den Gedanken der Humanität. Es handelt sich jedoch nicht um eine Pflichtethik, sondern um eine bildende Ethik, und deshalb lautet der ihn leitende Gedanke: Bildung zur Humanität. Er betont: „Ich wünschte, daß ich in das Wort *Humanität* alles fassen könnte, was ich bisher über des Menschen edle Bildung zur Vernunft und Freiheit, zu feinern Sinnen und Trieben, zur zartesten und stärksten Gesundheit, zur Erfüllung und Beherrschung der Erde gesagt habe; denn der Mensch hat kein edleres Wort für seine Bestimmung, als er selbst ist, in dem das Bild des Schöpfers unsrer Erde, wie es hier sichtbar werden konnte, abgedruckt lebt" (ebd., 72 f.). Humanität und Kultur bilden für ihn eine Einheit, die sich gegenseitig bedingen und fördern. *„Alle bisherige Tätigkeit des menschlichen Geistes ist kraft ihrer innern Natur auf nichts anders als auf Mittel hinausgegangen, die Humanität und Kultur unsres Geschlechts tiefer zu gründen und weiter zu verbreiten"* (ebd., 370). Jede Nation hat ihre eigene Kultur und die befindet sich auf einem unterschiedlich hohen Niveau, aber ihr gemeinsames Ziel ist die Humanität.

Im geschichtlichen Kontext seiner Zeit beurteilte er, ähnlich wie Kant, die Französische Revolution als einen wichtigen Schritt auf dieses Ziel hin (vgl. Sunnus 1994, 87). Mit dieser Einschätzung stieß er jedoch in Weimar, u. a. bei Goethe, auf wenig Gegenliebe. Die Hinrichtung Ludwigs XVI. und seiner Frau Marie Antoinette kritisierte er, doch zweifelte er nicht an der mit der Revolution verbundenen Ausrichtung der geschichtlichen Entwicklung auf mehr Freiheit und Humanität hin.

In seiner Sammlung *Briefe zur Beförderung der Humanität,* die Herder in den Jahren 1793–97 veröffentlichte, thematisiert er den Begriff Humanität erneut. Er entstammt der lateinischen Sprache und dem römischen Recht. Die Römer hatten harte Gesetze gegen Kinder, Sklaven, Schutzbefohlene, Fremde und Feinde. Der römische Bürger, der sich gegenüber seinen

Untertanen gerecht und milde verhielt, galt als „humanus". In Anlehnung an diesen Sprachgebrauch möchte Herder den Begriff Humanität aufgreifen und neu beleben. Dabei soll er jedoch von „falschem Mitleid" befreit werden, der ihm lange anhaftete (vgl. Herder 1968, 210). Es geht ihm vielmehr um eine Humanität zwischen Menschen, die gleichberechtigt sind, um neue Formen menschlicher Solidarität, d. h. um Menschenrechte.

Er erläutert den Gedanken unmissverständlich so: „Wie jede Klasse von Naturgeschöpfen ein eignes Reich ausmacht (…) so das Menschengeschlecht, mit dem besondern und höchsten Abzeichen, daß die Glückseligkeit aller von den Bestrebungen aller abhängt und in ihm bei der größesten Verschiedenheit in dieser sehr erhabnen Einheit allein stattfinde. Wir können nicht glücklich oder ganz würdig und moralisch gut sein, solange z. B. *ein* Sklave durch Schuld der Menschen unglücklich ist: denn die Laster und böse Gewohnheiten, die ihn unglücklich machen, wirken auch auf uns oder kommen von uns her" (ebd., 225).

Das Fazit ist: Die Natur, die im Verhältnis zum Menschen scheinbar eine ‚natura noverca' ist, kompensiert die ihm versagten Instinkte dadurch, dass sie ihm Vernunft und Freiheit gibt. Mit ihnen entwickelt der Mensch „gradweise" Kultur. Zu ihr gehören zunächst Technik und Sprache sowie Erfahrung und Tradition, dann aber auch Erziehung und Bildung. Die höchste Stufe der Kultur stellt die Humanität dar, die die Anerkennung universaler Menschenrechte zum Ziel hat. Vernunft und Freiheit, Kultur und Humanität bilden für Herder eine unlösliche Einheit. Sie sind der Leitfaden seiner Ethik und seiner Geschichtsbetrachtung.

Herders Wirkungsgeschichte verläuft uneinheitlich. Während Goethe aus seiner Naturphilosophie Anregungen empfing, kritisiert Kant Herders „*Ideen*" in einer Rezension hart. Herder lasse sich – so Kant – mehr durch „Gefühle und Empfindungen" leiten als durch „kalte Beurteilung" (Kant 1998, VI, 781). Wilhelm von Humboldt zählt dagegen Herder neben Klopstock, Wieland und Goethe zu den „berühmtesten Männern" des Jahrhunderts (vgl. Humboldt 1969, I, 553). Eine zentrale, zukunftsweisende Bedeutung gewinnt Herders Konzept einer „Naturgeschichte" im Bereich der Evolutionstheorie, auch wenn Darwin ein anderes, nämlich positivistisches, Wissenschaftsverständnis hat. Doch auch in „Rußland genießt Herder hohes Ansehen" (Kantzenbach 1992, 7). Von grundlegender Wichtigkeit aber wird der von Herder verwendete Ausdruck „Mängelwesen" für die von Gehlen entwickelte Kulturanthropologie (vgl. Gehlen 1970, 18).

2   Kultur als Selbstbefreiung des Menschen (Cassirer)

Im ganzen genommen könnte man die Kultur als den Prozeß der fortschreitenden Selbstbefreiung des Menschen beschreiben. Sprache, Kunst, Religion und Wissenschaft bilden unterschiedliche Phasen in diesem Prozeß. In ihnen allen entdeckt und erweist der Mensch eine neue Kraft – die Kraft, sich eine eigene, eine „ideale" Welt zu errichten. Die Philosophie kann die Suche nach einer grundlegenden Einheit dieser idealen Welt nicht aufgeben. Sie verwechselt diese Einheit nicht mit Einfachheit. Sie übersieht nicht die Spannungen und Reibungen, die starken Kontraste und tiefen Konflikte zwischen den verschiedenen Kräften des Menschen. Sie lassen sich nicht auf einen gemeinsamen Nenner bringen. Sie streben in verschiedene Richtungen und gehorchen unterschiedlichen Prinzipien. Aber diese Vielfalt und Disparatheit bedeutet nicht Zwietracht oder Disharmonie. Alle diese Funktionen vervollständigen und ergänzen einander. Jede von ihnen öffnet einen neuen Horizont und zeigt uns einen neuen Aspekt der Humanität.

(Ernst Cassirer: Versuch über den Menschen. Einführung in eine Philosophie der Kultur. Frankfurt a.M. 1992, S. 345 f.)

Ernst Cassirer wird 1874 in Breslau geboren. Er beginnt 1892 sein Studium in Berlin und wird 1899 in Marburg bei Hermann Cohen und Paul Natorp mit einer Arbeit zu Descartes promoviert. 1906 habilitiert er sich in Berlin mit seiner erkenntnistheoretischen Studie *Das Erkenntnisproblem in der Philosophie und Wissenschaft der neueren Zeit*. 1919 wird er Professor für Philosophie an der Universität Hamburg und 1929 dort Rektor, der erste jüdische Rektor an einer deutschen Universität. 1923–1929 erscheint sein Hauptwerk *Philosophie der symbolischen Formen*. Cassirer verlässt 1933 das nationalsozialistische Deutschland, geht nach England und lehrt 1933–34 am ‚All Souls College' in Oxford. 1935 wird er Professor für Philosophie an der Universität Göteborg und 1939 schwedischer Staatsbürger. Als Gastprofessor lehrt er 1941–44 an der ‚Yale University' in New Haven. 1944 erscheint sein Buch *An Essay on Man. An Introduction to a Philosophy of Human Culture* (*Versuch über den Menschen. Einführung in eine Philosophie der Kultur*). Cassirer stirbt 1945 in New York. Sein letztes Werk *The Myth of the State,* in dem er sich mit dem totalitären Denken im 20. Jahrhundert auseinandersetzt, erscheint posthum 1946 (vgl. Schwemmer 1997, Recki 2004, Paetzold 2014).

Cassirer entwickelt seine historisch-systematisch ausgerichtete Philosophie der Kultur, in der – im Anschluss an Motive Herders – die Sprache einen zentralen Platz einnimmt. Auch für Cassirer bildet der, mit der Sprache gegebene, Unterschied des Menschen gegenüber dem Tier den Ausgangspunkt für Kultur (vgl. Cassirer 1992, 56 f.). Der Begriff der Sprache schafft daher auch die Verbindung von Anthropologie und Kulturphilosophie. Sein letztes, zu Lebzeiten veröffentlichtes, Buch *Versuch über den Menschen* trägt daher den bezeichnenden Untertitel *Einführung in eine Philosophie der Kultur*. Es umfasst die Teile „Was ist der Mensch?" und „Mensch und Kultur".

Zentrales Motiv der Frage nach dem Menschen ist die in der griechischen Antike entwickelte Devise der Selbsterkenntnis. Cassirer erläutert diesen Gedanken mit Bezugnahme auf Sokrates. „'Ein Leben ohne Selbsterforschung', sagt Sokrates in seiner *Apologie,* ,verdient gar nicht gelebt zu werden'" (ebd., 22). Möglich ist diese Selbsterforschung, weil der Mensch ein vernünftiges Lebewesen ist, das zu fragen versteht und zu antworten. „Die grundlegende Fähigkeit, auf sich selbst und andere einzugehen, sich selbst und anderen Antwort (,response') zu geben, macht den Menschen zu einer ,verantwortlichen' Person, zu einem ,responsible being', einem moralischen Subjekt" (ebd.). Das von Sokrates vertretene Gebot der Selbsterkenntnis bleibt auch für die weitere geschichtliche Entwicklung leitend. Es bildet das Zentrum der stoischen Philosophie, zu der auch die *Selbstbetrachtungen* von Marc Aurel gehören.

Eine neue Wendung erfährt dieses Gebot erst durch die christliche Lehre. „Die behauptete absolute Unabhängigkeit des Menschen, die in der stoischen Lehre als seine elementare Tugend galt, wird in der christlichen Lehre zu einem fundamentalen Fehler und Irrtum" (ebd., 25). Für Augustinus bestand der Fehler der Philosophie darin, dass sie die Vernunft zur höchsten Macht erhoben hatte. Seine These ist: „Die Vernunft kann uns den Weg zum Licht, zur Wahrheit und zur Weisheit nicht zeigen" (ebd., 27). Durch den Sündenfall ist die „ursprüngliche Kraft der Vernunft" verlorengegangen. Sie kann nur „kraft göttlicher Gnade" (ebd.) wiederhergestellt werden. Auch für Thomas von Aquin spielt die göttliche Gnade die entscheidende Rolle (ebd.).

Erst Giordano Bruno leitet unter Berufung auf die Lehre des Kopernikus – mit ihrer Überwindung der „Mauern eines endlichen physikalischen Universums" – die entscheidende Wende ein. „Für ihn war sie der erste und entscheidende Schritt zur Selbstbefreiung des Menschen" (ebd., 35). Mit dem Sieg des naturwissenschaftlichen Denkens in der Neuzeit wird auch der Mensch selbst zum Objekt eines evolutionären Prozesses, der dem

Prinzip von Ursache und Wirkung unterworfen ist. Das veranlasst Cassirer zu der Frage: „Aber können wir das gleiche Prinzip auch auf das menschliche Leben und die menschliche *Kultur* anwenden? Ist die kulturelle Welt, wie die organische Welt, aus zufälligen Veränderungen hervorgegangen?" (ebd., 42). Diese Fragen haben nicht nur das Selbstverständnis der Kultur, sondern auch das des Menschen in eine tiefe Krise gestürzt. In seinem Buch *Die Stellung des Menschen im Kosmos* erklärt Scheler, „daß zu keiner Zeit der Geschichte der Mensch sich so *problematisch* geworden ist wie in der Gegenwart" (Scheler 1978, 10; vgl. Cassirer 1992, 45). Daher sei eine Neubegründung der philosophischen Anthropologie notwendig.

Dieser Aufgabe widmet sich auch Cassirer. Im Anschluss an Uexküll, der den „Funktionskreis" der Tiere im Spannungsfeld von „Merknetz" und „Wirknetz" bestimmte, bemerkt Cassirer mit Bezug auf den Menschen: „Zwischen dem Merknetz und dem Wirknetz, die uns bei allen Tierarten begegnen, finden wir beim Menschen ein drittes Verbindungsglied, das wir als ‚Symbolnetz' oder Symbolsystem bezeichnen können. Diese eigentümliche Leistung verwandelt sein gesamtes Dasein" (Cassirer 1992, 49). Mit dem ‚Symbolnetz' entsteht die Kultur. Während bei Tieren auf einen Reiz unmittelbar eine Reaktion erfolgt, gibt der Mensch, vermittelt durch einen Denkprozess, eine „Antwort", die Symbole zu Hilfe nimmt. „Er lebt nicht mehr in einem bloß physikalischen, sondern in einem symbolischen Universum. Sprache, Mythos, Kunst und Religion sind Bestandteile dieses Universums" (ebd., 50). Das Symbolnetz ist umfassender als die Vernunft, die man oft als das entscheidende Kriterium des Menschen ansah. Cassirer kommt daher zu folgendem Urteil: „Der Begriff der Vernunft ist höchst ungeeignet, die Formen der Kultur in ihrer Fülle und Mannigfaltigkeit zu erfassen. Alle diese Formen sind symbolische Formen. Deshalb sollten wir den Menschen nicht als *animal rationale,* sondern als *animal symbolicum* definieren" (ebd., 51). Als symbolisches Lebewesen hat der Mensch die Fähigkeit, die dem Tier gegebenen natürlichen Grenzen zu überschreiten und sein Leben kulturell zu gestalten. „Es ist das symbolische Denken, das die natürliche Trägheit des Menschen überwindet und ihn mit einer neuen Fähigkeit ausstattet, der Fähigkeit, sein Universum immerfort umzugestalten" (ebd., 100). Der Mensch schafft die Kultur auf dem Wege verschiedener Tätigkeiten, d. h. als eine „Einheit des schöpferischen Prozesses" (ebd., 114). Kultur entsteht durch sein Wirken und unter der Verwendung symbolischer Formen.

Cassirer begreift die Kultur als ein System menschlicher Tätigkeiten und beschreibt es so: „Dieses Wirken, das System menschlicher Tätigkeiten, definiert und bestimmt die Sphäre des ‚Menschseins'. Sprache, Mythos,

Religion, Kunst, Wissenschaft, Geschichte sind die Bestandteile, die verschiedenen Sektoren dieser Sphäre" (ebd., 110). Tatsächlich aber ist Cassirer in seiner Aufzählung der symbolischen Formen nicht konsistent. Häufig fehlt die „Geschichte" (ebd., 104, 111, 345), gelegentlich sogar die „Wissenschaft" (ebd., 104) oder der „Mythos" (ebd., 345). Im *Versuch über den Menschen* erörtert er insgesamt folgende sechs: Mythos, Religion, Sprache, Kunst, Geschichte, Wissenschaft. Ebenso wenig begründet er den Systemcharakter dieser Formen, den er gleichwohl behauptet (vgl. 110, 336; Recki 2004, 43 ff.). Es ist daher sinnvoll, sich an die Schlussbemerkung seines Buches zu halten, in der davon die Rede ist, dass die Philosophie „die Suche nach einer grundlegenden Einheit dieser idealen Welt nicht aufgeben" kann (s.Zitat). Es handelt sich um eine Suche, die unabgeschlossen ist und weitere Anstrengungen nötig macht.

In seinem *Versuch über den Menschen* beginnt er bei der Erörterung der kulturell bedeutsamen symbolischen Formen mit „Mythos und Religion" (Cassirer 1992, 116). Im Unterschied zu metaphysischen oder theologischen Systemen geht es hier nicht um „Inhalte", sondern um die „Form der mythischen Einbildungskraft und des religiösen Denkens" (ebd., 117). Cassirer beschreibt ihr Zentrum so: „Die Welt des Mythos ist dramatisch – eine Welt des Handelns, der Kräfte, der widerstreitenden Mächte. In jeder Naturerscheinung sieht der Mythos den Zusammenprall dieser Mächte. Die mythische Wahrnehmung ist stets in dieser Weise emotional gefärbt. Alles Sichtbare und Spürbare ist von einer besonderen Atmosphäre umgeben – einer Atmosphäre von Freude oder Trauer, von Furcht, Erregung, Jubel oder Niedergeschlagenheit. [...] Die Gegenstände sind entweder wohlwollend oder böswillig, freundlich oder feindlich gesonnen, vertraut oder unheimlich, verlockend und faszinierend oder abstoßend und bedrohlich" (ebd., 123). Aufgrund der emotionalen Dominanz ist der Mythos „kein Gedanken-, sondern ein Gefühlssubstrat" (ebd., 129).

Eine besondere Rolle kommt dem Tod zu. Der Mythos leugnet den Tod. „In einem gewissen Sinne kann man das gesamte mythische Denken als beharrliche und hartnäckige Leugnung des Todes deuten. Um der Überzeugung von der ungebrochenen Einheit und Kontinuität des Lebens willen muß der Mythos den Tod aus der Welt schaffen. Die primitive Religion ist vielleicht die stärkste und nachdrücklichste Bekräftigung des Lebens, die wir in der menschlichen Kultur finden" (ebd., 134). Das betrifft auch die Religion, wie es überhaupt unmöglich ist, Mythos und Religion strikt zu trennen (vgl. ebd., 139).

Neben der Frage des Todes spielt die Magie in ihnen eine wichtige Rolle. Mit ihrer Hilfe gewinnt der Mensch Selbstvertrauen. Er ist „den natürlichen oder übernatürlichen Mächten nicht mehr auf Gedeih und Verderb lediglich ausgeliefert. [...] Magische Praxis gründet in der Überzeugung, daß natürliche Wirkungen in hohem Grade von menschlichem Tun abhängen. Das Leben der Natur beruht auf dem richtigen Verhältnis zwischen menschlichen und übermenschlichen Kräften und auf ihrem Zusammenspiel. Ein strenges, kompliziertes Ritual regelt dieses Zusammenspiel. Jeder Bereich hat seine spezifischen magischen Regeln" (ebd., 145). Zu diesen Regeln gehört auch ein ausgefeiltes Tabu-System. „Das Tabu-System erlegt dem Menschen unzählige Pflichten und Verpflichtungen auf. Doch allen diesen Pflichten ist etwas gemeinsam. Sie sind ganz und gar negativ; sie enthalten kein positives Ideal. Bestimmte Dinge muß man meiden; bestimmte Handlungen muß man unterlassen" (ebd., 168). Die Dinge, die tabu sind, erscheinen oft willkürlich und decken sich keineswegs immer mit moralischen Normen. „Ein Mann, der ein Verbrechen begeht, wird tabu, aber das gleiche gilt für eine Frau im Wochenbett" (ebd., 164). Die Verletzung eines Tabus führt nicht nur zur Stigmatisierung des Betroffenen, sondern ebenso seiner Familie, seiner Freunde oder vielleicht des ganzen Stammes. Um sich davon zu befreien, werden „Reinigungsriten" angewandt, z. B. die „Reinwaschung". „Fließendes Wasser vermag den Makel eines Verbrechens abzuwaschen. Zuweilen wird die Sünde auch auf ein Tier, einen ‚Sündenbock', übertragen, oder auf einen Vogel, der mit ihr davonfliegt" (ebd., 165).

Eine neue, „höhere", Qualität erreicht die Religion mit dem Monotheismus. In ihm spielt die Moral die entscheidende Rolle. Die „großen monotheistischen Religionen [...] konzentrieren sich auf einen einzigen Punkt, auf das Problem von Gut und Böse" (ebd., 156). „Sie befreien von der unerträglichen Last des Tabu-Systems, und sie entdecken gleichzeitig ein tieferes Empfinden religiöser Verpflichtung, das nicht mehr Einschränkung oder Zwang ist, sondern Ausdruck eines neuen positiven Ideals menschlicher Freiheit" (ebd., 170). Cassirer hat die Ethik nicht als eine eigene symbolische Form thematisiert, m. a. W.: „Ernst Cassirer hat keine Ethik geschrieben" (Recki 2004, 152). Der Grund dafür liegt vielleicht darin, dass die ethische Frage nach Gut und Böse bereits das zentrale Thema der „höheren" monotheistischen Religionen ist und diese darauf dem Gläubigen Antworten geben. In seinem letzten Buch gibt Cassirer gleichwohl Hinweise zu einer philosophischen Ethik.

Die zweite symbolische Form ist die Sprache. Cassirer bemerkt: „Sprache und Mythos sind nahe Verwandte" (Cassirer 1992, 171). Das zeigt sich in der Rolle, die dem „magischen Wort" im Mythos zukommt. Doch der Versuch, die Natur mit magischen Worten zu beeinflussen, musste scheitern. „Infolgedessen begann der Mensch die Beziehung zwischen Sprache und

Wirklichkeit in einem anderen Lichte zu sehen. Die magische Funktion des Wortes wurde überstrahlt und ersetzt durch seine semantische Funktion. Das Wort ist nun nicht mehr mit geheimnisvollen Kräften ausgestattet; es hat keinen direkten materiellen oder übernatürlichen Einfluß mehr. Es kann das Wesen der Dinge nicht verändern und den Willen der Götter und Dämonen nicht bezwingen. [...] Aber sein entscheidendes Merkmal ist nicht seine materielle, sondern seine logische Beschaffenheit. Physisch mag man das Wort für ohnmächtig erklären, logisch jedoch wird es in einen höheren, ja sogar den höchsten Rang erhoben. Der *Logos* wird zum Prinzip des Universums und zum ersten Prinzip menschlicher Erkenntnis" (ebd., 173 f.). Einer der ersten, der diesen Gedanken ausgesprochen hat, war Heraklit. Die Sprache wird für ihn zum Schlüssel für das Erfassen der „'Bedeutung' des Universums" (ebd., 174). Die Magie der Worte gibt es für ihn nicht mehr. „Doch statt als magische Kraft wird das Wort nun in seiner semantischen und symbolischen Funktion verstanden" (ebd., 175). Für die Sophisten im fünften vorchristlichen Jahrhundert wird die Sprache zu einem praktischen Werkzeug. „Sie war die stärkste Waffe in den großen politischen Auseinandersetzungen" (ebd., 178). Sie schufen einen „neuen Wissenszweig", den der „Rhetorik" (ebd., 178).

Zu Beginn des 19. Jahrhunderts vertrat Wilhelm von Humboldt die sprachphilosophisch bedeutsame These, dass die Sprachen die „Weltansichten" der jeweiligen Sprachgemeinschaften wiedergäben. Sprache ist für ihn nicht ein *„ergon"*, ein „totes Machwerk", sondern *„energeia"*, eine Kraft. Sie „ist das immer wieder erneuerte Bemühen des menschlichen Geistes, artikulierte Laute zu nutzen, um Gedanken zu äußern" (ebd., 188).

Im Zuge der Evolutionstheorie im späteren 19. Jahrhundert wies Darwin auf den auch bei Tieren anzutreffenden „Affektausdruck" hin, der einen Schlüssel für den Ursprung der Sprache zu bieten schien. Dabei aber wird – so Cassirer – der prinzipielle „Unterschied zwischen emotionaler und propositionaler Sprache" übersehen. Es gibt keine wissenschaftlichen Belege dafür, „daß irgendein Tier die Grenze, die die propositionale Sprache von der emotionalen trennt, je überschritten hätte. Die sogenannte ‚Tiersprache' bleibt ganz und gar subjektiv; sie drückt unterschiedliche Gefühlszustände aus, aber sie bezeichnet oder beschreibt keine Gegenstände" (ebd., 181). Es sind Gegenstände, Objekte, die mit Hilfe der Sprache bezeichnet werden, nicht Ausdrücke des Gefühls. „Der Übergang vom Schrei zur Sprache wird als ein Prozeß schrittweise zunehmender Objektivierung gefaßt. [...] Diese Objektivierung und Systematisierung ist tatsächlich die Hauptaufgabe der menschlichen Sprache" (ebd., 183).

Die Tendenz zur Systematisierung der Sprache ist in den Wissenschaften größer als in der Alltagssprache, die im Wesentlichen eine praktisch-soziale Funktion erfüllt. Deshalb gibt es zwischen beiden ein Spannungsverhältnis. Das bedeutet im Kontext der Kultur: „Im Laufe der Sprachentwicklung scheinen universelle Konzepte und Kategorien also nur langsam hervorgetreten zu sein. Doch jeder neue Schritt in diese Richtung schafft einen umfassenderen Überblick, eine bessere Orientierung und Organisation unserer Wahrnehmungswelt" (ebd., 211).

Die symbolische Form der Kunst hat, wie allgemein angenommen wird, die Schönheit zu ihrem Zentrum. Bemerkenswert ist jedoch, dass Cassirer die Kunst in eine Verbindung bringt zu Entdeckung, Erkenntnis, Wahrheit und Deutung. Er konstatiert: „Gleich allen anderen symbolischen Formen ist auch die Kunst keine bloße Nachbildung einer vorgegebenen Wirklichkeit. Sie ist einer der Wege zu einer objektiven Ansicht der Dinge und des menschlichen Lebens. Sie ist nicht Nachahmung, sondern Entdeckung von Wirklichkeit" (ebd., 220). Auch die großartigen Werke der Realisten sind keine bloße Nachahmung der Wirklichkeit, wie die „naturalistischen Kunsttheorien" (ebd., 242) fälschlicherweise behaupten. Kunst ist vielmehr eine „Intensivierung von Wirklichkeit" (ebd., 221). Dabei stößt sie auch in den Bereich der Möglichkeit vor. „In der Arbeit des Künstlers werden diese Möglichkeiten aktualisiert; sie werden freigesetzt und nehmen Gestalt an. Daß sie diese unerschöpfliche Vielfalt von Aspekten an den Dingen offenbart, gehört zu den zentralen Vorrechten der Kunst und macht ihren eigentlichen Zauber aus" (ebd., 223). Die Erschließung neuer Möglichkeiten geschieht durch Phantasie. „Die Phantasie des Künstlers erfindet die Formen der Dinge nicht willkürlich; sie zeigt uns diese Formen in ihrer wahren Gestalt und macht sie dabei sichtbar und erkennbar" (ebd., 224). In all dem ist sie keine bloße Abbildung, sondern „Deutung von Wirklichkeit" (ebd., 226).

Da es sich bei der Kunst um schöpferische Prozesse handelt, leuchtet es ein, dass es bei dem Verstehen von Kunst darum geht, diese zu „rekonstruieren". „Wir können ein Kunstwerk nicht verstehen, ohne bis zu einem gewissen Grade den schöpferischen Prozeß nachzuvollziehen und zu rekonstruieren, dem es seine Entstehung verdankt. Dieser schöpferische Prozeß verwandelt aufgrund seiner Eigenart die Leidenschaften in Handlungen. [...] Die Kunst verwandelt alle diese Leiden und Widrigkeiten, diese Grausamkeiten und Greuel in ein Mittel der Selbstbefreiung und gewährt uns so eine innere Freiheit, die wir anders nicht erlangen können" (ebd., 229 f.).

Diese Freiheit zeichnet den Künstler ebenso aus wie den Rezipienten. Bei der Kunst handelt es sich in besonderer Weise um das, worum es Cassirer bei allen Formen der Kultur geht, um Selbstbefreiung. „Im Reich der Formen zu leben bedeutet nicht Flucht vor den Problemen des Lebens; im Gegenteil, es bedeutet Verwirklichung einer der höchsten Kräfte des Lebens selbst" (ebd., 256). Ihr kommt daher eine zentrale „konstruktive Rolle bei der Gestaltung des menschlichen Universums" zu (ebd.).

Bei der symbolischen Form der „Geschichte" geht es Cassirer streng genommen nicht um Ereignisgeschichte, sondern um den Bereich der „Geschichtswissenschaft", d. h. der „Historik". Die Entwicklung des historischen Denkens findet bei Thukydides ihren ersten Höhepunkt. Er wirft einen kritischen Blick auf die Vergangenheit und macht eine „deutliche Unterscheidung zwischen mythischem und historischem Denken" (ebd., 265). Immer wieder betont er, dass er sich an die Tatsachen hält und nicht an erfundene Geschichten. Daran hat die weitere Geschichtsschreibung sich orientiert. Doch damit entsteht zugleich die Frage: Was ist eine historische Tatsache? Feststeht jedenfalls: Sie ist „keine Welt aus physikalischen Objekten, sondern ein symbolisches Universum – eine Welt aus Symbolen" (ebd., 267). Es sind nicht „Dinge oder Ereignisse, sondern Dokumente und Denkmäler", mit denen es der Historiker zu tun hat, und diese sind „symbolische Daten" (ebd., 268). „Der Geschichtswissenschaft geht es nicht darum, einen früheren Zustand der physikalischen Welt zu erschließen, sie zielt auf einen früheren Zustand des menschlichen Lebens und der menschlichen Kultur" (ebd., 270).

Während Nietzsche in der bloßen Betrachtung der Vergangenheit eine Lähmung des Lebens sah, verschafft uns eine richtig verstandene Geschichtsschreibung – so Cassirer – „einen freieren Überblick über die Gegenwart und stärkt unsere Verantwortung für die Zukunft. Der Mensch kann die Zukunft nicht gestalten, ohne sich über die Voraussetzungen der Gegenwart und die aus der Vergangenheit erwachsenen Beschränkungen im klaren zu sein" (ebd., 274). Da der Historiker immer auch die Gestaltung der Zukunft im Blick hat, kann er von seinen eigenen persönlichen Wünschen und Interessen auch niemals absehen. Historiker, die um der „Objektivität" willen davon absehen wollen, gehen in die Irre. Das heißt: „Wenn ich das Licht meiner eigenen Erfahrung ausschalte, kann ich die Erfahrungen anderer nicht erkennen und nicht beurteilen" (ebd., 286). Umgekehrt hilft dem Historiker die Auseinandersetzung mit geschichtlich bedeutsamen Personen dabei, sich selbst besser zu erkennen. „Geschichtswissenschaft ist nicht Erkenntnis äußerer Fakten oder Ereignisse; sie ist eine Form der Selbsterkenntnis" (ebd., 291). Diese ist immer nur annäherungsweise möglich und ist wie die Kunst auf Deutung angewiesen. „Historik und Dichtung sind für uns ein Organon der Selbsterkenntnis, ein unabdingbares Werkzeug für den Aufbau des menschlichen Universums" (ebd., 314). Als Wissenschaft unterscheidet sie sich daher auch von den Naturwissenschaften. Sie gehört in den Bereich der „Hermeneutik" (ebd., 297). Eine durch Auseinandersetzung mit der Geschichte erweiterte Selbsterkenntnis bedeutet aber auch Freiheit. „Richtig geschrieben und gelesen, erhebt uns die Historik in diese Sphäre der Freiheit inmitten all der Notwendigkeiten unseres materiellen, politischen, sozialen und ökonomischen Daseins" (ebd., 313).

Mit der Wissenschaft ist die letzte und höchste Stufe der symbolischen Formen erreicht. Wenn Cassirer hier von Wissenschaft spricht, meint er vor allem die mathematischen Naturwissenschaften. Cassirer bemerkt dazu: „Die Wissenschaft ist der letzte Schritt in der geistigen Entwicklung des Menschen, und man kann sie als die höchste und charakteristischste Errungenschaft menschlicher Kultur ansehen. Sie ist ein sehr spätes, stark verfeinertes Produkt dieser Kultur und konnte sich nur unter ganz bestimmten Bedingungen entfalten. Auch die bloße Vorstellung von Wissenschaft im eigentlichen Sinne des Wortes gibt es erst seit der Zeit der großen griechischen Denker – seit den Pythagoräern und den Atomisten, seit Platon und Aristoteles" (ebd., 315).

Doch im Mittelalter scheint dieses Denken in Vergessenheit geraten zu sein, und so beginnt erst mit der Renaissance eine neue Epoche wissenschaftlichen Denkens. „Nach dieser Wiederentdeckung schien der Triumph der Wissenschaft vollständig und unbestritten. In der Moderne gibt es keine zweite Macht, die sich mit der des wissenschaftlichen Denkens vergleichen ließe. In ihm erblickt man den Höhepunkt und die Vollendung allen menschlichen Tuns, das letzte Kapitel in der Geschichte der Menschheit und das wichtigste Thema einer Philosophie des Menschen" (ebd.).

Gleichwohl entsteht auch die Wissenschaft nicht aus dem Nichts. Sie hat in einer anderen symbolischen Form ihren Ursprung, nämlich in der Sprache. Das Gemeinsame beider Formen der Kultur besteht in dem „Versuch des Menschen, die Welt seiner Sinneswahrnehmungen zu gliedern" (ebd., 317). Daraus entwickelte sich im Bereich der Wissenschaften ein System der Klassifikation. Ein weiterer, entscheidender Schritt bestand darin, für das Prinzip der Klassifikation sich der Zahlen zu bedienen. Pythagoras war der erste, der das unternahm. Er war es auch, der die natürlichen Phänomene mit Hilfe von Zahlen zu entschlüsseln suchte. „Als Pythagoras seine erste große Entdeckung machte, als er erkannte, daß die Tonhöhe von der Länge der schwingenden Saite abhängig war, wurde nicht diese Tatsache selbst, sondern ihre Deutung ausschlaggebend für die künftige Orientierung des philosophischen und mathematischen Denkens" (ebd., 320 f.).

Die Zahl wurde die Grundlage für die Entdeckung einer „allgemeinen systematischen Ordnung" (ebd., 322). Der symbolische Charakter der Zahl wurde zum entscheidenden Kriterium der Naturwissenschaften. „In ihren verschiedenen Bereichen strebte die Physik auf ein und denselben Punkt zu; sie bemühte sich, die gesamte Welt der Naturerscheinungen unter die Herrschaft der Zahl zu bringen" (ebd., 325 f.). Ihr folgten die übrigen Naturwissenschaften. In der Neuzeit, vor allem bei Laplace, tauchte der Gedanke eines naturwissenschaftlich begründeten Determinismus auf. Doch der von ihm konzipierte mechanische Determinismus ist – so Cassirer – unhaltbar (vgl. ebd., 332). Allerdings basiert die moderne Naturwissenschaft aufgrund der „Herrschaft der Zahl" auf dem „Prinzip des numerischen Determinismus" (ebd., 333).

Cassirer fasst seine Überlegungen zu einer Philosophie der Kultur wie folgt zusammen: „Am Anfang einer Philosophie der Kultur steht die Annahme, daß die menschliche Kultur nicht bloß ein Konglomerat lockerer, unverbundener Tatsachen ist. Sie versucht, diese Tatsachen als System zu verstehen, als ein organisches Ganzes" (ebd., 336). Was sind die Merkmale der Kultur und wodurch wird sie zu einem organischen Ganzen? Cassirers Antwort lautet: „Spontaneität und Produktivität machen den Kern menschlichen Handelns aus. Sie stellen das höchste Vermögen des Menschen dar und bezeichnen gleichzeitig die natürliche Grenze der menschlichen Welt. In Sprache, Religion, Kunst und Wissenschaft kann der Mensch nicht mehr tun, als sein eigenes Universum zu errichten – ein symbolisches Universum, das ihn befähigt, seine Erfahrungen zu verstehen und zu deuten, zu gliedern und zu ordnen, zu synthetisieren und zu verallgemeinern" (ebd., 335).

In seinem posthum erschienenen Werk *Vom Mythus des Staates* wird deutlich, wie stark dieses positive Verständnis der Kultur durch den nationalsozialistischen Totalitarismus erschüttert wurde. Cassirer sagt: „Was wir in der harten Schule unseres modernen politischen Lebens gelernt haben, ist die Tatsache, daß die menschliche Kultur keineswegs das festverankerte Ding ist, für die wir sie einst hielten. [...] Unsere Wissenschaft, unsere Dichtung, unsere Kunst und unsere Religion sind nur die obere Decke einer viel älteren Schicht, die in große Tiefe hinabreicht. Wir müssen immer auf heftige Erschütterungen vorbereitet sein, die unsere kulturelle Welt und unsere soziale Ordnung bis in ihre Grundlagen erschüttern können" (Cassirer 2016, 389). Diese Erschütterung hat Cassirer auch zu einer neuen Beurteilung des Mythos veranlasst. Mythos und Religion bieten nicht mehr die Garantie der Moral, einer eindeutigen Unterscheidung von Gut und Böse. Nun spricht Cassirer von einer Überwindung des „Mythus" und der Orientierung an einer philosophischen Ethik, so wie sie Sokrates entwickelte. „Um die Macht des Mythus zu überwinden, müssen wir eine neue, positive Macht der ‚Selbsterkenntnis' finden und entwickeln. […] Mythus mag die Menschen viele Dinge lehren; aber sie hat keine Antwort auf die einzige Frage, die nach Sokrates wirklich relevant ist: auf die Frage nach Gut und Böse. Nur der sokratische ‚Logos', nur die Methode der Selbstprüfung kann zu einer Lösung dieses fundamentalen und wesentlichen Problems führen" (ebd., 80). Die in seiner *Philosophie der symbolischen Formen* vermisste Ethik erhält hier mit Rückgriff auf Sokrates eine philosophische Grundlage.

Die Wirkungsgeschichte von Cassirer ist vor allem durch seine Kulturphilosophie bestimmt. Erörtert wird, wie weit diese im Zeichen des Neukantianismus erfolgte. Unbestritten ist, dass er in der Nachfolge von Scheler und Plessner eine Wende zu einer philosophischen Anthropologie vollzog. In der Diskussion sind auch seine Einschätzung der Religion nach dem Zeitalter der Aufklärung (vgl. Paetzold 2014, 140) und seine sparsamen Bemerkungen zur Ethik. Zur Frage steht, ob Cassirer hinsichtlich der Moral einen Kulturrelativismus vertreten hat oder eine universalistische Ethik. Paetzold kommt in seiner Studie zu dem Urteil, in ihm einen Vertreter der „Ethik der Authentizität" zu sehen (ebd., 136). Cassirers Bemerkungen zu Sokrates am Ende von *Vom Mythus des Staates* enthalten beides: Verteidigung der Authentizität des eigenen Gewissens und Berufung auf universale Prinzipien der Ethik. Bereits in seinem *Versuch über den Menschen* hatte Cassirer den Menschen, ebenfalls im Anschluss an Sokrates, als ein Wesen bezeichnet, das fähig ist, „sich selbst und anderen Antwort (‚response') zu geben" (Cassirer 1992, 22). Dadurch wird er „zu einer ‚verantwortlichen' Person" (ebd.) Als Person hat er „Verantwortung für die Zukunft" (ebd., 274). Das sind deutliche Hinweise auf das Konzept einer Verantwortungsethik.

3   Kritik der affirmativen Kultur (Marcuse)

Unter affirmativer Kultur sei jene der bürgerlichen Epoche angehörige Kultur verstanden, welche im Laufe ihrer eigenen Entwicklung dazu geführt hat, die geistig-seelische Welt als ein selbständiges Wertreich von der Zivilisation abzulösen und über sie zu erhöhen. Ihr entscheidender Zug ist die Behauptung einer allgemein verpflichtenden, unbedingt zu bejahenden, ewig besseren, wertvolleren Welt, welche von der tatsächlichen Welt des alltäglichen Daseinskampfes wesentlich verschieden ist, die aber jedes Individuum „von innen her", ohne jene Tatsächlichkeit zu verändern, für sich realisieren kann. Erst in dieser Kultur gewinnen die kulturellen Tätigkeiten und Gegenstände ihre hoch über den Alltag emporgesteigerte Würde: ihre Rezeption wird zu einem Akt der Feierstunde und der Erhebung.

(Herbert Marcuse: Kultur und Gesellschaft I. Frankfurt a.M. 1968, S. 63).

Herbert Marcuse wird 1898 als Sohn einer jüdischen Familie in Berlin geboren. Nach seinem Studium wird er 1922 in Freiburg mit der germanistischen Arbeit ‚Der Künstlerroman' promoviert. Seine von Heidegger betreute Habilitationsschrift *Hegels Ontologie und die Theorie der Geschichtlichkeit* wird aufgrund der politischen Verhältnisse nicht mehr eingereicht, aber noch publiziert. 1933 verlässt Marcuse Deutschland und geht zunächst in die Schweiz. Er emigriert 1934 in die USA, wo er am ‚Institut für Sozialforschung' in New York angestellt wird. 1940 erlangt er die amerikanische Staatsbürgerschaft. In den Jahren 1942–51 arbeitet er in Washington am ‚Office of Strategic Services' (OSS). Er erhält 1954 eine Professur an der ‚Brandeis University' für Philosophie und Politologie (Waltham, Massachusetts) und 1965 eine Professur für Politologie an der ‚University of San Diego' in Kalifornien. In den Jahren 1968/69 hält er sich in Europa auf und wird zu einem Vordenker der amerikanischen und europäischen Studentenbewegung (vgl. Habermas 1969, 13). Er stirbt 1979 in Starnberg (vgl. Brunkhorst/Koch 1987).

Als einem Vertreter der Kritischen Theorie der Gesellschaft, zu denen neben Horkheimer und Adorno auch Benjamin und Habermas gehören, steht für Marcuse die „Ideologie der fortgeschrittenen Industriegesellschaft" im Zentrum seiner Kritik. Diese Kritik richtet sich keineswegs nur auf die westlichen kapitalistischen Gesellschaften, sondern ebenso auf die gesellschaftlichen Verhältnisse der Sowjetunion. Obwohl er sich selbst auf Marx und den Marxismus beruft, sieht er in der Sowjetunion keineswegs das Vorbild für die notwendige Umgestaltung der westlichen Gesellschaft. Die ideologisch motivierten Angriffe der Sowjetunion auf den Westen hält er in weiten Teilen für unbegründet, so z. B. den auf den angeblichen „‚bürgerlichen Irrationalismus' […], weil er die Züge an den Tag bringt, die der sowjetischen und der westlichen Rationalität gemeinsam sind, nämlich das Herrschen technischer Elemente über humanistische" (Marcuse 1974, 208).

In seinen Überlegungen zur Kultur, die wesentlich der westlichen gewidmet sind, weist Marcuse durchgängig auf ihren ambivalenten Charakter hin. Kultur ist stets beides: das Versprechen auf ein besseres Leben, auf Freiheit, auf Entfaltung der Individualität und auf Glück, aber auch Verschleierung unwürdiger gesellschaftlicher Verhältnisse, Disziplinierung und Entfremdung. In seinem Aufsatz ,Über den affirmativen Charakter der Kultur' aus dem Jahre 1937 gibt er einen Abriss der Kulturgeschichte und beginnt mit dem antiken Griechenland. Ausgangspunkt bildet für ihn Aristoteles, der die verschiedenen Lebensweisen der Menschen hierarchisch ordnete. Während die „unterste Stelle das zweckmäßige Bescheidwissen mit den notwendigen Dingen des alltäglichen Daseins einnimmt", steht auf der obersten Stufe die „philosophische Erkenntnis [...], die für keinen außerhalb ihrer selbst liegenden Zweck, sondern nur noch um ihrer selbst willen geschieht und die den Menschen das höchste Glück gewähren soll" (Marcuse 1968 I, 56). Es gehört zur realistischen Einschätzung der politischen Situation seiner Zeit, dass Aristoteles erkannte, dass die für eine theoretische Lebensweise notwendige Muße stets nur einigen wenigen vorbehalten war, einer „Elite", die sich um die Daseinsvorsorge nicht zu kümmern brauchte, während die Sorge für den täglichen Bedarf Sklaven und Kaufleuten überlassen blieb. Die Beschäftigung mit dem Ideellen einerseits und dem Materiellen andererseits war strikt unterschiedlichen gesellschaftlichen Klassen zugeordnet.

In der „bürgerlichen Epoche", d. h. nach der Französischen Revolution, entwickelt sich der Gedanke, diese strikte Trennung von „Notwendigem und Schönem, Arbeit und Genuß" aufzuheben. „An ihre Stelle tritt die These von der Allgemeinheit und Allgemeingültigkeit der ,Kultur'" (ebd., 61). Die Kultur wird zu einem Wert, der für alle gilt, zugleich aber auch einen verpflichtenden Charakter bekommt. Gleichzeitig hebt sie sich von der übrigen Gesellschaft ab, die nun als „Zivilisation" bezeichnet wird. Die Kultur beginnt, sich „von der Zivilisation abzulösen und über sie zu erhöhen" (s. Zitat). Mit der Französischen Revolution und den in ihr vertretenen Idealen aber zeichnete sich ein neuer Konflikt in der Gesellschaft ab. „Die aufsteigenden bürgerlichen Gruppen hatten ihre Forderung nach einer neuen gesellschaftlichen Freiheit durch die allgemeine Menschenvernunft begründet" (ebd., 66). Tatsächlich aber profitierte nur der besitzende Teil des Bürgertums von der neuen, vor allem wirtschaftlichen, Freiheit, während sich die Lage des größeren Anteils der Bevölkerung nicht verbesserte. „Auf die anklagenden Fragen gab das Bürgertum eine entscheidende Antwort: die affirmative Kultur" (ebd.).

Diese affirmative Kultur ist in sich zutiefst zwiespältig. Sie verklärt das Elend der Menschen mit dem Hinweis auf eine höhere, geistige Welt. Aber indem sie das tut, hält sie Wünsche und Sehnsüchte der Menschen wach, eben diese ideale Welt Wirklichkeit werden zu lassen. Zur ersten Funktion dieser Kultur äußert sich Marcuse so: „Auf die Not des isolierten Individuums antwortet sie mit der allgemeinen Menschlichkeit, auf das leibliche Elend mit der Schönheit der Seele, auf die äußere Knechtschaft mit der inneren Freiheit, auf den brutalen Egoismus mit dem Tugendreich der Pflicht" (ebd.). Diese Funktion zeigt den affirmativen Aspekt in besonderer Deutlichkeit. Durch Ablenkung von täglicher Not soll das Leben selbst erträglicher und die bestehenden gesellschaftlichen Verhältnisse gerechtfertigt werden. Die Entspannung, die der Genuss von Kultur bereitet, soll Kraft geben, die Aufgaben des Alltags zu bewältigen.

Aber unbeabsichtigt weckt die affirmative Kultur zugleich die Phantasie und den Wunsch, den schönen Schein in Wirklichkeit zu verwandeln. Selbst die affirmative Kultur „enthält nicht nur die Rechtfertigung der bestehenden Daseinsform, sondern auch den Schmerz über ihren Bestand; nicht nur die Beruhigung bei dem, was ist, sondern auch die Erinnerung an das, was sein könnte. Indem die große bürgerliche Kunst das Leid und die Trauer als ewige Weltkräfte gestaltet hat, hat sie die leichtfertige Resignation des Alltags immer wieder im Herzen der Menschen zerbrochen; indem sie die Schönheit der Menschen und Dinge und ein überirdisches Glück in den leuchtenden Farben dieser Welt gemalt hat, hat sie neben dem schlechten Trost und der falschen Weihe auch die wirkliche Sehnsucht in den Grund des bürgerlichen Lebens gesenkt" (ebd., 66 f.).

Während sich in der zweiten Hälfte des 19. Jahrhunderts der Materialismus und Positivismus gegenüber dem Idealismus durchsetzten und der Idealismus als eine unhaltbare, die Wirklichkeit verklärende Denkweise als geschichtlich überholt angesehen wurde, hält Marcuse gerade an seinem fortschrittlichen Gehalt fest. „Der Idealismus hat immerhin daran festgehalten, daß der Materialismus der bürgerlichen Praxis nicht das letzte Wort ist und daß die Menschheit darüber hinauszuführen sei" (ebd., 67). Ebenso versagt der Positivismus. Er klammert sich nur an die jeweils gegebenen Tatsachen, wodurch er sich „unentrinnbar der bestehenden Ordnung verbindet" (ebd.).

Aber auch der Idealismus hat nicht das letzte Wort. Als bloße Wunschvorstellung einer besseren Welt und unerfüllte Sehnsucht nach Glück kann er die akute Not der Menschen nicht lindern. Mit Marx ist sich Marcuse darin einig, dass die Beschwörung idealer Werte nicht ausreicht. Notwendig ist eine „kritisch-revolutionäre Kraft", die in der Lage ist, die gesellschaftliche

Wirklichkeit zu verändern. Das Ziel dieser Veränderung beschreibt Marcuse im Anschluss an Herders Begriff der Kultur so: „Das Höchste, was aus dem Menschen gemacht werden kann, weist in seiner Verwirklichung auf eine Gemeinschaft freier und vernünftiger Personen, in der jeder dieselbe Möglichkeit zur Entfaltung und Erfüllung aller seiner Kräfte hat. [...] Niemand nimmt dem einzelnen die Last seines Daseins ab, aber niemand schreibt ihm auch sein Dürfen und sein Tun vor – niemand außer dem ‚Gesetz in seiner eigenen Brust'" (ebd., 70).

Einen neuen Akzent bekommt die Kulturkritik von Marcuse in seinem 1955 erschienenen Buch *Triebstruktur und Gesellschaft*, in dem er sich mit Freud auseinandersetzt. Die gesellschaftlichen Bedingungen haben sich nach dem Zweiten Weltkrieg, vor allem in der westlichen Welt, erheblich geändert. Nach einer Phase des Wiederaufbaus werden sowohl in Europa, besonders aber in den USA, immer deutlicher die Konturen einer Wohlstandsgesellschaft sichtbar. Das wirft neue Fragen auch bei der Bestimmung der Kultur auf. Vieles von dem, was eine vor und im Krieg notleidende Bevölkerung von der Kultur als Ersatz, oder zumindest vorübergehende Entlastung, erwartete, vor allem Freiheit von Mangel, ist nun zum Greifen nah. Doch gegen die allzu einfache Gleichsetzung von Wohlstand und Freiheit hat Marcuse erhebliche Bedenken. Der Wohlstand wird erkauft mit einer Zunahme an disziplinierter Arbeit, kurz mit einer Intensivierung des Leistungsprinzips.

„Das Argument, daß die Vorbedingung der Freiheit ein immer höherer Lebensstandard sei, dient allzuleicht einer Rechtfertigung der Unterdrückung. Die Definition des Lebensstandards im Sinne von Autos, Fernsehapparaten und Traktoren ist die Definition des Leistungsprinzips an sich. Jenseits dieses Prinzips würde das Lebensniveau mit anderen Kriterien bemessen; dort würde es sich um andere Dinge handeln: um die weltweite Befriedigung menschlicher Grundbedürfnisse und um die Freiheit von Schuld und Angst – sowohl äußere wie internalisierte, triebhafte wie ‚vernunftgemäße'" (Marcuse 1973, 152). Kultur in einer „nicht-repressiven" gesellschaftlichen Ordnung befreit – so Marcuse – den Menschen von dem ihm eingeredeten Konsumzwang ebenso wie von falschen Schuldgefühlen. Sie ermöglichte dem Menschen die freie Entfaltung der Individualität seiner Person. Erforderlich ist dazu allerdings eine völlige Umwandlung der Arbeitswelt. Marcuse beruft sich auf Schiller, wenn er den Zusammenhang von Freiheit und Spiel betont (vgl. ebd., 184 f.). „In einer wahrhaft menschlichen Kultur wird das Dasein viel mehr Spiel als Mühe sein, und der Mensch wird in der spielerischen Entfaltung statt im Mangel leben./ Diese Idee stellt wohl eine der fortschrittlichsten Denkpositionen dar. [...].

Das ‚Wirkliche, das seinen Ernst verliert', ist die inhumane Wirklichkeit von Mangel und Not, und sie verliert ihren Ernst, wenn Mangel und Not ohne entfremdete Arbeit befriedigt werden können. Dann ist der Mensch frei, mit seinen Fähigkeiten und Möglichkeiten und denen der Natur zu spielen, und nur wenn er mit ihnen spielt, ist er frei" (ebd., 186).

In seinem Buch *Der eindimensionale Mensch* aus dem Jahre 1964 klärt Marcuse in seinen gesellschaftskritischen Überlegungen die Voraussetzungen für die Entwicklung einer neuen, einer „wahrhaft menschlichen Kultur". Während zu Beginn der „bürgerlichen Epoche" die „Zivilisation", d. h. die gesellschaftliche Wirklichkeit und die Kultur, in einem Spannungsverhältnis zueinander standen, d. h. zwei verschiedene Dimensionen bildeten, ist die Gegenwart – so Marcuse – dadurch bestimmt, dass die beiden Dimensionen zu einer einzigen verschmelzen. Das Ergebnis ist der *„Eindimensionale Mensch"* (Marcuse 1974a, 17) und die „eindimensionale Gesellschaft" (ebd., 21). Die Kultur hat ihre kritische und utopische Kraft verloren und ist Teil einer wohlstandsorientierten, technologischen Zivilisation geworden. Das bedeutet, „daß der Antagonismus zwischen Kultur und gesellschaftlicher Wirklichkeit dadurch eingeebnet wird, daß die oppositionellen, fremden und transzendenten Elemente der höheren Kultur getilgt werden, kraft deren sie *eine andere Dimension* der Wirklichkeit bildete. Diese Liquidation der *zweidimensionalen* Kultur findet nicht so statt, daß die ‚Kulturwerte' geleugnet und verworfen werden, sondern so, daß sie der etablierten Ordnung unterschiedslos einverleibt und in massivem Ausmaß reproduziert und zur Schau gestellt werden" (ebd., 76 f.).

Die Einverleibung geschieht dadurch, dass wichtige Aspekte einer freien Kultur, wie die „Größe einer freien Literatur und Kunst, die Ideale des Humanismus, die Sorgen und Freuden des Individuums, die Erfüllung der Persönlichkeit" als Kriterien einer freien Gesellschaft „täglich verordnet und verkauft" werden. Doch die „Tatsache, daß sie der Gesellschaft widersprechen, die sie verkauft, zählt nicht" (ebd., 77). In einer Gesellschaft, in der „die Menschen wissen oder fühlen, daß Reklame und Parteiprogramme nicht notwendig wahr oder gerechtfertigt sein müssen, und sie sich doch anhören, sie lesen und sich sogar von ihnen leiten lassen" (ebd.), schwindet die der Kultur innewohnende Kraft der Kritik. Kultur wird in dem Maße zu einer „Massenkultur", in dem sie sich an die Gesetze des Marktes anpasst, in dem sie „verkauft" wird.

„Wenn die Massenkommunikationsmittel Kunst, Politik, Religion und Philosophie harmonisch und oft unmerklich mit kommerziellen Mitteilungen vermischen, so bringen sie diese Kulturbereiche auf ihren gemeinsamen Nenner – die Warenform. [...] Der Tauschwert zählt, nicht der Wahrheitswert. In ihm faßt sich die Rationalität des Status quo zusammen, und alle andersartige Rationalität wird ihr unterworfen" (ebd.). Die „fortgeschrittene Industriegesellschaft" wird bestimmt durch zwei Formen der Rationalität. Die eine ist die technologische, in der eine zunehmende Naturbeherrschung zum Ausdruck kommt, die andere ist die ökonomische, deren Ziel der Reichtum ist. Ihnen fällt die Kultur, die mit einem eigenen Anspruch auftritt, zum Opfer. „Die Liquidation der hohen Kultur ist ein Nebenprodukt des Sieges über die Natur und der fortschreitenden Bewältigung des Mangels" (ebd., 90).

Kulturkritik ist für Marcuse stets beides: Kritik an einer scheinbaren, d. h. falschen Verwirklichung der „Kulturwerte" in einer von Technik und Ökonomie beherrschten Gesellschaft und andererseits die Utopie einer erst noch zu verwirklichenden, neuen Kultur. Er möchte Kultur davor bewahren, zu einer bloßen Ideologie zu werden, indem er ihren humanen Kern freilegt. In seinem Essay ‚Bemerkungen zu einer Neubestimmung der Kultur' aus dem Jahre 1965 bestimmt er Kultur so: „Im Hinblick auf die erklärten Ziele der abendländischen Zivilisation und die Ansprüche, sie zu verwirklichen, würden wir Kultur als einen Prozeß der *Humanisierung* definieren, charakterisiert durch die kollektive Anstrengung, das menschliche Leben zu erhalten, den Kampf ums Dasein zu befrieden oder ihn in kontrollierbaren Grenzen zu halten, eine produktive Organisation der Gesellschaft zu festigen, die geistigen Fähigkeiten der Menschen zu entwickeln und Aggressionen, Gewalt und Elend zu verringern und zu sublimieren" (Marcuse 1968 II, 148).

Wie ist dieses Ziel zu erreichen? Ausgangspunkt für eine Beantwortung dieser Frage ist der traditionelle Kontrast von Zivilisation und Kultur, d. h.: „materielle Arbeit – geistige Arbeit; Arbeitstag – Feiertag; Arbeit – Muße; Reich der Notwendigkeit – Reich der Freiheit; Natur – Geist; operationelles Denken – nichtoperationelles Denken" (ebd., 150). Ein neuer Akzent kommt in diese Gegensätze dadurch, dass die gegenwärtige Zivilisation durch die Technik bestimmt ist. Sie gefährdet die Kultur in spezifischer Weise, denn die „technologische Zivilisation" zielt darauf ab, alle Ziele, die über die etablierte, „affirmative Kultur" hinausgehen, zu beseitigen. Sie „schmälert damit jene Faktoren und Elemente der Kultur, die gegenüber den gegebenen Formen der Zivilisation antagonistisch und fremd waren" (ebd., 151).

Marcuse zieht daraus aber nicht den Schluss, die Gesellschaft in einen vortechnischen Zustand zurückversetzen zu wollen, obwohl wichtige Elemente der Kultur sich in einem solchen Zustand entwickelt haben. Vielmehr kommt es ihm darauf an, Kultur und Zivilisation miteinander zu versöhnen. Das bedeutet zunächst, die Kultur in die Zivilisation zu integrieren, denn „die Integration der Kulturwerte in die bestehende Gesellschaft *hebt die Entfremdung der Kultur von der Zivilisation auf* und ebnet damit die Spannung zwischen ‚Sollen' und ‚Sein' ein (die eine reale, historische Spannung ist), zwischen Potentiellem und Aktuellem, Zukunft und Gegenwart, Freiheit und Notwendigkeit" (ebd., 155). Umgekehrt aber ist auch auf die Technik nicht zu verzichten, denn sie ermöglicht es, dem Ziel einer „menschlichen Kultur", d. h. der „Humanisierung" der Gesellschaften, näher zu kommen. Die Technik enthält mit Blick auf dieses Ziel ein großes Potential, ja sie hat dafür bereits jetzt schon die entscheidenden Entwicklungen durchlaufen. „Sie lassen sich in dem Satz zusammenfassen, daß die Menschheit die historische Stufe erreicht hat, auf der sie *technisch* imstande ist, eine Welt des Friedens zu schaffen – eine Welt ohne Ausbeutung, Elend und Angst. Sie wäre eine Zivilisation, die zur Kultur geworden ist" (ebd., 156).

Auf einige technische Projekte sollte die Gesellschaft allerdings im Interesse ihrer Humanisierung verzichten, so auf die „zunehmenden Weltraumprogramme", auch wenn dem Kritiker daran oft ein rückschrittliches Denken vorgeworfen wird. Marcuses Antwort lautet: „Es ist jedoch nicht regressiv, darauf zu bestehen, daß alle Energie und alles Geld, die für den Weltraum aufgewahrt werden, so lange verschwendet sind, als sie einer Humanisierung der Erde entzogen werden. [...] die Möglichkeit, sich im Weltraum aufzuhalten (und vielleicht gar zu leben), sollte weniger dringlich sein als die, unerträgliche Lebensbedingungen auf der Erde abzuschaffen" (ebd., 170).

Im Zuge einer Humanisierung der Gesellschaft müsste sich darüber hinaus der Charakter der Technik grundlegend verändern. Ihr Ziel darf nicht mehr die Beherrschung der Natur sein, sondern – so Marcuse in seiner Studie *Versuch über die Befreiung* – „die Befriedung von Mensch und Natur" (Marcuse 1969, 54). Er entwickelt in diesem Buch eine radikale gesellschaftliche Utopie. Das leitende Motiv bildet dabei die Kunst, die für ihn ohnehin das Zentrum der traditionellen und der neuen Kultur darstellt. Gesellschaft selbst formte sich zu einem Werk der Kunst. „Die wesentlich ästhetische Qualität dieser Form würde aus ihr ein *Kunst*werk machen; insoweit aber die Form aus dem gesellschaftlichen Produktionsprozeß hervorginge, hätte Kunst ihren traditionellen Ort und ihre Funktion in der Gesellschaft geändert: sie wäre zur Produktivkraft der materiellen wie der kulturellen Umgestaltung geworden. [...] Dies würde die Aufhebung der Kunst bedeuten: das Ende der Trennung des Ästhetischen vom Wirklichen, aber ebenso das Ende der kommerziellen Vereinigung von Geschäft und Schönheit, Ausbeutung und Freude" (ebd.). Technik und Kunst vereinigten

sich im Sinne der „Kultivierung der Dinge, die ihnen eine Form verleiht"
(ebd.).

Eine so radikale Veränderung der Gesellschaft bedeutete jedoch zugleich
eine „Revolution gegen die Technokratie". Doch eine „Revolution steht
nicht auf der Tagesordnung" (ebd., 86), denn vonseiten der „industriellen
Arbeiterklasse", die die „menschliche Basis des Produktionsprozesses" bildet
und die der „objektive Faktor" einer Revolution wäre, gibt es keine Verbindung zur „nonkonformistischen jungen Intelligenz" als „subjektiver
Faktor" einer solchen (vgl. ebd., 87). Wichtig erscheint Marcuse gleichwohl
die theoretische Unterstützung der Protestbewegung der Studenten. Sie sind
„die heutigen Rebellen gegen die etablierte Kultur" (ebd., 73).

Als Vertreter der Kritischen Theorie der Gesellschaft hat Marcuse eine
weltweite Beachtung gefunden. In Deutschland wurden u. a. Jürgen
Habermas, Alfred Schmidt, Wolfgang Fritz Haug und Claus Offe von
ihm inspiriert (vgl. Habermas 1969). Eine Sammlung von Gesprächen
mit ihm, an denen u. a. Habermas, Popper, Dahrendorf und Dutschke
beteiligt waren, wurde 1978 zu seinem achtzigsten Geburtstag veröffentlicht
(vgl. Habermas, Bovenschen u. a. 1978). Festhalten lässt sich schließlich:
Marcuses gesellschaftliche Utopie orientiert sich sehr viel stärker an dem von
Schiller entwickelten ästhetischen Ideal der Freiheit des „Spiels" als an einem
orthodoxen Marxismus (vgl. Habermas 1985, 63 f.).

VIII Natur und Technik

Der Beginn der Neuzeit ist durch einen rasanten Aufstieg der Naturwissenschaften bestimmt, die sich von dem Bücherwissen der mittelalterlichen Scholastik befreiten und der Empirie Raum gaben. Francis Bacon, der die Wissenschaften in den Dienst der Menschen stellen möchte, hält aber bloße Empirie für unzureichend. Weiterführend sei ihre Verbindung mit dem Experiment, durch das erst eine fortschreitende Beherrschung der Natur zum Wohle der Menschheit möglich werde. Mit Bacon beginnt der Siegeszug der Technik. Im zwanzigsten Jahrhundert sind jedoch auch die Gefahren einer ‚entfesselten Technologie' immer deutlicher geworden, wie Hans Jonas betont. Durch ihre Dominanz hat sich der Mensch einseitig zum ‚homo faber' hin entwickelt, der die Natur zum bloßen Objekt degradiere. Demgegenüber sei es, nicht zuletzt im eigenen Interesse des Menschen, notwendig, die Natur in ihrer Eigenart zu respektieren und ihr eine eigene Würde zuzugestehen. Diesen Überlegungen folgt Habermas, der betont, dass die Technik inzwischen zur vorherrschenden Ideologie geworden sei, die auch nicht davor zurückschrecke, den Menschen selbst zum Gegenstand gentechnischer Manipulation zu machen. Vergessen werde bei dem technischen Versuch, über die Natur eine absolute Verfügungsgewalt zu bekommen, das praktische Interesse der Menschen an zwangloser Kommunikation. Ziel könne es nur sein, den Versuch zu unternehmen, auch mit der außermenschlichen Natur ‚brüderlich' zu kommunizieren. Auch Meyer-Abich geht es um ein neues Verhältnis des Menschen zur Natur. Der Mensch nähme keineswegs eine Sonderstellung in der Natur ein, sondern sei ein Lebewesen wie jedes andere auch. Daher soll in der von ihm

© Der/die Autor(en), exklusiv lizenziert an Springer-Verlag GmbH, DE, ein Teil von
Springer Nature 2022
W. Pleger, *Dialogische Vernunft*, https://doi.org/10.1007/978-3-662-65289-3_9

intendierten praktischen Naturphilosophie die bisherige anthropozentrische Ethik durch eine physiozentrische ersetzt werden. Corine Pelluchon sieht in der zunehmenden Autonomie der Technik die Gefahr einer Entmachtung und Entfremdung des Menschen und möchte durch eine neue Wertschätzung alles Lebendigen die Bewohnbarkeit der Erde bewahren helfen.

1   Naturbeherrschung – Eine technische Utopie (Bacon)

Es gehört zur Sache, drei Arten oder Grade des Ehrgeizes bei den Menschen zu unterscheiden. Bei der ersten ist man darauf aus, die eigene Macht in seinem Vaterlande zu vermehren, dies ist die gewöhnliche und teilweise unedle Art; bei der zweiten strebt man dahin, des Vaterlandes Macht und Herrschaft über das menschliche Geschlecht zu erweitern; diese Art ist gewiß würdiger, reizt aber zu stärkerer Begierde; erstrebt nun jemand, die Macht und die Herrschaft des Menschengeschlechtes selbst über die Gesamtheit der Natur zu erneuern und zu erweitern, so ist zweifellos diese Art von Ehrgeiz, wenn man ihn so nennen kann, gesünder und edler als die übrigen Arten. Der Menschen Herrschaft aber über die Dinge beruht allein auf den Künsten und Wissenschaften. Die Natur nämlich läßt sich nur durch Gehorsam besiegen.

   (Francis Bacon: Neues Organon. Teilband I. Lat.-Deutsch. Hamburg 1999, S. 271).

Francis Bacon wird 1561 in London geboren und besucht ab 1573 das ‚Trinity College' in Cambridge. 1577–78 begleitet er einen Botschafter in Frankreich und interessiert sich dort für medizinische Experimente. Er wird 1582 Rechtsanwalt und 1584 Parlamentarier. 1603 stirbt Königin Elisabeth und Jakob I. wird neuer König. Bacon wird von ihm 1603 zum Ritter geschlagen, 1616 zum Geheimen Staatsrat ernannt und 1618 zum Lordkanzler. Im selben Jahr erfolgt seine Ernennung zum Baron Verulam. Ab 1620 veröffentlicht er seine *Instauratio Magna* (*Die große Erneuerung der Wissenschaften*). Teil dieses Projekts ist das *Novum Organon* (*Neues Organon*). 1621 wird er vom Parlament wegen Bestechlichkeit angeklagt, was seinen Rücktritt als Lordkanzler und eine kurze Kerkerhaft zur Folge hat. Bacon stirbt 1626 an einer Lungenentzündung, die er sich im Zusammenhang mit einem Experiment zur Konservierung von Fleisch durch Kälteeinwirkung zuzieht, in London. 1627 erscheint posthum sein utopisches Werk *New Atlantis* (*Neu-Atlantis*) (vgl. Copleston 1993 III; Krohn 2006).

Bacon steht mit Galilei und Descartes am Beginn neuzeitlichen Denkens, das bestimmt ist durch eine Abwendung von der scholastischen Methode der Erkenntnis, durch Erfindungen, durch die Entdeckung neuer Länder und Kontinente, durch eine „Renaissance der Naturwissenschaften" (vgl. Boas 1965). Die Bibel wird nicht mehr länger als einzige Quelle des Wissens interpretiert. Stattdessen wird die erfahrbare Wirklichkeit in neuer Weise Gegenstand einer von Denkverboten befreiten „theoretischen Neugierde" (vgl. Blumenberg 1973). Der spezifische Ansatz von Bacon besteht darin, dass er „dieses neuzeitliche Lebensgefühl und insbesondere das neuzeitliche Naturverhalten artikulierte" (Gloy 1995, 178).

Bacon sieht sich selbst am Beginn eines neuen, vielversprechenden Zeitalters. Er kritisiert Aristoteles und die antike Dialektik nicht weniger als die mittelalterliche Scholastik. Im Kontrast dazu entwickelt er ein naturwissenschaftliches Forschungsprogramm, in dem Erfahrung und Experiment zentrale Bedeutungen bekommen. Gleichwohl hält er an dem christlichen Glauben fest. Er leitet den Auftrag zur Erforschung und Beherrschung der Natur vielmehr direkt aus der Schöpfungsgeschichte der Bibel ab, in der Gott dem Menschen befiehlt, sich die Erde „untertan" zu machen und über sie zu „herrschen" (Gen. 1, 28). Naturwissenschaft und der recht verstandene Glaube widersprechen sich nicht, er erhält durch sie vielmehr erst seine wahre Vollendung (vgl. Röd 2000, 452).

Bacons Kritik an der traditionellen Philosophie zeigt sich bereits im Titel seines Werkes. Während das aristotelische *Organon* eine Argumentationslogik enthält, ist das *Novum Organon* von Bacon als eine Forschungslogik zu verstehen. Aber nicht nur Aristoteles, die gesamte griechische Philosophie habe unter dem Gesichtspunkt der „Nützlichkeit" noch nicht viel zu bieten. „Zur Frage der Nützlichkeit muß man offen gestehen, daß jene Weisheit, die wir besonders den Griechen verdanken, der Kinderstube der Wissenschaft angehört und teilweise das Eigentümliche der Kinder an sich hat. [...] Die ganze Überlieferung und Folge der Disziplinen bringt nur Lehrer und Schüler hervor, aber keinen Erfinder" (Bacon 1999, 15). Nutzen können wir die Natur nur, wenn wir sie beherrschen und das können wir nur, wenn wir sie kennen (s. Zitat). Copleston formuliert diesen zentralen Gedanken Bacons so: „The purpose of science is the extension of the dominion of the human race over nature; but this can be achieved only by real knowledge of nature" (Copleston 1993 III, 300). Bemerkenswert ist aber, dass die von Bacon angestrebte Herrschaft des Menschen über die Natur keineswegs nur seiner Machtsteigerung dient, sondern dem Wohl der Menschheit. Darauf bezieht sich seine Kritik der griechischen Wissenschaft. Daher sein Urteil: „Aber aus besagten Philosophien der Griechen und ihren Verzweigungen in die einzelnen Wissenschaften hat man innerhalb eines Zeitraums von nun schon so vielen Jahrhunderten kaum ein einziges Experiment abgeleitet, welches sich auf eine Erleichterung und Verbesserung der Lage der Menschen bezieht" (Bacon 1999, 157).

In seiner Auseinandersetzung mit der traditionellen Philosophie betont Bacon, dass diese glaubte, mit der Dialektik, d. h. im Streit der Meinungen und Argumente, zur Wahrheit kommen zu können, eine Methode, die im politischen Bereich vielleicht erfolgreich sein kann, im Verhältnis des Menschen zur Natur aber völlig versagt. Daher sein Urteil: „Wenn auch die herkömmliche Dialektik für die bürgerlichen Anliegen und Künste, bei denen es auf Reden und Meinen ankommt, aufs nützlichste Verwendung findet, so ist sie doch angesichts der Feinheit der Natur bei weitem unzulänglich" (ebd., 25).

Ganz ähnlich ist seine Kritik gegenüber der scholastischen Methode, die glaubt, aus Büchern zur Wahrheit über die Natur gelangen zu können. „Wendet sich nun jemand [...] zu den Bibliotheken und zollt er der ungeheuren Mannigfaltigkeit der vorhandenen Bücher seine Bewunderung, so wird sich sein Staunen gewiß in das Gegenteil verkehren, sobald er den Stoff und den Inhalt der Bücher geprüft und sorgfältig untersucht hat. Wenn er da bemerkt, daß die Wiederholungen kein Ende nehmen und die Menschen dasselbe treiben und reden, so wird seine Bewunderung der Mannigfaltigkeit in ein Sichwundern über die Dürftigkeit und Kargheit derjenigen Dinge umschlagen, die den Verstand der Menschen bisher gefesselt und beschäftigt haben" (ebd., 185). Das betrifft auch eine unkritische Lektüre der Bibel. So gibt es selbst unter den „Neueren" einige, die „den Versuch unternahmen, die Naturphilosophie auf das erste Kapitel der Schöpfung, auf das Buch Hiob und auf andere heilige Bücher zu gründen: sie haben das Lebende unter dem Toten gesucht. Und umso mehr ist dieser Eitelkeit entgegenzutreten und sie in die Schranken zu weisen, da aus einer ungesunden Vermischung des Göttlichen und Menschlichen nicht bloß eine phantastische Philosophie, sondern auch eine ketzerische Religion herauskommt. Es ist deshalb nur heilsam, wenn nüchternen Geistes dem Glauben nur das gegeben wird, was des Glaubens ist" (ebd., 135). So gehört das göttliche Gebot, die Natur zu beherrschen, zum recht verstandenen Glauben, ihre Erforschung aber wird dem Menschen durch die Bibel nicht abgenommen. Daher ist es auch nicht Sache des Glaubens, der unmittelbaren Erfahrung der Natur zu widersprechen.

Doch auch bei dem Rückgang auf die Erfahrung kann der kritische Naturforscher nicht stehenbleiben. Problematisch ist nämlich der stets notwendige aber keineswegs selbstverständliche Übergang von der Erfahrung zum Urteil. Die Gefahren, die bei diesem Übergang lauern, hat Bacon in seiner sogenannten Idolenlehre behandelt. Sie bildet das Zentrum seiner Kritik am bisherigen Denken. Bei den Idolen handelt es sich um Vorurteile. Sie „halten den menschlichen Geist gefangen" (ebd., 101). Er unterscheidet vier: das „Idol des Stammes" (Idola Tribus), das „Idol der Höhle" (Idola Specus), das „Idol des Marktes" (Idola Fori) und das „Idol des Theaters" (Idola Theatri) (ebd.). Um ihnen begegnen zu können, ist nichts weniger nötig als eine Verstandeskritik und eine darüber hinausgehende Ideologiekritik. Voraussetzung dafür aber ist es, sie in ihrer Eigenart zu kennzeichnen.

Bacon beginnt mit der Charakterisierung der „Idole des Stammes". „Die Idole des Stammes sind in der menschlichen Natur selbst, im Stamme selbst oder in der Gattung der Menschen begründet. Es ist nämlich ein Irrtum zu behaupten, der menschliche Sinn sei das Maß der Dinge; ja, das Gegenteil ist der Fall; alle Wahrnehmungen der Sinne wie des Geistes geschehen nach dem Maß der Natur des Menschen, nicht nach dem des Universums. Der menschliche Verstand gleicht ja einem Spiegel, der die strahlenden Dinge nicht aus ebener Fläche zurückwirft, sondern seine Natur mit der der Dinge vermischt, sie entstellt und schändet" (ebd.). Vorgreifend ließe sich mit kantischem Sprachgebrauch sagen: Der menschliche Verstand hat es nicht mit dem Ding zu tun, wie es an sich ist, sondern immer nur mit Erscheinungen, die durch die Struktur des menschlichen Verstandes bestimmt sind.

Die „Idole der Höhle" charakterisiert er so: „Die Idole der Höhle sind die Idole des einzelnen Menschen. Denn jeder hat (neben den Abirrungen der menschlichen Natur im allgemeinen) eine Höhle oder eine gewisse nur ihm eigene Grotte, welche das Licht der Natur bricht und verdirbt; teils infolge der eigenen und besonderen Natur eines jeden; teils infolge der Erziehung und des Verkehrs mit anderen; teils infolge der Bücher, die ein jeder mit Vorliebe liest, und der Autoritäten, denen er Verehrung und Bewunderung zollt; teils infolge der Unterschiedlichkeit der Eindrücke, wie sie einer voreingenommenen und vorurteilsvollen Sinnesart oder aber einer gleichmütigen und gesetzten Stimmung entsprechen und dergleichen mehr. Daher ist offenbar der menschliche Geist in seiner Verfassung bei den verschiedenen Individuen ein veränderliches, unberechenbares Ding. Deshalb sagt Heraklit treffend: ‚In ihren kleineren Welten und nicht in der größeren und gemeinsamen Welt mühen sich die Menschen um die Wissenschaften'" (ebd., 103). Bacons Formulierung „Idole der Höhle" schließt sicherlich nicht unbeabsichtigt an Platons Höhlengleichnis an. Auch dort bezeichnet die Höhle den Ort der mangelhaften Erkenntnis der Dinge. Erst, wenn der Mensch dieses Schattenreich verlässt und ins Freie gelangt, kann er die

Dinge erkennen, wie sie wirklich sind. Bacon verbindet diesen Gedanken mit den spezifischen Beschränkungen, denen das Individuum unterworfen ist. Hatte bereits Cicero auf die individuellen Unterschiede der Menschen hingewiesen, die dazu führen, dass jeder seine eigene Rolle in der Gesellschaft spielt, so spitzt Bacon diesen Gedanken auf die spezifische Urteilsbildung des Individuums zu. Unter dem Anspruch der Bildung einer allgemein verbindlichen wissenschaftlichen Erkenntnis, bekommen diese Unterschiede den Charakter von zu überwindenden Vorurteilen.

In den Idolen des Marktes werden die gesellschaftlichen Bedingungen der Urteilsbildung selbst zum Thema. Er charakterisiert sie so: „Es gibt auch Idole infolge des engen Beieinanderseins und der Gemeinschaft des menschlichen Geschlechtes; diese nenne ich wegen des Verkehrs und der Gemeinschaft der Menschen Idole des Marktes. Die Menschen gesellen sich nämlich mittels der Sprache zueinander; aber die Worte werden den Dingen nach der Auffassung der Menge beigeordnet. Daher knebelt die schlechte und törichte Zuordnung der Worte den Geist auf merkwürdige Art und Weise. Auch die Definitionen oder Bezeichnungen, mit denen sich die Gelehrten in einigen Punkten zu schützen und zu verteidigen pflegen, bessern die Sachlage keineswegs. Sondern die Worte tun dem Verstand offensichtlich Gewalt an und verwirren alles. Sie verführen die Menschen zu leeren und zahllosen Streitigkeiten und Erdichtungen" (ebd.). Die Vorurteile, denen das Individuum unterliegt, werden hier auf ihre gesellschaftliche Dimension hin erweitert. Da aber die Sprache, in denen diese Vorurteile formuliert werden, selbst nur in der Gesellschaft sich entwickelt, enthält die Kritik der Idole des Marktes zugleich eine Sprachkritik. Darüber hinaus ist zu beachten, dass die Sprache in der Gesellschaft vor allem der Verständigung im geselligen Umgang dient und nicht so sehr dem Fortschritt der Erkenntnis. Daher ist diese Sprache für die Entwicklung der Naturwissenschaften ungeeignet und muss kritisiert werden.

Die vierte Gruppe der Idole thematisiert nun die Sprache der philosophischen Systeme und die der wissenschaftlichen Lehrsätze. Er beschreibt sie so: „Es gibt endlich Idole, welche in den Geist der Menschen aus den verschiedenen dogmatischen Behauptungen philosophischer Lehrmeinungen wie auch aus den verkehrten Gesetzen der Beweisführung eingedrungen sind: diese nenne ich Idole des Theaters; denn so viele Philosophien angenommen oder erfunden worden sind, so viele Fabeln sind nach meiner Auffassung damit geschaffen und für wahr unterstellt worden, welche die Welt als unwirklich und erdichtet haben erscheinen lassen. Indes spreche ich nicht bloß über die schon vorhandenen oder die alten philosophischen Lehrmeinungen und Sekten; da man eine Unzahl anderer

Fabeln dieser Art erdichten und ersinnen kann; denn auch bei gänzlicher Verschiedenheit der Irrtümer sind trotzdem die Ursachen fast gleich. Und ich beziehe dies wiederum nicht bloß auf die allgemeinen philosophischen Systeme, sondern auch auf die Prinzipien und auf eine große Anzahl von Lehrsätzen der Wissenschaften, welche durch Tradition, Leichtgläubigkeit und Nachlässigkeit Geltung erlangt haben" (ebd., 105). Das Theater, von dem Bacon spricht, ist die große Weltbühne, auf der einer interessierten Öffentlichkeit geschlossene philosophische Systeme als Abbilder der Welt selbst vorgeführt werden, die in Wirklichkeit aber, so Bacons Kritik, nichts anderes sind als Fiktionen, als Dichtung. Das betrifft auch die große Zahl sogenannter wissenschaftlicher Lehrsätze, die aufgrund einer unzureichenden wissenschaftlichen Methode nur „Fabeln" und „Irrtümer" darstellen.

Die Konsequenz, die Bacon aus seiner Idolenlehre zieht, besteht darin, dass Wahrheit nur erreicht werden kann, wenn eine völlig neue wissenschaftliche Methode entwickelt wird. Seine Methode ist die der maßvollen und stets kontrollierten Induktion, denn die „wahre Induktion ist gewiß das geeignete Heilmittel, die Idole abzuhalten und zu eliminieren" (ebd., 101). Die Methode der Induktion ist nicht neu, sondern immer wieder von Vertretern der empirischen Schule vertreten worden. Doch das bloße Sammeln von Tatsachen – so Bacon – reicht nicht, um zu wissenschaftlich fundierter Wahrheit zu kommen. Mit einem Bild aus dem Leben der Insekten erläutert er drei Methoden der Gewinnung wissenschaftlicher Erkenntnis. Zwei davon führen in die Irre, nämlich die empirische einerseits und die dogmatische andererseits. „Die, welche die Wissenschaften betrieben haben, sind Empiriker oder Dogmatiker gewesen. Die Empiriker, gleich den Ameisen, sammeln und verbrauchen nur, die aber, die die Vernunft überbetonen, gleich den Spinnen, schaffen die Netze aus sich selbst. Das Verfahren der Biene aber liegt in der Mitte; sie zieht den Saft aus den Blüten der Gärten und Felder, behandelt und verdaut ihn aber aus eigener Kraft. Dem nicht unähnlich ist nun das Werk der Philosophie; es stützt sich nicht ausschließlich oder hauptsächlich auf die Kräfte des Geistes, und es nimmt den von der Naturlehre und den mechanischen Experimenten dargebotenen Stoff nicht unverändert in das Gedächtnis auf, sondern verändert und bearbeitet ihn im Geiste. Daher könne man bei einem engeren und festeren Bündnisse dieser Fähigkeiten, der experimentellen nämlich und der rationalen, welches bis jetzt noch nicht bestand, bester Hoffnung sein" (ebd., 211).

Der Gedanke der systematischen Einführung von Experimenten zum Zwecke der Naturerkenntnis und –beherrschung macht Bacon für die weitere Geschichte des naturwissenschaftlichen Denkens so bedeutsam. Im Experiment verbindet sich, fernab von jeder scholastischen Methode, der rationale Anteil des menschlichen Denkens mit der sinnlich bestimmten Auseinandersetzung mit der Natur. Das führt ihn zu seinem spezifischen Ansatz einer experimentellen Erforschung der Natur.

Ausgangspunkt dieser Forschung können nur die Sinne sein. Zwar bieten sie noch nicht die ganze Wahrheit, aber sie sind der einzig erfolgversprechende Ausgangspunkt: „Denn es ist gewiß, daß die Sinne täuschen, zugleich aber zeigen sie auch die Mittel an, ihre eigenen Irrtümer zu entdecken. [...] Die Sinne fehlen auf zwei Arten: entweder lassen sie uns im Stich oder sie täuschen" (ebd., 47). Daher geht der reine Empirismus in die Irre, wenn er glaubt, die sinnliche Erfahrung reiche für die Erkenntnis der Wahrheit aus. Die sinnliche Erfahrung muss – so Bacon – ergänzt werden durch eine spezifisch naturwissenschaftliche Methode, denn „es ist ein großer Irrtum zu behaupten, die Sinne seien das Maß der Dinge./ Um das zu vermeiden, habe ich mit vieler und getreulicher Mühe auf allen Seiten Hilfe für die Sinne gesucht und herbeigeholt, damit Heilmittel gegen die Irrtümer, Berichtigungen gegen das Schwankende angewandt werden können. Das versuche ich durch Experimente, nicht durch Instrumente zu erreichen. Denn die Feinheit der Experimente ist weit größer als die der Sinne, selbst wenn sie durch gute Instrumente unterstützt werden (ich meine solche Experimente, welche für einen bestimmten Zweck geschickt und kunstvoll ausgedacht und angewendet werden)" (ebd., 47 ff.).

Das Experiment liefert unter Einbeziehung der „mechanischen Künste" die Basis für Erfindungen, die für die Menschheit von großem Nutzen sein können, so die Herstellung von Seide, die Erfindungen von Kompass und Buchdruckerkunst. Allerdings erwähnt Bacon auch die Entdeckung des Schießpulvers und macht damit bereits die Ambivalenz des technischen Fortschritts deutlich. Die Buchdruckerkunst nimmt bei ihm eine besondere Stellung ein, denn um sie zu entwickeln, muss ein Umweg beschritten werden. Selbstverständlich ist es erheblich einfacher, mit der Hand zu schreiben, als in einem mühevollen Verfahren zunächst bewegliche Lettern herzustellen, diese mit einer nicht zu flüssigen Tinte zu bestreichen, um dann einen Papierabdruck bekommen zu können. Der Buchdruck ist ein lehrreiches Beispiel dafür, dass der „menschliche Geist" zunächst einmal die Umwege scheut. „So hat man diese vortreffliche Erfindung, die zur Verbreitung des Wissens so viel beigetragen hat, viele Jahrhunderte entbehrt. Der menschliche Geist pflegt auf diesem Lauf nach Erfindungen linkisch und oft so schlecht in Form zu sein, daß er sich anfangs wenig zutraut und sich bald nachher verachtet. Und zunächst erscheint es ihm unglaublich, daß so etwas überhaupt gefunden werden kann. Nachdem es aber erfunden worden ist, erscheint es ihm vielleicht wiederum unglaublich, daß dies den Menschen so lange habe entgehen können. So kann man auch hier mit Recht Hoffnung hegen: Es gibt noch eine unbeschreiblich große Menge von Erfindungen, welche nicht bloß aus bisher unbekannten noch zu entdeckenden Verfahrensweisen zu gewinnen sind, sondern auch aus der Übertragung, Verknüpfung und Anwendung der bereits bekannten, mittels der bereits erwähnten gelehrten Erfahrung abgeleitet werden können" (ebd., 233).

Die von Bacon selbst vorgeschlagenen Experimente gehen von Alltagserfahrungen aus und sind in ihrem Aufbau eher einfach. In einem geht es ihm um die Ausdehnung eines Körpers durch Erhöhung des Luftdrucks in ihm. Man könnte dieses Experiment in dem Bereich der Materialprüfung ansiedeln. Es geht um „die nicht fortschreitende, sondern sphärische Bewegung, das ist die sphärische Ausdehnung der Körper oder aber ihre Zusammenziehung. Hier ist zu untersuchen, wie weit Körper ausgedehnt und leicht zusammengedrückt werden können, wo sie zu widerstreben beginnen und wo ihnen daher eine Grenze gesetzt ist, über die sie nicht hinausgehen können. So hält eine aufgeblähte Blase einen gewissen Druck Luft aus, wird der Druck größer, erträgt ihn die eingesperrte Luft nicht, die Blase platzt" (Bacon 2009, 509).

In seiner Erzählung *Neu-Atlantis,* die eine Neuschaffung der von Platon im Dialog *Kritias* erzählten Geschichte vom Aufstieg und Untergang der sagenhaften Insel ‚Atlantis' darstellt, entwickelt Bacon mit aller ihm zu Gebote stehenden Phantasie eine technische Utopie. Die Bewohner dieser Insel leben getrennt von der übrigen Welt nach festen Regeln. Nur Einzelne von ihnen bereisen gelegentlich andere Länder und versuchen, die dort entwickelten Kenntnisse sich anzueignen, um sie anschließend zum Nutzen ihrer Insel zu verwenden. Die Gründung dieses Inselstaates erläutert Salomon, das Oberhaupt dieser Insel, der Besatzung eines zufällig an ihrer Küste gestrandeten Schiffes so: „Unsere Gründung hat den Zweck, die Ursachen des Naturgeschehens zu ergründen, die geheimen Bewegungen in den Dingen und die inneren Kräfte der Natur zu erforschen und die Grenzen der menschlichen Macht so weit auszudehnen, um alle möglichen Dinge zu bewirken" (Bacon 1982, 43). Tatsächlich beherbergt die Insel eine Fülle von Forschungseinrichtungen, die im Einzelnen aufgezählt werden.

Da sind zunächst einmal „geräumige und tiefe unterirdische Höhlen […]. Wir benutzen sie dazu, alle möglichen Substanzen zum Gerinnen zu bringen, zu härten und abzukühlen, sowie Körper zu konservieren. Ferner verwenden wir sie dazu, natürliche Mineralien künstlich herzustellen und neue künstliche Metalle aus Gesteinen zu erzeugen, die dort durch jahrelanges Verweilen von uns entsprechend vorbehandelt werden. Wir benutzen sie manchmal auch – was wunderbar erscheinen mag – dazu, gewisse Krankheiten zu heilen oder in manchen Fällen das Leben zu verlängern bei manchen Einsiedlern, die es vorziehen, wohl versorgt mit allem Nötigen, dort zu wohnen; sie leben sehr lange, und wir haben von ihnen schon viel gelernt" (ebd., 43 f.).

Überhaupt wird der Erforschung und der Erhaltung des menschlichen Organismus eine große Aufmerksamkeit geschenkt. „In Parks und Gehegen halten wir alle möglichen Tiere und Vögel, und zwar weniger wegen ihrer Merkwürdigkeit oder Seltenheit, als vielmehr zu Sektionen und anatomischen Untersuchungen, um dadurch so weit wie möglich Aufklärung über den menschlichen Körper zu erlangen. Wir erzielen dabei zahlreiche wunderbare Wirkungen, wie die Erhaltung des Lebens trotz Verlustes oder Entfernung verschiedener von euch als lebenswichtig angesehener Organe, die Wiederbelebung Scheintoter und ähnliches. Wir stellen an den Tieren auch Versuche mit allen möglichen Giften, Gegengiften sowie chirurgische und internistische Verfahren an, um dadurch den menschlichen Körper besser schützen zu können" (ebd., 46 f.). Der großen Bedeutung der Medizin entsprechend gibt es auf der Insel auch eine großartige pharmazeutische Industrie, die aufgrund der zahlreichen dort wachsenden Pflanzen über eine große „Auswahl von pharmazeutischen Grundstoffen" (ebd., 49) verfügt.

Es gibt „Häuser für Optik", in denen Mikroskope hergestellt werden, mit denen wir „die Glieder und Farben kleiner Insekten und Würmer" erkennen, „sowie allerlei ebenfalls auf andere Weise nicht zu entdeckende Bestandteile des Urins und des Blutes" (ebd., 51). Und weiter: „Wir besitzen Häuser für Akustik, in denen wir die Töne und ihre Entstehung erforschen und vorführen. […]. Mit gewissen akustischen Vorrichtungen, die an das Ohr gebracht werden, können wir das Gehör verbessern und die Tonübertragung selbst beträchtlich verstärken" (ebd., 52).

In den „Maschinenhäusern" wird schließlich mit ihren zahlreichen hochtechnischen Erfindungen das Maschinenzeitalter eingeläutet. Dazu gehören die Herstellung neuartiger „Geschütze und Kriegsgerät". Doch das ist noch nicht alles. Seiner Zeit weit vorausgreifend heißt es: „Zum Fliegen in der Luft haben wir Gestelle und Hilfsmittel ähnlich den Flugorganen der Tiere". Und schließlich: „Wir besitzen Schiffe und Boote, die unter Wasser fahren können und deshalb den Stürmen des Weltmeeres nicht so ausgesetzt sind" (ebd., 53).

Doch bei all dem Stolz auf die von ihnen geleistete „Naturerkenntnis und -beherrschung" (ebd., 54) versäumt der Repräsentant der Insel es nicht, gegenüber dem Besucher die religiöse Einstellung seiner Einwohner zu betonen. Und so schließt er seine Erläuterung mit folgenden Worten: „Um Gott für das wunderbare Werk seiner Schöpfung zu danken, werden täglich, insbesondere auch bei festlichen Ehrungen, Jubiläen und Gottesdiensten, Hymnen gesungen und Liturgien vorgetragen; in besonderen Bittgebeten erflehen wir Gottes Schutz und Segen, damit er unsere Arbeit gnädig leite und erleuchte und sie zu guten und heiligen Zielen führe" (ebd., 57).

Ein großer Teil der von Bacon entwickelten technischen Utopien ist realisiert worden, im Guten wie im Schlechten. Das betrifft Fortschritte in der Medizin und der Pharmazie einerseits ebenso wie problematische Entwicklungen der Biotechnik andererseits. In den Bereichen der Maschinentechnik sind Flugzeuge und U-Boote tatsächlich entwickelt worden, aber auch Waffen, die jenseits seiner Phantasie lagen. Das Urteil der Historiker über Bacon ist dementsprechend gespalten. So bemerkt Boas, dass Bacon im Vergleich zu Galilei und Descartes überhaupt „kein ernsthafter, eigenständiger Wissenschaftler" war (Boas 1965, 271). Außerdem habe er der Mathematik keinen angemessenen Platz in seinem Denken eingeräumt (vgl. Krohn 2006, 193). Doch bei aller berechtigten Kritik ist nicht zu übersehen, dass Bacon mit dem Programm experimenteller Forschung die weitere Entwicklung der Naturwissenschaften sehr genau vorausgesehen hat. Krohn bemerkt zur historischen Bedeutung Bacons: „Die literarische Brillanz seiner Schriften trug dazu bei, die Idee der experimentellen Philosophie in der außerwissenschaftlichen Kultur populär zu machen" (ebd., 186).

Wer allerdings heute vor allem die negativen Folgen des von Bacon entwickelten Konzepts der „Naturbeherrschung" und des von ihm eingeläuteten Zeitalters der Technik im Blick hat (vgl. Horkheimer/Adorno 1969, 9 f.), sollte bedenken, dass Bacon vieles, wie er selbst immer wieder einräumt, nicht voraussehen konnte und dass er fest daran glaubte, dass der technische Fortschritt dem Wohl der Menschen dienen würde. In ihrem Buch *Das Verständnis der Natur* kommt Karen Gloy zu folgendem abgewogenen Urteil über Bacon: „Seine Grundüberzeugung läßt sich in der These zusammenfassen, daß der Mensch aufgrund seiner Vernunft zur Herrschaft über die Natur bestimmt sei zum Wohle des einzelnen wie der Gemeinschaft, zur Förderung seiner individuellen wie der allgemeinen Lebensbedingungen und zur Bekämpfung von Sorge, Leid und Not" (Gloy 1995, 178). Zusammenfassend lässt sich sagen: Francis Bacon steht wie kaum ein anderer für die Ambivalenz des technischen Fortschritts.

2   ‚Entfesselte Technologie' und die Würde der Natur (Jonas)

Der endgültig entfesselte Prometheus, dem die Wissenschaft nie gekannte Kräfte und die Wirtschaft den rastlosen Antrieb gibt, ruft nach einer Ethik, die durch freiwillige Zügel seine Macht davor zurückhält, dem Menschen zum Unheil zu werden. [...]. Die dem Menschenglück zugedachte Unterwerfung der Natur hat im Übermaß ihres Erfolgs, der sich nun auch auf die Natur des Menschen selbst erstreckt, zur größten Herausforderung geführt, die je dem menschlichen Sein aus eigenem Tun erwachsen ist [...]. Das Neuland kollektiver Praxis, das wir mit der Hochtechnologie betreten haben, ist für die ethische Theorie noch ein Niemandsland. [...].

Es ist zumindest nicht mehr sinnlos zu fragen, ob der Zustand der außermenschlichen Natur, die Biosphäre als Ganzes und in ihren Teilen, die jetzt unserer Macht unterworfen ist, eben damit ein menschliches Treugut geworden ist und so etwas wie einen moralischen Anspruch an uns hat – nicht nur um unsretwillen, sondern auch um ihrer selbst willen und aus eigenem Recht. Wenn solches der Fall wäre, so würde es kein geringes Umdenken in den Grundlagen der Ethik erfordern. Es würde bedeuten, nicht nur das menschliche Gut, sondern auch das Gut außermenschlicher Dinge zu suchen, das heißt die Anerkennung von „Zwecken an sich selbst" über die Sphäre des Menschen hinaus auszudehnen und die Sorge dafür in den Begriff des menschlichen Guts einzubeziehen.

(Hans Jonas: Das Prinzip Verantwortung. Versuch einer Ethik für die technologische Zivilisation. Frankfurt a.M. 1984, S. 7 u. 29).

Hans Jonas wird 1903 in Mönchengladbach geboren. Er studiert zunächst ab 1921 Philosophie bei Edmund Husserl und Martin Heidegger in Freiburg. 1922 geht Jonas für ein Jahr nach Berlin und studiert an der dortigen Hochschule für die Wissenschaft des Judentums Judaistik. Nach seiner Rückkehr nach Freiburg 1923 folgt er Heidegger nach Marburg, wo er 1928 mit seiner Dissertation ‚Der Begriff der Gnosis' promoviert wird. Hier lernt er auch Hannah Arendt kennen (vgl. Jonas 2003, 111). Wegen seiner jüdischen Herkunft emigriert er 1933 zunächst nach London, um 1935 nach Jerusalem überzusiedeln. 1938 erhält er dort einen Ruf an die ‚Hebräische Universität'. Nach Ausbruch des Krieges wird er von 1940 bis 1945 Mitglied der englischen Armee. Im Juli 1945 erfährt er, dass seine Mutter im KZ Auschwitz ermordet wurde (vgl. ebd., 221 f.). 1948/49 dient er in der israelischen Armee. Er folgt 1949 einem Ruf an die ‚McGill

Universität' in Montreal (Kanada) und lehrt von 1950–54 an der ‚Carleton Universität' in Ottawa. Von 1955 bis 1976 ist er Professor für Philosophie an der ‚New School for Social Research' in New York. 1979 erscheint *Das Prinzip Verantwortung*. Zu den zahlreichen Auszeichnungen, die er nach dem Kriege erhält, gehört das ‚Große Bundesverdienstkreuz' und der ‚Friedenspreis des Deutschen Buchhandels' (1987). In seinen *Erinnerungen* legt er eine Autobiographie vor (Jonas 2003). Jonas stirbt 1993 in New York (vgl. Jonas 2003; Nielsen-Sikora 2017; Pleger 2020, 306–317).

Die rasante Entwicklung der Technik zu Beginn der Neuzeit hat gelegentlich zu der Annahme geführt, die Technik selbst sei eine neuzeitliche Erfindung. Doch davon kann keine Rede sein. Jonas weist zu Recht auf die anthropologische Grundlage der Technik hin und d. h., dass „der Mensch niemals ohne Technik war" (Jonas 1984, 16). Daher – so Jonas – „zielt meine Frage auf den menschlichen Unterschied moderner von aller früheren Technik" (ebd.). Bereits in der Antike hat man sich mit dem Problem der Technik auseinandergesetzt. Ein prägnantes Beispiel, auf das Jonas gleich zu Anfang seines Buches hinweist, ist der Prometheus-Mythos. Er gehört in den Kontext der Erklärung der mangelhaften Naturausstattung des Menschen und ihre Kompensation durch Wissenschaft und Technik (vgl. Platon *Protagoras* 321 d/e). Prometheus, der menschenfreundliche, stiehlt Zeus das Feuer und gibt es den Menschen, die damit die Kunst des Schmiedehandwerks erlangen. Über die Strafe, die Prometheus dafür erleidet, berichtet Hesiod in seiner *Theogonie*. Prometheus wird an eine „Säule" gefesselt und musste dort erdulden, dass ein „breitflügeliger Adler" am Tag „seine unsterbliche Leber" fraß, diese aber über Nacht nachwuchs (vgl. Hesiod: *Theogonie* 520 ff.). Soweit der Mythos. Doch nach Jonas ist Prometheus inzwischen „entfesselt" und bringt den Menschen immer neue Wunderwerke der Technik. Inzwischen ist die Technik so dominant geworden, dass wir mit einer gewissen Berechtigung vom Zeitalter der Technik sprechen können.

Wie aber ist es zur Vorherrschaft dieser Denkweise gekommen? Die Analyse von Jonas lautet: „Die Gefahr geht aus von der Überdimensionierung der naturwissenschaftlich-technisch-industriellen Zivilisation" (Jonas 1984, 251). Sie nimmt ihren Anfang zu Beginn der Neuzeit. Zwar hat es schon in der Antike schädliche Einwirkungen auf die natürliche Umwelt gegeben, so z. B. die Abholzung großer Waldflächen für Zwecke des Schiffsbaus, doch blieben diese von begrenzter Bedeutung. Die entscheidende Wende geschah zu Beginn der Neuzeit mit der Erneuerung eines kausalmechanischen Denkens, das die Dinge ihrer Eigenständigkeit entkleidete und zu beherrschbaren Gegenständen uminterpretierte.

Einer der prominentesten Vordenker der technischen Denkweise war Francis Bacon (1561–1626). Wenngleich Jonas, wie inzwischen allgemein anerkannt, in ihm den Anfang der technologischen Entwicklung sieht, die in der Gegenwart auf eine in ihren Ausmaßen unvorhergesehene, und wohl auch unvorhersehbare, ökologische Krise zuläuft, so verurteilt er ihn nicht. Er anerkennt vielmehr seine praktische Intention, die auf eine Verbesserung des „Menschenloses" abzielte. Jonas erläutert diese Entwicklung so: „Was wir das Baconische Programm nennen können, nämlich das Wissen auf Herrschaft über die Natur abzustellen und die Herrschaft über die Natur für die Besserung des Menschenloses nutzbar zu machen, hat zwar in der kapitalistischen Durchführung von Anfang an weder die Rationalität noch die Gerechtigkeit besessen, mit denen es an sich vereinbar gewesen wäre; aber seine notwendig zur Maßlosigkeit der Produktion und des Konsums führende Erfolgsdynamik hätte bei der Kurzfristigkeit menschlicher Zielsetzung, ja der wirklichen Unvorhersehbarkeit der Ausmaße des Erfolgs, vermutlich jede Gesellschaft überwältigt" (ebd., 251).

Den Ausgangspunkt für das von Jonas entwickelte Konzept einer Verantwortungsethik in einer „technologischen Zivilisation" stellt der Konflikt dar, der sich seit der Industrialisierung aus dem veränderten Verhältnis des Menschen zur Natur ergeben hat. Jonas konstatiert, dass inzwischen „die Verheißung der modernen Technik in Drohung umgeschlagen ist" (ebd., 7). Der Grund hierfür geht über das bloß Technische im instrumentellen Sinne weit hinaus. Die neuzeitlichen Wissenschaften selbst haben – so die These von Heidegger – einen technischen Charakter. Inzwischen hat das technische Denken seine alles bestimmende Vorherrschaft angetreten. Darin sieht er eine wachsende Gefahr. Doch die wird vom Menschen nicht erkannt. Während er sich in Wahrheit „am äußersten Rand des Absturzes" bewegt, „spreizt sich gerade der so bedrohte Mensch in die Gestalt des Herrn der Erde auf" (Heidegger 1962, 26).

Auf die Gefahren der Technik macht auch Bloch aufmerksam. Er möchte ein anderes Verhältnis zur Natur entwickeln, das er mit dem Begriff „Naturallianz" umschreibt (s. Abschn. III.3). Jonas distanziert sich jedoch von einem „*Marxismus*", der „im Bunde mit der Technik die Utopie zum ausdrücklichen Ziel erhoben" hat (Jonas 1984, 9). Im Unterschied zu Jonas verbindet Bloch seine Technikkritik gleichwohl mit einer konkreten gesellschaftlichen Utopie.

Jonas knüpft mit seiner Kritik der Technik an Überlegungen von Heidegger und Bloch an. Er konstatiert, dass das ursprüngliche Ziel der Technik darin bestand, das menschliche Leben in Auseinandersetzung mit der ‚Allgewalt der Natur' erträglicher zu machen. Doch inzwischen stellen

sich mit den großen Erfolgen der „Hochtechnologie" bisher nicht erkannte
Gefahren ein. Jonas beschreibt sie so: Die „Unterwerfung der Natur hat
[...] zur größten Herausforderung geführt, die je dem menschlichen Sein
aus eigenem Tun erwachsen ist" (s. Zitat). Das „Abenteuer der Technologie"
stellt uns vor eine Fülle neuer Herausforderungen. Es zwingt uns nicht nur,
unser Verständnis der Natur und unser Verhältnis zu ihr zu überdenken,
es zwingt uns auch, das Wesen des Menschen und sein Handeln neu zu
bestimmen. Schließlich aber wird damit eine Neuformulierung der Ethik
unausweichlich. Es ist vor allem die Rolle der Zukunft, die in dieser Ethik
ihren angemessenen Platz finden muss. Die mit der modernen Technik einhergehende „schiere Größenordnung der Fernwirkungen und oft auch ihre
Unumkehrbarkeit" (Jonas 1984, 9) machen eine Ethik notwendig, die dieses
berücksichtigt. Jonas folgert: „All dies rückt Verantwortung ins Zentrum
der Ethik" (ebd.). Es ist die Verantwortungsethik, die den Gedanken enthält, dass dem Menschen auch die ferneren Konsequenzen seines Handelns
zugerechnet werden können (vgl. Weber 1999, 70 f.).

Doch dieser Gedanke – so Jonas – lag der bisherigen Ethik fern. Sie nahm
vielmehr an, dass „die Natur des Menschen und die Natur der Dinge" in
ihren „Grundzügen" feststehen und dass daher das „menschlich Gute [...]
sich auf dieser Grundlage unschwer und einsichtig bestimmen" lasse. Die
ethische Konsequenz war: „Die Reichweite menschlichen Handelns und
daher menschlicher Verantwortung ist eng umschrieben" (Jonas 1984,
15). Die Reichweite ethisch relevanten Handelns ist auch deshalb eng
begrenzt, weil sich die Technik auf die außermenschliche Natur bezog und
das Verhältnis zu ihr als „ethisch neutral" angesehen wurde. Das bedeutete:
„Ethische Bedeutung gehörte zum direkten Umgang von Mensch mit
Mensch, einschließlich des Umgangs mit sich selbst; alle traditionelle Ethik
ist *anthropozentrisch*" (ebd., 22). Die gemeinsame Gegenwart der „Zeitgenossen" bildet den Rahmen für das Handeln „und sein Zukunftshorizont
ist beschränkt auf deren voraussichtliche Lebensspanne" (ebd., 23).

Schließlich war die traditionelle Ethik in einer weiteren Hinsicht
unproblematischer als die neu zu entwickelnde. Jonas beruft sich dabei auf
Kant, der die Einfachheit moralisch-praktischen Wissens im Unterschied
zum theoretischen betonte. Jonas zitiert Kant wie folgt: „'Was ich…zu tun
habe, damit mein Wollen sittlich gut sei, darzu brauche ich gar keine weit-
ausholende Scharfsinnigkeit'" (ebd., 24); denn jeder kann doch wissen, dass
er „in Übereinstimmung mit dem Sittengesetz zu handeln habe" (ebd.).
Dazu kommt, dass Kants Ethik eine Prinzipienethik war. Das bedeutet:
„Niemand wurde verantwortlich gehalten für die unbeabsichtigten späteren

Wirkungen seines gut-gewollten, wohl-überlegten und wohl-ausgeführten Akts" (ebd., 25).

Doch angesichts der enormen Wirkungen der Technik auf die Natur lässt sich eine Ethik, die diesen Aspekt der Fernwirkungen ausklammert, nicht mehr vertreten. Neu entdeckt wurde „die kritische *Verletzlichkeit* der Natur durch die technische Intervention des Menschen – eine Verletzlichkeit, die nicht vermutet war, bevor sie sich in schon angerichtetem Schaden zu erkennen gab" (ebd., 26). Mit ihrer Entdeckung entstand die „Wissenschaft der Umweltforschung", d. h. die „Ökologie" (ebd.). Zu ihr gehört die Einsicht, dass das Wissen von den Auswirkungen technischer Eingriffe in die Natur nun zur „Pflicht" wird. Darüber hinaus bedeutet es, dass ein ethisches Problem entsteht, wenn „das vorhersagende Wissen hinter dem technischen Wissen" zurückbleibt (ebd., 28). Dieses ethische Problem übertrifft alle bisher bekannten. „Keine frühere Ethik hatte die globale Bedingung menschlichen Lebens und die ferne Zukunft, ja die Existenz der Gattung zu berücksichtigen" (ebd., 28).

Nimmt man dieses Problem ernst, dann ist eine Neubestimmung unseres Verhältnisses zur Natur dringend geboten. Diese Neubestimmung geht über ein utilitaristisches Interesse hinaus, das gebietet, nicht „den Ast abzusägen, auf dem man sitzt" (ebd., 27). Gefordert ist vielmehr, die „anthropozentrische Beschränkung aller früheren Ethik" (ebd., 29) zu überdenken. Das bedeutet, dass nicht nur – wie Kant betonte – der Mensch einen Zweck an sich selbst darstellt, sondern auch die außermenschliche belebte Natur. Entgegen der herrschenden Auffassung in Wissenschaft und Technik, die die gesamte Natur in das kausale Schema von Zufall und Notwendigkeit einspannt und sie „aller Würde von Zwecken entkleidet" (ebd.), wird ein Denken, das bereit ist, auch in der außermenschlichen, belebten Natur Zwecke anzuerkennen, in neuer Weise hellhörig für diese „selbsteigene Würde der Natur" (ebd., 246); denn „ein stummer Appell um Schonung ihrer Integrität scheint von der bedrohten Fülle der Lebenswelt auszugehen" (ebd., 29).

Auswirkungen hätte die veränderte Einstellung zur Natur auch auf die Politik. Während die antike *polis* eine „Enklave in der nichtmenschlichen Welt" darstellte, dehnt sich die Menschenwelt im Zuge der fortschreitenden Technik „über das Ganze der irdischen Natur aus und usurpiert ihren Platz. [...] das Natürliche ist von der Sphäre des Künstlichen verschlungen worden; und gleichzeitig erzeugt das totale Artefakt, die zur Welt gewordenen Werke des Menschen, die auf ihn und durch ihn selbst wirken, eine neue Art von ‚Natur', das heißt eine eigene dynamische

Notwendigkeit, mit der die menschliche Freiheit in einem gänzlichen neuen Sinn konfrontiert ist" (ebd., 33).

Der Mensch schafft sich mit Hilfe der Technik eine künstliche Welt, in der die Natur als Grundlage des Lebens in ihrer Eigenständigkeit und ihrem eigenen Recht zu verschwinden droht. Das sich daraus ergebende Gefüge von Notwendigkeiten bedroht den Menschen in seiner physischen Existenz und in seiner moralischen Freiheit. In dieser Situation ergibt sich für Jonas ein neuer ethisch relevanter Imperativ. Er lautet: ‚'Handle so, daß die Wirkungen deiner Handlung verträglich sind mit der Permanenz echten menschlichen Lebens auf Erden'; oder negativ ausgedrückt: ‚Handle so, daß die Wirkungen deiner Handlung nicht zerstörerisch sind für die künftige Möglichkeit solchen Lebens'" (ebd., 36).

Doch die Technik macht nicht bei der Beherrschung der außermenschlichen Natur halt. Der Mensch selbst wird zum „Objekt der Technik". „Homo faber" wendet seine Kunst auf sich selbst an und beginnt, „den Erfinder und Verfertiger alles Übrigen erfinderisch neu zu fertigen" (ebd., 47). Das erste von ihm genannte Beispiel dieser spezifischen Technik ist das Programm der Lebensverlängerung. Die Fortschritte in der Zellbiologie eröffnen die Aussicht, „den biochemischen Altersprozessen entgegenzuwirken und die menschliche Lebensspanne zu verlängern, vielleicht gar auf unbestimmte Zeit hinauszuziehen. Der Tod erscheint nicht mehr als eine zur Natur des Lebendigen gehörige Notwendigkeit, sondern als eine vermeidbare […] organische Fehlleistung" (ebd., 48). Gelänge es, diese „Fehlleistung" zu korrigieren, dann verlöre die biologische Balance von Tod und Fortpflanzung an Bedeutung. Doch wessen Leben soll auf unbestimmte Zeit verlängert werden? Sind es die Wichtigen, die Zahlungskräftigen oder jeder? In jedem Fall aber „ist der Preis für ausgedehntes Alter eine proportionale Verlangsamung des Ersatzes, das heißt ein verminderter Zugang neuen Lebens. Das Resultat wäre eine abnehmende Proportion von Jugend in einer zunehmend alten Bevölkerung" (ebd., 49). Das bedeutet im Extrem, dass wir, um den Tod abschaffen zu können, auch die Fortpflanzung abschaffen müssen.

Können wir das wollen? Jonas erwägt: Vielleicht besteht die „Weisheit" der uns von Natur aus zukommenden Sterblichkeit gerade darin, „daß sie uns das ewig erneute Versprechen bietet, das in der Anfänglichkeit, der Unmittelbarkeit und dem Eifer der Jugend liegt, zusammen mit der stetigen Zufuhr von Andersheit als solcher" (ebd.). Jonas verwirft die technische Utopie einer unbegrenzten Lebenszeit. Er sagt: „Dies immer-wieder-Anfangen, das nur um den Preis des immer-wieder-Endens zu haben ist, kann sehr wohl die Hoffnung der Menschheit sein" (ebd.). Und das würde bedeuten, dass das „philanthropische Geschenk der Wissenschaft an den Menschen, [...] – dem Fluch der Sterblichkeit zu entrinnen – zum Nachteil des Menschen ausschlägt" (ebd., 50).

Das zweite Beispiel betrifft die technischen Verfahren der Verhaltenskontrolle. Auch hier liegt manches im Bereich des Möglichen, anderes ist noch Utopie. Jonas zählt eine Reihe solcher Techniken auf. Zu ihnen gehören eine „Seelenkontrolle mittels chemischer Agenzien oder in direkter elektrischer Einwirkung aufs Gehirn durch implantierte Elektroden", Methoden, deren Ambivalenz nicht zu leugnen ist. Sie können der „Befreiung geisteskranker Patienten von quälenden und funktionsstörenden Symptomen" dienen, aber auch auf dem Wege eines unauffälligen Übergangs zur „Erleichterung der *Gesellschaft* von der Lästigkeit schwierigen individuellen Benehmens" führen (ebd., 51). Und weiter: „Sollen wir Lerneinstellungen in Schulkindern durch Massenverabfolgung von Drogen induzieren und so den Appell an autonome Motivation umgehen? Sollen wir Aggression durch elektronische Pazifizierung von Gehirnregionen überwinden?" (ebd.) Schließlich ist auch der Bereich der Wirtschaft nicht auszuklammern. „Geschäftsbetriebe könnten Interesse an manchen dieser Techniken für die Leistungssteigerung unter ihren Angestellten haben" (ebd.). All diese Techniken werfen Fragen der „Menschenrechte" und der menschlichen Würde auf.

Die Beispiele haben eins gemeinsam. Sie ersetzen den moralisch-praktischen Umgang der Menschen miteinander durch Technik; sie machen aus dem Menschen ein manipulierbares Objekt. Jonas betont: Jedesmal, „wenn wir in solcher Weise den menschlichen Weg der Behandlung menschlicher Probleme umgehen und durch den Kurzschluß eines unpersönlichen Mechanismus ersetzen, haben wir etwas von der Würde persönlicher Selbstheit hinweggenommen und einen weiteren Schritt voran auf dem Wege von verantwortlichen Subjekten zu programmierten Verhaltenssystemen getan" (ebd., 52).

Das dritte Beispiel, das – so Jonas – eine eigene, ausführliche Erörterung verlangt, umreißt er so: Es handelt sich um den Bereich „einer auf den Menschen angewandten Technologie – der genetischen Kontrolle zukünftiger Menschen" (ebd., 52). Es geht dabei um nichts weniger als darum, „daß der Mensch seine eigene Evolution in die Hand nehmen will, mit dem Ziel nicht bloß der Erhaltung der Gattung in ihrer Integrität, sondern ihrer Verbesserung und Veränderung nach eigenem Entwurf" (ebd.). Das technische Wissen ist „in Gestalt der Naturwissenschaft" in einem rasanten Tempo gewachsen; aber es hat „die bloße Idee von Norm als solcher zerstört". Durch dieses Wissen wurde zunächst „die *Natur* in

Hinsicht auf Wert ‚neutralisiert', dann auch der Mensch. Nun zittern wir in der Nacktheit eines Nihilismus, in der größte Macht sich mit größter Leere paart, größtes Können mit geringstem Wissen davon, wozu" (ebd., 57). Eine Schranke gegenüber diesem Nihilismus könnte nur eine in der Religion beheimatete „Wiederherstellung der Kategorie des Heiligen" (ebd.) bieten. Doch diese ist durch die „wissenschaftliche Aufklärung zerstört" (ebd.) worden. Das bedeutet für die Gegenwart: Eine „Religion, die nicht da ist, kann der Ethik ihre Aufgabe nicht abnehmen" (ebd., 58; vgl. Jonas 1997, 403). Aber während von der Religion gesagt werden kann, dass es sie „gibt oder nicht gibt, gilt von der Ethik, daß es sie geben muß. Es muß sie geben, weil Menschen handeln" (Jonas 1984, 58).

Die Aufgabe heutiger Ethik ist es, eine „entfesselte Technologie" (ebd., 327) zu zähmen. Sie geht über die der traditionellen weit hinaus. Sie kann sich nicht auf ein der Ethik selbst zugehöriges praktisches Wissen beschränken, sondern muss den Anstoß geben für die Erarbeitung theoretischen Wissens im Bereich von Naturwissenschaft und Technik. Um die Gefahren der Technik realistisch einschätzen zu können, ist „eine Wissenschaft hypothetischer Vorhersagen, eine ‚vergleichende Futurologie'", notwendig (ebd., 62 f.). Diese Wissenschaft konzentriert sich bewusst auf die Gefahren, weil schon jetzt die Erkenntnis vorliegt, dass eine „entfesselte Technologie" das ökologische Gleichgewicht bedroht. Diese Bedrohung rechtfertigt eine „Heuristik der Furcht" (ebd., 64). Sie bezieht ihre Gründe daraus, dass sich die moderne Technik im Unterschied zur Evolution, die sich stets in kleinen Schritten vollzieht und „nie aufs Ganze geht und sich deshalb unzählige ‚Irrtümer' im einzelnen leisten kann" (ebd., 70), keine Zeit lässt. Dazu kommt, dass sie die tatsächlichen, bereits scheinbar kleinen Eingriffe in die Natur in ihren Konsequenzen nicht wirklich überschauen kann und in dem Maße, in dem sie „den Einsatz steigert [...] auch nicht mehr die Zeit zur Korrektur" hat (ebd., 71).

Angesichts dieser Situation hat eine Verantwortungsethik deutlich zu machen, was zu verlieren ist und was, möglicherweise leichtfertig, aufs Spiel gesetzt wird. Jonas betont: Es „ist zu bedenken, daß es das Erbe einer vorangegangenen Evolution zu wahren gibt, das schon deswegen nicht so ganz schlecht sein kann, weil es seinen jetzigen Inhabern die (sich selber zugesprochene) Fähigkeit vermacht haben soll, über gut und schlecht zu befinden. Dieses Erbe ist verlierbar" (ebd., 72 f.). Das Ziel des Schutzes der Lebensmöglichkeiten der Menschen und der Bewahrung der Biosphäre vor gefährlichen Eingriffen hat daher einen absoluten Vorrang vor jedem „Meliorismus", d. h. vor einem „*Fortschritt*, der ehrgeizigstenfalls auf die Herbeiführung eines irdischen Paradieses zielt. Er und seine

Werke stehen daher eher im Zeichen des Übermuts als der Notwendigkeit"
(ebd., 79). Die Abwägung der Vor- und Nachteile von technischen Interventionen gleichen, angesichts der oft unvorhersehbaren Konsequenzen,
einer Wette. Doch der entscheidende Grundsatz einer Verantwortungsethik, der den Charakter eines ‚kategorischen Imperativs' (vgl. ebd., 91)
hat, darf dabei nicht in Frage gestellt werden: „Niemals darf Existenz oder
Wesen des Menschen im Ganzen zum Einsatz in den Wetten des Handelns
gemacht werden" (ebd., 81). Er lautet in seiner einfachsten Form, *„daß es
Menschen* gebe, mit der Betonung gleicherweise auf dem Daß und auf dem
Was des Existierensollens" (ebd., 91 f.). Die Verantwortung besteht dabei
nicht einmal gegenüber den Ungeborenen einer fernen Zukunft, die real
noch gar nicht wahrgenommen werden kann, sondern betrifft die „*Idee* des
Menschen" (ebd., 91).

Richtig ist aber, dass aus dem Sein von Menschen geschlossen wird, dass
es sie auch in Zukunft geben soll. Damit wird aber, wie Jonas betont, gegen
das „ontologische Dogma" (ebd., 235) verstoßen, dass aus einem Sein kein
Sollen geschlossen werden kann. Doch dies Dogma hat eine keineswegs
selbstverständliche ontologische Basis. Es negiert den Gedanken, dass im
Sein selbst ein Soll bereits angelegt sein kann. Jonas verdeutlicht das am
Beispiel des „Neugeborenen". Dieses eine Beispiel reicht, um das „ontologische Dogma zu brechen" (ebd.). Es ist „das Neugeborene, dessen bloßes
Atmen unwidersprechlich ein Soll an die Umwelt richtet, nämlich: sich
seiner anzunehmen. Sieh hin und du weißt. Ich sage ‚unwidersprechlich',
nicht ‚unwiderstehlich'; denn natürlich lässt sich der Kraft dieses wie jedes
Soll widerstehen, sein Ruf kann auf Taubheit stoßen (obwohl mindestens
im Falle der Mutter dies als Entartung angesehen wird) oder durch andere
‚Rufe' wie etwa vorgeschriebene Kindesaussetzung, Erstgeburtsopfer und
dergleichen, ja schon durch den nackten Selbsterhaltungstrieb übertönt
werden – an der Unwidersprechlichkeit des Anspruchs als solchen und
seiner unmittelbaren Evidenz ändert dies nichts. […] Ich meine wirklich strikt, daß hier das Sein eines einfach ontisch Daseienden ein Sollen
für Andere immanent und ersichtlich beinhaltet, und es auch dann täte,
wenn nicht die Natur durch mächtige Instinkte und Gefühle diesem Sollen
zuhilfe käme; ja meist das Geschäft ganz abnähme" (ebd.). Dieser Blick auf
den „Urgegenstand der Verantwortung" entgeht dem Naturwissenschaftler,
der in dem Säugling nur „ein Konglomerat von Zellen, welche ihrerseits
Konglomerate von Molekülen sind", sehen kann (ebd., 236).

Wie stellt sich die Situation in der Gegenwart dar? Die Entwicklung
hat inzwischen dazu geführt, „daß wir in einer apokalyptischen Situation
leben, das heißt im Bevorstand einer universalen Katastrophe, wenn wir den

jetzigen Dingen ihren Lauf lassen" (ebd., 251). Bacons Formel, „daß Wissen Macht ist", hat zu einem „selbstzerstörerischen Fortschritt" geführt (ebd., 253). Aus der ersten Stufe der Macht, die in der Herrschaft des Menschen über die Natur bestand, hat sich eine zweite Stufe entwickelt, „die schon nicht mehr die des Menschen ist, sondern die der Macht selber, ihrem vermeintlichen Besitzer ihren Gebrauch zu diktieren, ihn zum willenlosen Vollstrecker seines Könnens zu machen, also anstatt den Menschen zu befreien ihn zu verknechten" (ebd., 254). Notwendig wäre in dieser Situation eine dritte Stufe der Macht, „die den Menschen wieder – und noch rechtzeitig – in die Kontrolle ‚seiner' Macht einsetzt […]. Sie muß nach Lage der Dinge von der Gesellschaft ausgehen, da keine private Einsicht, Verantwortung oder Angst an ihre Aufgabe heranreicht" (ebd.). Die „westlichen Industriegesellschaften" und die in ihr herrschende „‚freie' Wirtschaft" ist dazu nicht in der Lage, denn sie ist ja gerade „der Herd der Dynamik […], die der Todesgefahr zutreibt" (ebd.).

Und obgleich die Gefahr einer sich verselbständigenden Technik totaler Naturbeherrschung in ihrer Dimension bisher kaum erkannt ist, entsteht bereits eine weitere durch die moderne Gentechnologie, die, anders als die bisherigen illusionären sozialistischen Utopien, für die der „utopische Mensch" (ebd., 382) das Ziel war, konkrete Züge annimmt. Noch vor dem Versuch der gentechnologischen Manipulation des menschlichen Erbgutes ist von der „pränatalen Diagnostik" zu sprechen. Sie reicht von „defensiver zu melioristischer Erbstrategie" (Jonas 1985, 175). Zur ersten gehört die Abtreibung in dem Fall, dass „ein schwerer und inkorrigibler Schadensbefund, wie Mongolismus" (ebd.) vorliegt; zum zweiten die in einigen Ländern verbreitete pränatale „Geschlechtswahl".

Der nächste Schritt ist die *Eugenik,* die man in eine positive und eine negative unterscheiden kann. Jonas bemerkt: „Über positive Eugenik als planmäßige menschliche Zuchtwahl mit dem Ziel der Art*verbesserung* können wir uns nach der abschreckenden Probe aus jüngster deutscher Vergangenheit kurz fassen" (ebd., 176). Sie ist auch bei „gutartigster" Haltung durch die „wesentliche Blindheit des Versuches" in ihrem Erfolg fragwürdig. Anders ist es bei negativer *Eugenik.* Jonas konstatiert: „Daß Diabetes, Epilepsie, Schizophrenie, Hämophilie unerwünscht sind – den Leidenden wie den Mitmenschen -, ist unbestritten" (ebd., 177). Gleichwohl ist er vorsichtig, hier eine Empfehlung auszusprechen. Sein Urteil lautet: „Außer bei den unzweideutigsten Gegenständen *negativer* Eugenik, wo der hohe Humanpreis solcher Einmischung gerade noch zu rechtfertigen ist, […] erkaufen wir *keine* größere Sicherheit mit dem Eintausch des Ungeplanten gegen das Geplante" (ebd., 178).

Völlig zu verwerfen ist seiner Meinung nach das *Klonieren* von Menschen, d. h. „eine Form ungeschlechtlicher Vermehrung" durch eine genetisch „exakte Kopie" (ebd., 180). Im Unterschied zu eineiigen Zwillingen, die parallel aufwachsen und daher ihre jeweils eigene Lebensgeschichte haben, wird dem geklonten Menschen als einer genetischen Kopie ein Muster seines Lebens vorgegeben. Jonas formuliert ein „Recht auf Unwissen" so: „Niemals darf einem ganzen Dasein das Recht zu jener Ignoranz versagt werden, die eine Bedingung der Möglichkeit authentischer Tat, d. h. der Freiheit überhaupt ist" (ebd., 194).

Die Wirkungsgeschichte von Jonas hat in der philosophischen und politischen Diskussion deutliche Spuren hinterlassen. Seine „Unheilsprophetie" hat sich in mehrfacher Hinsicht bestätigt. Sie betrifft nicht nur den Ressourcenverbrauch und das rasante Artensterben, sondern, im Zuge der fortschreitenden Erderwärmung, die gesamte Biosphäre. Langsam entwickelt sich ein Bewusstsein dafür, dass der Mensch mit der Technik eine Denkweise erzeugt, die in zunehmendem Maße Macht über ihn gewinnt. Als bloßes Objekt, so die wachsende Einsicht, verliert der Mensch gegenüber einer sich verselbständigenden Technik seine Freiheit. Einen Meilenstein stellen die von Jonas erörterten, aber längst noch nicht ausgeschöpften, Möglichkeiten der Gentechnik dar. Fragen der Gentechnologie finden zurzeit im Begriff „Genetisches Enhancement" (vgl. Bohlken/Thies 2009, 108), d. h. einer genetischen „Verbesserung" des Menschen, einen neuen Anknüpfungspunkt.

Aus den Gefahren einer „entfesselten Technologie" scheint es nur einen Ausweg zu geben: An die Stelle der Herrschaftsideologie muss der Gedanke der Vermittlung treten, die das ökologische Gleichgewicht beachtet und das Recht des menschlichen Lebens und die Würde der Person respektiert. Nur so kann der Primat der praktischen Philosophie vor einer sich verselbständigenden Technik gewahrt bleiben.

3   Technik als Ideologie (Habermas)

Statt Natur als Gegen*stand* möglicher technischer Verfügung zu behandeln, können wir ihr als Gegen*spieler* einer möglichen Interaktion begegnen. Statt der ausgebeuteten Natur können wir die brüderliche suchen. Auf der Ebene einer noch unvollständigen Intersubjektivität können wir Tieren und Pflanzen, selbst den Steinen, Subjektivität zumuten und mit Natur *kommunizieren,* statt sie, unter Abbruch der Kommunikation, bloß zu *bearbeiten.* Und eine eigentümliche Anziehungskraft, um das mindeste zu sagen, hat jene Idee behalten, daß eine noch gefesselte Subjektivität der Natur nicht wird entbunden werden können, bevor nicht die Kommunikation der Menschen untereinander von Herrschaft frei ist. Erst wenn Menschen zwanglos kommunizierten und jeder sich im anderen erkennen könnte, könnte womöglich die Menschengattung Natur als ein anderes Subjekt [...] erkennen.

Wie immer dem sei, die Leistungen der Technik, die als solche unverzichtbar sind, könnten durch eine Natur, die die Augen aufschlägt, gewiß nicht substituiert werden. Die Alternative zur bestehenden Technik, der Entwurf der Natur als des Gegenspielers statt des Gegenstandes, bezieht sich auf eine alternative Handlungsstruktur; auf symbolisch vermittelte Interaktion im Unterschied zum zweckrationalen Handeln.

(Jürgen Habermas: Technik und Wissenschaft als ,Ideologie'. Frankfurt a. M. 1969, S. 57).

Nach seiner Berufung auf einen philosophischen Lehrstuhl an der Universität Frankfurt a. M. hält Habermas dort am 28.6. 1965 seine Antrittsvorlesung mit dem Titel ,Erkenntnis und Interesse' (s. Abschn. I.4). In Anlehnung an Webers Begriff des „Erkenntnis*interesses*" (vgl. Weber 1988, 161) entwickelt er sein Konzept von unterschiedlichen „erkenntnisleitenden Interessen" (Habermas 1969, 155). Sie sind Teil einer „kritischen Wissenschaftstheorie, die den Fallstricken des Positivismus entgeht" (ebd.). Es gibt erstens ein *„technisches"* Interesse, das den „empirisch-analytischen" Wissenschaften zugrunde liegt, zweitens ein *„praktisches"* Interesse, das den „historisch-hermeneutischen" Wissenschaften zuzuordnen ist und drittens das *„emanzipatorische* Erkenntnisinteresse", das in den „Ansatz kritisch orientierter Wissenschaften" eingeht (ebd., 155), (vgl. Iser/Srecker 2010).

Zum technischen Erkenntnisinteresse gehört der Gedanke, „daß erfahrungswissenschaftliche Theorien die Wirklichkeit unter dem leitenden Interesse an der möglichen informativen Sicherung und Erweiterung erfolgskontrollierten Handelns erschließen. Dies ist das Erkenntnisinteresse an der technischen Verfügung über vergegenständlichte Prozesse" (Habermas 1969, 157).

Im Unterschied dazu ist anzunehmen, „daß die hermeneutische Forschung die Wirklichkeit unter dem leitenden Interesse an der Erhaltung und der Erweiterung der Intersubjektivität möglicher handlungsorientierender Verständigung erschließt. Sinnverstehen richtet sich seiner Struktur nach auf möglichen Konsensus von Handelnden im Rahmen eines tradierten Selbstverständnisses. Dies nennen wir, im Unterschied zum technischen, das praktische Erkenntnisinteresse" (ebd., 158).

Die „systematischen *Handlungswissenschaften*" (ebd.), zu denen Ökonomie, Soziologie und Politik gehören, haben das Ziel, *nomologisches* Wissen
hervorzubringen. Eine „kritische Sozialwissenschaft" bleibt aber nicht dabei
stehen. Sie hat das Interesse, „ideologisch festgefrorene, im Prinzip aber ver-
änderliche Abhängigkeitsverhältnisse" (ebd.) zu erfassen. Ihre Aufgabe ist
die „*Ideologiekritik*". Sie löst damit, „ebenso übrigens wie die *Psychoanalyse*
[…] einen Vorgang der Reflexion" aus, der den Charakter einer „Selbstreflexion" annimmt. „Diese löst das Subjekt aus der Abhängigkeit von
hypostasierten Gewalten. Selbstreflexion ist von einem emanzipatorischen
Erkenntnisinteresse bestimmt. Die kritisch orientierten Wissenschaften
teilen es mit der Philosophie" (ebd., 159). Selbstreflexion ist verbunden mit
dem „Interesse an Mündigkeit" und dieses artikuliert sich im Medium der
Sprache. „Mit ihrer Struktur ist Mündigkeit *für uns* gesetzt. Mit dem ersten
Satz ist die Intention eines allgemeinen und ungezwungenen Konsensus
unmißverständlich ausgesprochen" (ebd., 163). Das Interesses an Mündigkeit gilt einer „emanzipierten Gesellschaft", die sich zu einem „herrschaftsfreien Dialog aller mit allen entfaltet" (ebd., 164). In ihm kommt es nicht
nur zu einer zwanglosen, „wechselseitig gebildeten Identität des Ich",
sondern auch zur Übereinstimmung von Aussagen. „Insofern gründet die
Wahrheit von Aussagen in der Antizipation des gelungenen Lebens" (ebd.).

In seinem Aufsatz ‚Technischer Fortschritt und soziale Lebenswelt' (ebd.,
104–119) macht Habermas darauf aufmerksam, dass sich zwischen dem
technischen Interesse und dem praktischen in der Gegenwart zunehmend
eine Kluft auftut. Das durch die Erfahrungswissenschaften erarbeitete
technische Wissen und das praktische Wissen der sozialen Lebenswelt
klaffen immer weiter auseinander. „Die strikt erfahrungswissenschaftlichen
Informationen können in die soziale Lebenswelt nur auf dem Wege ihrer
technischen Verwertung, als technologisches Wissen, eingehen: hier dienen
sie der Erweiterung unserer technischen Verfügungsgewalt. Sie liegen also
nicht auf der gleichen Ebene wie das handlungsorientierende Selbstverständnis sozialer Gruppen" (ebd., 106).

Mit dieser Kluft entsteht das Problem der Aufspaltung der Gesellschaft
in zwei „Kulturen" (ebd., 104). Gibt es Ansätze für die Lösung dieses
Problems? Während der unvoreingenommene Betrachter darin eine Aufgabe für die Praxis erkennen mag, tendiert die gesellschaftliche Entwicklung
– so Habermas – zu einer technischen Lösung. Das naturwissenschaftlich
begründete technische Denken hat in der Neuzeit eine solche Dynamik
erreicht, dass ihr schließlich die Lösung aller gesellschaftlichen Probleme
übertragen wird. „Erst sind die Produktionsverfahren durch wissenschaftliche Methoden revolutioniert worden; dann wurden die Erwartungen

des technisch richtigen Funktionierens auch auf gesellschaftliche Bereiche übertragen, die sich im Gefolge jener Industrialisierung der Arbeit verselbständigt haben und deshalb einer planmäßigen Organisation entgegenkommen. Die wissenschaftlich ermöglichte Gewalt technischer Verfügung über Natur wird heute auch auf die Gesellschaft direkt ausgedehnt" (ebd., 112).

Diese Tendenz, die unumkehrbar zu sein scheint, da sich in ihr das Signum unseres Zeitalters manifestiert, das man wohl mit Recht als das technische bezeichnen kann, hat eine fatale Konsequenz. Sie überträgt die Entscheidungsbefugnis von miteinander kommunizierenden Menschen auf den technischen Apparat der jeweils höchsten wissenschaftlichen Effektivität. Allerdings kann die Lösung dieses Problems auch nicht in der bloßen Negation der Technik liegen. Habermas bemerkt: „Wenn aber Technik aus Wissenschaft hervorgeht, und ich meine die Technik der Beeinflussung menschlichen Verhaltens nicht weniger als die Beherrschung der Natur, dann verlangt das *Einholen dieser Technik in die praktische Lebenswelt,* das Zurückholen der technischen Verfügung partikularer Bereiche in die Kommunikation handelnder Menschen erst recht der wissenschaftlichen Reflexion" (ebd., 112 f.).

Zu bedenken ist, dass die Technik keineswegs nur das Problem fortgeschrittener Industriegesellschaften ist, sondern der „Menschengattung" insgesamt. „Die Menschengattung hat sich mit den ungeplanten soziokulturellen Folgen des technischen Fortschritts selbst herausgefordert [...]. Dieser Herausforderung der Technik ist durch Technik allein nicht zu begegnen. Es gilt vielmehr, eine politisch wirksame Diskussion in Gang zu bringen, die das gesellschaftliche Potential an technischem Wissen und Können zu unserem praktischen Wissen und Wollen rational verbindlich in Beziehung setzt" (ebd., 118).

Es ist die Aufgabe einer kritischen Sozialwissenschaft und einer ihr entsprechenden Philosophie, ihren Beitrag zu dieser Diskussion zu leisten. Der entscheidende Schritt besteht zunächst darin, in einer ideologiekritischen Analyse das herrschende „technokratische Bewußtsein" als das zu benennen, was es ist: nämlich als Ideologie. Habermas unternimmt die Analyse in seinem Aufsatz ‚Technik und Wissenschaft als ‚Ideologie'" aus dem Jahre 1968 (ebd., 48–103). Zunächst weist er noch einmal darauf hin, dass das technische Interesse, das sich am Modell eines zweckrationalen, erfolgskontrollierten Handelns orientiert, in zunehmendem Maße zum vorherrschenden Muster der modernen Industriegesellschaft wird. Er erläutert diesen Sachverhalt so: „Wenn man mit Arnold Gehlen die innere Logik der technischen Entwicklung darin sieht, daß der Funktionskreis zweckrationalen Handelns schrittweise [...] auf die Ebene von Maschinen übertragen wird, dann könnte jene technokratisch gerichtete Intention als eine letzte Stufe dieser Entwicklung verstanden werden" (ebd., 82). Diese Intention wird zu einer „Ideologie [...], die praktische Fragen ausklammert" (ebd., 83).

Die Technik als Ideologie durchzieht alle Lebensbereiche. Sie hat nicht zuletzt Auswirkungen auf das politische Bewusstsein des Bürgers. „Die Entpolitisierung der Masse der Bevölkerung, die durch ein technokratisches Bewußtsein legitimiert wird, ist zugleich eine Selbstobjektivation der Menschen in Kategorien gleichermaßen des zweckrationalen Handelns wie des adaptiven Verhaltens [...]. Der ideologische Kern dieses Bewußtseins ist *die Eliminierung des Unterschieds von Praxis und Technik*" (ebd., 91). Mit Blick auf die in seiner Antrittsvorlesung getroffene Unterscheidung der drei „erkenntnisleitenden Interessen" lässt sich feststellen, dass das technokratische Bewusstsein und die mit ihm einhergehende Ideologie nicht nur die Vormachtsstellung gegenüber den beiden anderen gewonnen haben, sondern diese sogar verdrängen.

„Die neue Ideologie verletzt mithin ein Interesse, das an einer der beiden fundamentalen Bedingungen unserer kulturellen Existenz haftet: an Sprache, genauer an der durch umgangssprachliche Kommunikation bestimmten Form der Vergesellschaftung und Individuierung. Dieses Interesse erstreckt sich auf die Erhaltung einer Intersubjektivität der Verständigung ebenso wie auf die Herstellung einer von Herrschaft freien Kommunikation. Das technokratische Bewußtsein läßt dieses praktische Interesse hinter dem an der Erweiterung unserer technischen Verfügungsgewalt verschwinden" (ebd., 91).

Um dieser fatalen Tendenz entgegenzuwirken, d. h. dem Menschen die Chance zu geben, sich aus der Dominanz der Technik zu befreien und die Natur nicht als „Gegen*stand*", sondern als „Gegen*spieler*" (s. Zitat) zu begreifen, ist es notwendig, dem bereits von Max Weber diagnostizierten Prozess der Rationalisierung einen neuen Sinn zu geben. „Die öffentliche, uneingeschränkte und herrschaftsfreie Diskussion über die Angemessenheit und Wünschbarkeit von handlungsorientierenden Grundsätzen und Normen im Lichte der soziokulturellen Rückwirkungen von fortschreitenden Sub-Systemen zweckrationalen Handelns – eine Kommunikation dieser Art auf allen Ebenen der politischen und der wieder politisch gemachten Willensbildungsprozesse ist das einzige Medium, in dem so etwas wie ‚Rationalisierung' möglich ist" (ebd., 98).

Mehr als drei Jahrzehnte nach diesen Überlegungen setzt sich Habermas in seinem Buch *Die Zukunft der menschlichen Natur Auf dem Weg zu einer liberalen Eugenik* ? (2013) erneut mit einer Entwicklung der Technik auseinander, die in radikaler Weise das Selbstverständnis des Menschen berührt. Es sind die Fragen der Gentechnik. Sie fordern das moralische Bewusstsein in einer bisher nicht gekannten Weise heraus. Bevor Habermas daher auf die zu erörternden Fälle gentechnischer Manipulation zu sprechen kommt, thematisiert er das gegenwärtige vorherrschende moralische Bewusstsein der Gesellschaft. Er stellt fest, dass die normativen Grundlagen der traditionalen Gesellschaften, seien sie religiös oder metaphysisch bestimmt, an Geltung verloren haben. Der Weg, der mit den großen Religionsstiftern begann und bis zu Hegels Theorie der Sittlichkeit mit ihrem „Gefüge von Familie, bürgerlicher Gesellschaft und konstitutioneller Monarchie" reichte, ist an ein Ende gekommen. Der Zusammenbruch des Idealismus hat der traditionellen Sittlichkeit ihren Boden entzogen (vgl. Löwith 1988, IV). Der erste europäische Denker, der daraus seine individuellen Konsequenzen zog, war Kierkegaard. In seiner Kritik an Hegels Philosophie, die nur über das Allgemeine spreche, thematisiert er die Situation des „Einzelnen", der unabgesichert durch allgemeine Normen seine existentiell bedeutsamen Entscheidungen treffen muss. „Kierkegaard war der Erste, der die ethische Grundfrage nach dem Gelingen und Misslingen des eigenen Lebens mit einem nachmetaphysischen Begriff des ‚Selbstseinkönnens' beantwortet hat" (Habermas 2013, 17).

Die Frage nach einem gelungenen Leben bleibt zwar nach wie vor aktuell, aber an Stelle einer allgemeinen, metaphysisch begründeten Handlungsorientierung gibt es nun einen „weltanschaulichen Pluralismus" (ebd., 18). Die Metaphysik ist an ihr Ende gekommen. Habermas bemerkt: „Der politische Liberalismus eines John Rawls markiert den Endpunkt dieser Entwicklung. Er reagiert auf den Pluralismus der Weltanschauungen und auf die fortschreitende Individualisierung der Lebensstile. Er zieht aus dem Scheitern der philosophischen Versuche, bestimmte Lebensweisen als vorbildlich oder allgemein verbindlich auszuzeichnen, die Konsequenz. Die ‚gerechte Gesellschaft' stellt allen Personen anheim, was sie ‚mit der Zeit ihres Lebens anfangen' wollen. Sie garantiert jedem die gleiche Freiheit, ein ethisches Selbstverständnis zu entwickeln, um eine persönliche Konzeption vom ‚guten Leben' nach eigenem Können und Gutdünken zu verwirklichen" (ebd., 12 f.). Diese Freiheit darf auch in einem demokratischen Rechtsstaat nicht durch Mehrheitsentscheidungen beschnitten werden. Staat und Gesellschaft müssen sich mit Blick auf alle Fragen einer allgemeinverbindlichen, metaphysisch begründeten Ethik Enthaltsamkeit auferlegen.

Allerdings – so Habermas – gilt auch: „Die postmetaphysische Enthaltsamkeit stößt jedoch interessanterweise an ihre Grenze, sobald es um Fragen einer ‚Gattungsethik' geht. Sobald das ethische Selbstverständnis sprach-

und handlungsfähiger Subjekte *im Ganzen* auf dem Spiel steht, kann sich die Philosophie inhaltlichen Stellungnahmen nicht mehr entziehen./ In dieser Situation befinden wir uns heute. Der Fortschritt der Biowissenschaften und die Entwicklung der Biotechnologien erweitern nicht nur bekannte Handlungsmöglichkeiten, sondern ermöglichen einen neuen Typus von Eingriffen. Was bisher als organische Natur ‚gegeben' war und allenfalls ‚gezüchtet' werden konnte, rückt nun in den Bereich der zielgerichteten Intervention" (ebd., 27). Mit der Biotechnologie verlagert sich das Problem der Ethik vom zwischenmenschlichen Bereich auf die Natur. Eine Zuspitzung erfährt diese Entwicklung, wenn der Mensch selbst in seiner natürlich gewordenen Gestalt zum Gegenstand instrumenteller Eingriffe wird.

Der erste Schritt auf dem Weg zu einer „liberalen Eugenik" (ebd., 38) beginnt bereits dort, wo eine scheinbar gerechtfertigte „‚negative' Eugenik" von einer nicht akzeptierten „‚positiven' Eugenik" (ebd.) unterschieden wird. Während die „‚negative' Eugenik" ihre „Anwendung auf wenige wohl definierte Fälle schwerer, auch *den potentiell Betroffenen selbst* nicht zumutbarer Erbkrankheit beschränkt" (ebd., 37), geht es der „‚positiven' Eugenik" (ebd., 38) um die „Optimierung erwünschter Erbanlagen" (ebd., 41). Tatsächlich jedoch ist diese Grenze zwischen positiver und negativer Eugenik in der Praxis schwer zu ziehen. Habermas zitiert aus diesem Grunde die Warnung des deutschen Bundespräsidenten Rau, der in seiner Rede vom 18. 5. 2001 sich zu dem Problem wie folgt äußerte: „‚Wer einmal anfängt, menschliches Leben zu instrumentalisieren, wer anfängt, zwischen lebenswert und lebensunwert zu unterscheiden, der ist auf einer Bahn ohne Halt'" (ebd., 39). Innerhalb der ethischen Diskussion zu Fragen der Biotechnologie wird diese Überlegung als „‚Dammbruch-Argument'" (ebd.) bezeichnet.

Doch die Phantasie ehrgeiziger Wissenschaftler geht noch weiter. Ihnen geht es nicht mehr nur um Verbesserungen des menschlichen Erbguts an allgemein anerkannten verbesserungsbedürftigen Details, sondern um mehr. Da nämlich „medizinische Außenseiter heute schon am reproduktiven Klonen menschlicher Organismen arbeiten, drängt sich die Perspektive auf, dass die Menschengattung ihre biologische Evolution selbst in die Hand nehmen könnte" (ebd., 42). Setzte sich dieser Trend durch, so würde der Unterschied zwischen dem natürlich „‚Gewachsenen'" und dem technisch „‚Gemachten'" (ebd., 45) aufgehoben.

Mit der Entwicklung der Biotechnologie einher geht aber auch ein gravierender Wandel im Verständnis von Wissenschaft und Technik. Seit dem Beginn ihrer revolutionären Entwicklung in der Neuzeit galten beide als Motor des Fortschritts. Sie erleichterten das Leben und mehrten den

Wohlstand. Eine Beschränkung ihrer Entwicklung würde – so das Argument – nicht nur diesen Fortschritt aufs Spiel setzen, sondern darüber hinaus das in einer liberalen Demokratie so wichtige Gut der Freiheit der Wissenschaft selbst gefährden. Daher „erscheinen die legislativen Eingriffe in die Freiheit von biologischer Forschung und gentechnischer Entwicklung als vergebliche Versuche, sich gegen die dominierende Freiheitstendenz der gesellschaftlichen Moderne zu stemmen" (ebd., 48). Die Warnungen vor dieser Entwicklung werden daher als Errichtung „künstlicher Tabuschranken" (ebd., 49) als „Resakralisierung" der Natur, mindestens aber als „Moralisierung der menschlichen Natur" (ebd., 48) kritisiert.

So sehr Habermas das Konzept einer liberalen Demokratie befürwortet, zu dem selbstverständlich die Freiheit von Forschung und Lehre gehören, so eindringlich weist er darauf hin, dass es bei der Frage der „Moralisierung der menschlichen Natur" um ein Thema geht, das den Rahmen bisheriger ethischer Diskussion sprengt. Er konstatiert: „Ein ganz anderes Bild ergibt sich freilich, wenn man die ‚Moralisierung der menschlichen Natur' im Sinne der Selbstbehauptung eines gattungsethischen Selbstverständnisses begreift, von dem es abhängt, ob wir uns auch weiterhin als ungeteilte Autoren unserer Lebensgeschichte verstehen werden und uns gegenseitig als autonom handelnde Personen anerkennen können" (ebd., 49).

Die Frage berührt in elementarer Weise die Menschenrechte. Die im ersten Artikel unseres Grundgesetzes verbürgte „'Menschenwürde'" die als „'unantastbar'" (ebd., 59) deklariert wird, ist davon betroffen. Doch damit verbunden ist die Frage: Wann beginnt diese Würde? Gilt sie schon für den Embryo? Zwei extreme Antworten stehen sich gegenüber: „Die eine Seite beschreibt den Embryo im frühen Entwicklungsstadium als einen ‚Zellhaufen' und stellt ihm die Person des Neugeborenen gegenüber, der erst Menschenwürde im streng moralischen Sinne zukommen soll. Die andere Seite betrachtet die Befruchtung der menschlichen Eizelle als den relevanten Anfang eines bereits individuierten, sich selbst steuernden Entwicklungsprozesses. Nach dieser Auffassung soll jedes *biologisch bestimmbare* Gattungsexemplar schon als potentielle Person und Träger von Grundrechten gelten" (ebd., 59).

Habermas nimmt bei diesem Streit eine dritte Position ein. Auf der einen Seite betont er, dass von Person bei einem Embryo nicht die Rede sein kann, sondern erst bei seiner Geburt. „Erst im Augenblick der Lösung aus der Symbiose mit der Mutter tritt das Kind in eine Welt von Personen ein, die ihm *begegnen,* die es anreden und mit ihm sprechen können. Keineswegs ist das genetisch individuierte Wesen im Mutterleib [...] ‚immer schon' Person. Erst in der Öffentlichkeit einer Sprachgemeinschaft bildet sich das

Naturwesen zugleich zum Individuum und zur vernunftbegabten Person"
(ebd., 65). Um der falschen Alternative zu entgehen, die darauf hinaus-
läuft, den ungeborenen Menschen entweder als „Person" oder aber als „Zellhaufen" bezeichnen zu müssen, schlägt Habermas eine Unterscheidung vor,
nämlich die „zwischen der Würde des menschlichen Lebens und der jeder
Person rechtlich garantierten Menschenwürde" (ebd., 67).

Die „Würde des menschlichen Lebens" ist die entscheidende Kategorie zur Beurteilung der Gentechnik. Das bedeutet: „Die normative
Selbstbeschränkung im Umgang mit embryonalem Leben kann sich nicht
gegen gentechnische Eingriffe als solche richten" (ebd., 78), aber sie legt
dem Mediziner und Forscher eine besondere Verantwortung auf. Ver-
antwortungsvolle Mediziner stellen sich bei „gen*therapeutischen* Eingriffen
auch auf den Embryo als die zweite Person ein, die er einmal sein wird"
(ebd.). Dabei wird unterstellt, dass der später geborene und zur Person
gewordene Embryo im Nachhinein dem an ihm vorgenommen Eingriff
zustimmen wird. „Jedenfalls kann sich ein *unterstellter* Konsens nur auf die
Vermeidung unzweifelhaft extremer Übel beziehen, die, wie erwartet werden
kann, von allen abgelehnt werden" (ebd., 79).

Anders verhält es sich im Fall der eugenischen Programmierung
wünschenswerter Eigenschaften. Diese schließt im Prinzip an die im
Kontext von Rassenideologien entwickelten Konzepte der „Menschen-
züchtung" an (ebd., 122). Unabhängig davon bleibt positive Eugenik
für Habermas für folgenden Fall ausgeschlossen: „Eine eugenische
Programmierung wünschenswerter Eigenschaften und Dispositionen ruft
allerdings dann moralische Bedenken auf den Plan, wenn sie die betroffene
Person auf einen bestimmten Lebensplan festlegt, jedenfalls in der Freiheit
der Wahl eines eigenen Lebens spezifisch einschränkt" (ebd., 105).

Die Bedenken gehen sogar noch weiter. Selbst eine eugenisch
programmierte höhere Begabung muss nicht in jedem Fall von Vorteil sein.
Vielmehr stellt sich die Frage: „Wie wird der Betreffende seine differentielle
Begabung interpretieren und gebrauchen – gelassen und souverän oder in
rastlosem Ehrgeiz?" (ebd., 142). Vor- und Nachteile einer eugenischen
Programmierung lassen sich nicht im Voraus berechnen, denn sie klammern
die Lebenserwartungen der sich entwickelnden Person prinzipiell aus. Das
bedeutet: „Nicht einmal das hoch generalisierte Gut des gesunden Körpers
behält im Kontext verschiedener Lebensgeschichten denselben Wert. Eltern
können nicht einmal wissen, ob eine leichtere körperliche Behinderung
ihrem Kind nicht am Ende zum Vorteil ausschlagen wird" (ebd.).

Im Unterschied zu diesen starken moralischen Bedenken gegen jede Form
von Gentechnik konstatiert Habermas, dass die Diskussion dieser Frage in

den USA völlig anders verläuft. Für viele seiner „amerikanischen Kollegen"
gehe es nicht „um das Ob der weiteren gentechnischen Entwicklung"
sondern nur noch um das Wie. Gentherapie wird zu einem bedenkenlosen
„shopping in the genetic supermarket" (ebd., 128). In dieser Aussage artikuliert
sich der politische Standpunkt eines radikalen politischen Liberalismus.
„Aus dieser liberalen Sicht ist es nahezu eine Selbstverständlichkeit, Entscheidungen über die Zusammensetzung der genetischen Anlagen von
Kindern keiner staatlichen Regulierung zu unterwerfen, sondern den Eltern
zu überlassen" (ebd., 129). Betont werden die individuellen Grundrechte
des Einzelnen gegenüber dem Staat.

Im Gegensatz dazu verteidigt Habermas mit vielen anderen europäischen
Intellektuellen, so z. B. mit Jonas, die „Moralisierung der menschlichen
Natur". Dabei geht es um mehr als um eines der vielen drängenden
Probleme im Zeitalter der Technik. Habermas formuliert seine prinzipiellen
moralischen Bedenken gegenüber der Eugenik mit folgenden Worten:
„Normative Schranken im Umgang mit Embryonen ergeben sich aus der
Sicht einer moralischen Gemeinschaft von Personen, die die Schrittmacher
einer Selbstinstrumentalisierung der Gattung abwehrt, um – sagen wir: in
der gattungsethisch erweiterten Sorge um sich selbst – ihre kommunikativ
strukturierte Lebensform intakt zu halten" (ebd., 122). Deutlich kommt
in dieser Aussage das zentrale „erkenntnisleitende Interesse" von Habermas
zum Ausdruck: Die Bewahrung der Identität der Person kann nur gelingen,
wenn „kommunikative Vernunft" und „herrschaftsfreier Dialog" ihre
zentrale Bedeutung für das gesellschaftliche und politische Zusammenleben
behalten.

In ihrer Studie zu Habermas kommen Iser und Strecker zu folgendem
Urteil: „Jürgen Habermas ist der wohl bekannteste deutsche Philosoph und
Gesellschaftstheoretiker der Gegenwart. Zudem hat er spätestens seit den
1960er Jahren als einer der führenden Intellektuellen die politische Kultur
der Bundesrepublik Deutschland mit seinen kritischen Interventionen
maßgeblich beeinflusst" (Iser/Srecker 2010, 9).

4   ‚Naturgemäße Technik' und ‚ökologisches Bewusstsein' (Meyer-Abich/Pelluchon)

Eine naturphilosophisch fundierte Ethik sucht in der jetzigen Krise eine
Antwort auf die Platonische Frage zu finden, so wie es zu leben gilt. Denn
die jetzigen Lebensformen der Industriegesellschaft sind unsittlich: erstens

zu Lasten der natürlichen Mitwelt, wie vor allem das Artensterben zeigt; zweitens zu Lasten der Dritten Welt, auf längere Sicht besonders wegen der – durch unsere Art, im Wohlstand zu leben – absehbaren Klimaänderung, welche vor allem die Lebensgrundlagen in den armen Ländern des Südens schädigen wird; drittens zu Lasten der Nachwelt, welche von Generation zu Generation schlechtere Lebensbedingungen vorfindet, als die heute Lebenden – Menschen, Tiere, Pflanzen – sie vorgefunden haben; viertens zu Lasten der Mitbürger und des eigenen Gemeinwesens. Das eigene Leben darauf zu gründen, daß man andern schadet, hat noch nie und nirgends als moralisch vertretbar gegolten. Verstöße gegen die Moral aber sind ein Thema der Ethik.

(Klaus Michael Meyer-Abich: Praktische Naturphilosophie. München 1997, 282).

Klaus Michael Meyer-Abich wird 1936 als Sohn des Naturphilosophen Adolf Meyer-Abich in Hamburg geboren. Er studiert Physik, Philosophie und Wissenschaftsgeschichte in Hamburg, Göttingen, Bloomington und Berkeley. 1961 erhält er das Physik-Diplom und wird 1964 im Fach Philosophie an der Universität Hamburg promoviert. Von 1970 bis 1972 ist er Mitarbeiter an dem von Carl Friedrich von Weizsäcker geleiteten ‚Max-Planck-Institut zur Erforschung der Lebensbedingungen der wissenschaftlich technischen Welt' in Starnberg. 1972 wird er Professor für Naturphilosophie an der ‚Universität Essen'. Von 1984 bis 1987 ist er parteiloser Senator für Wissenschaft und Forschung in Hamburg und von 1987 bis 1994 Mitglied der Enquete–Kommission ‚Schutz der Erdatmosphäre' des Deutschen Bundestages. Zu seinen wichtigsten Veröffentlichungen zählen *Wege zum Frieden mit der Natur* (1984), *Praktische Naturphilosophie* (1997) und *Was es bedeutet, gesund zu sein* (2010). Er stirbt 2018 (vgl. Meyer-Abich 1984, 11–28).

In seiner ‚praktischen Naturphilosophie' setzt Meyer-Abich Überlegungen fort, die sein Vater Adolf Meyer-Abich als ein führender Repräsentant einer holistischen Naturphilosophie bereits in den 30-er Jahren des vorigen Jahrhunderts entwickelt hat. Zu erwähnen ist dessen Studie zu Alexander von Humboldt (vgl. A. Meyer-Abich 1992). Klaus Meyer-Abichs Überlegungen zur Technik sind eingebettet in den Kontext seiner eigenen naturphilosophischen Überlegungen. Um dies deutlich zu machen, sollen folgende Aspekte seines Denkens thematisiert werden: Holistische Naturphilosophie, Anthropologie, physiozentrische Ethik, naturgemäße Technik und Neubestimmung der Kultur.

Meyer-Abich beginnt seine Überlegungen zu einer holistischen Natur-
philosophie bemerkenswerterweise mit der sokratischen Frage der Selbst-
erkenntnis, die zugleich auch immer eine Frage nach dem Menschen selbst
sei. Sie hat in verschiedenen geschichtlichen Epochen zu unterschiedlichen
Antworten geführt. Heute stellt sie sich im Zeitalter fortgeschrittener
Technik in einer radikalen Dringlichkeit neu. „Meine Leitfrage in der
Naturkrise der wissenschaftlich-technischen Welt ist deshalb: Wer ist der
Mensch in der Naturgeschichte?" (Meyer-Abich 1997, 23). Die Frage ist:
Kann sich der Mensch aufgrund bestimmter spezifischer anthropologischer
Merkmale aus sich selbst heraus definieren oder aber muss er sich von einem
größeren Ganzen her interpretieren, nämlich von der Natur her? „Denn von
unserem Selbstverständnis hängt es ab, wozu wir uns im Ganzen der Natur
für berechtigt und aufgerufen halten, so daß die Entscheidung zwischen der
anthropozentrischen und der physiozentrischen Weltauffassung zu einer
Frage der menschlichen Identität wird. Naturphilosophie und Anthropologie gehen hier ineinander über" (ebd.).

Für Meyer-Abich ist es evident, dass allein die physiozentrische Weltauffassung für sich Wahrheit beanspruchen kann. Der Mensch erkennt sich
selbst als Teil des Ganzen, das die Natur ist. Auf diese Weise verbinden
sich nicht nur Anthropologie und Naturphilosophie, sondern es ergibt sich
daraus auch der „holistische Zirkel", dem eine *„holistische Selbsterfahrung"*
entspricht, „denn es geht ja darum, daß der Teil ein Bild von dem Ganzen
gewinnt, zu dem er selbst gehört, so daß er sich in diesem Bild wiederfinden und als derjenige zu erkennen geben müßte, der er von sich aus
zu sein meint" (ebd., 258). Aus dieser neu gewonnenen Selbsterkenntnis
heraus ergeben sich, ganz im Sinne des sokratischen Dialogs, Perspektiven
für unser Handeln, d. h. für den Gebrauch unserer Freiheit. Meyer-Abich
charakterisiert sie so: „In der Naturkrise der wissenschaftlich-technischen
Welt aber kommt es darauf an, das menschliche Selbstverständnis in einen
Einklang mit unserer Zugehörigkeit zur Gemeinschaft der Natur zu bringen.
Wir erleben unsere Freiheit erst dann richtig, wenn wir sie aus der Natur-
zugehörigkeit aller Dinge als die Freiheit im natürlichen Mitsein erleben"
(ebd., 260).

Während noch zu Beginn der Neuzeit Francis Bacon als „Wegbereiter
der industriegesellschaftlichen Anthropozentrik" die Natur als ein bloßes
Objekt betrachtete, das es „zu fesseln und zu plagen galt" (ebd., 231 f.),
damit es dem Menschen seine Geheimnisse preisgibt, entwickelt Herder,
ca. 150 Jahre später, ein Konzept von der umfassenden Einheit der Natur,
dem Meyer-Abich sich anschließt. Jedoch ist der Gedanke der Einheit der
Natur älter als Herder, und daher fragt es sich, warum Meyer-Abich nicht

den Kosmopolitismus von Marc Aurel oder den Pantheismus von Spinoza als Anknüpfungspunkt für sein eigenes Denken wählt. Der Grund liegt möglicherweise darin, dass erst Herder das für unser heutiges Naturverständnis so wichtige Konzept der Naturgeschichte entwickelte. Herder spricht diesen Gedanken in aller Deutlichkeit aus: „'Die ganze Menschengeschichte ist eine reine Naturgeschichte menschlicher Kräfte, Handlungen und Triebe nach Ort und Zeit'" (ebd., 262).

Allerdings hat diese, wie jede monistische bzw. holistische, Weltauffassung die Konsequenz, dass alle sonst gängigen Unterschiede und Gegensätze in dieser Alleinheit aufgehoben werden, so z. B. auch der entscheidende von Natur und Vernunft. Genau das macht Herder, indem er betont: „'den Menschen baute die Natur zur Sprache … Von der Sprache also fängt seine Vernunft und Kultur an'" (ebd., 263 f.). Und weiter: „Von Natur also 'ist dem Menschen sein Analogon des Instinkts oder der Vernunft gegeben'"(ebd., 264). Meyer-Abich zieht daraus für Herder und für sich folgende Konsequenz: „Wir haben die Fähigkeit zur Vernunft, wo andere Lebewesen Instinkte haben, aber beides ist analog und gehört gleichermaßen zur Naturausstattung. So wie der Biber seine Dämme baut, die Biene Honig sammelt und die Schildkröte sich vergräbt, wenn der Winter naht, denkt und handelt der Mensch" (ebd.). Zustimmend betont Meyer-Abich: „Herders pluralistisch ganzheitliche Sicht, die Natur sei in jedem Individuum so ganz, als ob es kein andres gäbe, kann heute der Ausgangspunkt einer physiozentrischen Wahrnehmung der natürlichen Mitwelt in der Naturgeschichte sein" (ebd., 271).

Mit Herder verbindet sich aber nicht nur eine holistische Naturphilosophie, sondern auch ein neues Verständnis der Anthropologie. „Wir verdanken Herder innerlich und äußerlich ein neues Menschenbild. Unser Selbstverständnis ist innerlich nunmehr das Lebensgefühl, welches wir mit allen Naturwesen gemeinsam haben, jedoch in der menschlichen Eigenart, daß es in besonderem Maße erkenntnisleitend werden kann. Auch äußerlich erscheinen wir uns erstmals als Naturwesen im vollen Sinn, hervorgegangen aus der Naturgeschichte und so, daß wir *sind, was wir geworden sind*. Wir haben unser Leben nicht von uns, sondern von Natur, und in uns lebt, was nicht von uns ist" (ebd., 275).

Während die äußerliche Zugehörigkeit des Menschen zur Natur bereits von Aristoteles philosophisch begründet wurde, widerspricht die Zurückführung unseres Selbstverständnisses auf das Lebensgefühl der europäischen Tradition und wird erst im Zuge der Entwicklung der Lebensphilosophie im 19. Jahrhundert wieder stärker betont. Klassisch ist dagegen die wiederum von Aristoteles ausgesprochene Definition des Menschen als 'zoon logon echon', womit dem Menschen sowohl Sprache als auch Vernunft zugesprochen wird. Damit und mit dem bereits bei Hesiod thematisierten Rechtsbewusstsein wird die Sonderstellung des Menschen gegenüber den Tieren begründet. Diese Sonderstellung nun stellt Meyer-Abich in Frage. Er argumentiert so: „Jedes Ding und Lebewesen aber hat die Sonderstellung, das sein zu können, worin sich seine Natur erfüllt – ein Fluß, ein Nußbaum oder eine Katze in der ihren wie der Mensch in der seinen. In jedem Geschöpf ist das Universum dieses Geschöpf, nicht nur in uns. Wir nehmen und machen uns viel zu wichtig und sollten alle Geltungsbedürfnisse auf eine Sonderstellung in der Natur zumindest so lange zurückstellen, bis unser Handeln etwas mehr darauf hindeutet, daß wir sie verdienen könnten" (ebd., 324).

Der herausgestellten Sonderstellung des Menschen gegenüber dem Tier entspricht die Betonung des Rechts des Individuums auf freie Entfaltung seiner Persönlichkeit innerhalb von Staat und Gesellschaft. Um dieses Recht wurde im 17. und 18. Jahrhundert gekämpft, und es wurde erfolgreich durchgesetzt. Inzwischen wird daher dieser Kampf – so Meyer-Abich – in zunehmendem Maße zu einem Problem, weil ein anderes, das der Allgemeinheit einen viel größeren Schaden zufügt, nicht genügend Aufmerksamkeit findet. „Indem wir uns in der politischen Sensibilität noch immer auf die weitgehend gelösten Probleme des 17. und 18. Jahrhunderts konzentrieren, entgeht uns, daß die Verteidigung der Allgemeinheit gegen die auf dem unbegrenzten Markt wirtschaftenden Individuen zum viel größeren Problem geworden ist. […] Der *homo oeconomicus* ist ursprünglich als die Natur des Menschen proklamiert worden, nach der eine Naturordnung des menschlichen Lebens einzurichten wäre. Nun aber schadet die eigentlich nicht freie, sondern autonome Entfaltung der Persönlichkeit der egoistischen Individuen sowohl der Integrität der Natur als auch der Industriegesellschaft und der Menschheit insgesamt" (ebd., 308 f.).

Der ‚homo oeconomicus', d. h. das egoistische, wirtschaftlich denkende Individuum der Industriegesellschaft ist vor allem an zweierlei interessiert, an kostengünstigem Konsum und an der Erschließung neuer Märkte. Dies geschah im 18. und 19. Jahrhundert auf dem Wege der gewaltsamen Kolonisierung der Länder der ‚Dritten Welt', nicht selten unter dem Deckmantel der Missionierung. Im 20. Jahrhundert haben sich zahlreiche Kolonien aus der imperialistischen Vorherrschaft befreit und sind zu autonomen Staaten geworden. Damit scheint die Epoche des Kolonialismus beendet zu sein. Doch der Schein trügt. „Die Kolonisierung ist trotzdem bis heute an kein Ende gekommen, aber von der militärischen längst in eine wirtschaftliche Form übergegangen und wird in Zukunft ihre Fortsetzung in der Zerstörung der Lebensgrundlagen durch die von den Industrieländern verursachte Klimaänderung finden, bei der die Verursacher erneut die – zumindest relativen – Gewinner sein werden. Statt der christlichen Mission, welche mit der militärischen Kolonisierung einherging, verbindet sich mit den heutigen Abhängigkeiten die Mission der wissenschaftlich-technischen Welt" (ebd., 312).

Mit der Problematisierung des ‚homo oeconomicus' ist aber nicht nur ein anthropologisches Problem angesprochen, denn mit der Frage, wer wir sind und wer wir sein wollen, entsteht die Frage der Ethik. Anthropologie und Ethik bilden eine Einheit. In Anknüpfung an die bei Platon thematisierte Frage nach dem guten Leben, stellt sich das Problem der Ethik, unter freilich sehr veränderten geschichtlichen Bedingungen, heute neu (s. Zitat). Gleichwohl hat die Frage selbst ihre unverminderte Aktualität. Kant hatte in Fortführung und Neuformulierung antiker Gedankengänge als Ziel der Ethik „das höchste Gut" genannt. Dies gilt es neu zu bestimmen.

Die Neubegründung der Ethik gelingt aber nur, wenn die bisherige anthropozentrische Ethik, die davon ausging, dass sich alles um den Menschen dreht, und die daher auch lediglich zwischenmenschliche Handlungsnormen zum Thema hatte, durch eine *„physiozentrische Ethik"* ersetzt wird. So wie Kopernikus uns vor Augen führte, dass die Sonne das Zentrum unseres Planetensystems ist und nicht unsere Erde, d. h. dass sich nicht alles um uns dreht, so betont die „physiozentrische Ethik", dass die Natur das Zentrum unseres Lebens bildet und unsere Ethik sich an ihr zu orientieren hat. Dieser Einsicht kommt in unserer Zeit eine besondere Aktualität zu. „In der Naturkrise der wissenschaftlich-technischen Welt kann das höchste Gut aber weder die Autonomie des Individuums [...] noch die Autonomie der Menschheit (bzw. der reichen Industrieländer) sein, sondern das Heimischwerden der Menschheit in der Natur. Den Platz des Menschen in der Natur neu zu bestimmen, war und ist die kopernikanische Herausforderung. Eine ihr entsprechende Ethik müßte zum Ausdruck bringen, wie Menschen im Ganzen der Natur richtig leben können" (ebd., 284).

Da in unserer „wissenschaftlich-technischen Welt" und der durch sie verursachten „Naturkrise" (ebd., 276) die Technik eine entscheidende Rolle spielt, liegt der Gedanke nahe, durch Verzicht auf sie *Wege zum Frieden mit der Natur* finden zu können, so Meyer-Abich in seinem gleichnamigen Buch (vgl. Meyer-Abich 1984). Doch bevor sich die Überlegungen einseitig auf die Technik richten, ist es dringend geboten, die Einsicht zu gewinnen, dass „wir nicht nur unter Schadstoffen leiden, sondern unter unseren falschen Lebensentwürfen" (Meyer-Abich 1997, 278). Wie aber könnte ein Lebensentwurf, der unserer Stellung in der Natur gerecht wird, aussehen? Seine

Antwort lautet: „Ich möchte lediglich das Selbstgefühl argumentativ entfalten, daß wir unserer Natur nach erst im Mitsein mit andern Menschen
und der natürlichen Mitwelt wahrhaft zur Welt kommen können, also unser
Leben besser leben, wenn wir in unserm Selbstsein auch die natürliche Mitwelt erfahren" (ebd., 328).

Die einseitige Orientierung des Menschen an der Gesellschaft muss
überwunden werden zugunsten einer stärkeren Einbeziehung der Natur
in unser Selbstgefühl. Diese führt insgesamt zu einem anderen Umgang
mit der Natur und damit auch zu einer anderen Technik. Die Lösung der
Probleme der Technik liegt nicht in einem Verzicht auf sie, sondern in einer
alternativen, d. h. „naturgemäßen Technik". Er definiert sie wie folgt: „Eine
Technik, die im Umgang mit der natürlichen Mitwelt das Grundverhält-
nis des Mitseins wahrt oder dieses zumindest nicht verletzt, nenne ich eine
naturgemäße Technik. […] Ein mitfühlendes Gleichnis der naturgemäßen
Technik ist das Befreundetsein" (ebd., 404 f.). Es ist ein Befreundetsein mit
der Natur.

Von einem solchen Verhältnis sind wir jedoch in der Gegenwart weit entfernt; denn die gegenwärtigen technisch bedingten Probleme sind gewaltig.
Eins gehört in den Bereich der „Energiepolitik". Im Jahre 1997 stellt es sich
für Meyer-Abich so dar: „Der industriegesellschaftliche Umgang mit Energie
bewirkt etwa die Hälfte der absehbaren Klimaänderung, bedroht also die
Lebensverhältnisse von Menschen, Tieren und Pflanzen in naturgeschicht-
lich einzigartiger Weise. Um hier nicht weiter zu Lasten Dritter zu leben,
müßte der Verbrauch fossiler Energieträger – vor allem von Braun- und
Steinkohle – schnell und drastisch reduziert werden. Dazu gibt es technisch
und wirtschaftlich drei Möglichkeiten: (1) die ‚Energiequelle Energieeinsparung', d. h. den Ersatz von Energie durch intelligentere Technik und
angemessenere Lebensformen; (2) den Ersatz von fossiler Energie durch
Atomkernenergie, die allerdings im wesentlichen nur für die Elektrizi-
tätserzeugung in Betracht kommt […]; (3) den Ersatz von fossiler Energie
durch Sonnenenergie (einschließlich Wind- und Wasserkraft)" (ebd., 286).

Zu den Möglichkeiten der Energieeinsparung gehört der Verzicht auf das
Auto und der Ausbau des öffentlichen Nahverkehrs (vgl. ebd., 404). In der
um 1997 bereits heftig geführten Debatte um die Atomkraftwerke spricht
sich Meyer-Abich, wie viele andere Naturwissenschaftler seiner Zeit, noch
nicht prinzipiell gegen die Nutzung der Atomenergie aus. Mit dem Hinweis auf alternative Energiequellen weist er aber bereits auf die kommende
Entwicklung hin. Ja, er räumt der Solarenergie sogar eine Vorrangstellung
ein. Für ihn hat „nach dem Leitbild der naturgemäßen Technik die Nutzung

der Sonnenenergie eine Priorität vor der fossilen und der Atomkernenergie" (ebd., 413).

Ein weiteres Beispiel ist der katastrophale Einfluss unserer wissenschaftlich-technischen Welt auf unsere organische Mitwelt, d. h. auf Pflanzen und Tiere. Er ist verbunden mit dem Bedeutungsverlust der traditionellen Landwirtschaft, die der Artenvielfalt zugute kam, und einer sich immer stärker entwickelnden Konsumgesellschaft, für die der „materielle Wohlstand" zentral ist. „In den wenigen Jahrzehnten nach dem Zweiten Weltkrieg ist die Zahl der in Mitteleuropa noch halbwegs ungefährdet lebenden Tier- und Pflanzenarten auf etwa die Hälfte zurückgegangen – gleichzeitig mit der starken Zunahme des Sozialprodukts. Der Öffentlichkeit ist dies erst durch das Waldsterben einigermaßen aufgefallen" (ebd., 383). Auf diesem Hintergrund richtet sich der Appell an jeden Bürger, seine Konsumgewohnheiten auf ihre ökologischen Konsequenzen hin zu überprüfen.

Eine Rettung aus der „Naturkrise" der gegenwärtigen wissenschaftlich-technischen Welt sieht Meyer-Abich in einer Rückbesinnung auf die Kultur. Unzweifelhaft steht für ihn fest: „Der Mensch ist von Natur ein Kulturwesen" (ebd., 392). Die Geschichte der Kultur ist zugleich ein Teil der Naturgeschichte. Ziel der Kultur ist es, in der Natur heimisch zu werden, ohne sie dabei zu schädigen, auch nicht durch die notwendigen technischen Eingriffe in sie. Aus dieser Bedingung ergeben sich bestimmte Normen: „Die kulturellen Normen des menschlichen Verhaltens in der Natur stehen nach dem Ansatz, Kultur sei der menschliche Beitrag zur Naturgeschichte, unter dem praktisch-naturphilosophischen Prinzip: Zivilisatorische Eingriffe des Menschen in die Natur sind insoweit gerechtfertigt, wie sie dem jeweiligen Gegenstand einschließlich seiner Mitwelt im Ganzen der Natur zugute kommen" (ebd., 395).

Um in der Natur heimisch zu werden, ist es auch notwendig, die mit der industriellen Revolution verloren gegangene Sesshaftigkeit wiederzugewinnen. „Kultur war vor der Industriellen Revolution überhaupt die Form der menschlichen Ansässigkeit in der Natur. Die kulturelle Einheit von Mensch und Natur wird nun aber in der grenzenlosen Marktwirtschaft zerstört. Der Grund ist die Mobilisierung, ohne die weder die Arbeit noch die übrige Natur zur Ware werden" (ebd., 390).

Mobilisierung bedeutet aber auch, dass es inzwischen keineswegs mehr selbstverständlich ist, dass der Wohnort auch der Arbeitsort ist. Das hat Auswirkungen auf das, was für Meyer-Abich zum Heimischwerden in der Natur gehört. „Mobilisierung der Arbeit heißt, daß Menschen ihre Heimat verlieren, indem sie dort wohnen, wo sie auf dem Markt Arbeit finden, und nicht mehr dort arbeiten, wo sie zu Hause sind" (ebd.). Meyer-Abich ist sich dessen bewusst, dass es heute nicht einfach ist, den Gedanken der Heimat positiv zu verwenden, nachdem ihn die „Nationalsozialisten", die die „schlimmsten Technokraten" waren, missbraucht und „ihre Ausbeutung der Natur in einen Mantel von Heimattümelei gekleidet haben" (ebd., 401). Doch der Begriff Heimat ist unverzichtbar, wenn der Mensch heimisch werden soll in der Natur.

Wie sehr die Menschen inzwischen die Heimat und die Kultur der Sesshaftigkeit verloren und sich der Mobilität verschrieben haben, zeigt sich schließlich an dem großen Interesse an der Raumfahrttechnik. Mit ihr entsteht das „Menschenbild des interplanetarischen Eroberers", das Meyer-Abich ablehnt. Er betont dagegen, dass wir *„unserer Natur nach keine Eroberer sind, da wir nur im Mitsein mit andern Menschen und der natürlichen Mitwelt wirklich zur Welt kommen.* Ich denke, dies ist die Erinnerung an den vergessenen Traum" (ebd., 398).

Die Wirkungsgeschichte von Meyer-Abich lässt sich nicht losgelöst von der allgemeinen geschichtlichen Entwicklung der letzten Jahrzehnte thematisieren. Die Reaktorkatastrophe in Japan im Jahre 2011 und die immer stärker sichtbar werdenden Auswirkungen des Klimawandels haben nicht nur zu neuen, ökologisch orientierten, Bürgerbewegungen geführt, sondern auch weltweit zu einem Umdenken bei den etablierten Parteien. Der erklärte Verzicht auf fossile Brennstoffe und strengere Abgasvorschriften gehören dazu. Das Pariser Klimaabkommen aus dem Jahre 2015, das die Begrenzung der Erderwärmung zum Ziel hat, ist ein weiteres Beispiel. Das von Meyer-Abich vertretene Prinzip einer „naturgemäßen Technik" hat allgemeine Anerkennung gefunden, auch wenn es noch nicht überall umgesetzt wird. Wirkungslos geblieben ist bisher seine Kritik wie die anderer Intellektueller, z. B. die von Marcuse (s. Abschn. VII.3), an der Weltraumtechnik. Alle künstlerische Phantasie, technische Intelligenz, politisches Engagement und verfügbares Geld sollten – so ihr Argument – der Erhaltung der Bewohnbarkeit der Erde gewidmet werden.

Dieses Ziel verfolgt auch Corine Pelluchon, die 1967 in Barbezieux-Saint-Hilaire geboren wird. Sie wird 2003 an der Universität ‚Panthéon-Sorbonne' in Philosophie promoviert und habilitiert sich 2010 mit einer Arbeit zu Fragen der Ökologie und der Bioethik. Seit 2016 ist sie Professorin für Philosophie an der Universität von ‚Paris-Est-Marne-la-Vallèe'. Dort ist sie auch Mitglied eines ‚interdisziplinären Labors' für das Studium der Politik Hannah Arendts.

In ihrem Buch *Das Zeitalter des Lebendigen. Eine neue Philosophie der Aufklärung* entwickelt sie die Vision einer „ökologischen Aufklärung", die die „anthropozentrischen Grundlagen der Philosophie des 18. Jahrhunderts" hinter sich lässt und zu einer neuen „Wertschätzung gegenüber dem Lebendigen" kommt (Pelluchon 2021, 178 f.). Anthropozentrisch war vor allem der universale Herrschaftsanspruch des Menschen, der sich nicht nur in den Bereichen der Politik und der Ökonomie manifestierte, sondern auch gegenüber der Natur. Daher fordert sie: „Es ist dringend geboten, mit dem Herrschaftsschema zu brechen, das erklärt, warum unsere Zivilisation sich nicht vor der Selbstzerstörung schützen konnte und warum sie die Verwüstung unseres Planeten und die Verdinglichung der anderen Lebewesen duldet" (ebd., 179).

Die Zerstörung betrifft nicht nur die außermenschliche Natur, sondern den Menschen selbst. Allein „Aufklärung im Zeitalter des Lebendigen" kann den „verletzten Humanismus" heilen. Ihr Motiv ist aber nicht nur die Kritik, denn „der Wunsch, eine bewohnbare Welt weiterzugeben, der für das Projekt dieser Aufklärung konstitutiv ist, speist sich nicht allein aus negativen Motiven, sondern auch aus dem Staunen über die Schönheit der Welt, aus dem Verantwortungsgefühl gegenüber anderen Lebewesen und aus der Gewissheit, dass der Mensch zu Schlimmerem, aber auch zu Besserem fähig ist" (ebd.). Die bisherige Herrschaft über die Natur ist verbunden mit Ausbeutung, und diese hat vor allem den Zweck, sie in wirtschaftliche Produkte umzuwandeln. Die Befreiung von Herrschaft geht daher einher mit dem imaginären Wunsch nach einem anderen Weltverhältnis. „Wenn dieses Imaginäre sich verbreitet, werden viele Menschen den Wunsch haben, sich aus der Knechtschaft, die ihnen die ökonomistische Weltordnung auferlegt, zu befreien, um sich ihr Dasein wieder anzueignen und Akteure des ökologischen Wandels zu werden" (ebd., 179 f.).

Damit dies gelingen kann, ist es aber notwendig, die Technik, die im Dienste dieser Unterdrückung und Ausbeutung der Natur steht, in ihrem Wesen zu begreifen und zu verändern. Pelluchon spricht sich nicht dafür aus, auf Technik zu verzichten. Das ist auch gar nicht möglich, denn sie ist eine grundlegende Bedingung der menschlichen Existenz. „Sie gehört, anders ausgedrückt, mit dem gleichen Recht zur gemeinsamen Welt wie sämtliche Generationen und das natürliche und kulturelle Erbe der Menschheit" (ebd., 206). Die Technik ist daher auch ein wichtiger Teil der Kulturgeschichte. „Ohne die Erfindung des Buchdrucks in der Mitte des 15. Jahrhunderts hätten die Philosophen der Aufklärung ihre Ideen zur Notwendigkeit der Gedankenfreiheit und der Trennung der Vernunft von der Offenbarung, um die Wissenschaft von der Religion sowie den Staat von der Kirche zu befreien, gar nicht verbreiten können" (ebd., 218). Gleichwohl ist es nötig, den rasanten Aufstieg der Technik in der Neuzeit zu bedenken und daraus die richtigen Konsequenzen zu ziehen. Für die Philosophen des

18. Jahrhunderts, die einem humanistischen Konzept der „Perfektibilität" (ebd.) folgten, fügten sich Wissenschaft und Technik ein in die „Evolution der Gesellschaft" (ebd., 204) und dienten dem politischen und gesellschaftlichen „Emanzipationsideal" (ebd.). Das Ziel ist geblieben. Auch heute geht es darum, Technik in Kultur und Gesellschaft zu integrieren.

Doch die Situation ist heute eine grundlegend andere. Die Technik befindet sich in einem scheinbar unaufhaltsamen Prozess der Beschleunigung und der „Verselbständigung" (ebd., 205) mit unabsehbaren Konsequenzen. Zur Beschleunigung gehört folgendes Phänomen: „Die Technologien folgen so schnell aufeinander, das den Einzelnen kaum Zeit bleibt, ihre umsichtige Nutzung zu erlernen. Digitalisierung, künstliche Intelligenz und Automatisierung, die das gegenwärtige Techniksystem kennzeichnen, verändern sämtliche Tätigkeitsbereiche, vor allem die Arbeit und den Handel. Individuen und Kollektive sind desorientiert, da sie weder dessen Folgen noch das Verschwinden von Arbeitsplätzen, das diese Technologien nach sich ziehen, vorhergesehen haben" (ebd., 208).

Aber das ist noch nicht alles. Die Technik verselbständigt sich. Sie erlangt eine Autonomie, die dazu führt, dass sie den gesellschaftlichen Prozess bestimmt und im schlimmsten Fall den Menschen selbst in seiner biologischen Substanz verändert. „Daher müssen wir die Gründe untersuchen, die dazu geführt haben, dass die Technik sich seit dem 20. Jahrhundert unserer Kontrolle entzieht, die Verkehrung der Rationalität in Irrationalität beschleunigt und sogar eine Mythologie speist, in der sich der eschatologische Traum vom Ausweg aus der Natur und dem Menschsein kristallisiert" (ebd., 205). Dieser Traum verbindet sich mit der „Eugenik". In ihren extremsten Formen geht es ihr darum, den Menschen über seine bisherige genetische Ausstattung hinauszuführen und ihn in einem biologisch prinzipiellen Sinne zu „verbessern". Das im Humanismus vertretene Menschenbild wird aufgegeben zugunsten eines technisch perfektionierten. Der Humanismus wird zu einem „Transhumanismus". „Somit führt für den Transhumanismus der Weg in die Zukunft des Menschen nicht über die Erziehung, sondern über die Umgestaltung seiner genetischen und biologischen Konstitution mit dem Ziel, seine individuellen Leistungen zu verbessern. Das individuelle und kollektive Emanzipationsprojekt, das die Aufklärung kennzeichnet, wird damit begraben, da die Gesellschaft nicht mehr Ergebnis einer kritischen Selbstreflexion, einer Selbstinstitution ist, sondern ihre Entwicklung von Technologien bestimmt wird, die der ‚Verbesserung' des Menschen dienen" (ebd., 204 f.).

Doch auch unabhängig von solchen technischen Albträumen ist die Dominanz der Technik unübersehbar geworden. „In den heutigen

Gesellschaften entzieht sich die Technik zunehmend der Beherrschung durch den Menschen, und die Zwecke, denen sie untergeordnet sein sollte, (Bewahrung der Lebewesen und der gemeinsamen Welt) werden in den Hintergrund gedrängt" (ebd., 219). In demselben Maße, wie die Technik ihr „Herrschaftsschema" (ebd., 218) durchsetzt, wird der Mensch zu ihrem bloßen Erfüllungsgehilfen. „Die Individuen sind zugleich passiv wie Automaten und in dem Maße aktiv, wie sie zu diesem entmenschlichenden Unternehmen beitragen. Sie vergessen, die Mittel ins Verhältnis zu den Zwecken zu setzen, denen sie angeblich dienen sollen, und ihre Vernunft, die das Schlechte nicht vom Guten zu unterscheiden vermag, hält lediglich die Maschinerie in Gang, indem sie die Natur, die Anderen und den Körper dieser Apparatewelt anpasst" (ebd., 219).

Pelluchon folgt dabei der Argumentation von Günther Anders, der in seinem Buch *Die Antiquiertheit des Menschen* die These aufstellte, dass der Mensch hinter der von ihm geschaffenen Welt zurückbleibe und sich deshalb schäme. Es ist eine „prometheische Scham", da die von Prometheus dem Menschen verliehene technische Kunstfertigkeit ihn übertreffe (vgl. Anders 1983, 21). Pelluchon, der 2020 der ‚Günther Anders-Preis für kritisches Denken' verliehen wurde, formuliert den Gedanken der Antiquiertheit des Menschen als Folge der fortgeschrittenen Technik so: „Diese Welt, die nicht mehr für den Menschen gemacht ist, wendet sich gegen ihn und macht ihn obsolet, da jeder zum Objekt von Maschinen und letztlich ersetzbar geworden ist. Und diese Welt erhalten wir umso leichter aufrecht, als der Verlust unserer Autonomie eine Gleichgültigkeit gegenüber anderen erzeugt und unser Moralgefühl abstumpfen lässt" (Pelluchon 2021, 219 f.).

Die enge Bindung des Menschen an die Maschine führt dazu, dass dadurch die zwischenmenschlichen Beziehungen zerstört werden. Ein Beispiel dafür bieten die sozialen Medien. Ihre Reflexion lässt erkennen, was mit ihnen verlorengeht, nämlich die persönliche Begegnung. „Während in den sozialen Netzwerken jeder beim Austausch mit Menschen, die er nicht wirklich kennt, vor allem mit sich allein ist, und die anderen als Spiegel seiner Selbst wahrnimmt, als Reflektion, die ihn bestärkt oder ihm Angst macht, ist die persönliche Begegnung eine Konfrontation, ein Ereignis, eine Überraschung, weil wir erkennen, dass die Anderen sich nicht auf das reduzieren lassen, was sie zeigen. Die Gegenwart anderer verpflichtet jeden, den Gesprächspartnern zuzuhören und abzuwarten, bis er an der Reihe ist, das Wort zu ergreifen. Zudem muss man seinen Standpunkt erklären und sich bemühen, den des Anderen zu verstehen. Ohne das ist eine Beziehung unmöglich" (ebd., 242).

Eine besondere Rolle spielt die Technik im Kapitalismus. „Die Autonomisierung der Technik und die Unbegrenztheit der Mittel finden ihren umfassenden Ausdruck im Kapitalismus [...]. Die Jagd nach Profit, die ihn kennzeichnet, führt dazu, dass immer neue Produkte herausgebracht werden, die auf standardisierte Art an entfernten Orten hergestellt und auf deregulierten Märkten gehandelt werden. Bei dieser verrückten Jagd sind die Berücksichtigung der Kosten für Umwelt und Sozialgefüge und der Respekt vor dem Wert von Lebewesen, die unter den Folgen dieser Produktionsweisen und Austauschbeziehungen leiden, keine einschränkenden Faktoren" (ebd., 223 f.).

Die Ambivalenz der Technik zeigt sich in besonderer Weise im Bereich der Medizin. Zweifellos hat die Technik zu großen medizinischen Fortschritten geführt; aber es lauern auch Gefahren. „Unter dem a priori lobenswerten Vorwand, die Mechanismen von Virusinfektionen verstehen zu wollen, modifiziert man das Genom von Viren so, dass sie für den Menschen infektiös werden. [...] Genmanipulationen an Viren oder anderen Mikroorganismen machen die Entstehung von Pandemien unausweichlich. Es besteht kaum ein Zweifel, dass eines der Laboratorien, die solche Experimente anstellen [...] eines Tages einen solchen genmanipulierten Virus versehentlich, aus militärischen oder kriminellen Gründen entweichen lässt" (ebd., 222).

Die Verbindung der Technik mit dem Krieg ist nicht zufällig, sondern gründet in dem mit ihr unlöslich verbundenen Herrschaftsanspruch. So ist die Atombombe seit ihrem ersten Einsatz in Hiroshima und Nagasaki in der Welt und stellt seitdem eine permanente, latente Bedrohung für den Frieden dar, denn „wenn eine solche Waffe erst einmal existiert, wird sie unweigerlich eingesetzt, weil allein die Tatsache, dass man sie hergestellt hat, impliziert, dass man sich das Recht nimmt, sie einzusetzen und seinen Herrschaftsanspruch geltend zu machen" (ebd., 220). Daher kommt es darauf an, einzusehen, „dass in der Technik mehr steckt als nur Technik. [...] Die Technik kann dem tragischen Schicksal nicht entgehen, das ihr im Herrschaftsschema bestimmt ist: nämlich zivile oder militärische Massenvernichtungsmittel herzustellen. In einem solchen Schema stehen Wissenschaft und Technik im Dienst des Krieges, und diese Situation bleibt auch bestehen, wenn die bewaffneten Konflikte aufgehört haben" (ebd., 220).

Welche Lösung gibt es für diese unheilvolle Entwicklung, die jedem denkenden Menschen Angst macht? Der erste Schritt ist, diese Angst zuzulassen. „Akzeptiert man das Erleben der Angst, ohne sie zu verdrängen, aber auch ohne sich von ihr erdrücken zu lassen, durchlebt und überwindet man sie" (ebd., 237). Auf diese Weise gewinnt der Mensch seine

Handlungsfähigkeit zurück und ist in der Lage, Alternativen zur gegenwärtigen Entwicklung der Gesellschaft zu entdecken. Eine weitere Lösungsmöglichkeit bietet die Kunst. Kunstwerke erweitern „unsere moralische Vorstellungskraft, indem sie uns mit dem Leben anderer konfrontieren und es uns ermöglichen, unsere Ansicht zu Dingen zu ändern oder sogar Erkenntnisse anzunehmen" (ebd., 238).

Bedeutsam sind Erkenntnisse, die es uns ermöglichen, den Blick auf uns selbst zurückzulenken und gleichzeitig sich für andere zu öffnen. Es ist „vor allem die Erfahrung unserer Verletzlichkeit, die in uns die Sorge für Andere, Menschen wie Nichtmenschen, verankert und in uns den Wunsch weckt, eine bewohnbare Welt weiterzugeben" (ebd.). Die Aufklärung, für die Pelluchon wirbt, ist verbunden mit einem neuen Blick auf das „Lebendige", auf unsere leibliche Verfassung und unsere Zugehörigkeit zur Natur. Ihr Ziel ist die Weckung eines ökologischen Bewusstseins, das zugleich eine neue ethische Perspektive eröffnet. Es ist die Perspektive der Wertschätzung menschlichen und nichtmenschlichen Lebens, die sie in ihrer *Ethik* erörtert (vgl. *Ethik der Wertschätzung. Tugenden für eine ungewisse Welt,* 2019).

Pelluchon fasst ihre Überlegungen zu einer ökologischen Ethik wie folgt zusammen: „Wenn ein Mensch seine leibliche und irdische *conditio humana* und seine Abhängigkeit von anderen Lebewesen – oft schmerzlich – erlebt, veranlasst ihn dies, die Ökologie als Weisheit unseres Wohnens auf der Erde anzuerkennen und sich verantwortungsvoller zu verhalten. Der ökologische Wandel mit seinen vier Säulen – Schutz der Biosphäre, Gesundheit, soziale Gerechtigkeit und Respekt vor Tieren – erscheint ihm als einzig möglicher Weg, eine Zukunftspolitik zu gestalten. Da dieses ökologische Bewusstsein in der Transformation des Selbst wurzelt, schließt es die individuelle Freiheit und Autonomie nicht aus, sondern fordert sie ein" (Pelluchon 2021, 238). Mit Meyer-Abich verbindet sie neben ihrer Kritik an einer zerstörerischen Technik und einer von ökonomischen Interessen diktierten Ausbeutung der Natur eine neue Sensibilität für alles Lebendige und ein damit verbundenes ökologisches Bewusstsein, das „in uns den Wunsch weckt, eine bewohnbare Welt weiterzugeben" (ebd.).

Epilog: Freiheit und Verantwortung – Plädoyer für eine dialogische Vernunft

Freiheit und Verantwortung sind unlöslich miteinander verbunden. Verantwortung hat Freiheit zur Voraussetzung, und Freiheit hat Verantwortung zur Konsequenz. Wie die Freiheit ist auch die Verantwortung begrenzt. Sie erfolgt in einem Spielraum der Freiheit. Innerhalb dieses Spielraums ist sie jedoch nicht abzustreiten. Der Mensch als Person ist im gegebenen Spielraum verantwortlich für sein Handeln, für sein Tun ebenso wie für sein Lassen. Die Verantwortung umfasst drei Bedeutungen. Sie bedeutet erstens, dass die Person Urheber einer Handlung ist, worauf bereits Aristoteles hingewiesen hat (s. Motto). Sie bedeutet zweitens, dass die Person auf die Herausforderungen einer Situation antwortet. Handeln vollzieht sich nach dem Modell von ‚challenge and response'. Verantwortung bedeutet schließlich drittens, dass die Person fähig ist, sich für ihr Handeln zu verantworten, d. h. sich zu rechtfertigen.

Die Verantwortung enthält einen anthropologischen und einen ethischen Aspekt. Aristoteles hat beide in überzeugender Weise miteinander verbunden. In seiner *Politik* entwickelt er den Zusammenhang so: „Der Mensch ist aber das einzige Lebewesen, das Sprache besitzt. Die Stimme zeigt Schmerz und Lust an und ist darum auch den andern Lebewesen eigen (denn bis zu diesem Punkte ist ihre Natur gelangt, daß sie Schmerz und Lust wahrnehmen und dies einander anzeigen können); die Sprache dagegen dient dazu, das Nützliche und Schädliche mitzuteilen und so auch das Gerechte und Ungerechte. […]. Die Gemeinschaft in diesen Dingen schafft das Haus und den Staat" (*Politik* 1253 a). Der Maßstab für das Gerechte ist aber – so Aristoteles – die praktische Vernunft. Diese Einsicht

W. Pleger, *Dialogische Vernunft*, https://doi.org/10.1007/978-3-662-65289-3_10

ist unüberholt. Im römischen Sprachgebrauch wurde die von Aristoteles gebrauchte Wendung, der Mensch sei ein ‚zoon logon echon' übersetzt in die Definition: Der Mensch ist ein ‚animal rationale', das im Deutschen mit ‚vernünftiges Lebewesen' wiedergegeben wird. Beide Übersetzungen sind nicht falsch, da das Wort ‚logos' auch Vernunft heißen kann. Gleichwohl geht aus dem Kontext durch die Betonung von ‚Stimme' und ‚Mitteilung' eindeutig hervor, dass Aristoteles an dieser Stelle mit ‚logos' Sprache meint. Mit der ‚Mitteilung' als einer Leistung der Sprache ist bereits das dialogische Prinzip angesprochen.

Es ist daher kein Zufall, dass bereits Sokrates den Dialog und die dialogische Vernunft zum Leitfaden der von ihm entwickelten Philosophie wählte (vgl. Meyer 2006). Philosophie ist für ihn im Unterschied zur Abhandlung oder zur monologisch vorgetragenen Lehre der Versuch, im Gespräch, d. h. durch Argument und Gegenargument, These und Widerlegung, zu einer gemeinsamen, verbindlichen Erkenntnis zu kommen. Ziel des Dialogs ist Selbsterkenntnis und eine daraus resultierende Einsicht in die richtige Lebensführung. Er führte ein Leben im Gespräch und setzte dafür sein Leben aufs Spiel. Nach seiner Anklage wegen angeblichem Atheismus und Verführung der Jugend betont er, dass er selbst bei einer drohenden Todesstrafe von dieser Lebensweise nicht ablassen werde (vgl. Platon *Apologie* 29d).

Platon hat die sokratische Methode des philosophischen Dialogs fortgeführt. Alle von ihm entwickelten Überlegungen zu Fragen der Ethik und der Politik ebenso wie zu denen der Ontologie und der Kunst werden in kunstvoll gestalteten Dialogen entwickelt, deren Wortführer in den meisten Fällen Sokrates ist. Platon entwickelt bereits verschiedene Dialogtypen, die vom rein widerlegenden Streitgespräch bis hin zu einer kooperativen Wahrheitssuche reichen. Die vier wichtigsten seien genannt. Da ist zunächst der eristische Gesprächstyp, in dem der Wortführer, ohne eine eigene These zu vertreten, darauf abzielt, den Gesprächsgegner zu widerlegen. Beispiel hierfür ist der *Euthydemos*. Ein häufig anzutreffender Gesprächstyp ist der agonale, der einen elenchischen, d. h. widerlegenden Charakter hat. Alle Teilnehmer des Gesprächs suchen die Wahrheit, die sie dadurch zu erreichen suchen, dass sie das als falsch Erwiesene ausscheiden. Da es in den platonischen Gesprächen nicht um empirische Sachverhalte geht, sondern um Fragen der Begriffsklärung, haben Gespräche dieses Typs den Charakter einer logischen Falsifikation. Wahr ist vorerst das, was nicht widerlegt werden konnte. Beispielhaft steht für diesen Typ der Dialog *Gorgias*. Bei dem dritten Gesprächstyp handelt es sich um ein Lehrgespräch. Es verfolgt ein didaktisches Ziel und hat einen mäeutischen Charakter. Hier verfügt der Lehrer bereits über die Erkenntnis, die sein Schüler im Gespräch gewinnen soll. Beispielhaft hierfür steht ein Gesprächsabschnitt im Dialog *Menon,* in dem ein junger Sklave zu der Lösung eines schwierigen geometrischen Problems gelangt: die Verdoppelung des Quadrats. Der Lehrer bringt in einem geschickten mäeutischen Verfahren aus seinem Schüler eine Einsicht hervor, die bereits latent in ihm vorhanden war. Die höchste Form des Gesprächs wird im vierten Dialogtyp erreicht, dem synergistischen Gespräch. In ihm gestehen alle Gesprächsteilnehmer ihre Unwissenheit ein und begeben sich auf eine gemeinsame Wahrheitssuche. Nur in einem synergistischen Dialog ist es möglich, dass ein Gesprächsteilnehmer – unwiderlegt – Zweifel an seinen eigenen Argumenten äußert. Beispielhaft hierfür sei der Dialog *Laches* genannt, in dem es um die Definition der Tapferkeit geht.

Schließlich aber geht Platon bei seiner Entwicklung des Konzepts einer dialogischen Vernunft noch einen Schritt weiter. Er erwägt, dass das Denken selbst den Charakter eines Dialogs hat. Denken ist das Gespräch der Seele mit sich selbst. „Denn, so schwebt sie mir vor, daß, solange sie denkt, sie nichts anderes tut als sich unterreden (,dialegesthai'), indem sie sich selbst antwortet, bejaht und verneint" (*Theaitetos* 189e). Diese Einsichten in den Charakter der dialogischen Vernunft sind unüberholt. Jeder Handelnde, der vor einer Entscheidung steht, wägt in sich Argumente und Gegenargumente ab.

Im Folgenden soll die Bedeutung der dialogischen Vernunft in verschiedenen Bereichen der praktischen Philosophie und ihre maßgeblichen Repräsentanten vorgestellt werden. Themen sind: Die sprachliche Entwicklung des Kindes, die pädagogische Kommunikation, das therapeutische Gespräch, das Verhältnis von Anthropologie und Ethik, die Frage des Krieges, die Menschenrechte und ein möglicherweise dialogisches Verhältnis zur Natur.

Den Beginn soll der Bereich der psychischen Entwicklung des Kindes machen. Der Dialog bestimmt den Menschen seit Beginn seines Lebens. Nur in der Beziehung zu einer anderen Person kann der Säugling sich zur Person entfalten. In einigen sehr seltenen Fällen wird davon berichtet, dass das Säugen und die Aufzucht ein Tier, z. B. eine Wolfsmutter, übernommen habe. Allerdings, so die bemerkenswerte Erkenntnis: Das auf diese Weise aufgezogene Menschenkind wurde im späteren Kontakt mit Menschen nie „als wirklich menschlich empfunden" (Maturana/Varela 2010, 143). Um ein Mensch zu werden, braucht der heranwachsende Mensch einen anderen Menschen, der ihn versorgt. Um jedoch eine Person zu werden, reicht die bloße Versorgung nicht aus. Die Entwicklung des Menschen zur Person erfolgt nur im Kontakt mit anderen Personen, in der Regel mit den Eltern.

Eine besondere Rolle spielt dabei die Mutter. Mutter und Kind bilden eine Mutter-Kind-Dyade. Es gibt zwischen ihnen einen kommunikativen Austausch, der ebenso sehr durch die Versorgung mit Nahrung wie durch körperlichen Kontakt, durch Blicke, durch Lächeln und Minenspiel, durch Gesten und Sprechen geprägt ist. Es ist ein Dialog, der nicht bestimmt ist durch Reiz und Reaktion, sondern durch Ansprache und Antwort. Fehlt er, so wird die Entwicklung des Menschen zur Person in gravierender Weise beeinträchtigt.

Das belegen vor allem die Studien über Hospitalismus bei Säuglingen und Kleinkindern, die René Spitz durchgeführt hat. Der fehlende persönliche Kontakt in den ersten Lebensmonaten führt zu einer schweren Entwicklungsstörung. Das Ergebnis ist im schlimmsten Fall eine „anaklitische Depression" (Spitz 1987, 280). Das bedeutet: Der Mensch ist, um Person zu werden, auf den Dialog mit einer anderen Person angewiesen. Das Fazit von Spitz lautet: „Daher ist der Dialog der Beitrag der Umwelt zur Entstehung, Entwicklung und schließlich Festigung von Ich, Selbst, Charakter und Persönlichkeit" (Spitz 1976, 25).

Eine besondere Bedeutung für Personalisation und Dialogfähigkeit kommt dem Spracherwerb zu. Er ist eingebettet in einen situativen Kontext, in dem Sprechen und Handeln eine Sinneinheit bilden (vgl. Zimmer 1986, 33). Einen wichtigen Einschnitt in der Entwicklung des Dialogs bildet das Sprechen in der ersten Person Singular, das in der Regel im Laufe des zweiten Lebensjahres erfolgt (vgl. Mahler 1993, 184). Auf diese Weise dokumentiert Sprachentwicklung zugleich die Ich-Entwicklung des Kindes. Sie ist verbunden mit der Ich-Abgrenzung. Zu ihr gehört die Aufnahme zweier weiterer Wortgruppen in den Wortschatz des Kindes. Es sind Negationen und die Possessivpronomina „Mein" und „Dein". Es sind Worte der Ein- und Abgrenzung, der Unterscheidung von Sphären der Person. Ihr gehäufter Gebrauch tritt im 2. bis 4. Lebensjahr auf, die als die eigentliche Trotzphase bezeichnet wird. Sie ist eine erste große Bewährungsprobe, sowohl für das Kind wie für den Erzieher. Heinrich Roth bemerkt unter pädagogischem Aspekt zu dieser Phase: „Das ‚Trotzen' der Kinder in der sogenannten Trotzphase bietet die ausdrückliche Versuchung, den ‚Trotz zu brechen' und damit unter Umständen die Aktivität des Trotzenden, seinen Drang zur Selbstbehauptung und Selbstverwirklichung zu schädigen, statt seinen Trotz in produktive Aktivitäten umzusteuern" (Roth 1971, 306). Das bedeutet: Personalisation und Dialog sind nur durch Ich-Abgrenzung möglich, die von den erwachsenen Bezugspersonen verständnisvoll zu begleiten sind.

Das Kind lernt schließlich, dass das Spektrum der Personalpronomina über das primäre Ich-Du-Verhältnis hinausgeht und die dritte Person einschließt. Diese Einsicht ermöglicht es dem Kind, nicht nur zu einer Person zu sprechen, sondern über eine dritte anwesende oder abwesende. Es spricht schließlich in der ersten Person Plural und identifiziert sich damit mit einer Gruppe, der es sich selbst zugehörig fühlt. Es grenzt die eigene Gruppe von der anderen ab und beweist damit seine Fähigkeit zur Abstraktion. Das Fazit ist: Die Entwicklung des Kindes zur Person erfolgt im Dialog und nur in ihm.

Diesem Gedanken folgend ist auch die Rolle des Dialogs im Kontext der Pädagogik zu berücksichtigen (s. Kap. VI.3). In ihrer Habilitationsschrift, die unter dem Titel *Kommunikation und Erziehung* veröffentlicht wurde, weist Irmgard Bock auf die zentrale Rolle der Kommunikation für die Entwicklung des Kindes zur Person hin. „Es wird bedacht, daß der Mensch zugleich ‚zoon logon echon' und ‚zoon politikon' ist und daß Personwerdung als Selbstverwirklichung, das Ziel der Erziehung, nur über Austausch und gegenseitige Beeinflussung zu erreichen ist. […] Es ist unmittelbar evident, daß Kommunikation im praktischen pädagogischen Tun eine nicht leicht zu überschätzende Bedeutung hat" (Bock 1978, 4). Das pädagogisch reflektierte Gespräch, das diesem Ziel dient, ist ein wichtiges Hilfsmittel der Erziehung. Doch der Dialog zwischen dem Erziehenden und dem Kind kommt nicht nur dem Kind zugute, sondern ebenso dem Erwachsenen, wie Ronald D. Laing (1927–1989), der britische Psychiater betont. Er setzte sich mit der Phänomenologie Husserls und Heideggers und der Existenzphilosophie Sartres auseinander und entwickelte eine interpersonale Phänomenologie, in der das Gespräch eine zentrale Rolle spielt. In seinem Buch *Gespräche mit meinen Kindern,* die Gesprächsprotokolle mit ihnen enthalten, formuliert er diese Einsicht einer wechselseitigen Förderung in seiner Einleitung so: „Ich hoffe, diese Seiten tragen zu der Erkenntnis bei, daß Erwachsene vom Kontakt zu den Kindern den gleichen Nutzen haben wie Kinder vom Kontakt zu Erwachsenen. Nur von Kindern erfahren wir etwas über Kinder. Unser Verständnis für uns selbst verkümmert sehr stark, wenn wir den Kontakt zur Kindheit verlieren" (Laing 1982, 11).

Es sind gerade Störungen in der frühkindlichen Entwicklung des Dialogs und der mit ihr verbundenen Persönlichkeitsentwicklung, die eine spätere psychotherapeutische Hilfestellung nötig machen können. Bemerkenswerterweise erfolgt diese in vielen Fällen wiederum auf dem Wege des Dialogs. Freud hat als erster seine Psychoanalyse als eine Gesprächspsychotherapie entwickelt, der sich andere angeschlossen haben, so z. B. Carl R. Rogers in seiner ‚klientenzentrierten Gesprächspsychotherapie' (vgl. Rogers 2016) und Reinhard und Anne-Marie Tausch (vgl. Tausch 1981).

Das zentrale Thema für Freuds Konzept ist sein Versuch, mit Hilfe eines therapeutischen Gesprächs seinem Patienten durch eine Erweiterung seiner „Selbsterkenntnis" zu einer Stärkung seines Ichs zu verhelfen. Dabei knüpft er, ohne dies zu betonen, an die von Sokrates entwickelte Methode des philosophischen Dialogs an. In seinem *Abriss der Psychoanalyse* formuliert er diesen Ansatz so: „Unser Weg, das geschwächte Ich zu stärken, geht von der Erweiterung seiner Selbsterkenntnis aus. Wir wissen, dies ist nicht alles, aber es ist ein erster Schritt. […]. Somit ist das erste Stück unserer Hilfeleistung eine intellektuelle Arbeit von unserer Seite und eine Aufforderung zur Mitarbeit für den Patienten" (Freud 1994, 72).

Zentrales Hilfsmittel ist die von Sokrates praktizierte Kunst der „Mäeutik", ein Gesprächstyp, mit dessen Hilfe er ein verborgenes Wissen durch Fragen ans Licht hebt. Freud beschreibt sich und seine analytische ·Methode so: „Er behandelt gegenwärtig seine Kranken, indem er sie ohne andersartige Beeinflussung eine bequeme Rückenlage auf einem Ruhebett einnehmen läßt, während er selbst, ihrem Anblick entzogen, auf einem Stuhl hinter ihnen sitzt. […] Eine solche Sitzung verläuft also wie ein Gespräch zwischen zwei gleich wachen Personen, von denen die eine sich jede Muskelanstrengung und jeden ablenkenden Sinneseindruck erspart, die ihn von der Konzentration seiner Aufmerksamkeit auf ihre eigene seelische Tätigkeit stören könnte" (Freud 1975, 102). Dann bittet er sie, ihm ihre Krankengeschichte zu erzählen und fordert sie auf, „alles mit zu sagen, was ihnen dabei durch den Kopf geht, auch wenn sie meinen, es sei unwichtig oder es gehöre nicht dazu, oder es sei unsinnig. Mit besonderem Nachdruck aber wird von ihnen verlangt, daß sie keinen Gedanken oder Einfall darum von der Mitteilung ausschließen, weil ihnen diese Mitteilung beschämend oder peinlich ist" (ebd., 103). Gerade diese Erlebnisse sind es, die in der Regel „verdrängt" und daher „vergessen" werden. In der Auffüllung dieser Erinnerungslücken besteht gerade das Ziel der Therapie. Freud machte nun die Erfahrung, dass derartig Verdrängtes sich in vielen Fällen auf traumatische Erlebnisse in der Kindheit beziehen.

Von besonderer Bedeutung ist, dass sich Freud strikt an die mäeutische Methode hält. Der Therapeut gibt nichts von seinem Wissen preis, er konfrontiert den Patienten nicht mit seiner Diagnose, sondern ermöglicht ihm, in einer entspannten Situation, durch die sich einstellenden Erinnerungen, durch freies Assoziieren und auf dem Weg der Traumdeutung selbst die Ursachen seiner Krankheit zu erkennen und damit zu einer Erkenntnis seiner selbst zu kommen. Es handelt sich um das von Platon beschriebene Selbstgespräch des Denkens, das nun ausgesprochen und dem Therapeuten mitgeteilt wird. Um diesen Erkenntnisprozess nicht zu stören und um jede Suggestion zu vermeiden, gibt der Therapeut erst sehr spät und mit großer „Vorsicht" dem Patienten seine eigene Deutung der Krankheit (vgl. ebd., 200).

Wie für Sokrates hat diese wie jede Erkenntnis eine praktische Bedeutung. Für Sokrates ist es evident, dass aus einem Wissen eine entsprechende Handlung folgt. Für die psychoanalytische Mäeutik gilt entsprechendes: Wer die Ursachen seiner psychischen Störungen und die daraus folgenden Beeinträchtigungen seiner Lebensweise erkannt hat, wird dadurch von ihnen befreit. Das durch Krankheit geschwächte Ich wird auf diese Weise gestärkt. Es ist nun in der Lage, auf die großen Herausforderungen des Lebens zu antworten. Mit der von Freud praktizierten dialogischen Methode wird Folgendes erreicht: Psychische Gesundheit auf dem Wege der Selbsterkenntnis, Ich-Stärkung der Person und realitätsgerechte Teilnahme der Person am gesellschaftlichen Dialog.

Das Gespräch oder genauer das ‚dialogische Prinzip' wird auch für Buber (1878–1965) zur Grundlage seines Denkens und Handelns (vgl. Werner 1994). Er entwickelt es im Kontext einer Neubestimmung der Anthropologie und der Ethik. Das dialogische Prinzip verbindet beide. Es orientiert sich am Begriff der Person. Im Jahre 1962 veröffentlicht er mehrere Schriften, die diesem Thema gewidmet sind unter dem Titel *Das dialogische Prinzip*. Die erste beginnt mit folgender These: „Die Welt ist dem Menschen zwiefältig nach seiner zwiefältigen Haltung. Die Haltung des Menschen ist zwiefältig nach der Zwiefalt der Grundworte, die er sprechen kann. Die Grundworte sind nicht Einzelworte, sondern Wortpaare. Das eine Grundwort ist das Wortpaar Ich-Du. Das andere Grundwort ist das Wortpaar Ich-Es" (Buber 1984, 7).

Zum Grundverständnis dieser These gehört der Gedanke, dass das Ich niemals als eine isolierte Größe verstanden werden darf. Es ist immer nur Teil einer Beziehung. Nach einer groben Unterteilung könnte man meinen, dass das Du die Menschen repräsentiere, zu denen das Ich in Beziehung treten könne, und das Es die Sachenwelt. Doch auch hier liegt die Betonung auf dem Wort ‚Beziehung', denn ‚Du' und ‚Es' repräsentieren nicht einfach objektiv feststellbare ontologische Regionen der Welt. So gehört bereits die dritte Person ‚Er' oder ‚Sie', wie bereits von Buber betont, dem Bereich des ‚Es' an. Es ist ein Unterschied, ob ich zu einer Person spreche, einem ‚Du', oder über eine Person, ein ‚Er' oder ‚Sie'. Während ich *zu* einem ‚Du' spreche oder von ihm angesprochen werde, rede ich *über* eine dritte Person wie über einen Gegenstand, ein Objekt.

Da es die Art der Beziehung ist, die über das Verhältnis des Menschen zur Welt entscheidet, können auch Naturdinge tendenziell Teil einer personalen Beziehung werden. Buber verdeutlicht diesen Sachverhalt am Beispiel der Betrachtung eines Baumes: Dieser wird zunächst einmal als Gegenstand meines ästhetischen Verhältnisses zu einem „Bild", als Gegenstand einer biologischen Betrachtung zum Exemplar einer „Gattung", in der quantitativen Erfassung als einer unter einer bestimmten Anzahl. „In all dem bleibt der Baum mein Gegenstand und hat seinen Platz und seine Frist, seine Art und Beschaffenheit. Es kann aber auch geschehen, aus Willen und Gnade in einem, daß ich, den Baum betrachtend, in die Beziehung zu ihm eingefaßt werde, und nun ist er kein Es mehr" (ebd., 11). Die Beziehung unterscheidet sich von dem Verhältnis zu einem Gegenstand durch folgenden Sachverhalt: „Beziehung ist Gegenseitigkeit" (ebd., 12). „Gegenseitigkeit" bedeutet „Mutualität" (ebd., 131). In dem genannten Fall „begegnet" der Baum dem Betrachter als „er selber".

Doch das dialogische Prinzip bildet keine selbstverständliche Grundlage für das menschliche Zusammenleben. Es wird bedroht durch ein Überhandnehmen der „Eswelt" gegenüber der „Duwelt". In gesunden Zeiten kann die „Duwelt" die „Es-Welt" in den Lebensprozess integrieren. „Aber in den kranken Zeiten geschieht es, daß die Eswelt, nicht mehr von den Zuflüssen der Duwelt als von lebendigen Strömen durchzogen und befruchtet: – abgetrennt und stockend, ein riesenhaftes Sumpfphantom, den Menschen übermächtigt. Indem er sich mit einer Welt von Gegenständen, die ihm nicht mehr zur Gegenwart werden, abfindet, erliegt er ihr. Da steigert sich die geläufige Ursächlichkeit zum bedrückenden, erdrückenden Verhängnis" (ebd., 56). Die Sachenwelt, in der das Kausalitätsprinzip herrscht und nicht die in Freiheit sich vollziehende Begegnung von Ich und Du, wird zur alles dominierenden Macht. Die Personen selbst werden in die Welt der Gegenstände eingereiht und schließlich in den Kategorien der Kausalität objektiviert.

Umso dringlicher wird in dieser Situation die Frage, wie das – so Buber – von Sokrates vorbildlich praktizierte Leben im Gespräch wiedergewonnen werden kann (vgl. ebd., 68 f.). Zu fragen ist zunächst: Was ist ein echtes Gespräch? Buber hat diese Frage in seiner Schrift *Elemente des Zwischenmenschlichen* (ebd., 271–298) erörtert. Das Gespräch ist auf eine anspruchsvolle Weise eine dialogische Beziehung. Ein Gespräch gelingt nur dann, wenn „eine Unmittelbarkeit zum andern" erreicht wird, nicht aber zwingend Übereinstimmung. Buber bemerkt: „Die Hauptvoraussetzung zur Entstehung eines echten Gesprächs ist, daß jeder seinen Partner als diesen, als eben diesen Menschen meint. Ich werde seiner inne, werde dessen inne, daß er anders, wesenhaft anders ist als ich, und ich nehme den Menschen an, den ich wahrgenommen habe, so daß ich mein Wort in allem Ernst an ihn, eben als ihn, richten kann" (ebd., 283).

In seiner Abhandlung *Zwiesprache* (ebd., 139–196) hat Buber das ,dialogische Prinzip' im Kontext der ethischen Fragestellung erörtert. Buber wählt als Zentralbegriff seiner Ethik den Begriff der Verantwortung und unterscheidet die Verantwortungsethik von einer Sollensethik. Er bemerkt: „Der Begriff der Verantwortung ist aus dem Gebiet der Sonderethik, eines frei in der Luft schwebenden ,Sollens', in das des gelebten Lebens zurückzuholen. Echte Verantwortung gibt es nur, wo es wirkliches Antworten gibt. Antworten worauf? Auf das, was einem widerfährt, was man zu sehen, zu hören, zu spüren bekommt. Jede konkrete Stunde mit ihrem Welt- und Schicksalsgehalt, die der Person zugeteilt wird, ist dem Aufmerkenden Sprache" (ebd., 161).

Ethik in diesem Sinne beinhaltet mehr als die Bestimmung der Normen des zwischenmenschlichen Verhaltens, sie thematisiert unser Weltverhältnis in einem umfassenden Sinne. Sie verlangt allerdings vom „Aufmerkenden", dass „der ganze Apparat unserer Zivilisation" und der mit ihr verbundenen eingeschliffenen Verhaltensmuster hinterfragt werden. Verantworten heißt, eine eigene Antwort zu finden auf das, „was einem widerfährt". Es handelt sich dabei keineswegs um „etwas Außerordentliches", sondern um „die Begebenheiten des persönlichen Alltags. [...]. Dem Augenblick antworten wir, aber wir antworten zugleich für ihn, wir verantworten ihn. Ein neuerschaffenes Weltkonkretum ist uns in die Arme gelegt worden; wir verantworten es. Ein Hund hat dich angesehen, du verantwortest seinen Blick, ein Kind hat deine Hand ergriffen, du verantwortest seine Berührung, eine Menschenschar regt sich um dich, du verantwortest ihre Not" (ebd., 162 f.). Die sich daraus ergebende Verantwortungsethik gehorcht dem dialogischen Prinzip in einer spezifischen Weise. Auf einen Augenblick antworten, „unser Eingehen auf die Situation" (ebd., 163), ist der ethisch relevante Dialog der Person mit der Welt.

Eine besondere Herausforderung für eine dialogische Vernunft stellt das Problem des Krieges dar, zu dem Kant in seiner Schrift *Zum ewigen Frieden* aus dem Jahre 1795 bereits Entscheidendes gesagt hat (s. Abschn. I.2). Für die Beendigung eines Konflikts gibt es prinzipiell zwei Möglichkeiten: Eine Verhandlungslösung auf dem Wege der Diplomatie und des Dialogs oder aber Erpressung, Gewalt und im schlimmsten Fall Krieg. Jedes Plädoyer für den Frieden ist daher zugleich ein Plädoyer für Diplomatie und dialogische Vernunft. Das soll an zwei Beispielen erläutert werden.

Ein besonderes Engagement für den Frieden entwickelte im 19. Jahrhundert Henri Dunant (1828–1910), der 1859 Augenzeuge der Schlacht von Solferino wurde. Sie war Teil des italienischen Einigungskrieges. Auch wenn sie für den Erfolg im „Freiheitskampf Italiens" nicht von entscheidender Bedeutung war (vgl. Heudtlass 1985, 56), so waren die Opfer gleichwohl schrecklich. Überall, so berichtet Dunant, lagen Verwundete, die „wütend vor Schmerz" schrien, während andere „verlangten, dass man ihren Leiden durch einen schnellen Tod ein Ende mache, und mit verzerrtem Antlitze wanden sie sich im letzten Todeskampf" (Dunant 2018, 26). Hinsichtlich der Kriege selbst macht sich Dunant keine Hoffnung. Es wird sie auch in Zukunft geben. Doch angesichts dieses Elends fasst Dunant den Entschluss, eine Organisation zu gründen, die überstaatlich und unparteiisch den Verwundeten hilft. Er formuliert seinen Gedanken so: „Ist es nicht an der Zeit, in welcher man so viel von Fortschritt und Zivilisation spricht und in welcher die Kriege einmal nicht immer vermieden werden können, ist es da nicht dringend notwendig, alles zu tun, um den Schrecken derselben zuvorzukommen, oder diese mindestens so viel wie möglich zu mildern, und zwar nicht allein auf den Schlachtfeldern, sondern auch und namentlich in den Spitälern während der so langen und schmerzensreichen Wochen, welche die Unglücklichen dort zuzubringen haben?" (ebd., 85).

Das war der Ausgangspunkt für die Entstehung des Roten Kreuzes, das auf seine Initiative hin 1863 in Genf gegründet wurde. Seinem Vorschlag nach sollte es in verschiedenen Ländern „Komitees" geben, die „wenn auch voneinander unabhängig, sich doch miteinander zu verständigen und in Verbindung zu setzen wissen, sobald irgendein Krieg auszubrechen drohte" (ebd., 85, Anm.). Bleibt der Krieg selbst vorerst in seiner Schrecklichkeit bestehen, so handeln die Mitglieder dieser Organisation doch nach den Prinzipien der Kooperation und der dialogischen Vernunft. Sie zeigen so in ihrer bloßen Existenz die Möglichkeit einer humanen Alternative zum Krieg auf. Henri Dunant erhält 1901 für sein Engagement den Friedensnobelpreis (vgl. Heudtlass 1985, 209).

Bertha von Suttner (1843–1914) ist ebenfalls Zeitzeugin der Kriege vom italienischen Einigungskrieg von 1859 bis hin zum deutsch-französischen Krieg von 1870/71. In ihrer als Roman konzipierten Streitschrift *Die Waffen nieder! Eine Lebensgeschichte* aus dem Jahre 1889 entwickelt sie ihre pazifistische Grundhaltung (vgl. Steffahn 1998, 72). Sie widerlegt die am häufigsten vorgetragenen Argumente der Befürworter des Krieges, wie etwa: Kriege seien, wie die Bibel lehre, gottgewollt, es gäbe sie immer und werde sie immer geben; die Menschheit würde ohne Kriege zu stark anwachsen; ein dauerhafter Friede verweichliche, der Krieg diene der

„Charakterstählung" und schließlich, verschiedene Interessen der Menschen werde es immer geben, „folglich ewiger Friede ein Widersinn" (Suttner 2014, 144). Diese Parolen werden – so Suttner – den Kindern bereits im Geschichtsunterricht, und zwar Jungen wie Mädchen, nahegebracht, dem Jungen, indem in ihm, dem künftigen „Vaterlandsverteidiger", die „Begeisterung für diese seine erste Bürgerpflicht geweckt" wird (ebd., 5) und dem Mädchen, indem ihm die „Bewunderung für den Militärstand" nahegebracht wird (ebd.). Doch die Argumente für die Verherrlichung des Krieges sind alle nicht haltbar. Keines von ihnen kann die Schrecken des Krieges rechtfertigen (vgl. ebd., 145).

In Übereinstimmung mit den Forderungen Kants wirbt sie mit ihrem Kampfruf für eine allgemeine Abrüstung. Sie hofft auf die Weisheit eines künftigen Staatsmannes, „der die allgemeine Abrüstung durchsetzt", und sie sieht erste hoffnungsvolle Anzeichen dafür: „Schon stürzt jener Wahn zusammen kraft dessen der Staatsegoismus einen so täuschenden Anschein von Berechtigung hat – der Wahn, daß der Schaden des Einen den Nutzen des Anderen befördere … Schon dämmert die Erkenntnis, daß die *Gerechtigkeit* als Grundlage alles sozialen Lebens dienen soll … und aus solcher Erkenntnis soll die Menschlichkeit hervorblühen" (ebd., 321). Der Erfolg ihres Buches war enorm, aber auch zwiespältig. Von den einen wurde sie für ihre schonungslose Kritik des Krieges bewundert, von den anderen als „Friedens-Bertha" verspottet. In ihrem persönlichen Kontakt zu Alfred Nobel hatte sie selbst die Stiftung eines Friedenspreises angeregt (vgl. Hamann 2013, 217). Sie erhielt ihn, als erste Frau, im Jahre 1905. 1914 starb sie, eine Woche vor Ausbruch des Ersten Weltkrieges, vor dem sie bereits eindringlich gewarnt hatte. Bertha von Suttner setzte wie Kant auf Gerechtigkeit, Diplomatie und dialogische Vernunft.

Doch die Geschichte des zwanzigsten Jahrhunderts verlief anders. Nach dem schrecklichen Ersten Weltkrieg wurde der von Kant geforderte Völkerbund zwar tatsächlich 1920 geschlossen. Doch schon einige Jahre später traten einige der beigetretenen Länder wieder aus, so Deutschland 1933. Mit dem Zweiten Weltkrieg wurden die Grundlagen des Völkerbunds völlig zerstört, und so wurde er aufgelöst und die UNO als neue weltweite Organisation am 26.6.1945 in San Francisco gegründet. Sie verfolgt dieselben Ziele wie der Völkerbund, nämlich Frieden und Sicherheit unter den Nationen durch politische, wirtschaftliche, soziale und kulturelle Zusammenarbeit zu gewährleisten. Die Mitglieder verpflichten sich, auf Gewaltanwendung zu verzichten. Gleichwohl hat auch die UNO neue Kriege nicht verhindern können.

In diesem Zusammenhang ist für die Gegenwart auf das 1966 in Form einer Stiftung gegründete Friedensforschungsinstitut SIPRI (Stockholm International Peace Research Institute) hinzuweisen, das in Solna (Schweden) seinen Sitz hat und dessen Kosten zur Hälfte die schwedische Regierung übernimmt. Die von ihm jährlich ermittelten Daten über Rüstungsstärke und Rüstungsausgaben der Staaten weltweit bilden eine international anerkannte Zahlengrundlage auch für Abrüstungsverhandlungen zwischen Ost und West. 1982 wurde das Institut mit dem UNESCO-Preis für Friedenserziehung ausgezeichnet. Angesichts anhaltender Krisen und Konflikte, einschließlich aktueller Kriegsgefahren, behält die Forderung, Krieg durch Diplomatie und jede Gewaltanwendung durch dialogische Vernunft zu ersetzen, ihre unveränderte Bedeutung.

Eine zentrale Bedeutung für das Prinzip einer dialogischen Vernunft haben die Menschenrechte, insbesondere die Meinungs- und Pressefreiheit. Entscheidend ist, dass es in einem politischen Gemeinwesen einen ungehinderten freien Dialog gibt, innerhalb dessen sich die Chancen für eine dialogische Vernunft ergeben. Bereits Kant hat in seiner Schrift *Über den Gemeinspruch:das mag in der Theorie richtig sein, taugt aber nicht für die Praxis* aus dem Jahre 1793 deutlich darauf hingewiesen, dass das „Staatsoberhaupt", das niemals für sich in Anspruch nehmen kann, unfehlbar zu sein, auf die freie Meinungsäußerung der „Staatsbürger" angewiesen ist. Daher „muß dem Staatsbürger, und zwar mit Vergünstigung des Oberherren selbst, die Befugnis zustehen, seine Meinung über das, was [...] ihm ein Unrecht gegen das gemeine Wesen zu sein scheint, öffentlich bekannt zu machen" (Kant VI, 161). Die Konsequenz ist: „Also ist die *Freiheit der Feder* – in den Schranken der Hochachtung und Liebe für die Verfassung worin man lebt [...] das einzige Palladium der Volksrechte" (ebd.). Kants politische Konsequenz ist bemerkenswert. Sie zielt bereits auf das Prinzip der Demokratie ab. Er sagt: „*Was ein Volk über sich selbst nicht beschließen kann, das kann der Gesetzgeber auch nicht über das Volk beschließen*" (ebd., 162). Im neunzehnten Jahrhundert hat Tocqueville in seinem Buch *Über die Demokratie in Amerika* aus dem Jahre 1835 dann explizit auf den Zusammenhang von Demokratie und Pressefreiheit hingewiesen. Die Pressefreiheit ist für ihn eine unverzichtbare Bedingung der Demokratie (s. Abschn. V.3). Ihm folgt John Stuart Mill in seinem 1859 veröffentlichten Buch *Über Freiheit* (s. Abschn. I.3). Er fordert nicht nur die „absolute Freiheit der Meinung" (Mill 1987, 19), sondern betont, dass die ungehinderte „Diskussion" notwendig ist, um Erfahrungen zu interpretieren und Fehler zu berichtigen (vgl. Mill 1987, 45).

Eine globale Bedeutung bekamen diese von aufgeklärten Denkern aufgestellten Forderungen durch die von der UNO 1948 verabschiedete *Allgemeine Erklärung der Menschenrechte.* Von zentraler Bedeutung für das Prinzip der dialogischen Vernunft ist der Artikel 19. Er lautet: „Jeder Mensch hat das Recht auf freie Meinungsäußerung; dieses Recht umfaßt die Freiheit, Meinungen unangefochten anzuhängen und Informationen und Ideen mit allen Verständigungsmitteln ohne Rücksicht auf Grenzen, zu empfangen und zu verbreiten" (Heidelmeyer 1997, 212). Die Verbreitung von Meinungen und ihr Austausch „mit allen Verständigungsmitteln" ist der praktizierte Dialog, der zum Kernbestand einer Demokratie gehört. Durch sie erhält die Demokratie überhaupt erst ihre moralisch-rechtliche Legitimation. Insofern hat sich mit der ‚Erklärung der Menschenrechte' die Hoffnung verbunden, dass mit ihrer weltweiten Anerkennung zugleich die Demokratie als allgemein anerkannte Staatsform sich durchsetzen würde. Doch diese Hoffnung ist enttäuscht worden. Neben offenen Formen der Diktatur haben sich autoritäre Herrschaftsformen herausgebildet, die nur dem Namen nach Demokratien sind, bei denen aber schon die Wahlen nicht wirklich frei sind und die freie, politische Meinungsäußerung unterdrückt wird. Personen, die sich trotzdem kritisch äußern, werden nicht selten verhaftet, gelegentlich gefoltert oder gar getötet. Es ist dem großen Engagement der 1961 in London gegründeten Menschenrechtsorganisation ‚Amnesty International' zu verdanken, dass diese Fälle publik gemacht werden und durch Eingaben bei den jeweiligen Regierungen politisch Verfolgte unterstützt und gelegentlich auch aus ihrer Haft befreit werden. Die Verleihung des Friedens-Nobelpreises im Jahre 1977 hat ihr zu weltweiter Anerkennung verholfen, ihr Engagement für dialogische Vernunft aber nicht überflüssig gemacht.

Schließlich gibt es im Zeitalter der ökologischen Krise Bestrebungen, unser Verhältnis zur Natur grundlegend zu ändern (s. Kap. VIII). Einige denken dabei an das Modell des Dialogs. So kann sich Buber, wie erwähnt, das Verhältnis des Menschen zu einem Baum als dialogisch vorstellen. Bloch möchte in der Natur einen „Freund" sehen (vgl. Bloch 1977, 813) und Habermas will, dass wir die Natur nicht länger nur als einen „Gegen*stand*" bearbeiten, sondern mit ihr als „Gegen*spieler*" kommunizieren und ihr „brüderlich" begegnen (vgl. Habermas 1969, 57). Hans Jonas will der Natur ihre „selbsteigene Würde" zurückgeben (Jonas 1984, 246), eine Würde, die bisher nur Menschen vorbehalten war. Auch Meyer-Abich möchte eine naturgemäße Technik, die ein „Befreundetsein" mit der Natur bedeutet (vgl. Meyer-Abich 1997, 405), und für Corine Pelluchon beginnt die Wertschätzung menschlichen und nichtmenschlichen Lebens mit dem „Respekt vor Tieren" (Pelluchon 2021, 238). Sie alle verbinden den Gedanken eines Dialogs mit der Natur mit dem „Wunsch [...], eine bewohnbare Welt weiterzugeben" (ebd.). Auch wenn eine sprachliche Kommunikation mit der außermenschlichen Natur nicht möglich ist, ein dialogisches Verhältnis zu ihr ist in der Weise denkbar, dass wir in ihr ein Gegenüber sehen, dem wir mit Aufmerksamkeit und Respekt begegnen. Das Fazit ist: In allen dargestellten und diskutierten Bereichen der praktischen Philosophie bilden Freiheit, Verantwortung und dialogische Vernunft eine unlösliche Einheit.

Literatur

Lexika

Ritter, J./Gründer, K./Gabriel, G. (Hg.). (1971–2004): Historisches Wörterbuch der Philosophie. 12 Bde. Darmstadt. (zitiert als HWP, Bd. Spalte)
Wilpert, Gero von (1969): Sachwörterbuch der Literatur. Stuttgart

Quellen

Adorno, Theodor W. (1969): Minima Moralia. Reflexionen aus dem beschädigten Leben. Frankfurt a. M.
Albert, Hans (1980): Traktat über kritische Vernunft. Tübingen
Anders, Günther (1983). Die Antiquiertheit des Menschen. Erster Band. Über die Seele im Zeitalter der zweiten industriellen Revolution. München
Apel, Karl-Otto (1973): Transformation der Philosophie II. Das Apriori der Kommunikationsgemeinschaft. Frankfurt a. M.
Apel, Karl-Otto (1976): Transformation der Philosophie. Bd. I. Sprachanalytik, Semiotik, Hermeneutik. Frankfurt a. M.
Apel, Karl-Otto (1988): Diskurs und Verantwortung. Das Problem des Übergangs zur postkonventionellen Moral. Frankfurt a. M.
Aristoteles (1968): Topik. Hamburg
Aristoteles (1987): Der Staat der Athener. Stuttgart 1987
Aristoteles (1981): Nikomachische Ethik. München
Aristoteles (1981a): Politik. München
Augustinus (1991): Vom Gottesstaat. Buch 11–22. München
Bacon, Francis (1982): Neu-Atlantis. Stuttgart

© Der/die Herausgeber bzw. der/die Autor(en), exklusiv lizenziert an Springer-Verlag GmbH, DE, ein Teil von Springer Nature 2022
W. Pleger, *Dialogische Vernunft*, https://doi.org/10.1007/978-3-662-65289-3

Bacon, Francis (1999): Neues Organon. lat. – dt. Teilband I. Hamburg

Bacon, Francis (2009): Neues Organon. lat. – dt. Teilband II. Hamburg

Bergson, Henri (2012): Zeit und Freiheit. Hamburg

Bielefeldt, Heiner (2005): Philosophie der Menschenrechte. Darmstadt

Bloch, Ernst (1977): Gesamtausgabe in 16 Bänden. Frankfurt a. M. (zitiert nach Bd. und Seitenzahl)

Bock, Irmgard (1978): Kommunikation und Erziehung. Darmstadt

Braunmühl, Ekkehard von (1975): Antipädagogik. Studien zur Abschaffung der Erziehung. Weinheim/Basel

Brown, Wendy (2015): Die schleichende Revolution. Wie der Neoliberalismus die Demokratie zerstört. Berlin

Buber, Martin (1984): Das dialogische Prinzip. Heidelberg

Capelle, Wilhelm, Hg. (1968): Die Vorsokratiker. Die Fragmente und Quellenberichte. Stuttgart

Cassirer, Ernst (1992): Versuch über den Menschen. Einführung in eine Philosophie der Kultur. Frankfurt a. M.

Cassirer, Ernst (2016): Vom Mythus des Staates. Hamburg

Comte, Auguste (1956): Rede über den Geist des Positivismus. Hamburg

Comte, Auguste (1974): Die Soziologie. Positive Philosophie. Stuttgart

Darwin, Charles (1982): Die Abstammung des Menschen. Stuttgart

Descartes, René (1977): Meditationes de prima philosophia. lat.- dt. Hamburg

Dilthey, Wilhelm (1968): Der Aufbau der geschichtlichen Welt in den Geisteswissenschaften. Gesammelte Schriften Bd. VII. Stuttgart

Diogenes Laertios (1967): Leben und Meinungen berühmter Philosophen. Hamburg

Dunant, Henry (2018): Eine Erinnerung an Solferino. Berlin

Erhard, Ludwig (2009): Wohlstand für alle. Köln

Epiktet (1984): Handbüchlein der Moral und Unterredungen. Stuttgart

Feuerbach, Ludwig (1969): Das Wesen des Christentums. Stuttgart

Flitner, Andreas (1985): Konrad, sprach die Frau Mama... Über Erziehung und Nicht-Erziehung. München/Zürich

Flitner, Andreas (1996): Spielen - Lernen. Praxis und Deutung des Kinderspiels. München

Flitner, Andreas (2001): Reform der Erziehung. Weinheim

Franyo, Zoltan, Hg. (1971): Frühgriechische Lyriker. Teil 1: Die frühen Elegiker. Berlin

Franyo, Zoltan, Hg. (1972): Frühgriechische Lyriker. Teil 2: Die Jambographen. Berlin

Freud, Sigmund (1975): Studienausgabe. Schriften zur Behandlungstechnik. Ergänzungsband. Frankfurt a. M.

Freud, Sigmund (1994): Abriss der Psychoanalyse. Frankfurt a. M.

Freud, Sigmund (1997): Vorlesungen zur Einführung in die Psychoanalyse. Studienausgabe Bd. I. Frankfurt a. M.

Friedman, Milton (2015): Kapitalismus und Freiheit. München/Berlin

Fromm, Erich (2003): Die Furcht vor der Freiheit. München

Gehlen, Arnold (1970): Anthropologische Forschung. Reinbek

Habermas, Jürgen (1969): Technik und Wissenschaft als ‚Ideologie‘. Frankfurt a. M.

Habermas, Jürgen (1975): Strukturwandel der Öffentlichkeit. Neuwied/Berlin

Habermas, Jürgen (1984): Vorstudien und Ergänzungen zur Theorie des kommunikativen Handelns. Frankfurt a. M.

Habermas, Jürgen (2013): Die Zukunft der menschlichen Natur. Auf dem Weg zu einer liberalen Eugenik? Frankfurt a. M.

Hartmann, Nicolai (1962): Das Problem des geistigen Seins. Berlin

Hartung, Fritz u.a. (1972): Die Entwicklung der Menschen- und Bürgerrechte von 1776 bis zur Gegenwart. Göttingen

Hegel, G.W.F. (1970): Werke in zwanzig Bänden. Frankfurt a. M. (zitiert nach Bd. und Seitenzahl)

Heidegger, Martin (1962): Die Technik und die Kehre. Pfullingen

Heidelmeyer, Wolfgang, Hg. (1997): Die Menschenrechte. Paderborn

Herder, Johann Gottfried (1968): Herder Schriften. Reinbek

Herder, Johann Gottfried (1982): Herders Werke In Fünf Bänden. Berlin und Weimar (zitiert nach Bd. und Seitenzahl)

Herodot (o.J.): Neun Bücher der Geschichte. Essen

Hesiod (1985): Theogonie. Sankt Augustin

Hobbes, Thomas (1994): Vom Menschen. Vom Bürger. Elemente der Philosophie II/III. Hamburg

Hobbes, Thomas (1996): Leviathan oder Stoff, Form und Gewalt eines kirchlichen und bürgerlichen Staates. Frankfurt a. M.

Höffe, Otfried (2015): Kritik der Freiheit. Das Grundproblem der Moderne. München

Hoffmann, Heinrich (1984): Der Struwwelpeter. München

Holbach, Paul Henry Thiry de (1978): System der Natur oder von den Gesetzen der physischen und der moralischen Welt. Frankfurt a. M.

Horkheimer, Max (1972): Traditionelle und kritische Theorie. Frankfurt a. M.

Humboldt, Wilhelm von (1969): Werke in fünf Bänden. Darmstadt

Jonas, Hans (1984): Das Prinzip Verantwortung. Versuch einer Ethik für die technologische Zivilisation. Frankfurt a. M.

Jonas, Hans (1985): Technik, Medizin und Ethik. Zur Praxis des Prinzips Verantwortung. Frankfurt a. M.

Jonas, Hans (1997): Das Prinzip Leben. Frankfurt a. M.

Jonas, Hans (2003): Erinnerungen. Frankfurt a. M./Leipzig.

Kant, Immanuel (1998): Werke in sechs Bänden. Hg. von W. Weischedel Darmstadt (zitiert nach Bd. und Seitenzahl)

Keynes, John Maynard (2009): Allgemeine Theorie der Beschäftigung, des Zinses und des Geldes. Berlin

Laing, Ronald D. (1982): Gespräche mit meinen Kindern. Reinbek

Mach, Ernst (1991): Analyse der Empfindungen und das Verhältnis des Physischen zum Psychischen. Darmstadt

Marcuse, Herbert (1968): Kultur und Gesellschaft I. Frankfurt a. M.

Marcuse, Herbert (1968): Kultur und Gesellschaft II. Frankfurt a. M.

Marcuse, Herbert (1969): Versuch über die Befreiung. Frankfurt a. M.

Marcuse, Herbert (1973): Triebstruktur und Gesellschaft. Ein philosophischer Beitrag zu Sigmund Freud. Frankfurt a. M.

Marcuse, Herbert (1974): Die Gesellschaftslehre des sowjetischen Marxismus. Darmstadt

Marcuse, Herbert (1974 a): Der eindimensionale Mensch. Studien zur Ideologie der fortgeschrittenen Industriegesellschaften. Darmstadt

Mahler, Margret S./Pine, Fred/Bergman, Anni (1993): Die psychische Geburt des Kindes. Frankfurt a. M.

Marx, Karl (1971): Die Frühschriften. Stuttgart

Marx, Karl (1962): Werke Bd. I. Frühe Schriften I. Stuttgart

Marx, Karl (1971): Werke Bd. II. Frühe Schriften II. Darmstadt

Marx, Karl (1962): Werke Bd. IV. Ökonomische Schriften I. Stuttgart

Marx, Karl (1964): Werke Bd. VI. Ökonomische Schriften III. Stuttgart

Maturana, Humberto, R./Varela, Francisco J. (2010): Der Baum der Erkenntnis. Frankfurt a. M.

Meyer-Abich, Adolf (1992): Alexander von Humboldt. Reinbek

Meyer-Abich, Klaus Michael (1984): Wege zum Frieden mit der Natur. München

Meyer-Abich, Klaus Michael (1997): Praktische Naturphilosophie. München

Mill, John Stuart (1976): Der Utilitarismus. Stuttgart

Mill, John Stuart (1987): Über die Freiheit. Frankfurt a. M.

Miller, Alice (1983): Am Anfang war Erziehung. Frankfurt a. M.

Montessori, Maria (2015): Gesammelte Werke. Bd. 1. Die Entdeckung des Kindes. Freiburg

Montessori, Maria (2018): Kinder sind anders. Stuttgart

Montesquieu, Charles-Louis (1965): Vom Geist der Gesetze. Stuttgart

Neill, Alexander S. (1969): Theorie und Praxis der antiautoritären Erziehung. Reinbek

Nussbaum, Martha (2018): Gerechtigkeit oder Das gute Leben. Frankfurt a. M.

Nussbaum, Martha (2019): Kosmopolitismus. Revision eines Ideals. Darmstadt

Oestreich, Gerhard: Geschichte der Menschenrechte und Grundfreiheiten im Umriß. Berlin 1978

Pelluchon, Corine (2019): Ethik der Wertschätzung. Tugenden für eine ungewisse Welt. Darmstadt

Pelluchon, Corine (2021): Das Zeitalter des Lebendigen. Eine neue Philosophie der Aufklärung. Darmstadt

Platon (1973): Werke in acht Bänden. Griechisch und Deutsch. Darmstadt

Rawls, John (1979): Eine Theorie der Gerechtigkeit. Frankfurt a. M.

Rousseau, Jean-Jacques (1974): Der Gesellschaftsvertrag. Stuttgart

Rousseau, Jean-Jacques (1984): Diskurs über die Ungleichheit. Paderborn

Rousseau, Jean-Jacques ((1985): Bekenntnisse. Frankfurt a. M./Leipzig

Rousseau, Jean-Jacques (1995): Schriften. Band 1. Frankfurt a. M.

Rousseau, Jean-Jacques (1998): Emil oder über die Erziehung. Paderborn

Russell, Bertrand/Sartre, Jean-Paul (1971): Das Vietnam-Tribunal oder Amerika vor Gericht. Reinbek

Rogers, Carl R. (2016): Die klientenzentrierte Gesprächspsychotherapie. Frankfurt a. M.

Roth, Heinrich (1971): Pädagogische Anthropologie II. Entwicklung und Erziehung. Hannover

Rutschky, Katharina (1980): Schwarze Pädagogik. Berlin/Wien

Scheler, Max (1978): Die Stellung des Menschen im Kosmos. Bern

Schleiermacher, Friedrich (1966): Pädagogische Schriften. I. Düsseldorf/München

Singer, Wolf (2002): Der Beobachter im Gehirn. Essays zur Hirnforschung. Frankfurt a. M.

Smith, Adam (2009): Wohlstand der Nationen. Köln

Spitz, René (1976): Vom Dialog. Stuttgart

Spitz, René (1987): Vom Säugling zum Kleinkind. Stuttgart

Strauss, Leo (1977): Naturrecht und Geschichte. Frankfurt a. M.

Stroh, Wilfried (2010) Cicero. Redner, Staatsmann, Philosoph. München

Sunnus, Siegfried (1994): Herder Lesebuch. Frankfurt a. M./Leipzig

Suttner, Bertha von (2014): Die Waffen nieder! Eine Lebensgeschichte. Berlin

Tausch, Reinhard/Tausch, Anne-Marie (1981): Gesprächspsychotherapie. Göttingen

Thukydides (o. J.) Der peloponnesische Krieg. Essen

Tocqueville, Alexis de (1956): Die Demokratie in Amerika. Frankfurt a. M.

Vico, Giambattista (1966): Die neue Wissenschaft über die gemeinschaftliche Natur der Völker. Reinbek

Weber, Max (1988): Gesammelte Aufsätze zur Wissenschaftslehre. Tübingen

Weber, Max (1999): Politik als Beruf. Stuttgart

Weber, Max (2013): Die protestantische Ethik und der Geist des Kapitalismus. München

Wittgenstein. Ludwig (1971): Philosophische Untersuchungen. Frankfurt a. M.

Zimmer, Dieter E. (1986): So kommt der Mensch zur Sprache. Zürich

Sekundärliteratur

Adorno, Theodor, W. (1961): Noten zur Literatur II. Frankfurt a. M.

Adorno, Theodor W. u.a. (1974): Der Positivismusstreit in der deutschen Soziologie. Darmstadt/Neuwied

Arendt, Hannah (1994): Über die Revolution. München

Arendt, Hannah (1995): Elemente und Ursprünge totaler Herrschaft. München

Baur, Ernst (1960): Johann Gottfried Herder. Leben und Werk. Stuttgart

Beck, Lewis, White (1974): Kants „Kritik der praktischen Vernunft". München

Bengtson, Hermann (1965): Griechische Geschichte. Von den Anfängen bis in die Kaiserzeit. München

Bichler, Reinhold (2001): Herodots Welt. Berlin

Blumenberg, Hans (1973): Der Prozeß der theoretischen Neugierde. Frankfurt a. M.

Blumenberg, Werner (1972): Marx. Reinbek

Boas, Marie (1965): Die Renaissance der Naturwissenschaften. Gütersloh

Bohlken, Eike/Thies, Christian, Hg. (2009): Handbuch Anthropologie. Der Mensch zwischen Natur, Kultur und Technik. Stuttgart

Brasser, Martin, Hg. (1999): Person. Philosophische Texte von der Antike bis zur Gegenwart. Stuttgart

Bröcker, Walter (1985): Platos Gespräche. Frankfurt a. M.

Brunkhorst, Hauke/Koch, Gertrud (1987): Marcuse zur Einführung. Hamburg

Buchheim, Thomas (1999): Aristoteles. Freiburg

Burckhardt, Jacob (1978): Weltgeschichtliche Betrachtungen. Stuttgart

Copleston, Frederick (1993): A History of Philosophy. Volume III. New York

Copleston, Frederick (1994): A History of Philosophy. Volume V. u. VIII New York (zitiert nach Bd. und Seitenzahl)

Euchner, Walter (1983): Karl Marx. München

Euchner, Walter (2011): John Locke zur Einführung. Hamburg

Fellmann, Ferdinand, Hg. (1996): Geschichte der Philosophie im 19. Jahrhundert. Reinbek

Fetscher, Iring (o. J.): Marx. Freiburg

Fetscher, Iring (1975): Rousseaus politische Philosophie. Frankfurt a. M.

Finley, Moses I. (1976): Die Griechen. Eine Einführung in ihre Geschichte und Zivilisation. München

Finley, Moses I. (1979): Die Welt des Odysseus. München

Finley, Moses I. (1987): Die Sklaverei in der Antike. Frankfurt a. M.

Flashar, Hellmut (2014): Aristoteles. Lehrer des Abendlandes. München

Flechtheim, Ossip K. /Lohmann, Hans-Martin (2003): Marx zur Einführung. Hamburg

Forschner, Maximilian (1977): Rousseau. Freiburg/München

Fukuyama, Francis (1992): Das Ende der Geschichte. München

Gaulke, Jürgen (1996): John Stuart Mill. Reinbek

Geißler, Heiner (2012): Sapere aude! Warum wir eine neue Aufklärung brauchen. Berlin

Gerhardt, Volker (2002): Immanuel Kant. Vernunft und Leben. Stuttgart

Gessmann, Martin (o. J.): Hegel. Freiburg/Basel/Wien

Gloy, Karen (1995): Das Verständnis der Natur. I. Die Geschichte des wissenschaftlichen Denkens. München

Guthrie, W.K.C.: The Sophists. Cambridge 1993

Habermas, Jürgen, Hg. (1969): Antworten auf Herbert Marcuse. Frankfurt a. M.

Habermas, Jürgen (1971): Politisch-philosophische Profile. Frankfurt a. M.

Habermas, Jürgen/Bovenschen, Silvia u.a. (1978): Gespräche mit Herbert Marcuse. Frankfurt a. M.

Habermas, Jürgen (1985): Der philosophische Diskurs der Moderne. Frankfurt a. M.

Habermas, Jürgen (1998): Faktizität und Geltung. Frankfurt a. M.

Hamann, Brigitte (2013): Bertha von Suttner. Kämpferin für den Frieden. Wien

Hayek, Friedrich A. von (2005): Die Verfassung der Freiheit. Tübingen

Heiland, Helmut (2014): Maria Montessori. Reinbek

Helferich, Christoph (1979): Georg Wilhelm Friedrich Hegel. Stuttgart

Hereth, Michael (1991): Tocqueville zur Einführung. Hamburg

Herrmann-Otto, Elisabeth, Hg. (2013): Antike Sklaverei. Darmstadt

Heudtlass, Willy (1985): J. Henry Dunant. Biographie. Stuttgart

Höffe, Otfried (1992): Einführung in die utilitaristische Ethik. Tübingen

Höffe, Otfried (1996): Aristoteles. München

Höffe, Otfried (1996a): Immanuel Kant. München

Höffe, Otfried (2001): Gerechtigkeit. Eine philosophische Einführung. München

Höffe, Otfried (2010): Thomas Hobbes. München

Holmsten, Georg (1983): Jean-Jacques Rousseau. Reinbek

Horn, Christoph (1995): Augustinus. München

Horster, Detlef (2006): Ernst Bloch. Eine Einführung. Wiesbaden

Horkheimer, Max/Adorno, Theodor W. (1969): Dialektik der Aufklärung. Frankfurt a. M.

Hossenfelder, Malte (1985): Geschichte der Philosophie. Bd. III. Die Philosophie der Antike. München

Irrlitz, Gerd (2015): Kant Handbuch. Leben und Werk. Stuttgart

Iser, Mattias, Strecker/David (2010): Jürgen Habermas zur Einführung. Hamburg

Israel, Joachim (1972): Der Begriff der Entfremdung. Makrosoziologische Untersuchung von Marx bis zur Soziologie der Gegenwart. Reinbek

Jaeger, Werner (1973): Paideia. Berlin/New York

Kantzenbach, Friedrich Wilhelm (1992): Herder. Reinbek

Kaulbach, Friedrich (1988): Immanuel Kants ‚Grundlegung zur Metaphysik der Sitten‘. Darmstadt

Kersting, Wolfgang, Hg. (1996): Thomas Hobbes. Leviathan oder Stoff, Form und Gewalt eines bürgerlichen und kirchlichen Staates. Berlin

Kersting, Wolfgang (2001): John Rawls zur Einführung. Hamburg

Kersting, Wolfgang (2002): Thomas Hobbes zur Einführung. Hamburg

Kramer, Rita (1999): Maria Montessori. Leben und Werk einer großen Frau. Frankfurt a. M.

Krohn, Wolfgang (2006): Francis Bacon. München

Löwith, Karl (1983): Sämtliche Schriften. Bd. II. Stuttgart

Löwith, Karl (1988): Sämtliche Schriften. Bd. IV u. Bd. V. Stuttgart

Maier, Hans u.a., Hg. (1986): Klassiker Des Politischen Denkens I. Von Plato bis Hobbes. München

Marquard, Odo (1982): Schwierigkeiten mit der Geschichtsphilosophie. Frankfurt a. M.

Marrou, Henri (1984): Augustinus. Reinbek

Martin, Gottfried (1983): Platon. Reinbek

Meier, Christian (1994): Athen. Berlin

Meyer, Martin F., Hg. (2006): Zur Geschichte des Dialogs. Philosophische Positionen von Sokrates bis Habermas. Darmstadt

Münkler, Herfried (1993): Thomas Hobbes. Frankfurt a. M.

Münster, Arno (1977): Träume vom aufrechten Gang. Sechs Interviews mit Ernst Bloch. Frankfurt a. M.

Murray, Oswyn (1982): Das frühe Griechenland. München

Nielsen-Sikora, Jürgen (2017): Hans Jonas. Für Freiheit und Verantwortung. Darmstadt

Otto, Walter, F. (1987): Die Götter Griechenlands. Frankfurt a. M.

Paetzold, Heinz (2014): Ernst Cassirer zur Einführung. Hamburg

Pape, Ingetrud (1966): Tradition und Transformation der Modalität. 1. Bd. Möglichkeit – Unmöglichkeit. Hamburg

Paton, H. J. (1962): Der kategorische Imperativ. Berlin

Pies, Ingo/Leschke, Martin, Hg. (2004): Milton Friedmans ökonomischer Liberalismus. Tübingen

Piketty, Thomas (2016): Das Kapital im 21. Jahrhundert. München

Pleger, Wolfgang (1986): Widerspruch-Identität-Praxis. Argumente zu einer dialektischen Handlungstheorie. Berlin/New York

Pleger, Wolfgang (1991): Die Vorsokratiker. Stuttgart

Pleger, Wolfgang (2018): Handbuch der Anthropologie. Darmstadt

Pleger, Wolfgang (2020): Das gute Leben. Eine Einführung in die Ethik. Stuttgart

Rang, Martin (1965): Rousseaus Lehre vom Menschen, Göttingen

Recki, Birgit (2004): Kultur als Praxis. Eine Einführung in Ernst Cassirers Philosophie der symbolischen Formen. Berlin

Recki, Birgit (2009): Freiheit. Stuttgart

Reese-Schäfer, Walter (1990): Karl-Otto Apel zur Einführung. Hamburg

Reese-Schäfer, Walter (1998): Antike politische Philosophie zur Einführung. Hamburg

Riedel, Manfred, Hg. (1972): Rehabilitierung der praktischen Philosophie. Bd. I. Geschichte – Probleme – Aufgaben. Freiburg

Ritter, Joachim (1965): Hegel und die französische Revolution. Frankfurt a. M.

Ritter, Joachim (1977): Metaphysik und Politik. Studien zu Aristoteles und Hegel. Frankfurt a. M.

Röd, Wolfgang (2000): Der Weg der Philosophie. Bd. I. München

Schadewaldt, Wolfgang (1982): Die Anfänge der Geschichtsschreibung bei den Griechen. Frankfurt a. M.

Schadewaldt, Wolfgang (1987): Die Anfänge der Philosophie bei den Griechen. Frankfurt a. M.

Schmidt, Burghart (1978): Materialien zu Ernst Blochs ,Prinzip Hoffnung'. Frankfurt a. M.

Schmitt, Carl (1938): Der Leviathan in der Staatslehre des Thomas Hobbes. Hamburg

Schröder, Erich Christian (1969): Abschied von der Metaphysik? Trier

Schultz, Uwe (1972): Kant in Selbstzeugnissen und Bilddokumenten. Reinbek

Schwemmer, Oswald (1997): Ernst Cassirer. Ein Philosoph der europäischen Moderne. Berlin

Steffahn, Harald (1998): Bertha von Suttner. Reinbek

Sternberger, Dolf (1986): Herrschaft und Vereinbarung. Frankfurt a. M.

Strauss, Leo (1977): Naturrecht und Geschichte. Frankfurt a. M.

Suhr, Martin (1992): Platon. Frankfurt a. M./New York

Taureck, Bernhard H. F. (2009): Jean-Jacques Rousseau. Reinbek

Taylor, Charles (1978): Hegel. Frankfurt a. M.

Tuck, Richard (o.J.): Hobbes. Freiburg/Basel/Wien

Wagner, Gerhard (2001): Auguste Comte zur Einführung. Hamburg

Weber, Marianne (1989): Max Weber. Ein Lebensbild. München

Werner, Hans-Joachim (1994): Martin Buber. Frankfurt/New York

Whitehead, Alfred, North (1987): Prozeß und Realität. Frankfurt a. M.

Wiedmann, Franz (1983): Hegel. Reinbek

Wimmer, Wolfgang (1979): Die Sklaven. Eine Sozialgeschichte mit Gegenwart. Reinbek

Windelband, Wilhelm (1980): Lehrbuch der Geschichte der Philosophie. Tübingen

Zemb, J.-M. (1979): Aristoteles. Reinbek

Personenregister

A

Abendroth, Wolfgang 47
Adorno, Theodor W. 47, 48, 129, 255
Albert, Hans 45
Alembert, Jean – Baptiste de 234
Alkibiades 98
Alkidamas 55
Allende, Salvador 150
Althusius, Johannes 58
Anaxagoras 94
Anders, Günther 304
Antiphon 13, 94
Apel, Karl – Otto 5, 6, 17, 42–47, 49,
    51
Aphrodite 91
Archytas von Tarent 12
Arendt, Hannah 178, 187, 195, 274,
    302
Aristoteles 1, 2, 5, 11, 12, 17–22, 55,
    56, 71, 105, 107, 134, 151, 161,
    165–167, 194, 197, 256, 265,
    297, 307, 308
Augustinus 2, 56, 245

B

Babeuf, Grachus 61, 117
Bacon, Francis 8, 128, 168, 194, 263–
    271, 273, 274, 276, 283, 296
Bacon von Verulam 202
Bauer, Bruno 109
Beck, Lewis White 80
Bengtson, Hermann 94, 167
Benjamin, Walter 255
Bentham, Jeremy 6, 11, 34, 35, 76
Bernhard, Thomas 223
Bias 162
Bielefeldt, Heiner 6, 53, 76–80, 82–84
Bloch, Ernst 6, 87, 110–118, 136, 276,
    277, 319
Boas, Marie 273
Bock, Irmgard 311
Braunmühl, Ekkehard von 222
Brown, Wendy 7, 119, 149–157
Brunkhorst, Hauke 48
Bruno, Giordano 245
Buber, Martin 313–315, 319
Burckhardt, Jacob 98

© Der/die Herausgeber bzw. der/die Autor(en), exklusiv lizenziert an Springer-Verlag
GmbH, DE, ein Teil von Springer Nature 2022
W. Pleger, *Dialogische Vernunft*, https://doi.org/10.1007/978-3-662-65289-3

C

Calvin, Jean 57, 138
Cassirer, Ernst 8, 233, 244–254
Chilon 162
Cicero 6, 53, 55, 73, 89, 233, 241, 268
Cohen, Hermann 244
Comte, Auguste 7, 38, 119–129
Condillac, Étienne Bond de 236
Copleston, Frederick 35, 176, 265

D

Dahrendorf, Ralf 262
Daodes, Zhan 84
Darius I. 93
Darwin, Charles 243, 249
Deaton, Angus 75
Descartes, René 168, 202, 244, 265, 273
Dewey, John 192, 210
Diderot, Denis 200, 234
Dilthey, Wilhelm 187
Diogenes von Sinope 72
Dionysios 12
Dunant, Henri 316
Dutschke, Rudi 262

E

Engels, Friedrich 62, 116, 127, 130
Epiktet 53, 55
Erdmann, Johann Eduard 109
Erhard, Ludwig 149
Euklid 12, 169
Eusebios 88

F

Feuerbach, Ludwig 109, 130–132
Fichte, Johann Gottlieb 61, 104

Fischer, Kuno 109
Flashar, Hellmut 22
Flitner, Andreas 8, 199, 221–231
Flitner, Wilhelm 222
Francisco de Vitoria 57
Franklin, Benjamin 137, 138
Freud, Anna 221
Freud, Sigmund 227, 258, 311–313
Friedman, Milton 7, 119, 139–150
Friedrich der Große 59
Fröbel, Friedrich 210, 219
Fukuyama, Francis 118

G

Galilei, Galileo 128, 168, 265, 273
Gans, Eduard 109
Gassendi, Pierre 168
Gehlen, Arnold 235, 243, 288
Giel, Klaus 222
Glaukon 14
Gloy, Karen 273
Goethe, Johann Wolfgang von 234, 235, 242, 243
Gorgias 13, 14, 94, 308
Gouges, Olympe de 81
Grotius, Hugo 58

H

Habermas, Jürgen 1, 2, 5, 6, 9, 11, 17, 41–43, 47–51, 178, 255, 262, 263, 284–287, 289–293, 319
Hamann, Johann Georg 44, 234
Härtling, Peter 223
Haug, Wolfgang Fritz 262
Hayek, Friedrich August von 140
Hegel, Georg Friedrich Wilhelm 4, 6, 61, 87, 98, 99, 103–111, 115, 118, 132, 150, 289

Heidegger, Martin 43, 255, 274, 276, 277, 311
Heraklit 249, 267
Herbart, Johann Friedrich 210
Herder, Johann Gottfried 8, 44, 233–243, 245, 258, 296
Herodot 6, 87–94, 172
Hesiod 162–164, 166, 167, 172, 275, 297
Hiob 170, 171, 266
Hobbes, Thomas 7, 80, 159, 168–178
Höffe, Otfried 7, 42, 72, 159, 178, 188–190, 192–197
Hoffmann, Heinrich 222, 223
Hölderlin, Friedrich 103
Homer 16, 162, 164–167, 172
Horkheimer, Max 47, 48, 255
Humboldt, Alexander von 294
Humboldt, Wilhelm von 41, 44, 61, 62, 222, 243, 249
Hume, David 74, 201
Husserl, Edmund 274, 311

I

Iser, Mattias 293
Itard, Jean 214, 220

J

Jaspers, Karl 136
Jefferson, Thomas 59, 60, 81, 182
Jesus von Nazareth 33, 36, 41, 100
Jonas, Hans 8, 263, 274–277, 279–284, 293, 319

K

Kallikles 13, 14

Kant, Immanuel 1, 2, 4–6, 11, 22–34, 36, 38, 42, 44, 48, 53, 61, 66, 74, 76, 77, 79–81, 87, 99–103, 109, 178, 192, 193, 197, 210, 234, 235, 243, 277, 278, 298, 315, 317, 318
Karl I 169
Keynes, John Maynard 144
Kierkegaard, Sören 109, 289
Kleisthenes 92
Kleobulos 162
Klopstock, Friedrich Gottlieb 243
Kopernikus, Nikolaus 245, 298
Korczak, Janusz 228
Kroisos 89, 90
Krüger, Johann Gottlob 206
Kyros 92

L

Laertios, Diogenes 162, 167
Lafayette, Marquis de 60
Laing, Ronald D. 311
Laplace, Pierre - Simon 253
Leibniz, Gottfried Wilhelm 99, 235
Lessing, Gotthold Ephraim 234
Lipsius, Justus 58
Locke, John 58, 59, 66, 208
Löwith, Karl 104, 110, 138
Lukacs, Georg 111, 136
Luther, Martin 57, 224
Luxemburg, Rosa 114
Lygdamis 88

M

Mach, Ernst 4
Machiavelli, Niccolò 187
Madison, James 81
Marc Aurel 53, 55, 167, 245, 296

Marcuse, Herbert 8, 48, 233, 254–262, 301
Marheinecke, Philipp Konrad 109
Marquard, Odo 118
Marsilius von Padua 57
Marx, Karl 7, 48, 62, 71, 87, 98, 109, 111, 116, 118, 119, 127, 129–138, 150, 184, 185, 255, 257
Mersenne, Marin 168
Meyer – Abich, Adolf 294
Meyer – Abich, Klaus Michael 9, 263, 294–297, 299–301, 306, 319
Michelet, Karl Ludwig 109
Mill, James 34
Mill, John Stuart 5, 11, 33–42, 187, 318
Miller, Alice 222, 226, 227
Milton, John 58
Mirabeau, Honoré de 60
Mitra 91
Montesquieu, Charles – Louis, de Secondat 60, 177, 186
Montessori, Maria 8, 199, 210–221, 230, 231

N

Napoleon Bonaparte 121, 128
Natorp, Paul 244
Naumann, Friedrich 136
Neill, Alexander S. 8, 225
Newton, Isaac 202
Nietzsche, Friedrich 251
Nikias 98
Nobel, Alfred 317
Nussbaum, Martha 6, 53, 65, 70–76

O

Ockham, Wilhelm von 57
Oestreich, Gerhard 6, 53–56, 62, 78
Offe, Claus 262

Owen, Robert 39

P

Paetzold, Heinz 254
Paul, Jean 235
Peirce, Charles Sanders 44
Pelluchon, Corine 9, 264, 294, 301, 302, 304, 306, 319
Periander 162
Perikles 88, 96, 97
Pestalozzi, Johann Heinrich 210
Piketty, Thomas 149
Pinochet, Augusto 149, 150
Pittakos 162
Pius IX 83
Platon 2, 5, 11–18, 20, 22, 24, 107, 151, 167, 173, 252, 268, 271, 298, 308, 309, 312
Popper, Karl 45, 262
Posner, Eric A. 74
Prometheus 239, 274, 275, 304
Pufendorf, Samuel von 58
Pythagoras 252

R

Rau, Johannes 290
Rawls, John 6, 53, 65–70, 72, 76, 82, 289
Ricardo, David 34
Riedel, Manfred 2, 3
Ritter, Joachim 108
Robespierre, Maximilien de 121
Rogers, Carl R. 311
Rosenkranz, Karl 109
Roth, Heinrich 310
Rothacker, Erich 43, 47
Rousseau, Jean – Jacques 7, 66, 199–205, 207–210, 212, 223, 231
Ruge, Arnold 109
Rüstow, Alexander 149

Rutschky, Katharina 222, 224

S

Saint – Simon, Henri de 121
Sartre, Jean – Paul 46, 311
Schadewaldt, Wolfgang 164
Schelling, Friedrich Wilhelm Joseph
    von 47, 103
Schiller, Friedrich 235, 258, 262
Schleiermacher, Friedrich 8, 200, 210,
    223, 225, 227
Schmidt, Alfred 262
Sen, Amartya 73
Seneca 53, 55, 56
Sieyès, Emmanuel Joseph 121
Simmel, Georg 115, 129
Singer, Wolf 3
Smith, Adam 34, 119, 142, 150, 185,
    189, 192, 193, 197
Sokrates 1, 5, 11–15, 17, 34, 35, 54,
    167, 245, 254, 308, 312–314
Solon 7, 89, 90, 92, 159–167
Sophokles 88, 166
Spinoza, Baruch de 235, 239, 296
Spranger, Eduard 221, 222
Sternberger, Dolf 178
Stirner, Max 109
Strauß, David Friedrich 109
Strauss, Leo 178
Strecker, David 293
Suttner, Bertha von 316, 317

T

Tausch, Anne – Marie 312
Taylor, Harriet 34, 42
Thomas von Aquin 22, 56, 245

Thrasybul 13
Thrasymachos 13, 14
Thukydides 6, 87, 88, 94–98, 251
Tocqueville, Alexis de 7, 159, 178–187,
    195, 318

U

Uexküll, Jakob Johann von 246

V

Vasquez, Fernando 57
Vaux, Coltilde de 121, 128

W

Wagner, Gerhard 128
Washington, George 81
Weber, Marianne 136
Weber, Max 2, 7, 46, 111, 119, 129,
    136–139, 285
Weizsäcker, Carl Friedrich von 48, 294
Whitehead, Alfred North 17
Wieland, Christoph Martin 243
Wittgenstein, Ludwig 43
Wolf, Christa 223
Wolff, Christian 59

X

Xenophanes 194
Xerxes 93

Z

Zorn, Fritz 223

The manufacturer's authorised representative in the EU is Springer
Nature Customer Service Centre GmbH, Europaplatz 3, 69115 Heidelberg,
Germany. If you have any concerns regarding our products, please
contact ProductSafety@springernature.com

Printed and bound by CPI Group (UK) Ltd, Croydon, CR0 4YY
24/04/2026
02096315-0020